PORTUGUÊS INSTRUMENTAL
Para Ler e Produzir Gêneros Discursivos

O GEN | Grupo Editorial Nacional – maior plataforma editorial brasileira no segmento científico, técnico e profissional – publica conteúdos nas áreas de ciências sociais aplicadas, exatas, humanas, jurídicas e da saúde, além de prover serviços direcionados à educação continuada e à preparação para concursos.

As editoras que integram o GEN, das mais respeitadas no mercado editorial, construíram catálogos inigualáveis, com obras decisivas para a formação acadêmica e o aperfeiçoamento de várias gerações de profissionais e estudantes, tendo se tornado sinônimo de qualidade e seriedade.

A missão do GEN e dos núcleos de conteúdo que o compõem é prover a melhor informação científica e distribuí-la de maneira flexível e conveniente, a preços justos, gerando benefícios e servindo a autores, docentes, livreiros, funcionários, colaboradores e acionistas.

Nosso comportamento ético incondicional e nossa responsabilidade social e ambiental são reforçados pela natureza educacional de nossa atividade e dão sustentabilidade ao crescimento contínuo e à rentabilidade do grupo.

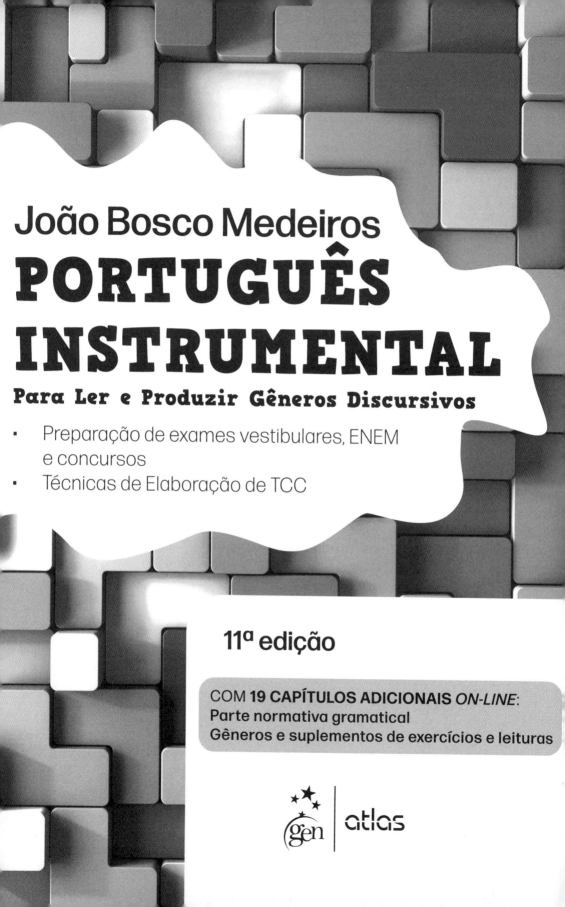

- O autor deste livro e a editora empenharam seus melhores esforços para assegurar que as informações e os procedimentos apresentados no texto estejam em acordo com os padrões aceitos à época da publicação, *e todos os dados foram atualizados pelo autor até a data da entrega dos originais à editora*. Entretanto, tendo em conta a evolução das ciências, as atualizações legislativas, as mudanças regulamentares governamentais e o constante fluxo de novas informações sobre os temas que constam do livro, recomendamos enfaticamente que os leitores consultem sempre outras fontes fidedignas, de modo a se certificarem de que as informações contidas no texto estão corretas e de que não houve alterações nas recomendações ou na legislação regulamentadora.

- Data do fechamento do livro: 20/10/2021

- O autor e a editora se empenharam para citar adequadamente e dar o devido crédito a todos os detentores de direitos autorais de qualquer material utilizado neste livro, dispondo-se a possíveis acertos posteriores caso, inadvertida e involuntariamente, a identificação de algum deles tenha sido omitida.

- **Atendimento ao cliente:** (11) 5080-0751 | faleconosco@grupogen.com.br

- Direitos exclusivos para a língua portuguesa
Copyright © 2022 by
Editora Atlas Ltda.
Uma editora integrante do GEN | Grupo Editorial Nacional
Travessa do Ouvidor, 11
Rio de Janeiro – RJ – 20040-040
www.grupogen.com.br

- Reservados todos os direitos. É proibida a duplicação ou reprodução deste volume, no todo ou em parte, em quaisquer formas ou por quaisquer meios (eletrônico, mecânico, gravação, fotocópia, distribuição pela Internet ou outros), sem permissão, por escrito, da Editora Atlas Ltda.

- Capa: Leandro Guerra

- Editoração eletrônica: Caio Cardoso

CIP-BRASIL. CATALOGAÇÃO NA PUBLICAÇÃO
SINDICATO NACIONAL DOS EDITORES DE LIVROS, RJ

M439r
11. ed.

Medeiros, João Bosco, 1954-
Português instrumental : para ler e produzir gêneros discursivos / João Bosco Medeiros. - 11. ed. - Barueri [SP] : Atlas, 2022.

Inclui bibliografia e índice
ISBN 978-65-597-7009-0

1. Língua portuguesa - Gramática. 2. Redação técnica. I. Título.

21-74034

CDD: 469.5
CDU: 811.134.3'36

Meri Gleice Rodrigues de Souza - Bibliotecária - CRB-7/6439

Sobre o autor

João Bosco Medeiros é licenciado em Filosofia, pós-graduado em Literatura Brasileira e Mestre em Letras pela Faculdade de Filosofia, Letras e Ciências Humanas da Universidade de São Paulo (FFLCH-USP). Professor de Língua Portuguesa, Redação, Literatura Brasileira e Portuguesa e Metodologia Científica. Autor dos livros *Redação científica* e *Redação empresarial* e coautor de *Ortografia, Comunicação empresarial, Como escrever textos, Português forense* e *Redação de artigos científicos*, todos publicados pelo GEN | Atlas.

Apresentação

Cumpre destacar nesta obra duas qualidades: o respeito pelo estudo da gramática da língua culta, vista não como única forma de expressão válida, mas como instrumento mais eficaz de interação profissional; o esforço de atualização, patente no uso de novas teorias e métodos que objetivem uma melhor produção/leitura de textos.

Não é de hoje que o Prof. João Bosco Medeiros vem revelando tais qualidades, que podem ser comprovadas em outros títulos de sua autoria. Por isso mesmo, foi com satisfação que acedi ao convite para fazer esta apresentação.

Nos poucos anos de convivência com o autor, pude conferir sua honestidade intelectual, revelada sempre na incansável pesquisa e na criteriosa informação das fontes. Acresça-se a isso a importância que ele vem dando ao tirocínio da sala de aula, lugar privilegiado para o aperfeiçoamento de qualquer obra didática.

Se nos é grata a notícia de que a disciplina Língua Portuguesa está sendo, aos poucos, introduzida nos currículos universitários fora dos domínios das Letras, mais reconfortante ainda é saber que seu estudo poderá, além de formar um indispensável instrumento de trabalho, contribuir, quem sabe, para a urgente humanização das profissões, qualquer que seja sua área.

Os professores que pretenderem alcançar esses dois objetivos encontrarão neste livro a ferramenta ideal.

Reginaldo Pinto de Carvalho
Prof. do Departamento de Línguas Clássicas
e Vernáculas da FFLCH da USP

Prefácio

> *Um dos aspectos da competência discursiva é o sujeito ser capaz de utilizar a língua de modo variado, para produzir diferentes efeitos de sentido e adequar o texto a diferentes situações de interlocução oral e escrita* (PARÂMETROS CURRICULARES NACIONAIS, 1998, p. 23).
>
> *O ensino de Língua Portuguesa pode constituir-se em fonte efetiva de autonomia para o sujeito, condição para a participação social responsável* (PARÂMETROS CURRICULARES NACIONAIS, 1998, p. 59).

A expressão *português instrumental*, à semelhança do que se afirma para uma língua estrangeira (inglês instrumental, francês instrumental, espanhol instrumental etc.), indica uma abordagem do uso da língua nas comunicações humanas. Embora alguns textos da área focalizem especialmente o uso da norma gramatical, este livro vai por caminho diverso, particularmente porque o interesse atual é pela produção de gêneros discursivos e é cada vez menor o peso que os concursos dão a questões gramaticais. Em geral, é a competência na produção textual que se focaliza.

Este *Português instrumental*, ao tratar de variados gêneros de discurso segundo a perspectiva dialógica da linguagem, não dissocia a linguagem de seus falantes e de seus atos, bem como das esferas sociais a que pertencem nem dos valores ideológicos que os textos veiculam. Para cumprir esse objetivo, apoiamo-nos no que já é do conhecimento comum entre professores de Língua Portuguesa, o que especificam os Parâmetros Curriculares Nacionais (1998, p. 19, 20-21), válido para os mais diversos níveis de aprendizagem de estudos da língua com vistas ao domínio de capacidades para ler e escrever:

> O domínio da linguagem, como atividade discursiva e cognitiva, e o domínio da língua, como sistema simbólico utilizado por uma comunidade linguística, são condições de possibilidade de plena participação social. Pela linguagem os homens e as mulheres se comunicam, têm acesso à informação, expressam e defendem pontos de vista, partilham ou constroem visões de mundo, produzem cultura. Assim, um projeto educativo comprometido com a democratização social e cultural atribui à escola a função e a responsabilidade de contribuir para garantir a todos os alunos o acesso aos saberes linguísticos necessários para o exercício da cidadania. [...]

> Interagir pela linguagem significa realizar uma atividade discursiva: dizer alguma coisa a alguém, de uma determinada forma, num determinado contexto histórico e em determinadas circunstâncias de interlocução. Isso significa que as escolhas feitas ao produzir um discurso não são aleatórias ainda que possam ser inconscientes, mas decorrentes das condições em que o discurso é realizado. Quer dizer: quando um sujeito interage verbalmente com outro, o discurso se organiza a partir das finalidades e intenções do locutor, dos conhecimentos que acredita que o interlocutor possua sobre o assunto, do que supõe serem suas opiniões e convicções, simpatias e antipatias, da relação de afinidade e do grau de familiaridade que têm, da posição social e hierárquica que ocupam. Isso tudo determina as escolhas do gênero no qual o discurso se realizará, dos procedimentos de estruturação e da seleção de recursos linguísticos. É evidente que, num processo de interlocução, isso nem sempre ocorre de forma deliberada ou de maneira a antecipar-se à elocução. Em geral, é durante o processo de produção que as escolhas são feitas, nem sempre (e nem todas) de maneira consciente.
>
> O discurso, quando produzido, manifesta-se linguisticamente por meio de textos. O produto da atividade discursiva oral ou escrita que forma um todo significativo, qualquer que seja sua extensão, é o texto, uma sequência verbal constituída por um conjunto de relações que se estabelecem a partir da coesão e da coerência. Em outras palavras, um texto só é um texto quando pode ser compreendido como unidade significativa global. Caso contrário, não passa de um amontoado aleatório de enunciados.
>
> A produção de discursos não acontece no vazio. Ao contrário, todo discurso se relaciona, de alguma forma, com os que já foram produzidos. Nesse sentido, os textos, como resultantes da atividade discursiva, estão em constante e contínua relação uns com os outros, ainda que, em sua linearidade, isso não se explicite. A esta relação entre o texto produzido e os outros textos é que se tem chamado intertextualidade.
>
> Todo texto se organiza dentro de determinado gênero em função das intenções comunicativas, como parte das condições de produção dos discursos, as quais geram usos sociais que os determinam. Os gêneros são, portanto, determinados historicamente, constituindo formas relativamente estáveis de enunciados, disponíveis na cultura.

Rodrigues (*In*: MEURER; BONINI; MOTTA-ROTH, 2010, p. 153) reforça esse ponto de vista:

> Como em função da crítica às práticas escolarizadas da produção textual e da leitura ganhou força a concepção de que o ensino/aprendizagem dessas práticas como interação verbal social tenha os gêneros do discurso como objeto de ensino, abre-se um novo diálogo, agora tendo como foco, além das noções de interação verbal e dialogismo, a dos gêneros do discurso. Nesse contexto, destaca-se o lugar para a discussão da concepção de gênero na perspectiva dialógica da linguagem.

Embora o título do livro traga a palavra *instrumental*, esclarecemos que se trata apenas de um título ajustado às condições de mercado. Língua não é instrumento, mais ou menos adequado, de expressão da realidade. Essa é uma concepção antiga de língua. Não há, propriamente, na língua a possibilidade de um sujeito intencional, um sujeito dotado de "alto grau de mestria sobre o ato de enunciação, dizendo exatamente o que pretende dizer (a ponto, inclusive, de 'driblar a vigilâncias'), ou 'dizendo mal' o que pretendia (a ponto de não reconhecer qualquer correspondência entre o efetivamente dito e seu 'projeto intencional de dizer'" (ROCHA; DEUSDARÁ *In*: DI FANTI; BRANDÃO, 2018, p. 47). Os mesmos autores, com base em Pêcheux (1969), já haviam afirmado pouco antes que, nos processos discursivos, o que funciona

> não são "organismos humanos individuais" que falam a respeito de objetos do mundo físico, mas formações imaginárias que designam o lugar que o emissor e o destinatário atribuem a si mesmos e ao outro (imagem que constroem para si de seu próprio lugar e do lugar do outro), sustentando pontos de vista acerca de um referente que também participa das condições de produção do discurso na condição de objeto imaginário (p. 39).

Di Fanti e Brandão (*In*: DI FANTI; BRANDÃO, 2018, p. 10), citando diretamente Maingueneau (2004), em relação ao interdiscurso, afirmam que é a partir do universo do discurso que um discurso traça seu caminho: "O discurso não adquire sentido a não ser no interior de um universo de outros discursos."

A função primordial da linguagem não se reduz a transmitir nossas experiências; com ela damos forma a nós mesmos e ao mundo. Pode até parecer estranho, mas é pela linguagem que constituímos a realidade, ou seja, a realidade é propriamente a realidade convertida em linguagem. Realidade construída segundo os mais diversos pontos de vista: o físico a vê de uma forma, o sociólogo de outra, o religioso de outra etc. Diz-se, então, que a linguagem é atividade, é trabalho, visto que a língua não está pronta, mas depende da enunciação, que é a língua posta em funcionamento por um sujeito. Daí a impossibilidade de neutralidade absoluta, visto que o sujeito está sempre presente, com sua subjetividade mais ou menos vigiada. Ela é uma atividade que nos permite agir sobre o outro e também sobre nós mesmos, quando, por exemplo, nos pomos a refletir sobre os acontecimentos da vida cotidiana. Tudo o que fazemos, fazemo-lo antes de tudo com a linguagem. Ela é a origem de todas as nossas ações. É uma atividade complexa, afirma Di Fanti (*In*: DI FANTI; BRANDÃO, 2018, p. 94-95):

> É a linguagem que permite formalizar a sucessão e o encadeamento das etapas; é ela que permite a organização das operações, a definição de uma hierarquia, de prioridades e da classificação por ordem de importância. Somente a linguagem permite planejar ações para o futuro, pois apenas ela pode "representar o que ainda não existe". Também é a linguagem que autoriza a capitalização de experiências práticas, sendo pela linguagem que o indivíduo se torna sujeito de sua própria ação. Não existe atividade sem linguagem, e "a linguagem é mais do que um uso da língua: ela é uma construção de sentido em uma situação particular que mobiliza palavras até torcer o sentido geral que elas possuem".

Com base nessas considerações, digamos que este *Português instrumental* visa oferecer ao leitor uma visão de linguagem como conjunto de funções e não apenas como conjunto de regras gramaticais. Assim é que, em todo este livro, o foco é primeiramente a produção e a compreensão dos textos; apenas ao final do livro impresso, apresentamos alguns elementos gramaticais do verbo. Em Material Suplementar, o leitor encontra outros tópicos comuns nos estudos normativos:

noções de concordância nominal e verbal, normas que regulam o plural de substantivos, adjetivos, uso de artigos, pronomes, advérbios etc.

Lembro, porém, aqui o que afirma Vargas (2011, p. 87):

> Não se justifica tratar o ensino gramatical desvinculadamente das práticas de linguagem, ou seja, de forma descontextualizada, por meio da exposição de quadros sinóticos das formas verbais ou de um conjunto de regras de concordância, regência, colocação pronominal, reforçadas por exercícios de identificação e classificação. [...]
> O ensino da gramática deve ser contextualizado e centrado no texto.

Também não é demais lembrar o leitor que o Exame Nacional de Ensino Médio (ENEM) avalia as redações segundo cinco critérios: (1) domínio da linguagem (domínio da norma culta); (2) compreensão dos fenômenos (construção e aplicação de conceitos das várias áreas do conhecimento para a compreensão de fenômenos naturais, bem como de processos históricos, geográficos, sociais, culturais); (3) enfrentamento das situações-problema (seleção, organização e interpretação das informações para a resolução de problemas; o que conta aqui é a opinião de quem escreve, bem como a argumentação tecida com base na realidade; é preciso estar preparado, com informações colhidas em jornais, livros, revistas); (4) construção da argumentação (além de apresentar argumentos pertinentes e consistentes, exige-se do examinando saber fazer uso de operadores argumentativos, mantendo sempre o foco no tema-objeto do texto) e (5) elaboração da proposta de redação (antes de começar a redigir, é necessário verificar com atenção o que o examinador pede de quem esteja fazendo o exame; em seguida, bem como buscar organizar as ideias para a constituição de um sentido; enfim, valendo-se de conhecimentos adquiridos, construir um texto que se proponha a fazer intervenção na realidade, sempre respeitando valores humanos e éticos).

Ainda acompanham esta edição exercícios e sugestões de leitura. Em alguns capítulos, a lista de sugestões de leitura é extensa, cabendo ao leitor selecionar as que melhor atendem a seu interesse e a sua disponibilidade de tempo. Ressaltamos, todavia, que a aprendizagem da língua escrita se faz com leitura e produção de textos. A produção sempre antecedida de pesquisa de outros textos que tratam do mesmo tema; textos produzidos apenas com o que se leva na cabeça não costumam ser exitosos. Escrever é um processo que compreende diversas fases: escolha de um tema, pesquisa sobre o que já se escreveu sobre o tema, leitura exaustiva do material selecionado, para, em seguida, rascunhar uma primeira versão do texto. Realizada a primeira versão, procede-se à sua revisão, fazem-se cortes, introduzem-se acréscimos.

Em relação à normatividade, ela não é um fim em si mesma; nem é objetivo do leitor dominar a classificação gramatical, decorar uma infinidade de regras. Aqui, abrimos um parêntese: mesmo em se tratando de regras gramaticais, o leitor não deve abdicar de seu ponto de vista crítico; perceber como as gramáticas escolhem a dedo a exemplificação que oferecem para certificar a regra que estabelecem, como são infindáveis as exceções...). É adequado no estudo da língua que o leitor se transforme num observador atento do uso da língua pelas mais diversas pessoas (e que passe ao largo de visões preconceituosas que veem diversidade de variedade linguística como "erro"). Acrescentamos: o domínio da norma culta não é suficiente para uma pessoa escrever com coerência e coesão e produzir interação linguística. Outras competências são necessárias. Abrimos outro parêntese: não se confundem norma-padrão (que é idealizada e, por isso, quase nunca é utilizada em nosso meio) com a norma culta (que é usual entre os que têm ensino superior completo e não é muito diferente da que usam estudantes do ensino médio). O uso de variedades linguísticas diversas que se afastam do padrão gramatical não é exclusividade dos brasileiros. A variedade linguística é uma característica de todas as línguas.

De modo geral, as pessoas que são urbanas e têm curso superior fazem uso de uma variedade linguística que nem sempre está de acordo com a gramática tradicional, importada de Portugal, cujas fontes são latinas e gregas, como nos informa Neves (2011, p. 663):

> A organização da gramática vigente no Brasil é tributária, por via da gramática latina, da organização gramatical que emergiu do esforço de preservação da língua dos estudiosos de Alexandria [Dionísio o Trácio (séc. II-I a.C.) e Apolônio Díscolo (primeira metade do séc. II d.C.)], que, nas suas formulações, amparavam-se no aparato herdado do pensamento filosófico grego. Consequentemente, essa organização é tributária também da terminologia referente às entidades envolvidas.

Este livro trata inicialmente do domínio de competências relativas à produção textual, focalizando sobretudo gêneros discursivos, como resumo, gêneros administrativos, gêneros jornalísticos, gêneros na propaganda. Em Material Suplementar, tratamos ainda de gêneros literários (em dois capítulos) e acadêmico-científicos.

> Diferentemente das edições anteriores, em que os tópicos relativos à gramática normativa apareciam dispersos em todos os capítulos, nesta edição, depois de reformulados e aprofundados, eles são apresentados nos Capítulos 10 a 24, que focalizam a norma padrão. O Material Suplementar contempla ainda três capítulos de gêneros discursivos: dois dedicados aos gêneros literários e um ao gênero acadêmico-científico. Ao final, acrescentamos o Capítulo 28, que é constituído de suplementos de leitura e exercícios aos Capítulos 1 a 9.

Para usar palavras de Fiorin, em entrevista a Artarxerxes (2007),

> o objetivo central do ensino de português nos níveis fundamental e médio [e podemos acrescentar outros níveis de escolaridade] é fazer do aluno um leitor eficaz e um competente produtor de textos. Isso é condição necessária para o desenvolvimento de suas plenas potencialidades humanas, para o exercício da cidadania, para o prosseguimento dos estudos em nível superior e para a inserção no mercado de trabalho.

Acrescentamos apenas que também na universidade, em virtude de inúmeras variáveis, o estudante às vezes chega sem conhecimentos mínimos para redigir um texto coeso, coerente e capaz de produzir sentido. Às vezes, os tropeços são tão grandes, que determinados enunciados começam, mas não terminam, e o leitor (o enunciatário) fica sem entender o que se quis dizer e, por maior que seja seu esforço, não consegue participar ativamente na constituição do sentido. Diz Fiorin, pouco adiante, na mesma entrevista:

> O texto é um todo organizado de sentido, o que significa que suas partes se inter-relacionam, ou seja, que ele possui uma estrutura. Além de ser um objeto linguístico, é um objeto histórico. Isso quer dizer que o sentido do discurso se constrói por meio de mecanismos intra e interdiscursivos, ou seja, o sentido organiza-se por meio de uma estruturação propriamente discursiva e pelo diálogo que mantém com outros discursos a partir dos quais se constitui. [...]

> O ensino do texto precisa fundamentar-se no estudo cuidadoso de mecanismos intra e interdiscursivos de constituição do sentido. Sem isso, ensina-se a ler um texto determinado e não a ler qualquer tipo de texto. A explicitação dos mecanismos intra e interdiscursivos de constituição do sentido do texto, objeto das teorias do discurso e do texto, contribui para melhorar o desempenho do aluno no que concerne à compreensão e à produção do texto.

Parece que, terminados os estudos fundamental e médio, não há o que aprender em relação aos usos da língua. Às vezes, ouve-se também ser a língua portuguesa "difícil", o que leva a evitar qualquer esforço de aprendizagem. Alguns, desavisadamente e para provocar riso, dizem "ser a língua portuguesa um código secreto". Não. Língua não é código, algo cuja posse seria suficiente para produzir textos falados ou escritos. Dominando o código, teríamos acesso ao sentido. Não. E, aliado a esse comportamento, não é incomum o preconceito linguístico, que marginaliza os que se valem de variedade linguística não prestigiada, como se os que fizessem uso da norma "culta" utilizassem uma língua totalmente diferenciada, a que se preconiza na norma-padrão.

Uma última observação: por motivos didáticos, repetimos o tratamento de alguns temas ao longo do texto.

João Bosco Medeiros

Material Suplementar

Este livro conta com os seguintes materiais suplementares:

- 19 capítulos adicionais contendo: parte normativa gramatical, gêneros e suplementos de exercícios e leituras; (.PDF) (com PIN);

O acesso ao material suplementar é gratuito. Basta que o leitor se cadastre e faça seu *login* em nosso *site* (www.grupogen.com.br), clique no *menu* superior do lado direito e, após, em GEN-IO. Em seguida, clique no *menu* retrátil ▤ e insira o código (PIN) de acesso localizado na orelha deste livro.

O acesso ao material suplementar online fica disponível até seis meses após a edição do livro ser retirada do mercado.

Caso haja alguma mudança no sistema ou dificuldade de acesso, entre em contato conosco (gendigital@grupogen.com.br).

GEN-IO (GEN | Informação Online) é o ambiente virtual de aprendizagem do GEN | Grupo Editorial Nacional

Sumário

Sobre o autor, v

Apresentação, vii

Prefácio, ix

1 Gêneros discursivos, 1
   1. Introdução, 1
   2. Conceito de gênero discursivo, 6
   3. Língua escrita, língua falada e variedade linguística, 12

   Exercícios, 15

   Sugestão de leitura, 17

2 Texto e discurso, 19
   1. Introdução, 19
   2. Conceito de língua e de sujeito, 24
   3. Conceito de texto, 26
   4. Conceito de discurso, 39
   5. Formação discursiva e memória, 41
   6. Classificação de discursos, 43

   Exercícios, 50

   Sugestão de leitura, 52

3 Critérios de textualização, 53
   1. Introdução, 53
   2. Critérios de textualidade, 58

2.1 Intencionalidade, 58
2.2 Situacionalidade, 59
2.3 Aceitabilidade, 60
2.4 Informatividade, 64
2.5 Coesão, 67
2.6 Coerência, 78
2.7 Intertextualidade, 88

Exercícios, 93
Sugestão de leitura, 94

4 Sequências textuais, 95
1 Introdução, 95
2 Conceito de sequência textual, 98
3 Sequência descritiva, 102
4 Sequência narrativa, 111
5 Sequência argumentativa, 116
6 Sequência explicativa/expositiva, 122
7 Sequência injuntiva, 125
8 Sequência dialogal, 125
9 Cena englobante, cena genérica e cenografia, 126

Exercícios, 126
Sugestão de leitura, 127

5 Gênero resumo, 129
1 Introdução, 129
2 Conceito de resumo, 130
3 Resumo em artigos científicos e trabalhos acadêmicos, 139

Exercícios, 144
Sugestão de leitura, 147

6 Gêneros administrativos, 149
1 Introdução, 149
2 Funções sociocomunicativas dos gêneros administrativos, 157
3 Função de informar, 161
    3.1 *E-mails* e cartas comerciais, 161
    3.2 Ofício, 164
    3.3 Memorando, 174
    3.4 Ata, 175

4 Função de dar conhecimento de algo a alguém, 179
    4.1   Aviso, 179
    4.2   Bilhete, 179
    4.3   Edital, 179
5 Função de estabelecer concordância, 180
6 Função de pedir, solicitar (requerimento), 180
7 Função de permitir: alvará, 182
8 Função de dar fé da verdade de algo: atestado e declaração, 182
9 Função de decidir, resolver: ordem de serviço, 183
10 Função de solicitar a presença: convocação, 183
11 Função de outorgar mandado, explicitando poderes, 184
Exercícios, 186
Sugestão de leitura, 187

7 **Gêneros jornalísticos, 189**
1 Introdução, 189
2 Para compreender gêneros jornalísticos, 192
3 Gênero editorial, 194
4 Gênero artigo de opinião, 202
5 Gêneros notícia e reportagem, 216
6 Gênero artigo jornalístico sobre cultura, 221
7 Gênero ensaio, 227
Exercícios, 229
Sugestão de leitura, 230

8 **Gênero propaganda, 231**
1 Introdução, 231
2 Retórica, 234
    2.1   Teoria da argumentação, 237
    2.2   *Ethos, pathos* e *logos*, 239
    2.3   Invenção e lugares retóricos, 244
    2.4   Argumentos, 247
    2.5   Disposição, 250
    2.6   Figuras retóricas, 252
    2.7   Ideologia, 257
Exercícios, 259
Sugestão de leitura, 260

9 Verbo, 261

1. Conceitos, 261
   - 1.1 Radical, 262
   - 1.2 Vogal temática, 262
   - 1.3 Tema, 263
2. Morfemas flexionais do verbo, 263
   - 2.1 Número, 263
   - 2.2 Pessoa, 263
   - 2.3 Tempo verbal, 264
   - 2.4 Infinitivo flexionado, 270
   - 2.5 Modo verbal, 270
   - 2.6 Imperativo e formação do imperativo, 270
3. Vozes, 272
   - 3.1 Vozes ativa, passiva e reflexiva, 272
4. Classificação dos verbos quanto à conjugação, 280
   - 4.1 Verbo auxiliar e verbo principal, 280
   - 4.2 Verbos regulares, 281
   - 4.3 Verbos irregulares, 281
   - 4.4 Verbos anômalos, 281
   - 4.5 Verbos defectivos, 282
   - 4.6 Verbos impessoais e unipessoais, 283
   - 4.7 Verbos abundantes, 283
5. Locuções verbais e perífrases verbais, 285
6. Conjugação verbal, 286
   - 6.1 Conjugação dos verbos auxiliares *ser*, *estar*, *ter*, *haver*, 286
   - 6.2 Conjugação de verbos regulares, 289
   - 6.3 Conjugação de verbos irregulares, 305
   - 6.4 Conjugação de verbo anômalo, 332
   - 6.5 Conjugação de verbo defectivo, 333
7. Verbos pronominais, 334
8. Verbos derivados, 335

Exercícios, 336

Sugestão de leitura, 339

Referências, 341

Índice alfabético, 361

1
Gêneros discursivos

> *Muitas pessoas que dominam magnificamente uma língua sentem amiúde total impotência em alguns campos da comunicação, justo porque não dominam na prática as formas do gênero desses campos* (BAKHTIN, 2017, p. 41).

1 INTRODUÇÃO

Os textos são formados por mais de uma voz. Em todos os nossos textos, podem ser identificadas outras vozes; algumas são citadas explicitamente, como no texto visto, outras implicitamente.

Outra informação relevante é que os textos são compostos segundo o gênero discursivo a que pertencem. Escrevemos um *e-mail* para um amigo, observando determinados elementos que lhe são característicos; escrevemos uma receita culinária orientando-nos por outros. Não confundimos um editorial de jornal com um bilhete que possamos afixar na porta da geladeira para nos lembrarmos ou lembrar alguém sobre algo. Cada um desses gêneros tem estilo e estrutura própria.

Finalmente, uma observação para a prática de redação: os textos são compostos com observação detida da realidade, consulta a outros textos (outras vozes). Não se escreve apenas com as informações de que se dispõe na memória. Precisamos sempre ler outros textos sobre o mesmo assunto, pesquisar, anotar, estabelecer um propósito comunicativo. Não basta ter conhecimentos gramaticais para escrever sobre qualquer assunto. Outras competências são necessárias, além da linguística (gramatical), como, por exemplo, a competência textual, a sociolinguística e a estratégica:

- **Competência linguística:** é relativa à norma gramatical. Exemplificando: numa situação de língua escrita que exige domínio da norma "culta", é apropriado orientar-se por plurais, concordâncias, convenções ortográficas, pontuação.
- **Competência textual:** é relativa ao uso do gênero apropriado à situação; é preciso ter conhecimento da função do gênero, de sua estrutura, do meio em que circula, do papel dos interlocutores.
- **Competência sociolinguística:** é relativa ao conhecimento da variedade linguística mais adequada à situação. Uma pessoa competente, sociolinguisticamente falando, transita por diversas variedades linguísticas: é capaz de sair-se bem tanto diante de situações orais que exigem maior formalidade, como de situações mais informais que pedem

um uso menos monitorado. Da mesma forma, apresenta desenvoltura na linguagem escrita tanto nas situações formais quanto informais.

- **Competência estratégica:** é relativa à oportunidade do que se diz, ao *como dizer*, fórmulas de respeito, preocupações com a forma apropriada para persuadir, etiquetas de relacionamento ("por favor", "muito obrigado", "por gentileza"), forma de tratamento ("senhor(a)", "V. Sa.", "V. Exa."), uso do canal (suporte) adequado.

Vamos a um texto para nossas primeiras considerações (a numeração ao final dos parágrafos auxilia-nos na remissão dos comentários postos ao final do artigo):

POR QUE AS VACINAS SÃO TÃO IMPORTANTES

O ano era 1922. Duas crianças de uma mesma família morreram no mesmo dia. Anna Ivene Miller, com dois anos e meio, e Stanley Lee Miller, que tinha acabado de fazer um ano, foram vítimas de caxumba, sarampo e coqueluche, simultaneamente. As outras crianças da família, um total de cinco, também adoeceram, mas sobreviveram. (1)[1]

Essa situação era comum nos anos 20. Uma em cada cinco crianças morria de alguma doença infecciosa antes de completar 5 anos. Hoje não imaginamos como essas doenças eram cruéis. Não podemos imaginar a dor de perder dois filhos para doenças tão facilmente prevenidas com vacinas. Quantas gerações já se passaram desde tragédias como a da família Miller nos EUA? (2)

Quem morre de sarampo ou caxumba hoje em dia? Graças às vacinas, doenças terríveis e altamente contagiosas foram quase erradicadas. Algumas, como a varíola, o foram de fato. (3)

Como explicar então que, apesar disso, existem grupos professando religiosamente um movimento contra a vacinação? Como entender que possa haver famílias que deliberadamente escolhem não vacinar seus filhos contra essas doenças terríveis e tão temidas no passado? (4)

Em 1998, um médico chamado Andrew Wakefield publicou um estudo relacionando autismo em crianças com a vacina MMR – a tríplice viral, que protege contra sarampo, caxumba e rubéola. Seu estudo tinha apenas 12 pacientes e nenhum fundamento científico. Ele afirmava categoricamente que a vacina era a causa do autismo de seus pacientes. Anos depois, descobriu-se que não somente o estudo era uma fraude, com todos os dados forjados, como também que o estimado doutor havia sido financiado por um advogado que pretendia lucrar milhões processando os fabricantes de vacina, e que ele mesmo pretendia patentear uma nova vacina para substituir a MMR. Wakefield nunca foi contra vacinas, ele apenas queria vender sua própria vacina exclusiva contra sarampo! O médico foi julgado na Inglaterra e considerado culpado de fraude e conspiração. A revista retirou o estudo e se retratou; Wakefield teve sua licença cassada e foi demitido do instituto onde trabalhava. (5)

Ainda assim, ele conquistou seguidores no mundo todo, principalmente nos EUA, onde teve início um movimento antivacinação sem precedentes na história. Por causa de um estudo falso, hoje milhares de pessoas estão convencidas de que vacinas, como um todo – e não somente a MMR –, são a causa do autismo. O número de crianças não vacinadas está crescendo. Doenças antigas, quase erradicadas, estão reemergindo. Em 2004, na Inglaterra, houve o primeiro surto de sarampo, e a primeira morte pela doença, em 17 anos. Em 2013 ocorreu outro surto de sarampo na Califórnia, EUA. (6)

---

1 Numeramos os parágrafos, para facilitar sua recuperação quando deles tratarmos adiante.

Casos isolados de poliomielite e coqueluche têm sido reportados. No Brasil, em 2014, registraram-se dois casos de coqueluche em uma família de classe alta em São Paulo, nos quais as crianças não haviam sido vacinadas por escolha dos pais, que temiam o desenvolvimento de autismo e tumores! A filha mais velha, de 6 anos, contraiu a doença e a transmitiu para sua irmã de apenas 6 meses. A bebê estava na UTI lutando por sua vida, enquanto a mãe declarava que a mais velha sofreu semanas com intensa falta de ar. (7)

Em abril de 2017, 200 pessoas ficaram em quarentena em Minnesota, EUA, após 12 casos de sarampo serem notificados em apenas duas semanas, todos em crianças não vacinadas com menos de 6 anos. Enquanto isso, do outro lado do oceano, em Portugal, uma moça de 17 anos morria de sarampo, decorrente de um surto, como outros que vêm ocorrendo na Europa. (8)

E recentemente, o jornal *O Estado de S. Paulo* publicou uma reportagem muito preocupante mostrando o avanço do movimento antivacinação no Brasil. O mais surpreendente da reportagem é o fato de que famílias que escolhem não vacinar seus filhos reportam abertamente que usam, como fonte de informação, as redes sociais! (9)

Vale a pena lembrar, pois, como era o mundo antes das vacinas. Para as mães que alegam que seus filhos são "saudáveis" e, portanto, não precisam de vacinas, cabe o questionamento de se as crianças do passado por acaso eram menos saudáveis do que as nossas, já que adoeciam – e morriam – das mais diversas doenças infecciosas. E casos isolados reportando que seus filhos nunca tomaram vacinas e nem por isso adoeceram mostram um total desconhecimento do conceito de *imunidade de rebanho*, ou seja, se todas as outras crianças estão vacinadas, a doença não circula, e uma ou outra que não receber a vacina estará protegida. Adivinha o que acontece quando a imunidade de rebanho diminui? A doença volta a circular e ocorrem surtos, nos quais pessoas não vacinadas estarão suscetíveis. (10)

Antes de a vacina de Jonas Salk para poliomielite ser testada em 1952, aproximadamente 20 mil casos eram reportados por ano, só nos EUA. No ano de 1952, particularmente, os casos chegaram a 58 mil. Hoje, depois das vacinas Salk e Sabin, a pólio foi praticamente erradicada nas Américas e Europa, sendo que os poucos casos restantes advêm de regiões sem acesso às mesmas, na Ásia e na África. (11)

Crianças acometidas pela pólio, mesmo quando sobreviviam, ficavam paralíticas, com retardo mental, ou, na melhor das hipóteses, passavam *meses* em respiradores artificiais, os "pulmões de aço". (12)

Nos EUA, antes da vacina contra sarampo, havia aproximadamente de três a quatro milhões de casos por ano, e uma média de 450 mortes por ano, registradas entre 1953 e 1963. Após a introdução da vacina, nenhum caso foi reportado até 2004 – quando a vacinação começou a ser questionada. Meningite era uma doença que matava em média 600 crianças por ano, e deixava sobreviventes com sequelas como surdez e retardo mental. Antes da vacina de coqueluche, quase todas as crianças contraíam a doença, com aproximadamente 150 a 260 mil casos reportados anualmente, com nove mil mortes. Desde 1990, apenas 50 casos ao todo foram reportados. (13)

Rubéola é uma doença relativamente banal em adultos, mas pode acometer gravemente crianças ao nascer, se a mãe for contaminada durante a gestação. O resultado pode incluir defeitos cardíacos, problemas de visão, surdez e retardo mental. Em 1964, antes da imuniza-

> ção, 20 mil bebês nasciam de mães infectadas. Desses, 11 mil eram surdos, quatro mil cegos e 1.800 apresentavam retardo mental. (14)
>
> Além desses exemplos, podemos citar doenças como tuberculose, catapora, caxumba, hepatite B e difteria, que foram controladas com vacinas eficazes, mas que acometeram e mataram milhares de pessoas no passado. (15)
>
> As vacinas nos protegem contra doenças terríveis, capazes de causar sofrimento, sequelas e morte. Este fato não pode ser refutado. Há 60 anos as vacinas têm se mostrado eficazes e seguras (TASCHNER, Natalia Pasternak. *Jornal da USP*, São Paulo, 5 jun. 2017. Disponível em: https://jornal.usp.br/artigos/por-que-as-vacinas-sao-tao-importantes/. Acesso em: 25 set. 2020). (16)

O artigo que acabamos de ler é de Natalia Pasternak Taschner, bióloga e pesquisadora do Instituto de Ciências Biomédicas da Universidade de São Paulo. O texto é um artigo de divulgação científica, publicado em um jornal de uma das maiores Universidade Brasileiras, responsável por relevantes pesquisas nacionais. Ler um texto sobre vacina escrito por uma bióloga é muito diferente de ler um texto do mesmo assunto escrito por alguém que não é da área das ciências da saúde.

Retoricamente, o texto é da modalidade expositivo-argumentativa.

O título do texto deixa implícito o diálogo com outra corrente de ideias que vai se tornando comum nesse início do século XXI: a negação das conquistas da ciência, ou, mais propriamente, da ciência.

Nos dois primeiros parágrafos, temos uma informação dos anos de 1920 sobre duas crianças da família Miller dos EUA que, provavelmente, a autora foi buscar em algum texto de história de sua área de atuação. Bakhtin, recorrendo ao mito da criação, afirma que apenas Adão não teria se apoiado em nenhum outro discurso para proferir os próprios. Estamos em diálogo permanente com os mais diversos discursos. Nossos textos são responsivos: ou respondem a algum enunciado ou provocam resposta de outros enunciados. Depreendemos também do primeiro parágrafo que, ao escrever, planejamos o que queremos dizer, buscamos fontes em que nos apoiar. O sentido que buscamos produzir juntamente com o leitor é um sentido construído; não se origina de nossa cabeça (ele é social) nem está pronto e acabado para consumo. Dependemos, para a constituição do sentido, da cooperação de nosso leitor. Ao final do segundo parágrafo, a autora dialoga diretamente com o leitor: "Quantas gerações já se passaram desde tragédias como a da família Miller nos EUA?". E abre o terceiro parágrafo com outra interrogação ao leitor: "Quem morre de sarampo ou caxumba hoje em dia? Graças às vacinas, doenças terríveis e altamente contagiosas foram quase erradicadas. Algumas, como a varíola, o foram de fato." O diálogo estabelecido proporciona ao enunciador aproximar-se do enunciatário e persuadi-lo. Não obstante seja uma pesquisadora, alguém da ciência, de quem poderíamos esperar um vocabulário técnico excessivamente fechado, difícil, hermético, a articulista fala de uma forma que o leitor possa entender o texto sem grandes dificuldades. Envolve-o no texto, senta-se ao seu lado para dirimir dúvidas, esclarecer sobre a necessidade das vacinas. Nota-se também o argumento emocional: fala de pais que perderam seus filhos por ausência de vacina.

No quarto parágrafo, a autora focaliza os negacionistas: "Como explicar então que, apesar disso, existem grupos professando religiosamente um movimento contra a vacinação? Como entender que possa haver famílias que deliberadamente escolhem não vacinar seus filhos contra essas doenças terríveis e tão temidas no passado?". Aqui, o diálogo com o leitor ganha em intensidade, particularmente pelo uso dos advérbios *religiosamente* e *deliberadamente,* que modalizam o enunciado, proporcionando um tom mais forte aos argumentos.

O quinto parágrafo é histórico: trata da fraude do médico Andrew Wakefield. A ciência é cuidadosa: experimenta, experimenta, experimenta, até que não haja mais dúvidas sobre os resultados da pesquisa. Vale-se de metodologia rigorosa. Não é infalível, mas sempre que reconhece falhas, retrocede. Torna a investir em mais pesquisa; busca incansavelmente, pela observação rigorosa, resultados que possam ser úteis à humanidade. Para estabelecer um paralelo, nos tempos modernos a difusão de notícias falsas tem-se disseminado a velocidade espantosa.

O sexto parágrafo cuida dos desastres da propagação de ideias sobre antivacinação, bem como do reaparecimento de doenças que já estavam quase extintas. Como o leitor pode observar, todo o texto é embasado em informações sólidas: nome das pessoas, países em que ocorreram os fatos, anos etc. No parágrafo seguinte, a mesma preocupação com a consistência dos argumentos: fala então de casos ocorridos no Brasil. Dois outros exemplos, um dos EUA e outro de Portugal, constituem o tópico do parágrafo 8. O que é que o leitor depreende disso? Como o texto foi fruto de pesquisa, há o diálogo permanente com outros textos, seja para associar-se a eles, seja para opor-se a eles.

No nono parágrafo, temos a explicitação de uma das fontes da autora, o jornal *O Estado de S. Paulo*. Não cita texto diretamente, o que a levaria a utilizar aspas para os enunciados citados, mas de forma indireta: "o jornal *O Estado de S. Paulo* publicou uma reportagem muito preocupante mostrando o avanço do movimento antivacinação no Brasil". Salienta então a fonte da posição dos pais que não vacinaram seus filhos: "O mais surpreendente da reportagem é o fato de que famílias que escolhem não vacinar seus filhos reportam abertamente que usam, como fonte de informação, as redes sociais!" O que será que leva as pessoas a confiarem mais nas redes sociais, que às vezes (ou muitas vezes?) veiculam informações falsas, e a descrerem das conquistas da ciência? O uso da exclamação no enunciado da autora mostra sua indignação. Um ponto de exclamação não é igual a um ponto final, não é mesmo? Às vezes, por desatenção, focalizamos apenas as palavras e nos esquecemos de observar a pontuação, as aspas, como as que ocorrem em "saudáveis" do parágrafo seguinte. Aqui o diálogo reproduz uma fala das mães que entendem que, por gozarem de boa saúde, seus filhos não serão contaminados por vírus. Introduz então a autora uma expressão que se tornou comum nesses tempos de pandemia do Coronavírus: *imunidade de rebanho*. E, novamente, em diálogo com o leitor, explica didaticamente o que ocorre se os pais deixam de vacinar seus filhos: a imunidade diminui e a doença volta a circular.

O décimo primeiro parágrafo é novamente histórico: trata da vacina para a poliomielite. O texto é tecido com informações relevantes, é resultado de pesquisa. É até possível que uma pessoa, ao falar constantemente de um assunto, como um professor, por exemplo, disponha na memória de muitas informações. Isso não significa, todavia, que não haja intertextualidade entre seu texto e outros. Muito raramente somos originais. Talvez em alguma parte dos enunciados. Tudo ou quase tudo que dizemos ou escrevemos é resultado de nossa bagagem cultural, do que absorvemos ao longo de nossa vida, do que lemos, do que ouvimos. Repetimos o que nos dizem nossos pais, nossos professores, nossos amigos, nossos colegas; repetimos o que vemos e ouvimos na televisão, no cinema, no teatro. Estamos em diálogo permanente com o outro.

No décimo segundo parágrafo, chama a atenção, além de seu conteúdo, o uso de itálico em *meses* e de aspas em "pulmões de aço". No primeiro caso, produz o sentido de intensidade: algumas pessoas não se recuperam tão facilmente; ficam meses hospitalizadas. No segundo caso, chama a atenção para o uso da metáfora: valer-se de um pulmão de aço é valer-se de uma máquina que nos possibilita oxigenar nosso organismo.

O parágrafo seguinte é composto de várias informações históricas sobre vacinação nos EUA: vacinas para sarampo, meningite, coqueluche.

O décimo quarto parágrafo trata de mães que não se vacinaram contra rubéola na infância e, durante a gravidez, contraíram a doença, passando-a para seus filhos, que sofrerão consequências terríveis. Outras doenças que poderiam ser evitadas por meio de vacinas compõem o parágrafo seguinte: tuberculose, catapora, caxumba, hepatite B e difteria.

O último parágrafo trata da eficácia das vacinas e de sua segurança.

Enfim, o leitor está diante de um texto de divulgação científica, sem a parafernália dos termos técnicos, didaticamente construído: dados históricos, exemplificação, diálogo com o leitor e com outros textos.

2 CONCEITO DE GÊNERO DISCURSIVO

Não é novidade falar hoje, com todo o desenvolvimento da linguística teórica e aplicada, que os estudos da língua e do funcionamento da linguagem ganharam novas perspectivas. Antes, predominava nos estudos da língua uma visão gramatical, normativa; considerava-se que o sentido estava no texto e que bastava dominar o código para ter acesso ao seu sentido. Também se acreditava que bastava dominar a gramática para se escrever e alcançar o objetivo proposto. Mudaram-se os tempos. Prevalece hoje uma visão interativa da linguagem. Daí, em outros termos, falar-se hoje em interacionismo sociodiscursivo: "o foco passou a ser o lugar do outro e a linguagem concebida como interação no processo de construção do sujeito" (CRISTOVÃO; NASCIMENTO *In*: KARWOSKI; GAYDECZKA; BRITO, 2011a, p. 35).

As preocupações passam então a ser o exame das relações da linguagem com o contexto social, bem como das capacidades que as ações de linguagem colocam em funcionamento e condições de construção dessas capacidades.

Diversos são os conceitos de gênero discursivo nas diferentes tradições de seus estudos. Há uma linha diretamente relacionada com o Círculo de Bakhtin, exposta tanto em *Gêneros discursivos* (BAKHTIN, 2017), como em *Marxismo e filosofia da linguagem* (VOLÓCHINOV, 2017). Essa linha de estudos dos gêneros discursivos é chamada de sociodiscursiva; analisa os gêneros de uma perspectiva dialógica: "Cada enunciado é um elo na corrente complexamente organizada de outros enunciados." Entre outros, além de Bakhtin e Volóchinov, são seus representantes: Adam, Bronckart, Schewnely, Dolz, Maingueneau, Rojo, Machado. Outra concepção é a da sociossemiótica, cujos representantes são, entre outros, Halliday, Hasan (1989), Meurer (2010), Motta-Roth (1995, 1998, 2001, 2010), e, ainda, uma terceira é a da chamada sociorretórica, cujos representantes são Carolyn Miller (2012), Charles Bazerman (2011a), Swales.

O leitor depara-se todo dia com uma infinidade de gêneros textuais. Se abre um jornal, encontra editorial, artigos (políticos, econômicos, culturais), reportagens, carta do leitor, entrevistas, horóscopo, charges, tiras de quadrinhos. Se vai à literatura, encontra romances, contos, crônicas, fábulas, apólogos, poemas. No teatro, localiza tragédias, comédias, dramas. Se se interessa por gêneros digitais, depara-se com *memes, e-mails,* blogues, propagandas digitais, *sites,* piadas, tiras cômicas. Na vida acadêmica, são comuns aulas expositivas, seminários, debates, reunião de departamento, dissertações de mestrado, teses de doutorado, TCC, artigos científicos, ensaios, resenhas. Na publicidade, encontra anúncios impressos veiculados em revistas e jornais, *banners, folders, flyers,* anúncios veiculados por mídia eletrônica, *spots,* filmes publicitários, vídeos. Em cada um desses gêneros, notará neles um tema, uma estrutura (construção composicional) e um estilo particular. Bakhtin (2017, p. 12) afirma:

> O emprego da língua efetua-se em forma de enunciados (orais ou escritos) concretos e únicos, proferidos pelos integrantes desse ou daquele campo da atividade humana. Esses enunciados refletem as condições específicas e as finalidades de cada referido campo não só por seu conteúdo (temático) e pelo estilo da linguagem, ou seja, pela seleção dos recursos lexicais, fraseológicos e gramaticais da língua, mas, acima de tudo, por sua construção composicional. Todos esses três elementos – o conteúdo temático, o estilo, a construção composicional – estão indissoluvelmente ligados *no conjunto* do enunciado e são igualmente determinados pela especificidade de um campo da comunicação. Evidentemente, cada enunciado particular é individual, mas cada campo de utilização da língua elabora seus *tipos relativamente estáveis* de enunciados, os quais denominamos *gêneros do discurso.*

No estudo dos gêneros discursivos, normalmente se chama a atenção para o advérbio constante da definição de Bakhtin: os gêneros são *relativamente* estáveis. Eles não são fechados, sem possibilidade de mudança. Antes, pelo contrário, conhecem variações, oscilações, instabilidades. São dinâmicos e nem sempre aparecem de forma idealizada. Por essa razão, alguns autores, recorrendo à teoria dos protótipos (um pardal está mais próximo do protótipo de pássaro que um avestruz), afirmam que com os gêneros ocorre o mesmo: há alguns que se aproximam mais de um modelo prototípico (aproximam-se de seus padrões estruturais e linguísticos do gênero) e outros menos, ou seja, estariam mais na periferia do gênero (cf. BAWARSHI; REIFF, 2013, p. 57-58). Há elementos estruturais nos gêneros discursivos que são considerados obrigatórios e outros que são opcionais. Além disso, há ainda outros que são híbridos, que estão na fronteira dos gêneros, como, por exemplo, os livros de memórias, que podem ser históricos e literários (lembre-se aqui, por exemplo, de *Memórias do cárcere,* de Graciliano Ramos). A crônica jornalística é um exemplo de gênero que se coloca na fronteira e é, portanto, híbrida: é jornalística e pode ser literária, como o caso das crônicas de Fernando Sabino, Paulo Mendes Campos, Rubem Braga. Em relação à transformação de um gênero, cite-se a carta, tão comum até o século XX, que foi substituída pelo *e-mail* e outras mensagens eletrônicas. O diário (anotações que algumas pessoas tinham em cadernos, registrando acontecimentos relevantes de sua vida ou reflexões) transformou-se em blogue (*blog*).

Relativamente ao aparecimento de novos gêneros, Rodrigues (*In:* MEURER; BONINI; MOTTA-ROTH, 2010, p. 166) esclarece:

> o *e-mail pessoal* não extinguiu a carta, o comentário e o artigo (artigo assinado) não excluíram o editorial, o telefonema não acabou com a existência da conversa. Cada novo gênero aumenta e influencia os gêneros de determinada esfera e o seu

desaparecimento se dá pela ausência das condições sociocomunicativas que o engendraram (por exemplo, a conversa de salão).[2]

Alguns gêneros são classificados como **primários** (são os que estão presentes em enunciações menos complexas, em que os enunciadores interagem mais diretamente; são constituídos de conversas cotidianas, diálogos face a face ou por telefone, cartas) e outros como **secundários**. Os gêneros secundários são constituídos por enunciações complexas, em que os enunciadores interagem de modo indireto, como em um artigo de jornal, um conto, uma peça de teatro. Romances e textos científicos, por exemplo, pertencem aos gêneros secundários; nossas conversas cotidianas e cartas pessoais constituem gênero primário. Os gêneros secundários são predominantemente escritos. Eles reelaboram gêneros primários; às vezes, até os incorporam, como no caso de romances que são constituídos de cartas. Exemplos: *Cartas portuguesas*, de Soror Mariana Alcoforado; *Ligações perigosas*, de Choderlos de Laclos; *Pamela*, de Samuel Richardson; em *Olhai os lírios do campo*, de Érico Veríssimo, o leitor também encontra cartas trocadas entre Olívio e Eugênio Fontes. Se o leitor observar com acuidade, vai verificar que outros textos que lemos na atualidade tiveram origem em cartas, como é o caso, por exemplo, dos artigos científicos. Alguns desses gêneros mantêm ainda traços característicos, como o autor (remetente), o leitor (destinatário), data e local. Novamente, Bakhtin (2017, p. 15) nos alerta:

> Esses gêneros primários, ao integrarem os complexos, nesses se transformam e adquirem um caráter especial: perdem o vínculo imediato com a realidade concreta e os enunciados reais alheios: por exemplo, a réplica do diálogo cotidiano ou da carta no romance, ao manterem a sua forma e o significado cotidiano apenas no plano do conteúdo romanesco, integram a realidade concreta apenas através do conjunto do romance, ou seja, como acontecimento artístico-literário e não da vida cotidiana.

Outra observação relevante de Bakhtin (2017, p. 61) diz respeito ao diálogo que estabelecemos quando constituímos nossos textos. Nossos enunciados (textos orais e escritos) são uma reação, uma resposta a outros enunciados:

> O falante não é um Adão, e por isso o próprio objeto do seu discurso se torna inevitavelmente um palco de encontro com opiniões de interlocutores imediatos (na conversa ou na discussão sobre algum acontecimento cotidiano) ou com pontos de vista, visões de mundo, correntes, teorias, etc. (no campo da comunicação cultural). Uma visão de mundo, uma corrente, um ponto de vista, uma opinião sempre têm uma expressão verbalizada. Tudo isso é discurso do outro (em forma pessoal ou impessoal), e este não pode deixar de se refletir no enunciado. O enunciado está voltado não só para o seu objeto, como também para os discursos do outro sobre ele.

A origem dos estudos sobre gêneros remonta a Aristóteles em dois de seus livros: de um lado, temos a *Poética*, que se ocupa dos gêneros literários: épico, lírico e dramático; de outro, temos a *Retórica*, que, ao tratar da argumentação, dá origem aos estudos modernos de análise de discurso. O estudo dos gêneros restringia-se à esfera literária, "e era visto sob o ponto de vista de formas linguística e não como práticas discursivas, ou seja, os gêneros eram modelos a serem

---

2 A propósito de salões, o leitor pode consultar "Os salões da França do século XVIII". Disponível em: http://quodlibeta.blogspot.com/2016/11/os-saloes-da-franca-do-seculo-xviii.html. Acesso em: 6 maio 2020.

imitados, por isso [...] *Os lusíadas* retoma a *Eneida*, que retoma a *Odisseia*. Não há plágio, já que uma epopeia deveria necessariamente imitar um modelo" (TERRA, 2014, p. 94).

Modernamente, o termo *gênero*, a partir de Bakhtin, ganhou novos sentidos e passou a abranger todos os tipos de textos, "e são formas de ação social e não simples modelos linguísticos a serem imitados", volta a insistir Terra, na mesma página citada.

Alguns estudiosos, como Bonini (2001, p. 22), preferem falar em *gêneros textuais*; outros utilizam a expressão *gêneros discursivos*. Estes últimos focalizam questões discursivas, intertextualidade e interdiscursividade, enfim, articulam o linguístico ao discursivo. Os estudos que focalizam gêneros textuais, em geral, se ocupam predominantemente da estrutura do texto e realizam abordagem linguística.

Há gêneros que são mais rígidos e outros que são mais maleáveis. Duas forças controlam o enunciador: uma **força centrípeta**, mais controladora, força que garante a estabilidade do sistema e possibilita a interincompreensão, e uma **força centrífuga** que impulsiona para um uso menos controlado, mais criativo. Nos gêneros administrativos oficiais, por exemplo, reconhecemos maior estabilidade: uma procuração segue estrutura rígida, que contempla determinados elementos e possui estilo de enunciado próprio (estilo standardizado, estereotípico). Já uma crônica jornalística desfruta de maior flexibilidade em relação a sua estrutura e ao estilo.

Quando se fala em *estereótipo* quase sempre se contempla apenas a perspectiva negativa, de algo cristalizado, recheado de generalizações e simplificações rígidas, algo que impede uma visão nova do mundo, obstaculiza a percepção de diferenças, bloqueia a verificação de matizes diversos e inibe a reflexão e o espírito crítico. Todavia, ele também

> pode ter uma função ideológica e política: permitir a coesão e dar identidade a um determinado grupo social, significando que comungam de uma mesma linguagem. Além disso, impossibilitados de conhecer tudo pela experiência direta, remetemos a fontes de segunda mão e assimilamos imagens, as representações legadas pela coletividade (BRANDÃO *In*: DI FANTI; BRANDÃO, 2018, p. 154-155).

A leitura constante e reflexiva, além de possibilitar o acesso ao conhecimento e a variadas visões de mundo, é um dos meios de que dispomos para superar a utilização de esquemas rígidos de ver o mundo, estereotipados, sem porosidade, sem abertura para o outro, para aprender com o outro. Brandão (*In*: DI FANTI; BRANDÃO, 2018, p. 162 s.), analisando redações da Fuvest (2006), verificou a presença da estereotipia em redações dissertativas sobre o tema *trabalho*. Havia as que o representavam euforicamente, produzindo "um tom edificante, quase de beatitude religiosa, de reverência ao trabalho", e os que o representavam como "um mal necessário". Afirma então que essa visão, seja do eixo eufórico, seja do disfórico, se constrói por meio de já ditos, estereótipos, lugares-comuns presentes na sociedade. Reconhece que sociologicamente o conceito de estereótipo é visto positivamente, como o de

> inclusão do indivíduo num grupo pelo domínio de um código cultural comum, confortando-o e assegurando sua sensação de pertencimento a uma comunidade, essa presença homogeneizante do estereótipo, nesses textos, pode ter um sentido ideológico e político positivo: o de expressar sua inclusão social e sua identidade.

> Por outro lado, a par desse aspecto positivo, é preciso ter consciência dos estereótipos, reconhecê-los em sua transparência e refletir sobre o que se esconde sob as

evidências porque o perigo da repetição é a automatização, a acriticidade, a inflexibilidade, a generalização, e mesmo o preconceito (p. 161).

Nos gêneros literários, nos jornalísticos, nos dramáticos, por sua vez, diferentemente de certos gêneros jurídicos, oficiais, administrativos, o enunciador experimenta maior liberdade, maiores possibilidades de liberdade para a construção de seus enunciados e até introduzir alterações no gênero. Esse, por exemplo, o caso da crônica jornalística, que vem conhecendo, através dos tempos, alterações. Partiu de uma atividade que levava em conta *cronos* (o tempo), para gradativamente transformar-se num gênero híbrido (literário e jornalístico) cujo foco é o relato ordenado e pormenorizado de acontecimentos cotidianos. Se o leitor comparar crônicas de Alencar, Machado de Assis, Lima Barreto, João do Rio, Carlos Drummond de Andrade, Rubem Braga, Fernando Sabino, Moacyr Scliar, Carlos Heitor Cony, Luis Fernando Veríssimo, poderá constatar como elas se diferenciam.

Finalmente, os gêneros funcionam como ferramenta *cultural*, que se utiliza em determinado contexto como forma para alcançar objetivos que se tem em vista, ou objetivos de comunicação.

A falta de domínio de um gênero é determinante para o desempenho verbal inadequado. Um advogado inexperiente que, ao defender seu cliente, não transita com desenvoltura nos gêneros exigidos em sua esfera jurídica, enfrenta problemas sérios. Da mesma forma, no interior das organizações: se não dominamos os gêneros que nela circulam, teremos maiores dificuldades para o desempenho das mais diversas atividades. Nesse sentido, Lima (*In*: DI FANTI; BRANDÃO, 2018, p. 127-128) entende haver um movimento progressivo que, dentro de um *continuum*, tem numa das pontas a instabilidade e na outra a relativa estabilidade genérica. Sustenta então:

> A princípio, quando sujeito tem pouco domínio do gênero do discurso exigido nas circunstâncias da situação de comunicação em que se encontra, essa oscilação é brusca e de grande amplitude, havendo o que podemos chamar de instabilidade genérica e manifestando-se aquilo a que Bakhtin se referiu como uma "forma muito desajeitada" de o sujeito falante fazer sua intervenção verbal.
>
> Posteriormente, tendo o sujeito repetidas oportunidades de fazer uso da língua nessas mesmas "circunstâncias" (ou em circunstâncias semelhantes) e na "mesma" situação de comunicação (ou em situações de comunicação semelhantes), a brusquidão e a amplitude dessa oscilação vão diminuindo gradualmente até que parecem desaparecer, e isso ao mesmo tempo que o grau de domínio do gênero pelo sujeito falante vai aumentando.

Pouco adiante, ressalta a complexidade do uso da língua na formação dos enunciados e dos textos. A constituição dos textos é um processo "árduo": "enquanto materialidade disponível para uso na forma de textos e entidade a ser resgatada pela memória a cada vez, não se converte em discurso de modo tão pronto e imediato quanto se poderia pensar".

Lima considera ainda, quando se fala em gêneros do discurso, a necessidade de se levar em conta quatro dimensões básicas: a forma de interlocução, a construção composicional, o conteúdo temático e o estilo.

Relativamente à **forma de interlocução**, que "é determinante do gênero do discurso", explicita o autor citado que ela se refere aos *papéis sociais* dos sujeitos envolvidos na interação. Ela revela "a atitude sempre mutante de um em relação ao outro [...], a imagem sempre mutante que um constrói de si e a imagem que constrói do outro" (2018, p. 129). Essa mudança de atitude funciona como estratégia dos sujeitos para agir sobre o outro (persuadi-lo), "com vistas à concretização de um dado projeto discursivo". E mais: os papéis sociais revelam relações de poder envolvidas na interação. Daí certa assimetria comum nos espaços de interlocução.

A **construção composicional** compreende a constituição do texto, que é um produto da interação dos sujeitos. Não se trata de um texto construído por um sujeito somente, cabendo ao interlocutor (ou leitor), de "posse do código", decodificá-lo passivamente, caso em que o discurso do enunciador seria visto como pronto e acabado. Não, o sentido de um texto é produto da interação de enunciador e enunciatário. E mais: o texto constituído é composto de variadas vozes, composto pela memória de textos anteriores.

O **conteúdo temático** é o assunto (tema, objeto) da interação dialógica. Esse conteúdo é singular, próprio de uma interação específica, constituído em uma situação histórica concreta que originou a enunciação.

Finalmente, o estilo. Cada atividade desenvolve um estilo próprio. Observe-se, por exemplo, o estilo das cartas (ou informativos) que os bancos enviam a seus clientes. Essas comunicações têm um estilo comum ao meio bancário. Estilo que está de acordo com o gênero de onde se originaram os enunciados. Se o estilo utilizado em um gênero não for o adequado a ele, a eficácia de um texto fica prejudicada.

Consideramos agora a terminologia comum nos estudos de gêneros discursivos.

- **Comunidade discursiva:** gêneros discursivos são eventos de comunicação utilizados por um grupo de indivíduos, uma comunidade discursiva, que se juntam para alcançar determinados objetivos comunicativos. Os gêneros discursivos são resultados das necessidades dessa comunidade. E eles fazem isso padronizando determinadas estruturas discursivas, para dar cumprimento às suas atividades, bem como a seus propósitos de comunicação. Tomemos como exemplo uma comunidade acadêmica. Ela dispõe de um grande número de gêneros discursivos, necessários à realização das mais diversas atividades que ocorrem em seu meio: seminários, defesa de teses, simpósios, conferências, mesas-redondas, publicação de artigos científicos etc.

- **Domínio discursivo** (também dita **esfera discursiva**), diz respeito ao "lugar social em que determinado gênero textual nasce e circula. Cada domínio abriga uma variedade particular de gêneros, orais e escritos, que respondem às práticas sociais de linguagem recorrentes em certa comunidade" (VIEIRA; FARACO, 2019, p. 15). Assim é que temos:
    - ✓ **Domínio domiciliar:** bilhete, lista de compra, *e-mails*, convite de casamento, boleto de pagamento, conta de luz, água, telefone, declaração do imposto de renda.
    - ✓ **Domínio jornalístico:** editorial (textos expostos logo às primeiras páginas dos jornais (na *Folha de S. Paulo*, na página A2, primeira coluna à esquerda; em *O Estado de S. Paulo*, na página 3); os editoriais manifestam a opinião do jornal sobre fatos que consideram relevantes socialmente), artigos assinados (artigos de opinião política, econômica, cultural), artigos de divulgação científica, entrevistas, cartas do leitor, horóscopo, quadrinhos, palavras cruzadas.
    - ✓ **Domínio publicitário:** anúncios veiculados pela mídia impressa ou eletrônica, filmetes de propaganda, *spot* (peça publicitária para rádio), *banners, folders, flyers*.

✓ **Domínio acadêmico:** TCC, dissertações de mestrado, tese de doutorado, artigo científico, resenha de livros, participação em congresso, mesa-redonda, simpósio, seminário.

✓ **Domínio comercial:** *e-mails*, memorandos, atas de reunião, relatórios administrativos, estatuto, regimento, aviso-prévio, carta de advertência, balanços, balancetes, nota fiscal, declaração de imposto de renda, boleto de pagamento, extrato bancário.

✓ **Domínio oficial** (União, Estados, Municípios): ofício, requerimento, edital, portaria, decreto, memorandos, alvará.

✓ **Domínio legislativo:** constituição, emenda constitucional, lei, Código Civil, Código Penal, Código Tributário, Código Eleitoral, Código de Processo Civil, Código de Processo Penal.

✓ **Domínio religioso:** textos bíblicos, encíclica, missal, catecismo, livros religiosos, folhetos de cerimônias religiosas, avisos, homilia.

✓ **Domínio ficcional** (literatura): romance, conto, crônica, fábulas, apólogos, poemas.

✓ **Domínio da dramaturgia:** tragédia, comédia, drama, auto, farsa, ópera.

✓ **Domínio jurídico:** procuração, certidão, acórdão, sentença, jurisprudência, súmula, parecer, defesa de clientes.

- **Suporte:** para veicular nossos textos, utilizamos variados suportes: murais, jornais, revistas, panfletos, cartazes, rádio, televisão, telefone, redes sociais, blogues. O suporte utilizado tem influência no sentido que se deseja produzir. Não é um simples meio, um instrumento que utilizamos para transportar nossos textos. Tomemos como exemplo um diretor de uma empresa que precisa transmitir um recado para seu gerente: se o fizer oralmente no cafezinho, a conversa terá um peso; se utilizar o telefone, outro; se se valer de um texto escrito e impresso em papel, outro. Uma advertência oral produz efeito diferente de uma advertência redigida e impressa em papel. Um artigo científico publicado em jornal tem um peso; publicado em um periódico científico, outro. E, ainda, produzirá efeitos diferentes se publicado em um periódico de prestígio, ou em um periódico não reconhecido pela comunidade científica do meio.

3 LÍNGUA ESCRITA, LÍNGUA FALADA E VARIEDADE LINGUÍSTICA

A oralidade, afirma Bortoni-Ricardo (2014, p. 20),

> é, por excelência, uma atividade localmente construída e muito sujeita às contingências do momento da enunciação. [...] O falante recebe de seus ouvintes sinais de retorno que o ajudam a produzir e a modular a sua fala. O ouvinte pode, pois, ser considerado o principal elemento do contexto para o falante.

Quando se fala de língua escrita e língua falada, imediatamente algumas pessoas podem ser levadas a pensar na existência de um fosso entre elas. As diferenças entre *fala* e *escrita* ficam apenas nas opções linguísticas relativas aos recursos que são próprios a cada uma das modalidades, embora se reconheça grande prestígio da escrita em nossa sociedade. Na fala, marcas de formulação e reformulação ocorrem na linearidade do texto, ou seja, corrigimos nossos enunciados enquanto os formulamos, isto é, o interlocutor ouve as correções e reformulações logo em sequência. Essas marcas são aparentes. Na escrita, correções e reformulações são apagadas. Quem escreve, ao perceber alguma necessidade de reformulação, volta, elimina, corrige. Se na fala as hesitações são aparentes, na escrita elas não o são. Para Barros (*In*: BATISTA, 2016, p. 78), a conversação é uma ação cooperativa dos sujeitos que dela participam e não é desregrada: "a comunicação em língua falada é fortemente programada, ou seja, regulamentada por regras e convenções de diferentes ordens". Enganam-se os que pensam não haver regras a seguir em uma conversação. Por exemplo, todos nós observamos, quando falamos a alguém, que é preciso falar um de cada vez (regra elementar de gestão de turnos de fala). É preciso esperar a vez de falar, assim como ceder a vez ao outro para que haja conversação, alternância de turnos. Caso contrário, se só uma pessoa fala e não cede a vez ao outro para falar, não temos propriamente conversação, diálogo. A pessoa que assim age se sente dona da verdade, ou possuidora do monopólio da verdade (em tempos de radicalizações políticas, não são incomuns em nosso meio exemplares que cultuam tal monopólio). Se há sobreposição de vozes, podemos não nos entender. Nesse caso, há uma ruptura da regra elementar que orienta as conversações: violamos essa regra se falamos quando não é nossa vez de falar, se falamos ao mesmo tempo que o outro, se não cedemos o turno de fala. Violações das regras do sistema de gestão de turnos produzem desacertos entre os parceiros da comunicação; às vezes, podem levar a desentendimentos. Todos esses mecanismos controlam a fala. Continua a autora citada:

> o discurso escrito produz o efeito de não concomitância entre sua elaboração e sua realização, e se apresenta como algo acabado. Já na fala, o efeito de sentido é de concomitância da elaboração e da produção do discurso, mas, devido à linearidade do significante sonoro, as vacilações, as correções, as reformulações do discurso falado são expostas em sucessão. A fala se mostra incompleta, inacabada (p. 79).

A fala ainda se vale de recursos linguísticos, como o prosódico (prolongamento sonoro de vogal: *goooool*), hesitações, silêncios, ênfases (*pa-ra-béns!*), repetições, pausas, interrupção lexical. Alguns desses recursos são utilizados para desacelerar a fala e proporcionar ao falante possibilidade de programar reformulações. Evidentemente, também utilizamos mecanismos de aceleração da fala, para produzir diferentes sentidos.

Com base na observação da oralidade e letramento, Marcuschi (2011b, p. 197) desenvolveu um modelo em que propõe um contínuo de práticas sociais e atividades comunicativas. Seja na fala, seja na escrita, em nossas comunicações ora caminhamos mais para menor preocupação com o monitoramento linguístico, ora para maior preocupação com o monitoramento linguístico. Simplificando o gráfico, temos:

Fala ←——————————————————————————→ Escrita

Considerando os dois extremos, temos do **lado da escrita**, um contínuo que abarca textos com mais ou menos monitoramento linguístico. Por exemplo, é mais monitorada a escrita em nossas comunicações públicas que em nossas comunicações pessoais:

| Comunicações Pessoais | Comunicações Públicas | Textos Instrucionais | Textos Acadêmicos |

Se considerarmos o outro extremo, o da **língua falada**, também observaremos que há situações em que a fala é mais monitorada e situações em que o é menos. Por exemplo, é menos monitorada em uma entrevista que em uma exposição acadêmica:

◄───►
Conversações   Entrevistas   Apresentações e   Exposições
                                               Reportagens   Acadêmicas

Tanto um texto escrito pode ser formal, como informal; da mesma forma, tanto um texto falado pode ser formal ou informal. Um mestrando ou doutorando, na defesa de sua tese, diante de uma banca, está em uma situação formal; vai se valer da língua falada que tem maior proximidade com a norma culta. Um mestre ou doutor em Letras, ao escrever um bilhete para um amigo, em uma mesa de bar (situação informal, portanto), vale-se da língua escrita que pode se distanciar da norma culta. Ser formal não quer dizer ser escrito; ser informal não quer dizer ser falado. Não é a língua que é formal ou informal; é a situação que pode ser formal ou informal.

Gêneros discursivos falados e escritos não apresentam limites fixos, estáveis, mas fluidos. Voltando ao gráfico, observamos que ora a fala avança para a espontaneidade, para o vernáculo, ora para a preocupação com a norma-padrão, própria de alguns textos escritos. Há, todavia, gêneros mistos (híbridos) que são de difícil localização em uma ou outra modalidade, como é o caso das convocações, dos avisos, dos anúncios classificados, do noticiário de rádio e de TV.

Do lado da fala: aproximam-se da extremidade da fala inquéritos e reportagens; noticiário de rádio e explicações técnicas estariam entre fala e escrita; aulas, relatos, narrativas estariam avançando para o lado da escrita, no limite entre apresentações e reportagens; conferências e discursos oficiais compreenderiam monitoramento linguístico próprio da escrita.

Do lado da escrita: observamos a mesma fluidez: avisos estariam entre comunicações pessoais e comunicações públicas, mas ainda próximos da fala; convocações, comunicados, anúncios e classificados estariam no meio do contínuo entre fala e escrita; divulgação científica, textos profissionais, editoriais de jornais, manuais escolares, resumos, instruções de uso, bulas, receitas, em geral, estariam entre textos instrucionais e textos acadêmicos, ou seja, já muito próximo do monitoramento máximo. O monitoramento máximo seria uma exigência de textos como teses de doutorado, dissertações de mestrado, artigos científicos, leis, documentos oficiais, relatórios técnicos, pareceres em processos.

Vilela e Koch (2001, p. 454-455) têm a mesma posição. Não obstante reconhecerem que fala e escrita possuem cada uma suas características próprias (a escrita não é simples transcrição da fala), postulam que

> fala e escrita não devam ser vistas de forma dicotômica, estanque, como era comum até há algum tempo e, por vezes, acontece ainda hoje. Vem-se postulando que os diversos tipos de práticas sociais de produção textual situam-se ao longo de um contínuo tipológico, em cujas extremidades estariam, de um lado, a escrita formal e, de outro, a conversação espontânea, coloquial. [...] O que se verifica, na verdade, é que existem textos escritos que se situam, no contínuo, mais próximo ao polo da fala conversacional (bilhetes, cartas familiares, textos de humor, por exemplo), ao passo que existem textos falados que mais se aproximam do polo da escrita formal

(conferências, entrevistas profissionais para altos cargos administrativos e outros), existindo, ainda, tipos mistos, além de muitos outros intermediários.

Não é, pois, apropriado, ao comparar oralidade e escrita, estabelecer avalições muitas vezes improcedentes, entendendo que a escrita está sempre em conformidade com a norma padrão e a oralidade distante dela.

Dispomos, enquanto falamos, de recursos dêiticos, que apontam mais do que nomeiam: *este telefone celular, esta caneta, aquela bicicleta, aquele jovem; aqui, ali, lá, agora, hoje, ontem, antes, depois*. Na escrita, como não podemos apontar para os seres e objetos, precisamos de recursos linguísticos que deem precisão à informação, aos questionamentos, às reflexões. Não devemos, no entanto, tratar oralidade e escrita como dois fenômenos opostos.

Textos escritos, veiculados por aplicativos, como WhatsApp, Facebook, ou por *e-mails* entre amigos e familiares, normalmente, se valem de uma modalidade linguística que se aproxima da fala. Exemplo: "Ué, e as publi que tu faz no Insta?" Quando se trata, porém, de gêneros administrativos, jornalísticos, acadêmicos, científicos, maior grau de monitoramento linguístico se torna necessário. Já não serão bem-vindos, por exemplo, determinadas abreviações de palavras, frases inacabadas, uso de *emoticons* (= ícones de emoções) etc.

EXERCÍCIOS

1. Localizar na Internet, pelo menos, três artigos sobre vacinação. Depois de ler e reler o primeiro deles, resumi-lo. Em seguida, escrever um artigo sobre vacinação. Se fizer citações diretas de textos consultados, usar aspas e citar a fonte; se o fizer indiretamente (parafraseando-os), ou seja, afirmar com as próprias palavras o que outros dizem, não deixar de citar a fonte (nesse caso, não se usam aspas). Se tiver alguma dificuldade com relação ao uso de discurso direto e discurso indireto, localizar na Internet textos que tratam desse assunto. Feita a primeira redação de seu texto, ler os outros dois artigos que selecionou e voltar a aprimorar o texto que escreveu sobre vacinação.

2. Localizar na Internet letras de música que são compostas à semelhança de uma carta de amor. Quais são as características de uma carta de amor?

3. Localizar na Internet variados tipos de carta: a uma pessoa da família (pai, mãe, irmã, irmão), a um(a) amigo(a) e comentar suas características. Leia o poema "Carta", de Carlos Drummond de Andrade (Disponível em: https://www.letras.mus.br/carlos-drummond-de-andrade/1221843/. Acesso em: 6 abr. 2020) e comente-o. Um gênero discursivo cria expectativas no leitor. Nesse sentido, o que se espera, quando se lê uma carta de um amigo ou de um ente querido da família, encontrar no texto? Destacar as expressões que são comuns nesse tipo de texto. Ao ler uma carta inserida em um romance, muda o comportamento do leitor? E se ele, no interior de um romance, encontrar um poema, vai lê-lo como poema, ou como mais um ingrediente da fábula?

4. Em *Quincas Borba*, capítulo XXXIX, o narrador, nos apresenta uma cena em que mostra o desajuste de uso de linguagens à situação. Há no texto uma crítica à linguagem romântica, no sentido literário: o leitor pode observar que o texto diz que a fonte do enunciado de Rubião é uma "décima de 1850" (uma estrofe de dez versos), ou seja, um

poema sentimentaloide. A data constrói o sentido de Romantismo brasileiro a meio caminho). A cena, no entanto, é posterior a esse momento: *Quincas Borba* é publicado em 1891. Portanto, trata-se de uma linguagem já fora de moda, pelos excessos, pelo verbalismo vazio, pela eloquência desproporcional. Por desconhecer o "código" vigente na Corte (Rio de Janeiro), a personagem que acabara de chegar de Barbacena (interior de Minas Gerais) está com Sofia:

> A lua era magnífica. No morro, entre o céu e a planície, a alma menos audaciosa era capaz de ir contra um exército inimigo, e destroçá-lo. Vede o que não seria com este exército amigo. Estavam no jardim. Sofia enfiara o braço no dele, para irem ver a lua. Convidara D. Tonica, mas a pobre dama respondeu que tinha um pé dormente, que já ia, e não foi.
>
> Os dous ficaram calados algum tempo. Pelas janelas abertas viam-se as outras pessoas conversando, e até os homens, que tinham acabado o voltarete. O jardim era pequeno; mas a voz humana tem todas as notas, e os dous podiam dizer poemas sem ser ouvidos.
>
> Rubião lembrou-se de uma comparação velha, mui velha, apanhada em não sei que décima de 1850, ou de qualquer outra página em prosa de todos os tempos. Chamou aos olhos de Sofia as estrelas da terra, e às estrelas os olhos do céu. Tudo isso baixinho e trêmulo.
>
> Sofia ficou pasmada. De súbito endireitou o corpo, que até ali viera pesando no braço de Rubião. Estava tão acostumada à timidez do homem... Estrelas? Olhos? Quis dizer que não caçoasse com ela, mas não achou como dar forma à resposta, sem rejeitar uma convicção que também era sua, ou então sem animá-lo a ir adiante. Daí um longo silêncio.
>
> – Com uma diferença, continuou Rubião. As estrelas são ainda menos lindas que os seus olhos, e afinal nem sei mesmo o que elas sejam. Deus, que as pôs tão alto, é porque não poderão ser vistas de perto, sem perder muito da formosura... Mas os seus olhos, não; estão aqui, ao pé de mim, grandes, luminosos, mais luminosos que o céu...
>
> Loquaz, destemido, Rubião parecia totalmente outro. Não parou ali; falou ainda muito, mas não deixou o mesmo círculo de ideias. Tinha poucas; e a situação, apesar da repentina mudança do homem, tendia antes a cerceá-las, que a inspirar-lhe novas. Sofia é que não sabia que fizesse. Trouxera ao colo um pombinho, manso e quieto, e sai-lhe um gavião, – um gavião adunco e faminto.
>
> Era preciso responder, fazê-lo parar, dizer que ia por onde ela não queria ir, e tudo isso, sem que ele se zangasse, sem que se fosse embora... Sofia procurava alguma cousa; não achava, porque esbarrava na questão, para ela insolúvel, se era melhor mostrar que entendia, ou que não entendia. Aqui lembraram-lhe os próprios gestos dela, as palavrinhas doces, as atenções particulares; concluía que, em tal situação, não podia ignorar o sentido das finezas do homem. Mas confessar que entendia, e não despedi-lo de casa, eis aí o ponto melindroso (ASSIS, 1979, v. 1, p. 671-672).

Sua tarefa:

(a) Redigir um texto argumentativo em que fique patente a necessidade de ajustar a linguagem às situações.

(b) Redigir um texto em que fique patente seu ponto de vista sobre o vazio dos discursos políticos, em que se usa a linguagem para ludibriar.

(c) Comentar o preconceito linguístico comum em nossa sociedade sobre pessoas que não dominam a chamada "norma culta", a falada por pessoas com ensino superior completo e urbanas (a norma padrão é uma idealização) e são alijadas do mercado de trabalho (às vezes, realizam serviços essenciais, mas auferindo rendimentos insuficientes às suas necessidades), ou de comemorações, festas entre amigos etc., porque "não falam direito o português".

5. Quais são os gêneros discursivos com os quais você tem mais contato? Quais são os gêneros discursivo de um jornal ou revista pelos quais você mais se interessa?

6. Que elementos de um texto levam você a identificá-lo como do gênero discursivo *carta*? O que distingue uma carta de um convite de casamento?

SUGESTÃO DE LEITURA

1. Ler e resumir de DI FANTI, Maria da Glória. Linguagem e trabalho: diálogos entre estudos discursivos e ergológicos. *Letras de Hoje*, Porto Alegre, v. 49, n. 3, p. 253-258, jul./set. 2014. Disponível em: http://revistaseletronicas.pucrs.br/ojs/index.php/fale/article/view/19111/12164. Acesso em: 8 abr. 2010.

2. Ler e discutir de SCHWARTZ, Yves. Conceituando o trabalho, o visível e o invisível. *Trabalho Educação e Saúde*, Rio de Janeiro, v. 9, supl. 1, p. 19-45, 2011. Disponível em: http://www.scielo.br/pdf/tes/v9s1/02.pdf. Acesso em: 8 abr. 2020.

2

Texto e discurso

> O ser humano, ao expressar-se pela língua, nas suas relações interpessoais, sociais, faz escolhas lexicais, sintáticas, prosódicas, arma estratégias (afetivas, de persuasão, coerção...) para atuar sobre o outro, compreender o outro e com ele interagir. Essa compreensão da língua como atividade exige do sujeito uma constante adequação/aprendizagem dos usos e função da palavra nas diferentes situações (FANTI; BRANDÃO *In*: FANTI; BRANDÃO, 2018, p. 11).
>
> A palavra é uma ponte que liga o eu ao outro. Ela apoia uma das extremidades em mim e a outra no interlocutor. A palavra é o território comum entre o falante e o interlocutor (VOLÓCHINOV, 2917, p. 205).

1 INTRODUÇÃO

Texto é um tecido verbal estruturado de tal modo que o sentido forme um todo coeso e coerente, as partes estão interligadas e manifestam um propósito. Assim, um fragmento com assuntos diversos sem interligação e sem propósito não pode ser considerado texto. Da mesma forma, se lhe falta coesão e coerência de sentido, o leitor tem dificuldade em perceber nele um texto. As qualidades de unidade, coesão, coerência e propósito são fundamentais para a constituição de um texto. Veja-se um exemplo:

> O carnaval carioca é uma beleza, mas mascara, com o seu luxo, a miséria social, o caos político, o desequilíbrio que se estabelece entre o morro e a Sapucaí. Todos podem reconhecer os méritos de artistas plásticos que ali trabalham; o povo que samba na avenida como herói segue no dia seguinte uma jornada inglória. E, acrescente-se: há manifestação em prol de processos judiciais contra costumes que ofendem a moral e agridem a religiosidade popular. O carnaval carioca, porque se afasta de sua tradição, está tornando-se desgracioso, disforme, feio.

O trecho anterior é um fragmento que não se constitui propriamente texto. Falta-lhe coerência entre a afirmativa inicial e a final. Como o texto apresenta várias informações, várias direções (moral, política, social, religiosa, estética), o leitor fica desnorteado com relação ao sentido e ao propósito: quis enaltecer ou criticar o carnaval? O enunciado "e, acrescente-se [...] religiosidade popular" parece completamente perdido entre os demais enunciados.

Para Sobral (2008, p. 1-2), texto (qualquer que seja sua materialidade: som, imagem, sinais etc.) é uma "unidade linguístico-composicional". Pouco adiante, afirma que o texto é um objeto material produzido por um sujeito situado, "ou seja, tomado como discurso, [o texto é] uma manifestação verbal de alguém em um dado contexto cujas marcas estão no próprio texto (!), mas que remete ao gênero a partir do qual o discurso o mobilizou". Continua o autor citado:

> o texto é, ao mesmo tempo, o aspecto mais importante e o menos importante da criação de sentidos: o mais importante porque, sem sua materialidade, não pode haver produção de sentidos; o menos importante porque, tomado isoladamente, apresenta potenciais de significação que somente quando são mobilizados pelo discurso, no âmbito do gênero, criam sentido. [...]
>
> O texto traz potenciais de sentidos, realizados apenas na produção do discurso; o discurso vem de alguém e dirige-se a alguém (ou seja, é "endereçado"), o que modula sua arquitetônica, e traz em si um tom avaliativo, ao mesmo tempo em que remete a uma compreensão responsiva ativa da parte do seu interlocutor típico – nos termos do gênero no qual se insere.

Neste capítulo trataremos de texto e discurso, considerando que o texto é resultado da interação do *eu* com o *outro*. A orientação para a cooperação implica a consideração das vozes que permeiam os textos. Trataremos também do conceito de discurso, essa entidade a que recorremos para formar nossos textos: um texto dialoga não só com outros textos; dialoga também com outros discursos. Vejamos um texto em que podemos reconhecer **coesão** e **coerência** de sentido, bem como **um propósito**:

ANO DE 2020 JÁ É O PIOR DA HISTÓRIA DO PANTANAL EM NÚMERO DE QUEIMADAS, DIZ INPE

Só em setembro, o Inpe notificou mais de 5.200 focos de calor no Pantanal. É o pior mês em registros desde o início da série histórica, em 1998. No ano de 2020, já são quase 16 mil. **(1)**[1]

Dados do Instituto de Pesquisas Espaciais mostram que 2020 já é pior ano e o pior setembro da história do Pantanal em números de focos de queimadas. **(2)**

Quem está acostumado a ver uma natureza exuberante se choca com as imagens. Pouca vegetação resistiu por onde o fogo já passou: 33% da área do Pantanal em Mato Grosso viraram cinzas. **(3)**

O biólogo Gustavo Figueirôa, que coordena uma força-tarefa de voluntários para combater o fogo, diz que falta estrutura na região. **(4)**

"A logística aqui está muito complicada. Não tem lugar suficiente para as pessoas ficarem, não tem veículos suficientes para as pessoas andarem. O fogo já passou pela região do Porto Jofre, está subindo para o norte novamente. O que a gente encontra aqui são poucos focos de incêndio, mas muitas áreas queimadas. Felizmente encontramos uma onça-pintada e uma

---

1 A numeração ao final dos parágrafos foi introduzida para facilitar sua localização nas remissões que fazemos a seguir.

família de ariranhas sem machucados, sem queimaduras. Isso é um alívio. A fumaça está muito forte, a gente mal consegue enxergar dez metros na frente", conta. **(5)**

Só em setembro, o Inpe notificou mais de 5.200 focos de calor no Pantanal. É o pior mês em registros desde o início da série histórica, em 1998. No ano de 2020, já são quase 16 mil. O governo do estado aguarda o repasse dos R$ 10 milhões que o governo federal anunciou para o combate ao fogo em Mato Grosso. **(6)**

Para o climatologista Rodrigo Marques, o que aconteceu no Pantanal em 2020 foi uma catástrofe para a natureza. **(7)**

"A gente tem visto aí algo que fugiu completamente do controle, muito por conta da negação: 'não, não é nada disso que estão falando'. E, agora que de fato viram que é algo sem precedentes, a gente vai pagar um preço muito alto, porque a gente não vai recuperar tudo que perdeu e vai levar um bom tempo para recuperar parte do que foi perdido", avalia Rodrigo Marques, climatologista da UFMT. **(8)**

Ainda não dá para saber qual o impacto de uma queimada tão grande, nem quantos anos serão necessários para o bioma se recuperar. Mas, enquanto isso, cada vez mais voluntários partem para o Pantanal para ajudar a resgatar e alimentar animais. Um grupo conseguiu cinco toneladas de alimentos, a maior parte frutas e legumes. **(9)**

O médico-veterinário Antônio Carlos Csermak Júnior é especialista em onças. Ele viajou de Minas Gerais para ajudar os animais. **(10)**

"É muito triste, qualquer queimadura a gente sabe a dor que é. Mesmo a situação do incêndio sendo controlada, a gente cuidando dos animais que a gente conseguir ter acesso, vai faltar comida para esses animais depois, então é preocupante, sim", lamenta (G1 JORNAL NACIONAL).

Ao lermos o texto que abre este capítulo, identificamos um tema atual (queimada), uma estrutura, uma forma de compor os enunciados, ou seja, um estilo. Identificamos imediatamente que se trata de uma notícia jornalística. Temos um título, parágrafos mais ou menos curtos, clareza nas informações ou, pelo menos, redução das possibilidades de ambiguidade (porque é característica de qualquer língua ser ambígua). Também notamos que há unidade no texto: do começo ao final dele, o assunto é sempre o mesmo: as queimadas e suas consequências. O texto é ainda marcado pela cessão de voz: nele falam o articulista, o INPE, um biólogo, um climatologista, um médico veterinário, o que confere ao texto certo grau de persuasão, visto que essas vozes falam de um lugar que lhes dá autoridade.

Nossa preocupação aqui não é interpretar o texto, mas verificar alguns recursos utilizados na sua realização. Comecemos pelo título: "Ano de 2020 já é o pior da história do Pantanal em número de queimadas, diz INPE": o autor do texto se valeu de uma informação do Instituto de Nacional de Pesquisa Espaciais (INPE), utilizando um verbo *dicendi* (verbo de dizer) para introduzir a fala de terceiros. Apoia-se, portanto, em um instituto de alta credibilidade para transmitir a informação. Temos algo como: "não sou eu que digo, é o INPE". Todavia, não transcreve diretamente, literalmente, o que o INPE diz, mas **indiretamente**, parafraseando seu enunciado. Faz isso por meio do discurso indireto. Para esclarecer o que é discurso direto e discurso indireto, vamos parafrasear o texto:

> O INPE diz: "O ano de 2020 já é o pior da história do Pantanal em número de queimadas" (= discurso direto).
>
> O INPE afirma que o ano de 2020 já é o pior da história do Pantanal em número de queimadas (= discurso indireto).

Ao falar em *pior*, remete a outros textos em que o número de queimada é menor. Além disso, interdiscursiviza com outros discursos sobre o meio ambiente que buscam negar o atual momento de nossas preocupações com a preservação ambiental.

No segundo parágrafo, também temos informação colhida alhures. Não é informação que saiu da cabeça do autor do artigo. Ele se baseou em consulta, em pesquisa sobre textos publicados pelo INPE. Como sabemos disso? Novamente, temos um verbo que nos indica que foi o INPE que notificou. Observar também que, para não repetir a sigla e evitar a monotonia, o enunciador se valeu do nome inteiro do Instituto.

No terceiro parágrafo, o articulista mostra seu ponto de vista; faz uma avaliação; afirma que "Quem está acostumado a ver uma natureza exuberante se choca com as imagens". Depois, apresenta um dado assustador: "33% da área do Pantanal em Mato Grosso viraram cinzas". Os argumentos quantitativos constituem um recurso retórico eficaz. Retórico no sentido positivo do termo, no sentido de *argumentação* e não de *discurso oco, vazio*. Na propaganda, esse recurso é frequentemente utilizado, particularmente pela força de persuasão que imprime aos enunciados.

No quarto parágrafo, temos um enunciado do biólogo Gustavo Figueirôa, mas valendo-se do discurso indireto, introduzido pelo verbo dizer: "falta estrutura na região". Observar que até aqui os discursos citados o foram de forma indireta e, por isso, não foram utilizadas aspas. Quando nos valemos de textos alheios, é nossa obrigação citar a fonte; se não o fizermos, incorreremos na prática de fraude.

No quinto parágrafo, no entanto, temos a reprodução fiel da fala de um biólogo e, por isso, o articulista se valeu do uso de aspas, para indicar ao leitor que não se trata de enunciado seu, mas de terceiro. Notar também que fazer referência a um biólogo, nessas circunstâncias de queimadas, é altamente significativo. Normalmente, diz-se nesses casos tratar-se de um argumento de autoridade. Temos algo como: "estou citando uma *expert* no assunto". E o que é que se vê nos enunciados citados: uma avaliação do biólogo: "A logística aqui está muito complicada. Não tem lugar suficiente para as pessoas ficarem, não tem veículos suficientes para as pessoas andarem." Depois descreve as regiões pelas quais passou o fogo. E conclui sua fala com novas avaliações: "Felizmente encontramos uma onça-pintada e uma família de ariranhas sem machucados, sem queimaduras. Isso é um alívio. A fumaça está muito forte, a gente mal consegue enxergar dez metros na frente." Observar também que o verbo introdutor da fala do biólogo (conta) só aparece no final do enunciado. Os verbos *dicendi* (verbos de dizer) podem tanto aparecer no início de uma citação, como no final dela. Outros verbos introdutores de enunciados de terceiros vistos até agora são: *dizer, notificar, mostrar, dizer* (novamente), *contar*.

Mais uma informação: leitores não ingênuos mantêm-se atentos ao que leem. Às vezes, concordam com o que leem; outras vezes discordam. Ninguém é obrigado a aceitar como verdade tudo o que ouve ou lê; antes, é sempre apropriado manter-se vigilante, refletir sobre o que se ouve ou lê, para manifestar uma opinião, fazer um comentário. Os noticiários televisivos, radiofônicos, os das redes sociais, os dos jornais impressos são poluídos de "autoridades", de juristas, economistas, cientistas sociais: não somos obrigados a concordar com eles e difundir algo sobre o que nem nós mesmos fomos capazes de refletir e manifestar uma opinião. Nesses casos, abdicamos de nossa capacidade intelectiva e passamos a ser apenas repetidores de discursos alheios.

No sexto parágrafo, igualmente, tomamos contato com outra informação cuja origem é o INPE: "Só em setembro, o Inpe notificou mais de 5.200 focos de calor no Pantanal." O verbo para indicar a fonte é *notificar*. Observar o cuidado com a precisão, a quantidade de focos de calor. Esse procedimento, juntamente com o nome das pessoas cuja voz ouvimos nos enunciados, a região descrita, contribui para a constituição do efeito de realidade, de objetividade, própria dos gêneros jornalísticos. Quando manifesta uma opinião, cria o efeito de sentido de subjetividade.

No sétimo parágrafo, o enunciador introduz nova personagem no texto: o climatologista Rodrigo Marques. E faz uma avaliação sintética do que ele afirma no parágrafo seguinte: "o que aconteceu no Pantanal em 2020 foi uma catástrofe para a natureza". Essa avaliação o articulista inferiu do texto do climatologista citado, cuja fala só vai aparecer no parágrafo seguinte.

No oitavo parágrafo, ao ceder a voz ao climatologista, observamos que também ele se vale de fala de terceiros em seu enunciado, por isso, o uso de aspas simples (porque está dentro de um enunciado que já está entre aspas): "A gente tem visto aí algo que fugiu completamente do controle, muito por conta da negação: 'não, não é nada disso que estão falando.'" O texto "não, não é nada disso que estão falando" é transcrito de outro enunciador. E é citado ironicamente: alguém considerou que as informações sobre queimadas difundidas pelos meios de comunicação não são verdadeiras. O enunciador contesta essa fala; não a aceita. Mais: entende que o fato de o fogo ter fugido do controle é de responsabilidade de quem avaliou mal a situação. Observar também que o articulista cita um climatologista da Universidade Federal do Mato Grosso. Novamente, não cita a fala de um leigo, de quem não entende do assunto, mas de um estudioso, de alguém que tem conhecimentos para dizer o que diz. Ainda nesse parágrafo, o leitor nota o uso de *viram*, 3ª pessoa do plural do verbo *ver*. Quando não queremos citar uma pessoa específica (por algum motivo), mas fazê-lo de forma impessoal, nós podemos nos valer desse recurso que a língua nos oferece. Outra forma de impessoalizar, ou seja, não dizer claramente quem é o sujeito de um enunciado, é usar a 3ª pessoa do singular de um verbo transitivo ou intransitivo + o pronome *se* (*nota-se, verifica-se, vive-se*). Outra observação que podemos fazer é sobre o uso da expressão *a gente*. É cada dia mais comum na fala cotidiana e até nos textos escritos o uso da expressão a gente substituindo o pronome *nós*: "a gente vai pagar um preço muito alto, porque a gente não vai recuperar tudo que perdeu e vai levar um bom tempo para recuperar parte do que foi perdido".

Cabe ainda uma observação sobre a interdiscursivização que aparece no oitavo parágrafo: o discurso negacionista, que é o discurso que nega a ciência e os institutos de pesquisas espaciais. Nossos textos dialogam não só com outros textos (citação direta ou indireta de outras vozes, que chamamos de intertextualidade), mas também com outros discursos, quer para com eles concordar, quer para deles discordar.

No nono parágrafo, temos não apenas avaliações do articulista, que se aproxima dos enunciados, mostra o que pensa, mas também a resposta a uma possível pergunta de uma voz que não é nomeada: "Ainda não dá para saber qual o impacto de uma queimada tão grande, nem quantos anos serão necessários para o bioma se recuperar." E, ao falar em voluntários, deixa implícito sua crítica a ações governamentais que deixam a desejar; são voluntários que estão tentando salvar algumas espécies.

No décimo parágrafo, temos a introdução de uma nova personagem: um médico veterinário, cuja fala vai aparecer no décimo primeiro parágrafo, introduzida pelo verbo *lamentar*. Faz então avaliação da situação dos animais. As queimadas não só produzem queimaduras nos animais, como também destroem seus alimentos. Agora uma consideração sobre o verbo *lamentar*, que significa: *lastimar*, s*entir aflição e angústia, afligir-se, deplorar, queixar-se, condoer-se*. No próprio verbo, temos uma avaliação do articulista; selecionou um sentido que se coaduna com a orientação de seu texto: o de crítica às autoridades constituída pela inação e negacionismo propagandeado.

Acabamos de ver o funcionamento de um texto. Vamos agora adicionar conceitos de **língua** e **sujeito**, nas duas próximas seções, que nos ajudarão a entender como podemos nos apossar dos recursos que a língua nos oferece.

2 CONCEITO DE LÍNGUA E DE SUJEITO

Na tradição saussuriana, a língua é vista como sistema. Ser considerada *sistema* indica que a relação entre os termos da língua é estrutural. Não requer a participação do *eu* e do *outro* para sua existência.

Modernamente, com Bakhtin e Volóchinov à frente, no entanto, ela tem sido considerada *interação discursiva, acontecimento social*:

> A realidade efetiva da linguagem não é o sistema abstrato de formas linguísticas nem o enunciado monológico isolado, tampouco o ato psicofisiológico de sua realização, mas acontecimento social de interação discursiva que ocorre por meio de um ou de vários enunciados.
>
> Desse modo, a interação discursiva é a realidade fundamental da língua (VOLÓCHINOV, 2017, p. 218-219).

Na interação discursiva, quando se fala em diálogo, entende-se não apenas a comunicação direta, face a face, mas, de forma ampla, qualquer comunicação discursiva, ou seja, qualquer comunicação entre pessoas, ainda que estejam distantes uma da outra. Continua então o autor citado, exemplificando com um livro impresso ("um discurso verbal impresso"): o

> discurso verbal é inevitavelmente orientado para discursos anteriores tanto do próprio autor quanto de outros, realizados na mesma esfera, e esse discurso verbal parte de determinada situação de um problema científico ou de um estilo literário. Desse modo, o discurso verbal impresso participa de uma espécie de discussão ideológica em grande escala: responde, refuta, ou confirma algo, antecipa as respostas e críticas possíveis, busca apoio e assim por diante (VOLÓCHINOV, 2017, p. 219).

O enunciado (unidade mínima na cadeia da comunicação discursiva), por sua vez, é tido como um ato singular, irrepetível, situado, que emerge de uma atitude ativamente responsiva. Um enunciado é visto, no Círculo de Bakhtin, como uma resposta a enunciados anteriores, que são constituídos em determinada esfera da atividade humana e também como provocador de respostas subsequentes. É nesse sentido que os enunciados são *responsivos*. Como são responsivos, exigem atitude do coenunciador (interlocutor) ativa. O ouvinte ou leitor(a) não é ente passivo que decodifica o sentido de um texto (oral ou escrito). Antes, participa ativamente na construção do sentido. Assim é que já não se fala em enunciador ativo e enunciatário passivo, propriamente, mas em *enunciador e coenunciador*. A linguagem então passa a ser vista como atividade responsiva, que se constitui em uma situação concreta. Ambos, enunciador e coenunciador constroem o objeto de seu discurso, interagindo com outros textos (relação de intertextualidade), bem como com outros discursos (relação de interdiscursividade). Se o leitor voltar ao texto que abre este capítulo, vai verificar que o texto sobre queimadas recorre inicialmente à fala do INPE e, em seguida, à do biólogo Gustavo Figueirôa, à do climatologista Rodrigo Marques, à do médico-veterinário Antônio Carlos Csermak Júnior. Não temos apenas a fala do jornalista, mas de várias pessoas. Nesse caso, as vozes são bem marcadas; sabemos exatamente quem disse o quê, mas nem sempre é assim. Na maioria das vezes, nossa fala é recheada da fala do outro, mas não o citamos diretamente, ou de discursos que são comuns em nosso meio. Raramente, muito raramente, somos originais, fonte de nossos textos, de nossos discursos. Na maioria das vezes, repetimos o que outros dizem. Se fôssemos falar de queimada com algum amigo, por exemplo, poderíamos até pensar que o conteúdo de nossa fala nos pertence, originou-se em nós mesmos, mas o que ocorre é um aproveitamento de tudo o que ouvimos, vemos, lemos.

Língua deixou, portanto, de ser considerada meio para comunicar ideias ou fatos do mundo, para passar a ser vista como uma *prática social, um modo de ação*. A "língua deve ser entendida como um tipo de ação e um tipo de ação conjunta", afirmam Koch e Cunha-Lima (*In*: MUSSALIM; BENTES, 2018, p. 280). Pouco adiante, as mesmas autoras afirmam: "Na base da atividade linguística está a interação e o compartilhar de conhecimentos e de atenção: os eventos linguísticos não são a reunião de vários atos individuais e independentes. São, ao contrário, uma atividade que se faz com os outros, conjuntamente" (p. 283). Salientam, porém, que não é suficiente ver a linguagem como ação conjunta:

> É preciso passar a abordá-la como uma ação social. Relações sociais complexas (cultural e historicamente situadas) autorizam ou desautorizam os falantes a produzirem certos sentidos. Relações sociais distribuem desigualmente o poder para estabelecer qual a interpretação do dito entre as instâncias ou pessoa que participam de uma dada interação (p. 285).

No estudo dos gêneros discursivos, analisamos o papel de quem produz os textos e que tipo de relação tem com seu enunciatário (relações simétricas ou assimétricas): relações entre amigos e colegas podem ser simétricas; relação entre médico e paciente, gerente e subordinado, diretor e gerente, presidente e diretor são relações assimétricas. Na assimetria, a fala de um tem mais poder que a fala do outro. Por isso é que se diz que "a língua só pode ser apropriadamente compreendida quando vista em funcionamento e na interação" (KOCH; LIMA-CUNHA *In*: MUSSALIM; BENTES, 2018, p. 287).

Diferentemente da concepção de língua como representação do pensamento, ou como código, na concepção dialógica ou interacional da língua, os **sujeitos** são vistos como construtores de sentido. O sentido não é constituído por um autor; não há um sentido a ser descoberto pelo leitor ou ouvinte. Não é a língua a expressão das ideias de um autor sobre a realidade; não é o sujeito senhor de suas ações e de seu dizer.

O conceito de texto, segundo Koch (2014, p. 173), depende das concepções que se tenha de língua e de sujeito:

> Na concepção de língua como representação do pensamento e de sujeito como senhor absoluto de suas ações e de seu dizer, o texto é visto como um produto – lógico – do pensamento (uma representação mental) do autor, nada mais cabendo ao leitor/ouvinte senão "captar" essa representação mental, juntamente com as intenções (psicológicas) do produtor. Dessa forma, o ouvinte [ou leitor] exerce um papel essencialmente passivo.
>
> Na concepção de língua como código – portanto, como mero *instrumento* de comunicação – e de sujeito como (pré)determinado pelo sistema, o texto é visto como simples produto da codificação de um emissor a ser decodificado pelo leitor/ouvinte. Para tanto, basta o conhecimento do código – já que o texto, uma vez codificado, é totalmente explícito. Também nessa concepção o papel do "decodificador" é essencialmente passivo.
>
> Já na concepção interacional (dialógica) da língua, na qual os sujeitos são vistos como atores/construtores sociais, o texto passa a ser considerado o próprio *lugar* da interação e os interlocutores, como sujeitos ativos que dialogicamente – nele se constroem e são construídos. Dessa forma há lugar, no texto, para toda uma gama de implícitos, dos mais variados tipos, somente detectáveis quando se tem, como pano de fundo, o contexto sociocognitivo dos participantes da interação.

3 CONCEITO DE TEXTO

Fávero e Koch (1983, p. 25) distinguem dois sentidos de *texto*: um amplo, usado para identificar "toda e qualquer manifestação da capacidade textual do ser humano (uma música, um filme, uma escultura, um poema etc.)", e outro restrito, que identifica linguagem verbal. Nesse caso, texto se identifica com *discurso*. Neves (*In*: BATISTA, 2016, p. 93) salienta que "*discurso* e *texto* têm sido conceituados de maneira diferente pelas diversas teorias e pelos diversos autores, sendo até vistos como sinônimos, em alguns casos". Entende ainda ser difícil separar a conceituação desses dois termos (p. 102).

Na **linguística sistêmico-funcional,** "o texto é a forma visível palpável e material da relação social", conforme definição do sociolinguista inglês Basil Bernstein, reproduzida por Motta-Roth e Heberle (*In*: MEURER; BONINI; MOTTA-ROTH, 2010, p. 13). Três elementos são centrais em um texto: os significados tidos como relevantes, as formas linguísticas realizadoras desses significados e os contextos evocados. A relação entre esses três elementos varia de acordo com a posição do usuário da linguagem na sociedade, ou seja, conforme seu maior ou menor poder na sociedade. Ao falar em significado, é sempre bom lembrar que ele é constituído na interação dos usuários da língua. Também é de dizer que em um texto temos uma realidade construída por sujeitos; não se trata propriamente da realidade da experiência direta. Finalmente, em vez de se estudar aqui a linguagem como um sistema de regras isolado da experiência humana, passa-se a vê-la como "um sistema de representação simbólica de experiências recorrentes em uma dada cultura" (p. 16).

Para Halliday (2004, p. 3), autor de gramática sistêmico-funcional, é por meio de texto que nos comunicamos. O texto se caracteriza como a língua funcionando dentro de determinado contexto: "Quando as pessoas falam ou escrevem, produzem texto. O termo 'texto' se refere a toda instância linguística, em qualquer meio, que faça sentido para alguém que conheça a língua."[2]

A linguística sistêmico-funcional considera que a estrutura linguística se relaciona com a função social e o contexto: "A linguagem se organiza de dada maneira dentro de uma cultura porque essa organização serve a um propósito social no interior daquela cultura" (BAWARSHI; REIFF, 2013, p. 47). Para os autores citados, *sistêmico* "diz respeito à estrutura ou organização da linguagem, de modo que ela possa ser usada para fazer determinadas coisas" dentro de determinados contextos. O sistema possibilita escolhas ao usuário da língua para a realização do sentido. O termo *funcional* se refere "ao trabalho que a linguagem realiza dentro de determinados contextos". Expliquemos ainda dois outros conceitos comuns na linguística sistêmico-funcional vista: o de *cultura* e o de *contexto de situação*. Para Halliday, toda cultura é constituída por uma rede de sentidos codificada por um sistema semântico-discursivo. Já os contextos de situação ele considera não isolados nem únicos, mas recorrentemente constituem tipos de situação: "Porque os contextos de situação são recorrentes como tipos de situação, aqueles que participam desses tipos de situação desenvolvem maneiras tipificadas de interagir linguisticamente com eles" (p. 47-48). É com base nesses tipos de situação que dizemos o que temos a dizer e produzimos os sentidos.

Halliday chama de **registro** os traços semânticos comuns ao contexto de situação. Três são os seus elementos: campo, relação, modo.

A estrutura de um texto é realizada por meio de uma série de escolhas no nível do registro, ou seja, mediante padrões semânticos comumente utilizados em determinadas situações.

O **campo**, ou ação social, diz respeito às atividades dentro de determinado contexto, o tipo de ato que está sendo realizado (*elogiar, culpar, informar, vender* etc.), o que inclui os participantes, as práticas e as circunstâncias envolvidas. Em outros termos, refere-se ao que acontece, à natureza da ação social, àquilo a que enunciador e enunciatário estão engajados.

A **relação** diz respeito aos *papéis dos interlocutores*, a quem está participando do evento linguístico, a como são suas relações de poder: simétricas ou assimétricas (de solidariedade, de parceria ou de mando), de distanciamento ou aproximação. Em relação à distância dos participantes do evento linguístico, observe-se o uso de pronomes de tratamento: *"cara", "ô meu", você, senhor, senhora, Vossa Senhoria, Vossa Excelência, Vossa Majestade, meritíssimo*. Essas formas de tratamento produzem sentido de maior ou menor distanciamento dos interlocutores.

O **modo** refere-se à organização do texto, ao que os interlocutores esperam do evento linguístico, às escolhas realizadas pelo enunciador, bem como ao suporte (canal) utilizado.

Exemplificando: dentro de um escritório de uma empresa, a produção de um relatório se ocupa de dizer o que está acontecendo (campo); pessoas se relacionam na produção do relatório (relação); relacionam-se com poder igual ou desigual, ou seja, produzem relações simétricas ou assimétricas; e o modo diz respeito aos meios utilizados: visuais, sonoros, falado, escrito. Essas situações compostas pelo registro produzem agrupamentos de traços semânticos.

---

2 "When people speak or write, they produce text. The term 'text' refers to any instance of language, in any medium, that makes sense to someone who knows the language." Valemo-nos aqui da tradução de Neves (*In*: BATISTA, 2016, p. 93).

Halliday sustenta então a existência de três **metafunções da linguagem**, que corresponderiam ao campo, à relação e ao modo:

- **Metafunção ideacional** (campo): refere-se à representação linguística da ação. Envolve quem está fazendo o quê, a quem, quando (em que circunstâncias), onde (campo).
- **Metafunção interpessoal** (relação): refere-se à relação entre pessoas (relações simétricas e assimétricas).
- **Metafunção textual** (modo): diz respeito ao fluxo de informação e sua organização, coesão e coerência; o que deve ficar explícito e o que pode ficar implícito, conforme o conhecimento de mundo do enunciatário.

As duas primeiras metafunções manifestam dois propósitos: entender o ambiente (metafunção ideacional) e exercer influência sobre o interlocutor (metafunção interpessoal). À metafunção textual cabe dar relevância aos dois propósitos mais gerais do uso da linguagem (os dois anteriores). Ela é instrumental, uma unidade operacional; está a serviço da contextualização das unidades linguísticas. É ela que permite a construção de um texto e ao enunciatário (interlocutor) reconhecê-lo como um texto.

Enquanto à metafunção ideacional corresponde o significado cognitivo, em que "os parceiros da interação organizam e incorporam na língua sua experiência dos fenômenos do mundo real", à metafunção interpessoal corresponde o "modo como os parceiros usam a linguagem em sua participação no evento fala", o que compreende atitudes, julgamento pessoal, relações que estabelecem entre si (papéis assumidos: pai/mãe/filho; gerente/subordinado, presidente/diretor, médico/paciente, professor/aluno, autoridade em determinado assunto/enunciatário não especialista; amiga/amiga, amigo/amigo) (NEVES *In*: BATISTA, 2016, p. 98). Relativamente à metafunção interpessoal, considera-se como nos relacionamos linguisticamente com o outro: construímos os enunciados de forma imperativa, interrogativa, passiva, ativa? Modalizamos, atenuamos, nossas expressões?

Duas páginas adiante, Neves, valendo-se de uma metáfora, afirma que "um texto se faz como uma teia que se tece entre avanços e retomadas". Um texto é um processamento contínuo de significado. Ele organiza linguisticamente a experiência extralinguística (do mundo exterior ou interior) (metafunção textual), bem como a interação (metafunção interpessoal) e a semântica (metafunção ideacional). Enfim, por meio da linguagem são estabelecidas e mantidas relações humanas.

Não se pode, porém, nunca esquecer que não produzimos textos sem contextos, sem propósitos. Nossos textos são situados: escrevemos um bilhete de compras *para alguém da família*, um relatório administrativo *para um(a) diretor(a) de uma empresa*, um texto *para um professor ou professora*.

As **abordagens processuais do texto** tendem a desconsiderar o contexto, as relações de poder, como se nossos textos fossem constituídos única e exclusivamente orientados pela **gramática normativa**. As abordagens processuais estão presas ao protagonismo do enunciador, que diz o que diz sem considerar a quem, como se seu enunciatário não existisse. Elas evitam falar da relação entre estruturas textuais e propósitos sociais; negam a reflexão, a crítica à desigualdade social, à falta de acesso e crítica aos textos valorizados culturalmente.

A posição contrária, a da **linguística sistêmico-funcional**, focaliza a identificação do propósito social e de elementos genéricos estruturais, o que implica o conhecimento do que pode ser dito, do que deve ser silenciado, bem como dos elementos que devem fazer parte do texto e dos que dele podem fazer parte.

Na linguística sistêmico-funcional, os **gêneros discursivos** funcionam como processos sociais graduais, orientados por objetivos. Por meio desses processos sociais e graduais, os sujeitos sociais vivem (realizam ações em suas vidas) em determinada cultura; interagem para realizar seus objetivos, e o fazem gradualmente, ou seja, para realizar seus objetivos precisam dar mais de um passo para alcançá-los (cf. BAWARSHI; REIFF, 2013, p. 50).

O gênero discursivo diz respeito ao contexto de cultura (como a língua é estruturada para uso, como se dá a interação dos usuários para alcançarem os objetivos que têm em vista; como os usuários organizam o texto em estágios). Há elementos que são obrigatórios em determinado gênero, outros opcionais; alguns são recursivos, ou seja, podem ocorrer mais de uma vez no texto (suponhamos a avaliação em uma resenha de um livro ou o comentário crítico de uma peça teatral: a avaliação pode aparecer apenas ao seu final, ou distribuída ao longo do texto). Finalmente, alguns elementos têm ordem fixa em alguns gêneros (como em uma procuração e um requerimento) e outros, ordem variável (em um artigo de opinião, podemos ter: problema, causas, consequências, avaliação crítica, mas isso não impede que o articulista apresente já de saída uma avaliação, uma opinião e só depois o problema e sua análise). Ainda segundo esse conceito, é de notar que *organizamos os textos em estágios*. Não podemos transmitir todos os significados simultaneamente. No caso, por exemplo, de resenha de um livro, temos quatro **movimentos (estágios)**: apresentação do livro; esquematização do livro; focalização de partes do livro; avaliação do livro. Cada um desses movimentos compreende **passos**. Por exemplo: a apresentação do livro implica definir o tema (assunto) do livro, os enunciatários (leitores) a quem se dirige, informações sobre o autor, enunciados genéricos sobre o livro, inserção do livro na área. Em alguns gêneros, como um telefonema, por exemplo, outros são os movimentos, outros os estágios: cumprimentamos o(a) interlocutor(a) no início; dizemos nosso propósito, discorremos sobre o assunto, despedimo-nos. Se a pessoa com quem estamos falando desliga o telefone sem se despedir, verificamos uma ausência relevante de um estágio, o que produz variados significados: aborrecimento com nossa fala, irritação, falta de educação etc.

Na **perspectiva dialógica da linguagem**, segundo Brait (*In*: BATISTA, 2016, p. 14), que se apoia no Círculo de Bakhtin, texto é um evento, um acontecimento da vida da linguagem. Duas páginas adiante, afirma que Bakhtin "refere-se a texto como uma dimensão linguística atualizada por um sujeito coletivo ou individual, que se caracteriza como *enunciado concreto,* situado, pertencente a um contexto, a uma cultura, em diálogo com interlocutores presentes, passados e futuros". Conclui então que "é justamente essa dimensão complexa de *texto* que impede seu enfrentamento unicamente pela perspectiva linguística, embora essa não possa ser descartada".

Brait (*In*: BATISTA, 2016, p. 14), apoiada em Bakhtin, ressalta duas dimensões como condição de existência de um texto, segundo a perspectiva dialógica:

> Por um lado, a materialidade sígnica que o constitui e o insere num *sistema*, pode também ser denominada *dimensão semiótica*. Por outro, sua *singularidade* lhe é conferida a partir de sua inserção, de sua participação ativa e efetiva na cadeia da comunicação discursiva da vida em sociedade.
>
> Essa combinatória constitutiva de elementos repetidos (sistema) e elementos novos (linguagem em uso) permite que sua existência seja reconhecida como pertencente a

um sistema linguístico (linguístico, pictórico, musical etc.) e, ao mesmo empo, como portadora de valores, de posições que garantem a produção de sentidos, sempre em confronto com outras posições e valores presentes numa sociedade, numa cultura.

Ao construir um texto, temos como resultado enunciados concretos, situados, que pertencem "a um contexto, a uma cultura, em diálogo com interlocutores, presentes, passados e futuros. É justamente essa dimensão complexa de *texto* que impede seu enfrentamento unicamente pela perspectiva linguística, embora essa não possa ser descartada", continua Brait. O texto é assim visto como um acontecimento, que "se desenvolve *na fronteira de duas consciências, de dois sujeitos*". Compreender um texto como evento, acontecimento vivo é entender que ele "envolve necessariamente história, sociedade, valores, sujeitos, posições diante da vida, o que impede que ele seja analisado como autônomo, sempre idêntico a si mesmo, embora sua materialidade possa criar essa ilusão" (p. 18).

A vida de um texto depende, pois, do contato com outros textos, do cruzamento com outras consciências. Nossos textos são caracterizados "pelo movimento de discursos sociais, culturais, éticos, estéticos que, para serem mobilizados, dependem da existência do texto enquanto evento, enquanto acontecimento, necessariamente protagonizado por sujeitos situados histórica e socialmente" (p. 18). Exemplificando, a autora cita o caso da primeira página de um jornal: para ter contato com seu enunciado concreto, não basta sequer confrontar determinado texto com outros da mesma página (o que inclui particularidades gráficas e diferentes tipos de relações dialógicas). Às vezes, para chegar ao enunciado concreto, é preciso confrontá-lo com outros de outras páginas do jornal; às vezes, com outros textos de outros dias, "para compreender a produção de sentido não como a soma de cada texto, mas como um conjunto discursivo concretizado, que diz muito sobre sociedade, sujeitos, pontos de vista, assumidos diante de *acontecimentos* e, ainda, de suas relações reais ou discursivamente forjadas" (p. 19).

Quando se fala que um enunciado é um acontecimento, ressalta-se que sua opacidade não advém de sua estrutura sintática, mas do acontecimento de sua enunciação, que envolve a memória discursiva de outros acontecimentos de outras enunciações. Os sentidos não são transparentes. Daí a noção de língua já vista de que não é código, cuja posse daria acesso ao sentido. Tomemos a frase posta em aplicativo da Internet: "Homem que decide economia no Brasil é um só, Guedes" (Disponível em: https://www.msn.com/pt-br/noticias/politica/homem-que-decide-economia-no-brasil-%C3%A9-um-s%C3%B3-chama-se-paulo-guedes-diz-bolsonaro/ar-BB13gnGW?&li=AA520y. Acesso em: 27 mar. 2020). Esse enunciado só faz sentido se o leitor retomar a fala do Ministro da Casa Civil, General Walter Braga Netto, que alguns dias antes apresentou o Plano Pró-Brasil e gerou atrito com o Ministro da Economia, Paulo Guedes.

Koch e Elias (*In*: BATISTA, 2016, p. 32), apoiando-se na **abordagem interacional** de base sociocognitiva, utilizam termos semelhantes para definir texto:

> na abordagem interacional de base sociocognitiva, o texto é uma realização que envolve sujeitos, seus objetivos e conhecimentos com propósito interacional. Considerando que esses sujeitos são situados sócio-histórica e culturalmente e que os conhecimentos que mobilizam são muitos e variados, é fácil supor que o texto "esconde" muito mais do que revela a sua materialidade linguística.

Ressalte-se dessa definição que o texto envolve sujeitos. Não é resultado da intencionalidade de um autor, mas produzido na interação de sujeitos. O segundo ponto a destacar é que ele tem um objetivo. Todo texto visa atingir um fim, alcançar alguma coisa. Também envolve conhecimentos variados (não é suficiente o conhecimento linguístico, ou, se se quiser, da norma gramatical). Não se produz texto sem conhecimento, conhecimento sobretudo partilhado (conhecimento de mundo, o que inclui reconhecimento do gênero discursivo utilizado) entre os sujeitos, visto que o propósito de um texto é a interação.

Na constituição de um texto, são mobilizados muitos conhecimentos, que polemizam ou que estabelecem relação de aliança com outros conhecimentos. Além disso, todo texto implica sujeitos situados social e culturalmente, cada um deles com um papel definido. Às vezes, pode haver simetria entre os sujeitos; às vezes, assimetria: um pode manifestar mais poder que o outro na interação linguística. No fecho da definição vista, um pormenor que nos leva a ficarmos atentos com os textos que lemos ou ouvimos: eles escondem mais do que revela sua materialidade linguística. Para usar uma expressão comum no meio: os textos são como a ponta de um *iceberg*: o que vemos é uma parte menor; a maior se esconde de nossos olhos. Nesse sentido, o leitor se transforma em coenunciador; ele recupera outros sentidos que estão implícitos no texto, preenche os vazios do texto.

Para Bentes (*In*: MUSSALIM; BENTES, 2019, p. 266), ao revisar as várias concepções de texto da Linguística Textual,

> *todo falante nativo possui um conhecimento acerca do que é um texto*, conhecimento este que não é redutível a uma análise frasal, já que o falante conhece não só as regras subjacentes às relações interfrásicas (a utilização de pronomes, de tempos verbais, da estratégia de definitivização etc.), como também sabe reconhecer quando um conjunto de enunciados constitui um texto ou quando se constitui apenas um conjunto aleatório de palavras ou sentenças. Um falante nativo é capaz de resumir e/ou parafrasear um texto, perceber se ele está completo, atribuir-lhe um título ou produzir um texto a partir de um texto dado, estabelecer relações interfrásicas etc.

Três seriam as capacidades textuais básicas:

- **Capacidade formativa**: torna o sujeito competente para produzir e compreender um número elevado de textos inéditos, bem como avaliar se um texto é bem ou mal formado.
- **Capacidade transformativa:** dá ao sujeito competência para reformular, parafrasear e resumir textos.
- **Capacidade qualificativa**: permite ao sujeito identificar tipos retóricos de um texto: se é narrativo, descritivo, expositivo, argumentativo, injuntivo, bem como produzir um texto de determinado tipo.

Pouco adiante, ao tratar das condições de produção e recepção de textos, entende Bentes que dentro dessa concepção o texto não mais é visto como "uma estrutura acabada (produto), mas como parte de atividades mais globais de comunicação" e que se deve "tentar compreender o texto no seu próprio processo de planejamento, verbalização e construção". Finalmente, apoiada em Koch (*O texto e a construção dos sentidos*), explicita que a definição de texto

Capítulo 2

> deve levar em conta que a produção textual é uma *atividade verbal*, isto é, os falantes, ao produzirem um texto estão praticando ações, atos de fala. Sempre que se interagem por meio da língua, ocorre a produção de enunciados dotados de certa força, que irão produzir no interlocutor determinado(s) efeito(s), ainda que não sejam aqueles que o locutor tinha em mira (p. 270).

Considera também que a produção textual é uma atividade verbal consciente, ou seja, uma atividade intencional, em que o enunciador dá a entender seus propósitos: "o sujeito falante possui um papel ativo na mobilização de certos tipos de conhecimentos, de elementos linguísticos, de fatores *pragmáticos* e *interacionais*, ao produzir um texto. Em outras palavras, o sujeito *sabe* o que faz, como faz e com que propósitos faz (se entendemos que dizer é fazer)" (p. 271). Finalmente, a produção textual é uma **atividade interacional**: "os interlocutores estão obrigatoriamente, e de diversas maneiras, envolvidos nos processos de construção e compreensão de um texto" (p. 271).

Koch (2014, p. 26-27), ao definir texto, salienta que ele é resultado

> da atividade verbal de indivíduos socialmente atuantes, na qual estes coordenam suas ações no intuito de alcançar um fim social, de conformidade com as condições sob as quais a atividade verbal se realiza.
>
> Poder-se-ia, assim, conceituar o texto como uma manifestação verbal constituída de elementos linguísticos selecionados e ordenados pelos coenunciadores, durante a atividade verbal, de modo a permitir-lhes, na interação, não apenas a apreensão de conteúdos semânticos, em decorrência da ativação de processos e estratégias de ordem cognitiva, como também a interação (ou atuação) de acordo com práticas socioculturais.

No texto apresentado a seguir, por exemplo, o leitor pode inferir um propósito específico: chamar a atenção para a crimes de assédio sexual comuns na sociedade brasileira, quer dentro de meios de transporte, na rua, nos lugares fechados. Interage com o leitor, manifestando um conteúdo semântico que não oferece dificuldades de compreensão; o vocabulário é simples, o enunciado é breve. Vale-se de uma estratégia que substitui o imperativo, a modalidade deôntica ("você não deve..."), por um enunciado que, ao mesmo tempo que se manifesta injuntivamente, atenua a agressividade verbal, falando como se fosse conversa entre conhecidos, amigos, colegas. Interpela o enunciatário, sem se valer da violência verbal ("Cara, vem cá: a roupa dela não é desculpa para você agir com sacanagem").[3] Estratégia bem selecionada, porque, para combater uma agressividade sexual, não se vale de agressividade linguística. Além disso, ao dizer que "a roupa dela não é desculpa" dialoga justamente com o enunciado contrário, bastante difundido em nosso meio, o de fazer da vítima a culpada. É contra essa voz implícita que o texto se volta.

Observemos também a imagem escura e a multidão comprimida, que produz o sentido de ocasião utilizada pelos transgressores da lei: enquanto a imagem escura e dos caracteres em branco (vazado) do enunciado produz o efeito de sentido de decência, integridade, respeitabilidade (da parte da mulher), o tom escuro produz o de ação clandestina, ilegal. A maior parte dos sentidos que um texto veicula não está em sua superfície, já o dissemos: um texto é formado de vazios que o enunciador convoca o enunciatário a mobilizar, a preencher. Vejamos o texto:

---

3   Preferimos aqui reproduzir uma fala, que normalmente, conforme a região brasileira, não se ajusta ao imperativo gramatical: *venha*.

Temos aqui um texto de uma propaganda governamental sobre importunações criminosas sofridas pelas mulheres. O enunciado "A roupa dela não é desculpa" se inter-relaciona com outros textos, os que tentam justificar uma ação criminosa, em que a vítima seria culpada pelo ato do agressor, visto estar vestida com determinado tipo de roupa. Inter-relaciona-se também com os textos que criminalizam certas condutas machistas ainda presentes em nossa sociedade. Por extensão, o texto pode levar a pensar em outro tipo de crime, como o de assédio sexual (art. 216-A do Código Penal, introduzido pela Lei nº 10.224, de 15 de maio de 2001, bem como pela Lei de Importunação Sexual, Lei nº 13.718/2018).

Além do gênero discursivo e da intertextualidade, essa propaganda foi veiculada no contexto atual da sociedade brasileira, nas proximidades do carnaval. Juntamente com o enunciado em destaque, o leitor pode verificar a presença de pessoas se divertindo, dançando, e no canto superior direito a informação de um número de telefone, a quem uma mulher possa recorrer em caso de uma agressão libidinosa.

O texto tem um propósito: informar agressores masculinos que a roupa de uma mulher não lhes dá direito de desrespeitá-la e às mulheres um canal para buscar ajuda.

Finalmente, escolhemos um texto de um enunciado assertivo, composto por seis palavras, de fácil entendimento, para mostrar que um texto pode ter uma linha, mais de uma linha, muitos parágrafos, muitas páginas. A sua eficácia não depende de sua extensão. Notar também que o enunciado é expresso como se fosse um artigo de lei. Também não é composto apenas por palavras. Os textos podem ser manifestados por diferentes semióticas (visual, sonora); podem apresentar-se valendo-se de apenas uma semiótica, ou de várias e serão considerados semioticamente híbridos.

Vieira e Faraco (2019, p. 38) definem texto escrito (vamos lembrar que texto também pode ser oral) como

> um artefato verbal que construímos para instaurar uma interlocução com um leitor [ou ouvinte] específico ou com um conjunto específico de leitores [ou ouvintes]. Dizer que ele é um artefato verbal significa que, ao construí-lo, temos de garantir

sua *unidade interna de sentido* e lhe dar um *acabamento formal*, assim como fazemos com qualquer outro artefato.

Para constituir nossos textos, precisamos do domínio das estruturas gramaticais apropriadas. Todavia, o conhecimento da gramática não é suficiente. Nesse sentido, afirma Silva (2004, p. 7), com base no linguista e antropólogo Dell Hymes, ao tratar de competência comunicativa:

> não é bastante que o indivíduo saiba e use a fonologia, a sintaxe e o léxico da língua para caracterizá-lo como competente em termos comunicativos. É preciso que, além disso, esse indivíduo saiba e use as regras do discurso específico da comunidade na qual se insere. O indivíduo demonstra possuir competência se sabe quando falar, quando não falar, e a quem falar, com quem, onde e de que maneira.

Na página seguinte, Silva, apoiada em Michael Canale e Merrill Swain, trata de diferentes tipos de competências:

- **Competência gramatical:** implica conhecimento das estruturas da língua, domínio do código linguístico, habilidade de reconhecer estruturas que são próprias da língua e utilizá-las para compor os enunciados. Compreende competência sintática (conhecimento sobre como se organiza uma oração, como se combinam palavras para formar uma frase; concordância verbal e nominal), morfológica (conhecimento da formação das palavras, dos elementos mórficos da língua: sufixação, prefixação, gênero gramatical, número, tempo, voz, aspecto verbal, conjugação verbal), fonológica, semântica. Domínio no uso de uma língua é habilidade para reconhecer suas características linguísticas, seus recursos para formar enunciados.

- **Competência sociolinguística:** compreende o conhecimento de regras sociais que orientam o uso da língua; domínio de regras socioculturais de uso da língua de acordo com o contexto em que o enunciatário se encontra. Saber, por exemplo, que variedade linguística é a mais adequada para o que desejamos dizer, ajustando-a, conforme o enunciatário; domínio das formas de tratamento apropriada (*você, senhora, senhor, V. Sa., V. Exa.*), domínio de regras de polidez ("por favor", "muito obrigado", "desculpe-me"), manifestação de interesse pelo bem-estar do enunciatário, o que inclui: hospitalidade, afeto, simpatia, admiração. O enunciador pode ainda eliminar de seu texto: ordens, imperativos, proibições, correções, bem como valer-se de atenuações (modalizações), como: "eu penso que...", uso do futuro do pretérito ("acho que se poderia entender..."), uso de provérbio, máximas populares, expressões da sabedoria popular ("como diz o ditado..."), para evitar o ar de "sabidão".

- **Competência discursiva:** competência para formar um texto coeso e coerente, objetivando construir um todo significativo, o que implica coesão no nível linguístico e coerência no nível semântico. O sentido de um texto é construído na interação de enunciador e enunciatário. Daí a necessidade de observar conhecimentos partilhados (conhecimento enciclopédico, conhecimento de mundo) do enunciatário.

- **Competência estratégica ou competência comunicativa:** diz respeito à capacidade de suprir eventuais deficiências que ocorram no momento da interação comunicativa. Compreende: uso de paráfrases (dizer ou escrever com outras palavras o que não ficou muito claro; são comuns nesses casos o uso de "isto é", "ou seja", "quando me referi a isso, quis dizer" etc.), uso de palavras de sentido equivalente (os chamados "sinônimos"), gestos, ilustrações, gráficos. Na comunicação cotidiana com amigos, quando realizada por meio de *smartphone*, a competência estratégica do enunciador o leva, muitas vezes, a rechear sua interação de *emoticons* (ícones de emoções), não só para aprovar ou reprovar, manifestar sentimentos, mas também para tornar a comunicação menos palavrosa, mais visual, bem como introduzir um aspecto de modernidade, de quem pertence ao mesmo grupo.

Seguindo na mesma linha, para Brandão (*In*: DI FANTI; BRANDÃO, 2018, p. 147), ao estudar a linguagem como atividade constitutiva, ela exige "do enunciador a mobilização de um conjunto complexo de elementos de nível linguístico e discursivo". Na página seguinte, explicita:

> A tendência filosófica dos estudos da linguagem do século XIX, chamada por Bakhtin/Volochínov (2014) de subjetivismo idealista, era regida pelo princípio de que a linguagem não é produto (*ergon*) mas uma atividade (*energia*); uma atividade em processo constante a exigir esforço e trabalho contínuo do falante: trabalho às vezes inconsciente, mais automatizado, outras vezes consciente, uma luta ferrenha pela expressividade.

A constituição de um texto, seja falado ou escrito, não é, pois, uma atividade apenas linguística. Além dos conhecimentos linguísticos, precisamos de outros conhecimentos. Para Koch e Elias (2016, p. 15),

> Texto é um objeto complexo que envolve não apenas operações linguísticas como também cognitivas, sociais e interacionais. Isso quer dizer que na produção e compreensão de um texto não basta o conhecimento da língua, é preciso também considerar conhecimentos de mundo, da cultura em que vivemos, das formas de interagir em sociedade.

Em *Desvendando os segredos do texto,* Koch (2002, p. 17) afirma:

> Na concepção interacional (dialógica) da língua, na qual os sujeitos são vistos como atores/construtores sociais, o texto passa a ser considerado o próprio *lugar* da interação e os interlocutores são sujeitos ativos que – dialogicamente – nele se constroem e são construídos.

Tomemos, como exemplo, agora um texto, para tornar mais claros os conceitos expostos. Antes, porém, convidamos o leitor para localizar textos sobre a epidemia da Covid-19 e verificar como eles dialogam entre si, dialogam discursivamente. Lembramos que, embora possam não aparecer citações diretas e indiretas (intertextualidade), um texto sempre dialoga com outros. Cada um deles defende um ponto de vista dentro de uma cadeia de textos que formam um discurso. O diálogo dos discursos que estabelecem pode então ser de harmonia ou de tensão polêmica. Tomemos como exemplo um texto de Paulo Hartung (2020):

LUCIDEZ NA TRAVESSIA EM TEMPOS DE PANDEMIA

Tal como guerras, pandemias têm o condão de espetar no solo da História marcos divisórios do tempo, do antes e do depois. Sob a nuvem virótica do novo coronavírus, estamos ainda no curso de uma travessia dramática, mas já se podem anotar aprendizados que nos ajudarão a acertar os passos e acelerar rumo ao amanhã, que virá e, como sempre, será o que estamos fazendo hoje.

Já não se pode negar o fato há muito inconteste de que a vida precisa ser tratada em termos globais. Mas, na onda do negacionismo, o investimento populista de instalar muros físicos e ideológicos no mapa-múndi só nos fez ainda mais despreparados para lidar com a expansão multiterritorial da covid-19. [...]

A ciência, que já alertava para a possibilidade de uma pandemia, mas não foi ouvida, tornou-se outro alvo do cruzamento que se deu entre o populismo e o medievalismo assombroso que recrudesceu ultimamente.

Com um método próprio, a ciência, e, num lugar específico, as universidades, a humanidade vem construindo um patrimônio crucial de conhecimento para lidar com os desafios e as incertezas do existir. Mas da negação das mudanças climáticas à boataria contra as vacinas, passando pela louvação do senso comum como ataque sorrateiro ao saber intelectual, o mundo desidratou sua racionalidade científica. [...]

De outra sorte, esta travessia está a consolidar novos comportamentos. O mundo do trabalho, por exemplo, será confrontado com mais uma revolução na pós-pandemia, com o paradigma do *home office*. O comércio eletrônico é outro caminho sem volta que se fortalece. Esse cenário implicará desafios à inclusão produtiva e aos processos econômicos, mas trará impactos positivos em áreas como infraestrutura, mobilidade e combate à poluição. [...]

A análise aqui é panorâmica, mas registremos duas significativas notas locais: a pandemia acabou por escancarar a inaceitável desigualdade socioeconômica que corrói nossas potencialidades de nação desenvolvida e cidadã. O cotidiano massacrante e desumano das favelas, por exemplo, perdeu a "invisibilidade" que lhe era conferida pela infame "normalidade" nacional da vida fundada na segregação de semelhantes. [...]

Como vemos, toda crise tem três "forças": aprendizados, oportunidades, finitude. Ou seja, não há crise que dure para sempre, e ela será tanto menos danosa, e mais breve possível, quanto maior for nossa capacidade de identificar oportunidades que dela emergem e de aprender com seus desafios – não sem dolorosos custos e enormes sacrifícios.

Assim, além de recuperar o lugar indispensável do multilateralismo e de iluminar o valor inquestionável da ciência e da liderança, que este trágico momento nos inspire à construção de um outro tempo ao fim desta jornada da escuridão. Que este novo mundo seja lugar de cooperação, solidariedade, sustentabilidade. Ecoando Milton Santos, que sejamos capazes "de atribuir um novo sentido à existência de cada um e, também, do planeta".

Que possamos desviar-nos dessa "marcha da insensatez" que ignora a realidade e sigamos Winston Churchill, uma das mais arejadas e fundamentais lideranças do século XX: "Vocês perguntam qual é o nosso objetivo. Posso responder em uma palavra, a vitória. A vitória a qualquer preço, a vitória apesar de todo o terror, a vitória por mais longo e duro que seja o caminho, pois sem vitória não há sobrevivência. [...] Então, venham, vamos juntos em frente com nossa força unida." E nessa travessia "é inútil dizer 'estamos fazendo o possível'. Precisamos fazer o que é necessário".

O autor do texto, Hartung, é economista e foi governador do Espírito Santo. Trata-se de um gestor público de larga experiência, que cumpriu mandato entre os anos 2003-2010 e 2015-2018. O leitor também pode verificar que o artigo foi publicado em *O Estado de S. Paulo*, jornal paulista de longa tradição e um dos principais do Brasil. O jornal publica em suas colunas textos de renomados cientistas e estudiosos de todas as áreas do conhecimento (medicina, economia, ciências sociais etc.).

Orientando-se por um tom otimista e didático, o texto de Hartung afirma que a pandemia vai passar e que devemos aprender com ela. Com a preocupação de estabelecer um diálogo com o leitor, convoca um conjunto de vozes para dar sustentação a seus argumentos, não dispensando entre elas a sabedoria popular, o senso comum, as máximas.

O artigo de Hartung classifica-se como gênero *artigo de opinião*. Quem lê artigo de opinião em jornais espera nele encontrar um texto predominantemente argumentativo, ou seja, um texto em que o enunciador se ocupa de defender uma tese, um ponto de vista, objetivando persuadir o leitor. Textos argumentativos são textos que juntam em sua arquitetura demonstrações, provas, argumentos de autoridade. São textos cuja produção requer, por suas características, algum domínio do que os estudiosos da linguagem chamam de *retórica*, no seu sentido primeiro de técnica de argumentação. A esse primeiro sentido, através dos tempos, acrescentou-se nos estudos retóricos a utilização de figuras de linguagem, como metáfora, metonímia, hipérbole etc., que proporcionam ao texto certa beleza e contribuem para persuadir o leitor. Nesse sentido, o artigo de Hartung chama a atenção pela habilidade do autor para a construção de metáforas. A metáfora é uma estratégia retórica; não é uma figura de linguagem exclusiva da literatura (seja prosística, seja poética). O texto inicia-se com uma comparação: pandemias são como guerras para, em seguida, valer-se de uma série de metáforas: "espetar no solo da História", "nuvem virótica", "acertar os passos e acelerar rumo ao amanhã". O leitor pode prosseguir colecionando as metáforas até o final do texto. O que significa isso? Uma interação com um leitor que desfruta de certo grau de escolaridade, e com textos que proporcionaram ao autor esse tipo de aprendizado: provavelmente a leitura de autores consagrados da literatura, bem como com o discurso da retórica, que vem desde Aristóteles, passou por Quintiliano, Horácio e chegou até nós.

Todavia, paralelamente a essa sofisticação do discurso de Hartung, estrategicamente ele também se vale das máximas populares, parafraseando-as, evidentemente, como é o caso de "[o amanhã] será o que estamos fazendo hoje" (= colhemos o que plantamos). Parágrafos abaixo, novamente o enunciador se serve do discurso do senso comum: "não há crise que dure para sempre" (= não há mal que sempre dure). No primeiro caso, temos o efeito de sentido de envolvimento do enunciador com o enunciatário (observar o uso da primeira pessoa do plural: "*estamos* fazendo". O segundo produz o efeito de um saber já estabelecido pela vivência, algo que teria valor por ter sido já experienciado inúmeras vezes pelos homens; daí o afastamento da enunciação: o enunciado funciona como um saber universal. O verbo no presente ("há") é uma característica relevante nesse tipo de enunciado.

Um primeiro diálogo que gostaríamos de salientar é com o conhecimento linguístico, o que diz respeito à morfologia. Sem sermos exaustivos, podemos registrar: a formação morfológica de *coronavírus* (que significa uma família de vírus que causa infecções respiratórias): *corona + vírus*; processo morfológico conhecido como composição por aglutinação. Diz-se que o novo coronavírus é uma nova cepa do vírus corona. Ao tratar de um assunto (tema) atual em seu artigo, o articulista, evidentemente, dialoga com inúmeros outros, quer escritos quer falados (veiculados por jornais impressos, programas de rádio e televisão, Internet, conversas cotidianas). Impossível seria tratar de *coronavírus* a partir do nada. O autor tomou contato com outros textos que tratam do tema; ouviu infectologistas em entrevistas a programas jornalísticos do rádio e da televisão, leu artigos sobre o mesmo tema em jornais e revista etc.

Ouvimos no texto o eco de muitas vozes, algumas explicitamente expostas (Milton Santos e Winston Churchill), outras implicitamente, ou seja, não declaradas, como é o caso das vozes do senso comum e das máximas populares.

Considerando ainda a formação morfológica, destacamos o uso de prefixos e sufixos, que pertencem ao nosso universo linguístico, social, cultural. Do prefixo latino **in** (introdutor de negação e privação): *inconteste* (= que não se contesta), *incertezas, infame* (que tem má fama, provoca desprezo e repugnância), *indispensável, insensatez*; **des** (= ação contrária, negação): *despreparados, desidratou, desumano;* **pós** (posterior): *pós-pandemia;* **infra** (abaixo): *infraestrutura;* **pan** (todo, tudo): *pandemia*.

Há também um diálogo com conhecimentos sobre sufixação: **-al** (nos adjetivos, tem o sentido de relação, participação): *crucial* (formado de *cruz* e tem o sentido de *decisivo, inevitável*), *multiterritorial;* **-mento** (ação ou resultado de ação): *investimento, cruzamento, conhecimento;* **-vel** (capacidade, qualidade, aptidão): *possível;* **-ção** (ação ou resultado dela): *expansão, negação, segregação, cooperação;* **-dade** (qualidade ou estado): *possibilidade, racionalidade, potencialidade, capacidade, mobilidade, oportunidade, solidariedade, sustentabilidade, realidade;* **-ismo** (opinião, crença, escola, sistema): *negacionismo, populismo, medievalismo, multilateratismo;* **-ista** (agente, adepto de uma escola): *populista;* **-ência** (estado, qualidade): *sobrevivência*.

E, ainda, com a prefixação e sufixação: *inaceitável, indispensável, inquestionável, invisibilidade*.

Outra ordem de diálogo é a do texto com outros textos, como é o caso do discurso negacionista; discurso em voga nos dias de hoje daqueles que contestam o valor da ciência, ou querem pôr por terra o conhecimento científico acumulado ao longo de séculos. Diálogo polêmico com os que defendem muros (alusão ao muro na fronteira entre México e Estados Unidos, defendido por Donald Trump, presidente dos Estados Unidos, bem como com os muros ideológicos – "meu mundo capitalista é melhor que o socialista", ou o contrário: "meu mundo socialista é melhor que o capitalista"; "isso não tem valor porque é do mundo capitalista, ou o contrário: "isso não tem valor porque pertence ao mundo socialista" etc.). Polemiza também com os que negam o valor das vacinas e outros conhecimentos científicos. Finalmente, por citação direta, temos os discursos de Milton Santos (renomado geógrafo brasileiro) e o de Winston Churchill (Primeiro-ministro do Reino Unido, durante a Segunda Guerra Mundial). Se o leitor confrontar o título do artigo ("Lucidez na travessia em tempos de pandemia") com a citação direta de Churchill, que aparece ao final do artigo, vai verificar que a metáfora *travessia* pertence ao mesmo campo semântico de *caminho*. Na tese de Hartung, a travessia do caminho da pandemia exige lucidez, contrapondo-se à insensatez do negacionismo e dos que propõem ações populistas em cruzamento com um "medievalismo assombroso" (a palavra *medievalismo* foi usada no sentido negativo, de tempos não regidos pela ciência, tempos de obscurantismo).

Aqui cabe considerar a existência de dois discursos em nossa sociedade: o dos que afirmam a legitimidade da ciência e o daqueles que a negam, como os terraplanistas, os que defendem a desnecessidade de vacinas, os que negam o aquecimento global, a poluição das águas, a destruição de ecossisstemas etc. É com esses discursos que Hartung polemiza. É sempre preciso considerar que o discurso é o espaço do conflito, do confronto de posições. Por outro lado, mantém relação contratual, relação de acordo, com os discursos de Milton Santos e Churchill. Cita-os então diretamente, produzindo o que normalmente se chama de argumento de autoridade.

4 CONCEITO DE DISCURSO

Ao final do estudo desta seção, pretendemos que fique claro para o leitor que "os discursos não são independentes uns dos outros e não são elaborados por um sujeito" (POSSENTI *In*: MUSSALIM; BENTES, 2018, p. 385). O sujeito não é uno, livre; não é consciente nem origem do que diz. Ao dizer alguma coisa, o enunciador não se volta propriamente para as coisas que diz, mas realiza um trabalho sobre outros discursos.

A perspectiva de estudo da linguagem aqui escolhida é a dialógica, que nos abre as portas para um conceito relevante nesses estudos, o de *discurso*. Todos os textos mobilizam discursos para a produção de sentido constituinte de seu propósito. Várias são as vozes que circulam em um discurso, elemento fundador dos textos. Ao leitor cabe recuperar essas vozes e participar ativamente na produção do sentido dos textos que são objeto de sua leitura.

Define-se discurso como uma construção cultural da realidade. Nos termos de Maingueneau (2008), citado por Sobral, é "a relação entre *formação discursiva*, entendida como 'um sistema de restrições de boa formação semântica' [...] e *superfície discursiva*, ou 'o conjunto de enunciados produzidos de acordo com esse sistema'" (p. 52). Na página seguinte, Sobral cita diretamente Maingueneau: os discursos são objetos "ao mesmo tempo integralmente linguísticos e integralmente históricos. Com efeito, as unidades do discurso constituem sistemas, sistemas significantes, enunciados", que são originários de uma semiótica textual, bem como da história, "que fundamenta as estruturas de sentido que eles exibem" (p. 53). Considera-se, pois, aqui, tanto a textualização como a contextualização.

Para Lima (*In*: DI FANTI; BRANDÃO, 2018, p. 142), "o discurso, em uma perspectiva bakhtiniana, corresponde ao uso efetivo da língua em situações reais de comunicação verbal". O sujeito falante se vale da língua, que está disponível na forma de textos, que são recuperados pela memória toda vez que constrói seus enunciados. Ele extrai de textos semelhantes o que é necessário para construir os enunciados de que precisa. Todavia, nesse processo, que não se dá de forma mecânica de apropriação de enunciados, ocorre o que o Lima chama de *atividade reguladora*. Recuperamos textos pela memória e os ajustamos às situações concretas vividas, o que depende do grau de domínio do gênero utilizado pelos sujeitos em interação. Segundo ainda Lima, como a eficácia no uso da língua é "ideal inatingível", do qual é possível apenas nos aproximarmos, não raramente, em virtude do afastamento desse ideal, temos o fenômeno da atividade reguladora, que poderia ser entendida "como um esforço constante do sujeito para atingir o inatingível". Daí que o fenômeno da atividade reguladora é constitutivo do discurso. O sujeito do discurso ocupa um lugar social, e é desse lugar que enuncia, e enuncia inserido em um processo histórico que lhe permite dizer algumas coisas e o impede de dizer outras. Nesse sentido, os procedimentos discursivos são vistos como modo pelo qual o sujeito vê a realidade e não como reprodução da realidade.

É a **formação discursiva** em que está inserido o sujeito que o leva a dizer algumas coisas e o faz calar outras. Exemplificando: um juiz garantista orienta seu discurso pelo que é possível dizer dentro dessa

> O garantismo defende o cidadão e suas garantias fundamentais enquanto que o ativismo defende o Estado, no seu afã principal de exercer o papel criativo dos tribunais ao trazerem uma contribuição nova para o Direito, formando o precedente jurisprudencial, antecipando-se, muitas vezes, à formulação da própria lei
>
> (LEITE, 2017).

formação discursiva; um juiz ativista segue outra linha, também podendo dizer algumas coisas e tendo de calar outras.

Di Fanti e Brandão (*In*: DI FANTI; BRANDÃO, 2018, p. 7-11) sustentam que modernamente distinguem-se nos estudos da língua dois momentos: o primeiro é relativo a Saussure, que, "tendo como pano de fundo a presença de pressupostos teóricos do positivismo que dominava a época, concebe uma ciência linguística que busca apreender seu objeto de estudo no quadro de uma rede de elementos que o constituíram como um sistema". O segundo momento é dos estudos da linguagem: "aquele que vai nos levar ao âmbito do *discurso*". Os estudiosos

> têm em comum uma insatisfação em relação aos estudos da linguagem restritos à abordagem do fato linguístico ou que, na tentativa de fugir a esse paradigma, se atêm a uma análise do conteúdo, exploração do tema veiculado pelo texto. [...] Os estudos do discurso, nas suas várias vertentes, nascem, assim, de uma insatisfação de certa forma generalizada com o que se fazia para apreender o ato verbal, então restrito à sua especificidade linguística, incapaz de perceber os elementos implicados para além de um *aqui-agora* imediato (p. 9).

Esse é o caso da Análise de Discurso, disciplina que se ocupa não apenas do objeto linguístico (o texto), mas também de suas condições de produção, protagonistas do discurso, imagens e representações construídas, valores históricos, sociais e culturais implicitados nos enunciados. Nesse caso, a interpretação "deixa de ser apenas linguística, no sentido estrito, para tornar-se *discursiva*" (p. 10). Continuam as autoras citadas:

> Na abordagem discursiva, o discurso é fruto de uma percepção de linguagem (qualquer que seja ela, verbal, pictórica, gestual...) não só na materialidade específica de seus signos (na linguagem verbal, palavra, na pictórica, cores e formas...), mas também nos valores ideológicos, sócio-históricos que lhe são constitutivos. O discurso abrange, portanto, ao mesmo tempo, o linguístico e o *não linguístico* (p. 10).

Além de contextualizado, o discurso é assumido por um sujeito e tem como primado o interdiscurso. Em outros termos, a *primazia* (prioridade) é do interdiscurso, ou seja, nossos textos dialogam com outros discursos, mas o primado é do interdiscurso e não do discurso. Sobral (*In*: DI FANTI; BRANDÃO, 2018, p. 52), ao comentarem essa expressão *primado do interdiscuro*, posta por Maingueneau em *Gênese dos discursos*, ressaltam que "'primazia' (ou 'primado') não significa 'domínio' do interdiscurso sobre o discurso porque, sem este, o interdiscurso não tem sobre o que incidir". Os sentidos que veiculamos em nossos textos são sentidos de outros discursos. Nossos discursos ou estão de acordo com outros discursos ou polemizam com eles. É com base neles que traçam seu caminho. Nesse sentido, o interdiscurso não é algo que se posta no exterior do discurso, mas elemento "constitutivo do interior do mesmo discurso, via intradiscurso" (p. 59). Adiante, dirá o autor citado, sempre com base em Maingueneau, que o dialógico é vital na existência do discurso: "mostrada ou não mostrada, é a heterogeneidade que permite a própria ilusão de homogeneidade do discurso!" (p. 60). Transcreve, ainda, adiante texto de Maingueneau: "O interdiscurso tem primazia sobre o discurso. O que equivale a postular que a unidade de análise pertinente não é o discurso, mas um espaço de intercâmbios entre inúmeros discursos convenientemente escolhidos" (p. 69).

Authier-Revuz (1990), por sua vez, ao tratar da heterogeneidade do discurso, entende que ela tanto pode ser constitutiva, como mostrada. Não se trata apenas de relação intertextual (relação de um texto com outro texto, por meio de citação direta e indireta), mas de relação de discursos. Exemplifiquemos: o leitor poderia procurar na Internet textos que se relacionam discursivamente com a canção "What a wonderful world" (de Bob Thiele e George David Weiss, cujo primeiro a gravar foi Louis Armstrong), bem como com o discurso de Martin Luther King, "Eu tenho um sonho". A leitora ou o leitor vê alguma relação entre o discurso de Martin Luther King e o atual movimento "*Black lives matter*"?

5 FORMAÇÃO DISCURSIVA E MEMÓRIA

Vejamos nesta seção dois conceitos fundamentais quando se fala de discurso nos atuais estudos da linguagem: o de *formação discursiva* e o de *memória discursiva*. O primeiro, a Análise de Discurso tomou emprestado de Foucault, reelaborando-o com base em Althusser.

Mussalim (*In*: BATISTA, 2016, p. 54), revisitando Pêcheux e Fuchs (1990), afirma que, ao sustentar que sua concepção de sintaxe "como o modo de organização dos traços das referências enunciativas", Mussalim colocou

> definitivamente em cena a problemática dos processos de enunciação, que consistem em uma série de determinações sucessivas (por meio das quais o enunciado se constitui pouco a pouco) que tem por característica colocar o *dito* e rejeitar o *não dito*. É na esteira dessa reconfiguração que o tratamento do texto passa a evocar a relação entre o interdiscurso e o intradiscurso. Mas esse novo modo de abordagem decorre também da alteração da noção de máquina discursiva, que deixa de ser concebida como entidade autônoma, decorrente de um processo discursivo específico. A noção de formação discursiva (FD), elaborada por Michel Foucault (2004), foi fundamental nessa reconfiguração.

Em seguida, Mussalim trata dessa reconfiguração, afirmando que a noção de formação discursiva em Pêcheux, que se apoia em Althusser, é vista sob o foco de uma tríade: formação social, formação ideológica e formação discursiva:

> Toda formação social se caracteriza por certa relação entre as classes sociais e implica a existência de posições ideológicas e políticas que se organizam em formações, que mantêm entre si relações de confronto e antagonismo, de aliança ou dominação [formação ideológica] (p. 54-55).

As *formações ideológicas* são constituídas por um conjunto complexo de atitudes e de representações. Nesse sentido, as formações discursivas determinam o que pode ou não ser dito, o que pode e deve ser dito. As formações discursivas funcionam como filtro, que estabelece critérios sobre o que é possível ou não ser enunciado no interior de uma formação discursiva. É esse sistema de restrições que permite não só distinguir o que é possível enunciar no interior de uma formação discursiva, como também "identificar enunciados incompatíveis com o sistema de restrições dessa formação discursiva como enunciados pertencentes a formações discursivas antagonistas" (MUSSALIM *In*: BATISTA, 2016, p. 59). Exemplificando, soa estranho em um discurso de um economista liberal ortodoxo falar positivamente de intervencionismo estatal. Conclui Mussalim na página citada: "A 'competência interdiscursiva' supõe a aptidão dos sujeitos em reconhecer a incompatibilidade semântica de enunciados de outras formações do espaço discursivo que constituem seu Outro."

As formações discursivas materializam a contradição entre diferentes posições ideológicas. Não podem ser vistas como homogêneas, fechadas. E, por suas condições de produção, não podem ser contraditórias. Elas se constituem

> como um espaço constantemente invadido por elementos que vêm de outro lugar, de outras formações discursivas. Nesse sentido, o espaço de uma FD é atravessado pelo 'pré-constituído', ou seja, por discursos que vieram de outro lugar (de uma construção anterior e exterior) incorporados por ela numa relação de confronto ou aliança (p. 55).

As formações ideológicas[4] constituem um conjunto complexo de atitudes e de representações que se relacionam mais ou menos diretamente com posições de classe em conflito umas com as outras. Nesse sentido, a ideologia para a análise de discurso é um mecanismo imaginário pelo qual, segundo a posição social que o sujeito ocupa na sociedade, é interpelado a dizer o que já foi dito, sem que ele perceba que está repetindo posições de classe; leva-o a produzir um sentido que lhe parece evidente, natural. A leitora ou o leitor já deve ter ouvido alguma vez alguém dizer que determinado sentido foi naturalizado, tornou-se tão comezinho que passamos a interpretar a realidade por esse sentido "natural", como se ele fosse "a verdade". Naturalizamos, por exemplo, o consumismo, a violência, o descuido com as pandemias, a educação que não educa, o racismo, os mais diversos tipos de preconceitos etc. A ideologia tem a função de apagar diferenças entre classes, bem como proporcionar certo sentimento de pertencimento a determinado grupo social; é ela responsável por dar identidade aos membros de uma coletividade. Exemplificando: há no Brasil a ideologia de que os brasileiros são pacíficos. Os números da violência, no entanto, desmentem essa afirmação. Outra ideologia é a da igualdade, que algumas pessoas parodiam: "sim, somos todos iguais, mas há alguns que são mais iguais que outros". Também em relação ao racismo, não é incomum alguém negar sua existência entre nós. A desigualdade foi naturalizada. Se mulheres ganham menos no mercado de trabalho, mais naturalizações: "somos todos iguais".

É a *memória discursiva* que nos permite recuperar o pré-constituído. Essa memória "diz respeito à existência histórica do enunciado no interior de práticas discursivas reguladas por aparelhos ideológicos" (p. 56). Mussalim transcreve então Possenti (2004), que afirma que a memória discursiva se refere "ao modo como o trabalho de uma memória coletiva permite a retomada, a repetição, a refutação e também o esquecimento desses elementos de saber que são os enunciados" (p. 56).

Nesse sentido, o domínio da memória é constituído por "sequências que preexistem a um certo enunciado". Acrescente-se, então, que o **texto**, segundo a concepção da análise de discurso, não é propriamente uma unidade de análise, visto que todo texto é apenas parte de uma cadeia (de um arquivo). Um texto não pode ser tomado como uma unidade coerente de sentido; constitui apenas uma superfície discursiva que se manifesta segundo determinado processo discursivo específico.

---

4   Nosso foco aqui é linguístico. Estamos estudando mecanismos de formação dos discursos, seus elementos constituidores. Não há como falar em discurso, sem considerar conceitos como *formação ideológica, memória discursiva, formação ideológica*.

6 CLASSIFICAÇÃO DE DISCURSOS

Uma das classificações de discurso que ouvimos constantemente é: discurso machista, discurso feminista, discurso científico, discurso filosófico, discurso econômico, discurso socialista, discurso liberal, discurso político (democracia × autoritarismo), discurso histórico, discurso religioso, discurso católico, discurso evangélico. Outra classificação compreende: **discurso lúdico, discurso polêmico e discurso autoritário**,[5] classificação que tem o mérito de voltar-se para o conteúdo do texto. Não se trata de categorias autônomas, mas de dominância. Um texto predominantemente polêmico pode, por exemplo, conter partes lúdicas. Se predomina nele a polêmica, será classificado como discurso polêmico. Assim, as formas não são puras, mas híbridas, nelas preponderando sempre uma sobre a outra.

Para a classificação dos discursos, segundo essa tipologia, consideram-se: distância, modalização, tensão, transparência.

Em **distância**, verifica-se a atitude do falante em relação ao seu enunciado: o sujeito expositor é exclusivo? Desaparecem os referentes? A voz do locutor é mais forte que o conteúdo do próprio enunciado? Uma das marcas mais notáveis do discurso autoritário é o uso da indeterminação do sujeito, em que uma voz determina o que deve ser feito, sem que saibamos quem é (*Precisa-se de*; *premia-se aos campeões..., dizem que fulano..., procedeu-se ao controle...*). Também se valem de enunciados passivos que escondem o agente: "foi decidido que você já não faz mais parte da empresa" (Quem decidiu?). Às vezes, se vale de enunciados de valor universal, do "senso comum", de "verdades" irretrucáveis, incontestáveis.

Em **modalização**, constatam-se a presença de imperativos, paráfrase de discursos já conhecidos, preocupação persuasiva. Os modalizadores linguísticos dizem respeito ao modo de dizer; eles estão diretamente relacionados ao enunciado, funcionando como indicadores da intenção, sentimentos e atitudes do enunciador em relação ao seu discurso (*eu exijo, eu determino, eu ordeno, é certo, tenho certeza, não tenho dúvida; eu acho, é possível, é provável* etc.). Essas expressões indicam o modo como o que se diz é dito.

> É comum em nosso meio a confusão que se faz desses conceitos: democracia não é regime econômico; é regime político. Ela se opõe a regimes autoritários, ditatoriais; comunismo e socialismo são da ordem econômica; neles prevalecem os meios de produção na mão do Estado. Essa diferença é fundamental para entender a existência de capitalismo em países de regime político comunista. Outra questão que um estudioso de linguagem não desconsidera é o fato de que língua não é código, não é etiqueta. Entendemos democracia e liberdade, por exemplo, de uma forma; ouros países, ainda que comunistas politicamente, podem ter outro conceito de democracia e liberdade. Para ficar num exemplo simplório: para nós brasileiros, o arco-íris tem sete cores (vermelho, laranja, amarelo, verde, azul, anil e violeta), mas o reconhecimento das cores do arco-íris não é igual para todos os povos (cf. https://www.portalmie.com/atualidade/curiosidades/2019/07/quantas-cores-tem-o-arco-iris/. Acesso em: 1 out. 2020).

---

5   Para maiores esclarecimentos sobre essa classificação, consultar Orlandi (1987) e Citelli (1985).

Em **tensão**, nota-se a relação entre emissor e receptor. O emissor não abre espaço para a participação do destinatário, para respostas.

Em **transparência**, cuida-se do maior ou menor grau de opacidade do enunciado. O signo distancia-se ou aproxima-se da polissemia. Quanto mais autoritário, mais denotativo, de forma que haja pouco ou nenhum espaço para a contestação.

No **discurso autoritário**, temos o eixo das certezas, das necessidades, do imperativo, das normas. Para Koch (2017, p. 85), nesse tipo de discurso,

> o locutor procura manifestar um saber (explícito ou implícito) e obrigar o interlocutor a aderir ao seu discurso, aceitando-o como verdadeiro. Tem, aqui, o grau máximo de engajamento do locutor e a intenção de impor ao alocutário os seus argumentos, apresentando-os como incontestáveis (eu sei, portanto, é verdade). Para torná-los mais convincentes, ele utilizará, em larga escala, o recurso à autoridade – fazendo uso de lexicalizações das modalidades [...] do tipo: é certo..., é preciso..., é necessário..., todos sabem..., é impossível..., é proibido..., não pode haver dúvidas..., é dever de todos... etc.

O discurso autoritário é de formação discursiva por excelência persuasiva. Embora haja persuasão no discurso polêmico, é no discurso autoritário que a persuasão atinge seu maior grau. A preocupação é dominar pela palavra. O locutor não se preocupa com a participação do tu, que passa a ser mero receptor, "sem qualquer possibilidade de interferir e modificar aquilo que está sendo dito. É um discurso exclusivista, que não permite mediações ou ponderações" (CITELLI, 1985, p. 39). Nesse tipo de texto, o signo se fecha e sobressai a voz da autoridade sobre o assunto, a de quem ditará as verdades como num ritual. O discurso autoritário é circular: alguém fala como se falasse para um auditório composto por si mesmo.

A polissemia tende a um maior ou menor grau no discurso lúdico e no polêmico, enquanto no autoritário repete-se (parafraseia) uma fala já estabelecida, já sacramentada pela instituição. O diálogo perde sua voz para o monólogo. No interior das famílias, a voz do pai ou da mãe, sob a forma de conselho, é um exemplo de discurso autoritário. De igual forma, o discurso do religioso na igreja, do colunista no jornal, do professor na sala de aula. Sempre corremos o risco do discurso autoritário, da verdade única, do signo fechado, sem chance para a participação do outro. Exemplifiquemos:

> À contingência de tal ordem chegamos, infelizmente, como resultante de acontecimentos conhecidos, estranhos à ação governamental, que não os provocou nem dispunha de meios adequados para evitá-los ou remover-lhes as funestas consequências. [...] Nos períodos de crise, como o que atravessamos, a democracia de partidos, em lugar de oferecer segura oportunidade de crescimento e de progresso, dentro das garantias essenciais à vida e à condição humana, subverte a hierarquia, ameaça a unidade pátria e põe em perigo a existência da nação, extremando as competições e acendendo o facho da discórdia civil. [...] Os preparativos eleitorais foram substituídos, em alguns estados, pelos preparativos militares, agravando os prejuízos que já vinha sofrendo a nação, em consequência da incerteza e instabilidade criadas pela agitação facciosa. O caudilhismo regional, dissimulado sob aparências de organização partidária, armava-se para impor à nação as suas decisões, constituindo-se, assim, em ameaça ostensiva à unidade nacional. [...] Colocada entre as ameaças caudilhescas e o

> perigo das formações partidárias sistematicamente agressivas, a nação, embora tenha por si o patriotismo da maioria absoluta dos brasileiros e o amparo decisivo e vigilante das Forças Armadas, não dispõe de meios defensivos eficazes dentro dos quadros legais, vendo-se obrigada a lançar mão, de modo normal, das medidas excepcionais que caracterizam o estado de risco iminente da soberania nacional e da agressão externa. Essa é a verdade, que precisa ser proclamada, acima de temores e subterfúgios. [...] A gravidade da situação que acabo de escrever em rápidos traços está na consciência de todos os brasileiros. Era necessário e urgente optar pela continuação desse estado de coisas ou pela continuação do Brasil. Entre a existência nacional e a situação de caos, de irresponsabilidade e desordem em que nos encontrávamos, não podia haver meio-termo ou contemporização (VARGAS *In*: ALVES, 2016, p. 65-66).

Convidamos o leitor a destacar no texto as expressões que indicam autoritarismo, verdade fechada e não permitem ao leitor senão a adesão aos sentidos que expressa.

Vejamos agora o caso das citações, dos argumentos de autoridade. Ao introduzir em um texto a voz de outros autores, o texto citado ganha característica de argumento de autoridade e, ao mesmo tempo, permite ao enunciador manter-se distanciado do conteúdo enunciado. Em caso de alguma acusação, poderá dizer: "não fui eu quem disse". Em geral, porém, o argumento de autoridade é usado para persuadir o leitor: "fulano é uma autoridade no assunto; logo, o que diz é verdadeiro, ou deve ser aceito como verdadeiro". Um argumento de autoridade, no entanto, não é irretrucável. Também ele pode ser objeto de nossas avaliações. Jornais falados ou escritos são pródigos em nos oferecer a fala de cientistas sociais, juristas, acadêmicos etc., para dar ao enunciador autoridade ao argumento que defende. Nesse sentido, podemos examinar a transposição de um fragmento de um texto bíblico que vem paulatinamente sendo citado em nosso meio. Trata-se do versículo 32 do capítulo 8 do Evangelho de São João, em que escribas e fariseus propõem uma cilada para Jesus: apresentam-lhe então uma mulher apanhada em adultério e querem saber sua posição. Afastados escribas e fariseus e sozinho com a mulher, Jesus lhe diz que não a condenava, o que levou os escribas e fariseus a afirmarem que seu testemunho, não era digno de fé. O diálogo que se estabelece é contundente: Jesus afirma ser digno de fé porque sabia de onde viera e para onde ia e que eles julgavam segundo as aparências. Se a leitora ou o leitor buscar o texto bíblico, vai verificar que o fragmento que se passou a difundir entre nós (e não só atualmente, visto que volta e meia alguém o profere) faz parte de um enunciado que tem na primeira parte uma oração condicional, que normalmente é esquecida: "Se permanecerdes na minha palavra, sereis meus verdadeiros discípulos, conhecereis a verdade e a verdade vos libertará" (João, capítulo 8, versículos 31-32. *Bíblia* publicada pela Editora Ave Maria. Disponível em: https://www.bibliacatolica.com.br/biblia-ave-maria/sao-joao/8/. Aceso em: 27 abr. 2020).

Transposta a fala para o contexto brasileiro, não só se constitui em argumento de autoridade, como também ganha características de discurso autoritário, ou seja, de verdade incontestável. Esquecida a primeira oração, o enunciado soa pretensioso, de quem é possuidor da verdade. Diante de qualquer texto que cita outro texto e precisamos verificar sua extensão, nossa postura de leitor não ingênuo nos leva a procurar diretamente a fala original, verificar em que contexto se deu, quem a proferiu, quais eram as circunstâncias. Desconfiar, checar as informações, refletir, entender o texto, para só depois, se necessário, fazer uso da informação. As palavras podem ser as mesmas, mas o significado terá permanecido o mesmo? Se agimos irrefletidamente, corremos o risco de fazer as pessoas dizerem o que não disseram. Se voltarmos ao texto original sob foco, verificamos, por exemplo, que se confrontam duas ideologias: a legalista e a não legalista. Terá a palavra *verdade* o mesmo significado em ambos os textos (o original e o fragmento difundido)? E *liberdade* posta no contexto brasileiro continua sendo a liberdade do texto original? Palavras são "traiçoeiras" e não são etiquetas; às vezes, dizem uma coisa para significar outra.

Convidamos então o leitor para interpretar a fala que se tornou comum em nosso meio: "a verdade vos libertará". Interprete inicialmente *verdade*, perguntando-se: que verdade é essa? Depois, ocupe-se em construir um sentido para *liberdade*. Terá ela o mesmo sentido para todas as pessoas? Terá o mesmo sentido em todos os contextos? O meu sentido de *liberdade* é melhor que o do meu vizinho, ou de povos que nem conheço profundamente? As palavras são polissêmicas; múltiplos são os seus significados. Por exemplo, o sentido de *liberdade* de um pai, quando educa seus filhos, pode divergir do sentido que os filhos têm dessa mesma palavra, e assim por diante. Finalmente, teça um comentário sobre todo o enunciado. O que sugere para que o enunciado não seja visto como pretensioso?

Passemos agora a examinar o **discurso polêmico**, que, diferentemente, do discurso autoritário, funciona como um debate. Há uma luta em que uma voz tende a persuadir a outra. Os argumentos podem ser contestados; o outro está disposto a ouvir e encontra possibilidade para também expor seus argumentos, mas a abertura é operada sob vigilância, sob controle. O emissor procura dominar o seu referente, dando-lhe a direção que tem em vista. Para Koch (2017, p. 85), no discurso polêmico predomina

> uma argumentação com base no crer (eu acho, portanto, é possível, provável, permitido, facultativo, contingente...). O locutor não impõe (ou finge impor) a sua opinião, ainda que se trate de mera manobra discursiva, deixando (ou fingindo deixar), assim, ao alocutário a possibilidade de aceitar ou não os argumentos apresentados, de aderir ou não ao discurso que lhe é dirigido.

São exemplos de discurso polêmico: conversa entre amigos, defesa de tese, juízo sobre um tema, um editorial jornalístico, assunto de uma aula, um artigo de opinião, como o de Cony (2006, p. A2):

SOCIEDADE BEM INFORMADA

Fomos informados de que o presidente da República, de calção vermelho, pança respeitável à mostra, descansa uns dias em praia reservada, no uso de um direito que a Constituição e o bom senso aprovam. Ninguém é de ferro.

Sua vida não tem sido fácil, sobretudo nos últimos tempos. E se até o Todo-Poderoso descansou no sétimo dia, nada demais que nosso presidente, embora menos poderoso, tenha descanso de suas atribuições. É justo e natural que aproveite momentos de lazer e privacidade.

No dever de bem informar a sociedade, a mídia não faz por menos: instala-se nas proximidades para mostrar o óbvio, o homem comum no seu direito comum de tomar banho de mar. Muita gente toma banho de mar todos os dias, mas a sociedade não liga para isso.

Bem verdade que não se trata de um homem comum, é o presidente da República, a sociedade tem o direito de saber tudo sobre ele. Como teve, há anos, de ver Jacqueline Kennedy tomar banho nua numa praia grega. Em escala mundial, pagãos da Manchúria e cristãos da Indonésia foram informados daquela nudez.

Informar a sociedade é mais do que um direito: é um dever dos meios de comunicação. E em nome desse direito e dever tudo é permitido, por mais desnecessária ou óbvia que seja a informação.

Sempre desconfiei que as informações realmente importantes nunca chegam ou chegam tarde à sociedade. Só para dar um exemplo banal: não sabemos até hoje onde estão os ossos de Dana de Teffé. O jornalismo dito investigativo investiga muito, geralmente o que já está ou foi investigado. Mesmo assim, dificilmente entendemos o que nos acontece.

Dificilmente a sociedade se dá por satisfeita. Quer mais. Sabemos quem matou o Lineu daquela novela que já foi esquecida. Mas não sabemos nem saberemos se o presidente sabia ou não sabia do "mensalão".

O articulista, no texto, nos apresenta uma visão crítica sobre a própria imprensa. Entende que "Informar a sociedade é mais do que um direito: é um dever dos meios de comunicação. E em nome desse direito e dever tudo é permitido, por mais desnecessária ou óbvia que seja a informação". Para dar força a seus argumentos, particularmente de que os jornais às vezes se ocupam de informação "desnecessária ou óbvia", contesta o clichê *jornalismo* investigativo ("O jornalismo dito investigativo investiga muito, geralmente o que já está ou foi investigado. Mesmo assim, dificilmente entendemos o que nos acontece"), colocando, lado a lado, um banho de Jacqueline Kennedy (que foi primeira-dama, no governo de John F. Kennedy, nos anos de 1960) e, portanto, uma notícia irrelevante, e o assassinato de uma *socialite* milionária, fato (também da década de 1960) que seria uma notícia relevante, mas nunca foi esclarecido. O leitor pode ter outra opinião. Cony não se põe dono da verdade, aliás critica o próprio fazer jornalístico. Convida o leitor a refletir, a tomar uma posição, a pensar por que fatos da vida pessoal se sobrepõem aos da vida pública, ao que seria de fato de interesse nacional.

O terceiro tipo de discurso é o **discurso lúdico**. Ele compreende a forma mais aberta e democrática de discurso. É marcado por um jogo linguístico, em que o que importa não é o que se diz, mas como se diz. A persuasão nele atinge o menor grau; desaparecem os imperativos e a verdade única e acabada. A preocupação com a "verdade" cede lugar ao verossímil. Contesta valores, bem como visões de mundo estreitas. O movimento dialógico eu-tu-eu dinamiza-se e passa a ser forte a presença de signos abertos, polissêmicos. Eu e tu abrem-se para novas descobertas de sentido. Afirma Citelli (1985, p. 38): "A aventura dos significados passa a ter o sabor do encontro de outros significados." São exemplos de discurso lúdico: poemas, romances, contos, novelas, letras de canções populares. Verifique-se, por exemplo:

FLOR DA IDADE

A gente faz hora, faz fila na vila do meio-dia

Pra ver Maria

A gente almoça e só se coça e se roça e só se vicia

A porta dela não tem tramela

A janela é sem gelosia

> Nem desconfia
>
> Ai, a primeira festa, a primeira fresta, o primeiro amor
>
> Na hora certa, a casa aberta, o pijama aberto, a família
>
> A armadilha
>
> A mesa posta de peixe, deixa um cheirinho da sua filha
>
> Ela vive parada no sucesso do rádio de pilha
>
> Que maravilha
>
> Ai, o primeiro copo, o primeiro corpo, o primeiro amor
>
> Vê passar ela, como dança, balança, avança e recua
>
> A gente sua
>
> A roupa suja da cuja se lava no meio da rua
>
> Despudorada, dada, à danada agrada andar seminua
>
> E continua
>
> Ai, a primeira dama, o primeiro drama, o primeiro amor
>
> Carlos amava Dora que amava Lia que amava Léa que amava Paulo que amava Juca que amava Dora que amava
>
> Carlos que amava Dora que amava Rita que amava Dito que amava Rita que amava Dito que amava Rita que amava
>
> Carlos amava Dora que amava Pedro que amava tanto que amava a filha que amava Carlos que amava Dora que amava toda a quadrilha
>
> (Chico Buarque, 1975).

A interpretação de um texto é apenas uma das interpretações possíveis. A leitora, ou o leitor, lendo o texto, encontrará outros sentidos. Os estudiosos da área apenas sugerem que um texto está aberto a múltiplas interpretações, mas elas não são infinitas. As interpretações mais consistentes se orientam pelas marcas, instruções que o enunciador distribui ao longo do texto.

Dito isso, primeiramente, estamos diante de um texto que pede maior participação do leitor para o preenchimento dos vazios. O sentido do texto só se completa com as inferências que leitor vai paulatinamente propondo. Esse o caso, por exemplo de: "A gente almoça e só se coça e se roça e só se vicia / A porta dela não tem tramela / A janela é sem gelosia / Nem desconfia." A expressão *a gente* substitui "pessoas que estão à espreita para ver a garota". Possivelmente, dos restaurantes e bares, as pessoas contemplam a menina que às vezes se põe à janela e chama a atenção por sua beleza. A menina não desconfia dos olhares que vêm da rua.

O texto da letra da canção é recheado de aspectos lúdicos, de preocupações com a estesia: no primeiro verso temos aliteração dos fonemas labiodentais /f/ e /v/, o primeiro surdo e o segundo, vozeado (sonoro): "A gente faz hora, faz fila na vila do meio-dia pra ver Maria", que produz o som de movimento. Da mesma forma, o fonema sibilante /s/ (que é representado graficamente por ç), que também reproduz o conteúdo do que se está falando: os sons produzidos pela agitação "pra ver Maria". Se pensarmos no costume grosseiro dos brasileiros, podemos até inferir assovios. Observando a sonoridade, verificamos a repetição de determinados sons (rimas consonantais e assonâncias), o que dá ao texto leveza e chama a atenção do leitor para o poético do texto e da vida. Igual ocupação com o significante ocorre nas paronomásias *festa, fresta, copo, corpo, dama, drama*.

"Flor da idade" também está repleta de enunciados ambíguos, outra característica de um texto lúdico. Esse o caso "de primeira fresta" que tanto pode ser lido denotativamente como fresta da janela, o que leva à produção do sentido de primeiros interesses da garota, que sente aflorar sua sexualidade, como, conotativamente, ao aproveitamento da primeira oportunidade (pela cena construída) de, às escondidas, em uma festa, dar-se a realização do primeiro interesse afetivo. Deixemos à leitora e ao leitor a constituição dos sentidos de "na hora certa, a casa aberta, o pijama aberto, a família, // a armadilha"; de "vive parada no sucesso do rádio de pilha"; "Ai, o primeiro copo, o primeiro corpo, o primeiro amor". De quem seria essa voz que recrimina ou orienta sobre os perigos da ingestão de álcool? Interprete também "A roupa suja da cuja se lava no meio da rua", "dada" e "primeira dama". Como o leitor ou leitora vê o comportamento dessa garota que sai à rua e enfrenta os que a acusam de andar com determinado tipo de roupa? Como se pode verificar, o texto mais sugere que diz. Vemos apenas a pontinha do *iceberg*. Por exemplo: deixemos à leitora e ao leitor a busca de significados que ocorrem na primeira estrofe, em que a garota está presa em casa; na segunda, é apresentada em convivência familiar; na terceira, sai à rua; na quarta, conhece muitos amores.

O texto de Chico Buarque revela evidente intertextualidade (outro nome para o diálogo entre textos) com relação ao poema "Quadrilha", de Carlos Drummond de Andrade, mas apresenta diferenças. No primeiro verso da última estrofe, o nome Carlos remete a uma pessoa chamada Carlos, mas também remete a Carlos Drummond de Andrade. A estrutura dos versos, a palavra *quadrilha* que aparece ao final do texto, tudo contribui para mostrar relação com o poema de Drummond, bem como tornar o signo aberto, plural. Qualquer verso do texto pode ter mais de uma interpretação. Por exemplo: em "dança, balança, avança e recua", as ações dos verbos podem ser interpretadas individualmente, mas também podem ser vistas em conjunto, formando o movimento plástico dos corpos. Finalmente, o signo *quadrilha* remete tanto a todas as pessoas do texto, como à dança de pares de origem francesa, como ao poema de Drummond.

Agora, vejamos o poema de Carlos Drummond de Andrade (2001, p. 26):

> QUADRILHA
>
> João amava Teresa que amava Raimundo
> que amava Maria que amava Joaquim que amava Lili
> que não amava ninguém.
> João foi para os Estados Unidos, Teresa para o convento,
> Raimundo morreu de desastre, Maria ficou para tia,
> Joaquim suicidou-se e Lili casou com J. Pinto Fernandes
> que não tinha entrado na história.

Já o poema "Quadrilha" compara a dança de pares com movimentação afetiva comum em nossas vidas. Os pares vão se formando, unindo-se e passando à vista do leitor. E no jogo de encontros e desencontros, indivíduos dão lugar a uma união interesseira em que Lili se casa com alguém que tem sobrenome e, possivelmente, maior prestígio social. Observa-se também no poema o uso de orações subordinadas adjetivas relativas, em conformidade com o conteúdo expresso, o da relatividade das relações afetivas. Elas vão se distribuindo paralelamente pelo texto, num movimento que iconiza a dança.

EXERCÍCIOS

1. Escolher três artigos do gênero discursivo artigos de opinião que têm como foco *meio ambiente*, sejam eles publicados em jornais, revistas, ou veiculados pela Internet. Por exemplo, textos sobre queimadas na Amazônia, aquecimento global, poluição atmosférica nos grandes centros urbanos; desmatamento de florestas; poluição de rios etc. Uma das sugestões seria ler o artigo de ZIESEMER, Henrique da Rosa; HÜLSE, Levi. A retórica da defesa do meio ambiente: uma perspectiva catarinense do Ministério Público (Disponível em: www.univali.br/direitoepolitica. Acesso em: 25 abr. 2020). Ler, reler, resumir o artigo. Em seguida, escrever um texto sobre meio ambiente. Realizada a primeira redação de seu texto, ler e reler outros dois artigos sobre o mesmo tema. Sugestão: ler o texto de FEARNSIDE, Philip M. Fogo e emissão de gases de efeito estufa dos ecossistemas florestais da Amazônia brasileira. Disponível em: https://www.scielo.br/pdf/ea/v16n44/v16n44a07.pdf. Acesso em: 24 set. 2020. Pesquisar ainda um terceiro artigo e lê-lo e relê-lo. Lidos os textos, voltar à primeira redação sobre meio ambiente e, se necessário, reformular alguns enunciados; cortar textos, substituir palavras; enfim, aprimorar seu conteúdo, o ponto de vista exposto. Observar: (a) os três artigos devem tratar do mesmo tema; (b) ler os artigos mais de uma vez; (c) identificar o ponto de vista defendido; (d) identificar as principais características estruturais do gênero, do estilo dos seus enunciados e do vocabulário.

2. Retomar o artigo de Hartung (que é um texto do gênero discursivo *artigo de opinião*), apresentado neste capítulo. Ler, reler, para certificar-se de que entendeu o sentido do texto. Ler também o artigo de TEICH, Nelson. Covid-19. Histeria ou sabedoria? (Disponível em: https://pfarma.com.br/coronavirus/5449-nelson-teich-covid19.html. Acesso em: 18 abr. 2020). Redigir um texto, comentando as duas posições. Finalmente, ler o artigo de VALERY, Gabriel. Atila Iamarino: "Após o coronavírus, o mundo não voltará a ser o que era" (Disponível em: https://www.redebrasilatual.com.br/saude-e-ciencia/2020/03/atila-iamarino-apos-o-coronavirus-o-mundo-nao-voltara-a-ser-o-que-era/. Acesso em: 22 abr. 2020). Se necessário, voltando ao texto que escreveu, faça uma revisão rigorosa dele. O leitor, se experiente, sabe que, para escrever, precisa de várias competências: **competência linguística** (competência gramatical, conhecimento da norma "culta"); **competência textual ou discursiva** (inclui conhecimento do gênero discursivo, de sequências textuais [descritiva, narrativa, expositiva, argumentativa], bem como de conhecimento sobre a construção de enunciados coesos e coerentes); **competência sociolinguística** (conhecimento da variedade linguística mais apropriada ao contexto, formas de tratamento, conhecimento de regras de polidez) e **competência estratégica** (capacidade para solucionar problemas que ocorrem durante a interação; por exemplo: parafrasear um texto para torná-lo mais compreensível, definir um termo com maior precisão, substituindo uma palavra por outra de sentido equivalente, utilizando gráficos etc.

3. Ler e reler o artigo de DI FANTI, Maria da Glória. A tessitura plurivocal do trabalho: efeito monológicos e dialógicos. *Alfa, Revista de Linguística*, São Paulo, Unesp, v. 49, n. 2, p. 19-40, 2005. Disponível em: https://periodicos.fclar.unesp.br/alfa/article/view/1402/1102. Acesso em: 13 abr. 2020. Escolher um dos enunciados seguintes e comentá-lo:

   a) "Enunciar é agir, é tomar atitude diante do outro (discurso, interlocutor, fato), é responder a algo ou alguém, é participar da cadeia complexa de vários enunciados, produzindo signos, textos – enunciados."

   b) "As atividades humanas, como as de trabalho, são produtoras de signos – enunciados/textos – e acontecem como um processo de interação, cujos signos refletem e refratam características histórico-sociais dos indivíduos e da esfera de atividade em que atuam."

   c) "A atividade de trabalho [...] convoca do analista o reconhecimento do imprevisível, do 'real', do não esperado, das surpresas que são encenadas em situações diversas. Esse reconhecimento deve partir da observação do diálogo como uma instância de reelaboração de pontos de vista, perceptíveis e então analisáveis por meio das posições dos interlocutores e de suas transformações. É, assim, o processo interacional constituído por índices discursivos de um movimento dialógico mais amplo, de que fazem parte a história e a memória."

   d) "Os aspectos dialógicos apontam para a presença de diferentes vozes discursivas (pontos de vista, visões de mundo, posições) em circulação e para diferentes efeitos dessa presença na atividade de trabalho, os aspectos monológicos apontam para vozes que são suprimidas de diferentes modos (que também ressoam no enunciado) e revelam variados efeitos na produção de sentidos no desenvolvimento do trabalho."

   e) "Dada superfície discursiva produz sentidos diferentes dependendo do gênero a que responde, da inscrição estilística do locutor no enunciado e da orientação dos variados acentos de valor empreendidos."

   f) "Na situação em análise, a reorganização das etapas deflagrou mudanças de posições dos protagonistas: (a) o juiz-presidente se distanciou discursivamente da discussão, deixando as tratativas se desenvolverem sem sua interferência direta; (b) os juízes classistas tomaram a iniciativa e assumiram as tratativas do acordo. Uma das mudanças enunciativas mais marcantes é a posição de silêncio assumida pelo juiz – um silêncio dialógico – provido de vários sentidos, estimulador da atitude responsiva dos classistas e marcador da reelaboração dos gêneros da atividade."

   g) "O pluralismo linguístico (plurivocidade) em voga, representado por diferentes formas discursivas – como 'bater o martelo', próprio do discurso de leilões e 'não vai dizer que eu não falei das flores', que recupera discurso de protesto da música popular brasileira do período da ditadura militar –, revela construções inusitadas na situação de trabalho em análise. São fragmentos de outros gêneros que hibridizam os gêneros da atividade, subvertendo o 'dizível' em uma audiência 'tradicional' e marcando, com isso, o inacabamento constitutivo dos gêneros (discursivos/profissionais)."

4. Ainda com base no artigo de Di Fanti (2005), citado na questão 2, nomear as vozes que aparecem no texto.

SUGESTÃO DE LEITURA

1. Ler e resumir o artigo de SOBRAL, Adail. Lugar social e sentido do discurso: um diálogo com M. Pêcheux a partir de F. Flauhault e da concepção dialógica de linguagem. *Revista Prolíngua*, João Pessoa, Universidade Federal da Paraíba, v. 7, n. 1, p. 119-132, 2012. Disponível em: https://periodicos.ufpb.br/ojs/index.php/prolingua/article/view/16144/9225. Acesso em: 10 abr. 2020.

2. Comentar o texto de TIBURI, Marcia. A cultura do assédio entre a cantada e a covardia. *Cult*, São Paulo. Disponível em: https://revistacult.uol.com.br/home/marcia-tiburi-a-cultura-do-assedio/. Acesso em: 23 abr. 2017.

3 O que tem a dizer sobre o texto de FIORIN, José Luiz. O *pathos* do enunciatário. *Alfa*, São Paulo, Unesp, v. 48, n. 2, p. 69-78, 2004. Disponível em: https://periodicos.fclar.unesp.br/alfa/article/view/4297/3885. Acesso em: 7 maio 2020.

3

Critérios de textualização

> *Como ação social, tanto um recado anotado para alguém que não está em casa, como uma mesma mensagem informando a mudança de endereço eletrônico, direcionada a pessoas com quem mantemos os mais variados tipos de distância ou proximidade social, são construídos com base em nossa experiência sociorretórica: estabelecemos propósitos comunicativos e cuidamos para que sejam alcançados, dando-lhes forma segundo nossa percepção de semelhanças, gerais ou específicas, entre a situação atual e outras situações que julgamos análogas (CARVALHO In: MEURER; BONINI; MOTTA-ROTH, 2010, p. 136).*

1 INTRODUÇÃO

Iniciemos esclarecendo que a expressão *critérios de textualização* é também conhecida como *princípios de textualidade, critérios de textualidade, elementos de textualidade* e outras expressões. Koch e Elias (*In*: BATISTA, 2016, p. 34) afirmam:

> Se o texto é texto à medida que o vemos como tal, é porque nesse processo estabelecemos conexões entre texto, sujeitos e sociedade. O princípio de conectividade evidencia, portanto, que o texto não resulta apenas do conhecimento da língua, tampouco somente das intenções de quem o produz ou das interpretações de quem o lê (ouve), mas da complexidade dos aspectos envolvidos nas relações intersubjetivas constituídas de forma situada.

Ao construirmos um texto, nós o fazemos para atingir um objetivo, temos um propósito bem definido. Também quando ouvimos ou lemos um texto, temos de identificar o seu propósito. Podemos nos perguntar: o que o autor quis dizer com o que disse ou escreveu? Que ponto de vista quis defender? Por que disse o que disse? Às vezes, não há mais de um propósito nos textos. Colares e Ramos (*In*: SOUSA; LEAL, SILVA; IRINEU, 2018, p. 225-226) entendem que o propósito de um texto apresenta as intenções que os identifica "em uma classe ou comunidade. Dessa forma, os propósitos comunicativos demonstram o objetivo do autor ao escrever um texto, encaixando-o em algum gênero". Quis uma informação ou quis informar algo? Seu propósito é perguntar, comentar, criticar ou elogiar? Finalmente, acrescente-se que os propósitos comunicativos nem sempre são facilmente identificáveis:

> Por vezes, não se sabe verdadeiramente se seu produtor tem consciência da existência de alguns deles. [...]
>
> Pela experiência do ato de ler, verificamos a todo momento que são várias as possibilidades de leitura que se impõem a partir de um texto. Isso nos permite, também, considerar que diversos propósitos comunicativos podem ser definidos para uma produção textual (MOREIRA In: SOUSA; LEAL; SILVA; IRINEU, 2018, p. 260).

Um texto é tido como texto quando os parceiros de uma atividade de comunicação, diante de uma manifestação linguística, são capazes de constituir um sentido. Um texto não é um conjunto de frases que não se concatenam, que não contribuem para formar um sentido; ele é orientado por um conjunto de critérios de textualização. No entanto, esses critérios não devem ser entendidos de forma categórica, como princípios de formação textual, mas elementos que permitem a produção de sentido. Daí a necessidade de planejamento, tendo sempre consciência de que o texto que vamos produzir não será um produto acabado, pronto. Um texto é um processo que se constitui na interação. Nesse sentido, uma de nossas competências quando escrevemos diz respeito à observância dos fatores de textualidade, que, além dos aspectos gramaticais e semânticos, implicam fatores pragmáticos, que são caracterizadores das propriedades de um texto. A textualidade é que faz com que um texto seja visto como texto coeso e coerente e não como um feixe de frases desconexas (cf. SOARES, 2016, p. 31).

Tomemos como exemplo o texto seguinte.

A LÍNGUA DES JOVENS ARGENTINES

"Bom dia, Chaco, bom dia, amigues." Assim Alberto Fernández [Presidente da Argentina] cumprimentou apoiadores em um ato recente na província no norte do país.

Não é a primeira vez que o presidente usa a chamada linguagem inclusiva em seus discursos, esquentando o debate linguístico na Argentina.

Aqui, a adoção dessa forma de se expressar está cada vez mais presente no debate público. Surgiu dentro do contexto da luta feminista, que ganhou força com o movimento #NiUnaMenos (nenhuma a menos), que denuncia a violência contra a mulher, e da luta pela aprovação do aborto, que por pouco não passou no Congresso. As jovens argentinas ganharam grande protagonismo levantando essas bandeiras e falando essa variação do idioma.

Em outros países, a linguagem inclusiva usa símbolos como o "@", o "χ" e outros, no lugar dos artigos masculino e feminino. Porém, estes são impossíveis de pronunciar.

Na Argentina, os adeptos da linguagem inclusiva substituem o "o" para homem e "a" para mulher pela letra "e". Daí surgem os "amigues", "todes", "menines" e assim por diante.

Fernández tem perto de si alguém que usa a linguagem inclusiva sempre. Seu filho, Estanislao, que é adepto do *cosplay*, veste-se de *drag queen* e é um ativista das causas da comunidade LGBTQIA+.

Essa onda já fez com que universidades importantes, como a UBA (Universidade de Buenos Aires), passassem a aceitar o uso de linguagem inclusiva nas aulas e nos trabalhos e que

> algumas publicações, como a revista Anfíbia e o jornal Página12, adotassem em algumas reportagens e colunas o "e" no lugar dos artigos que designam sexo.
>
> Há também livros sendo traduzidos assim, como uma nova edição de "O Pequeno Príncipe", de Antoine de Saint-Exupéry. Há até algumas juízas que estão emitindo sentenças em linguagem inclusiva.
>
> Existem, porém, opositores à introdução oficial da linguagem inclusiva no idioma. A Real Academia Espanhola, que rege as normas da língua, se pronunciou contra, por considerar "artificial" e "desnecessária", além de apontar para a dificuldade de adotar isso em um idioma falado por mais de 500 milhões de pessoas no mundo.
>
> Na Argentina, há educadores que também se colocaram contra, por considerarem a medida uma maneira de politizar o idioma.
>
> Por fim, há também feministas que não curtem a novidade, porque acham que o "a" dá ênfase ao feminino, e que isso não deve ser anulado.
>
> Outro dia, numa sessão do Senado, a vice-presidente Cristina Kirchner deu uma bronca num senador que a chamou de "presidente", em meio a uma sessão. "Mas a palavra presidente não tem sexo", reagiu ele. E Cristina; "Isso é o que dizem todos os machistas, é presidenta-ta-ta", respondeu ela, em seu estilo categórico.
>
> Como uma mulher que foi educada e escreve diariamente sem linguagem inclusiva, me parece uma mudança desnecessária e que me soa ridícula quando pronunciada em voz alta. A defesa dos direitos das mulheres pode ser feita sem isso.
>
> Por outro lado, como símbolo no contexto da luta por esses direitos, é válido. E é melhor debater o exagero que é a linguagem inclusiva do que ouvir expressões de claro retrocesso, na linha "menino veste azul e menina veste rosa" (COLOMBO, 2020, p. A14).

O leitor, se com mais anos vividos, pode se lembrar dos discursos do ex-Presidente José Sarney (1985-1990), que, ao se dirigir à nação, sempre os iniciava com os vocativos: "Brasileiros e brasileiras". Hoje, já se nota esse uso mais difundido em homilias e programas de televisão, como, por exemplo, o "GloboNews Em Pauta", em que o jornalista Marcelo Cosme diz no início do programa: "Seja bem-vindo, seja bem-vinda". Neste texto, temos usado "a leitora e o leitor" ou "o/a leitor/a". Ao tratar de linguagem inclusiva, o texto de Colombo dialoga (intertextualiza-se com variadas vozes. Do lado favorável, cita: a voz de Alberto Fernández, a da luta feminista, a do filho do presidente, Estanislao, a da UBA (Universidade de Buenos Aires), a da revista *Anfíbia*, a do jornal *Página12*, o uso da linguagem inclusiva em *O Pequeno Príncipe* ("nova edição"), bem como de juízas que estariam emitindo sentenças, valendo-se desse tipo de recurso. Do lado contrário: a da Real Academia Espanhola, a dos educadores e até de feministas, que advogam que o uso tradicional "dá ênfase ao feminino, e que isso não deve ser anulado". Cita, ainda, a voz de Cristina Kirchner, bem como a de um senador que a contestou. Por fim, temos a voz da articulista exposta nos dois parágrafos finais do texto, que afirma ter sido educada e escrever diariamente sem a linguagem inclusiva: "me parece uma mudança desnecessária e que me soa ridícula quando pronunciada em voz alta". Entende ela que "a defesa dos direitos das mulheres pode ser feita sem isso". Considera, no entanto, que a linguagem inclusiva é válida, "como símbolo no contexto da luta por esses direitos". Conclui Sylvia Colombo: "É melhor debater o exagero que é a linguagem inclusiva do que ouvir expressões de claro retrocesso."

O leitor também pode perceber que o artigo transcrito tem o propósito de discutir o tema linguagem inclusiva, o que leva inevitavelmente ao tema do feminismo.[1] Para alcançar seu objetivo, relaciona variadas vozes, com argumentos favoráveis e desfavoráveis. Embora reconheça tratar-se de uma "mudança desnecessária", reconhece sua validade no contexto da luta feminista, cuja pauta é muito mais extensa. O texto não o diz, mas fica implícito: igualdade de salários entre homens e mulheres, quando exercem a mesma função nas empresas, violência doméstica, assédio sexual etc. Enfim, o texto visa levar o leitor à reflexão não apenas com relação à linguagem inclusiva, mas também sobre problemas da realidade nacional e retrocessos, que são marcados pelo discurso antifeminista.

> Observar que a jornalista do texto sob análise escreve para um leitor consumidor de notícias e, portanto, não desconhece essas informações. Da mesma forma, quem escreve um artigo científico sobre biologia escreve para seus pares, que dominam conceitos da área, bem como a terminologia dessa ciência. Uma pessoa consumidora de informações sobre futebol brasileiro reconhece com facilidade o que é informação nova e o que é informação já conhecida, não tendo, provavelmente, dificuldade para produzir sentido dos textos do jornalismo esportivo relativo ao campeonato brasileiro, por exemplo. Um leitor não apaixonado por futebol (ou que o detesta), ao ler um artigo esportivo, mesmo que escrito em linguagem de uso cotidiano, pode ter dificuldade para entendê-lo, porque todas as informações lhe poderão parecer novas. Mesmo em um país que valoriza o futebol como o Brasil, há brasileiros, por exemplo, que não sabem o que é um pênalti, um impedimento, um carrinho, um gol de letra ou de bicicleta, uma lambreta, um escanteio, um drible da vaca, uma caneta, bater de chapa, bater de primeira, voleio etc.

O tema do texto está contextualizado: pertence à época atual (o que se pode verificar pelas referências ao Presidente da Argentina, Alberto Fernández, que tomou posse em 10 de dezembro de 2019, bem como à ex-presidente da Argentina, Cristina Kirchner). O texto se coloca no contexto polêmico dos discursos comuns na sociedade brasileira atual, ou seja, do discurso feminista e do discurso antifeminista.

Ao discutir um assunto presente nas relações cotidianas no Brasil de 2021, não é difícil antever certa disposição do enunciatário (leitor) para discutir com o enunciador um assunto linguístico que tem relação com o tema do feminismo também presente na sociedade brasileira atual. Além disso, o leitor pode perceber que, em relação às informações veiculadas, algumas delas são do conhecimento do público brasileiro e outras constituem novidade. Essa é uma característica dos textos: movimentar-se entre o conhecido e o desconhecido. Se todas as informações fossem novas, o leitor teria dificuldade para constituir um sentido; se fossem todas antigas, já conhecidas, o texto não despertaria interesse do leitor.

O artigo sob foco caminha nessa direção, focalizando dentro do conhecido tema do feminismo uma questão linguística (que seria o novo): a linguagem inclusiva, ou a desconstrução do uso sexista da língua, nos enunciados que se referem a homens e a mulheres. Esse o caso, por exemplo, diante de um grupo de

---

1 Veja em Sugestão de leituras o texto de Céli Regina Jardim Pinto. Para discutir com seus colegas, veja também o texto Proposta proíbe uso de linguagem neutra na língua portuguesa. Câmara dos Deputados, 30 nov. 2020. Disponível em: https://www.camara.leg.br/noticias/710660-proposta-proibe-uso-de-linguagem-neutra-na-lingua-portuguesa/. Acesso em: 14 dez. 2020.

homens e mulheres, em que o enunciador mais cuidadoso se recusa a dizer "bom dia a todos" e diz: "bom dia a todas e a todos". O leitor poderá desconhecer alguma informação, como, por exemplo, a do ativismo do filho do presidente argentino, a opinião da Universidade de Buenos Aires e da Academia Espanhola etc., mas essas informações novas não prejudicam a constituição do sentido, porque estão alicerçadas sobre outras que são do conhecimento do leitor: ele sabe que a Argentina tem um novo presidente, que ele se chama Alberto Fernández; quem é Cristina Kirchner; já leu ou já ouviu falar em Antoine de Saint-Exupéry, autor de *O Pequeno Príncipe* etc.

O texto revela ainda coesão entre os enunciados e produz um sentido coerente. Vejamos, rapidamente: ao usar, no início do terceiro parágrafo, o dêitico *aqui*, o enunciador faz referência a Buenos Aires, local em que se encontra. O advérbio serve para nos mostrar uma das características da enunciação: a constituição de um espaço, originário do discurso. Esse operador opõe-se, em seguida, a *em outros países*, para mostrar como é o uso da linguagem inclusiva em outros lugares. Em seguida, volta ao lugar de origem: "na Argentina, os adeptos da linguagem inclusiva..." (poucos enunciados depois deste, o leitor encontra outra vez esse mesmo indicador de procedência: "Na Argentina, há educadores..."). Para esclarecer o que vem afirmando e concluir seu argumento, o enunciador se vale do operador *daí*: "Daí surgem os 'amigues', 'todes', 'menines' e assim por diante". No parágrafo seguinte, temos um articulador de oposição, que indica que há pessoas que se opõem ao uso da linguagem inclusiva: "Existem, porém, opositores à introdução oficial da linguagem inclusiva no idioma." Para fechar sua argumentação, outra vez o texto se vale de um advérbio, agora de localização temporal: "Por fim, há também feministas que não curtem a novidade" (= finalmente). Abre o parágrafo seguinte um sintagma nominal que nos endereça a um tempo inespecífico: "Outro dia, numa sessão do Senado". Todos esses recursos proporcionam **coesão** ao texto, permitem sua **progressão** e lhe dão **coerência**. Façamos ainda uma última observação: o leitor pode localizar no texto duas referências que funcionam como **anáfora encapsuladora** (um segmento anterior de um texto é transformado em uma expressão que o abarca, permitindo a progressão textual): "A Real Academia Espanhola, que rege as normas da língua, se pronunciou contra, por considerar 'artificial' e 'desnecessário', além de apontar para a dificuldades de adotar *isso* em um idioma falado por mais de 500 milhões de pessoas no mundo." O pronome *isso* retoma o segmento "introdução oficial da linguagem inclusiva no idioma". Na fala de Cristina Kirchner também encontramos outra anáfora encapsuladora: "*Isso* é o que dizem todos os machistas", que retoma "a palavra presidente não tem sexo", proferida pelo senador que a havia chamado de presidente (ela foi Presidente da Argentina entre 2007-2015). Finalmente, um articulador causal: "Como uma mulher que foi educada e escreve diariamente sem a linguagem inclusiva", que funciona como justificativa para o argumento de que a mudança lhe parece desnecessária e lhe soa ridícula. Agora, outra ordem de consideração linguística: a dos enunciados implícitos, como é o caso de "quando pronunciada em voz alta", que deixa implícito o juízo de que "não é preciso gritar para argumentar". Ao argumento implícito se junta um argumento explícito, valendo-se de uma anáfora encapsuladora: "A defesa dos direitos das mulheres pode ser feita sem *isso*", que novamente retoma "linguagem inclusiva", ou seja, a defesa dos direitos das mulheres pode ser feita sem a linguagem inclusiva. Fecha o texto uma expressão que indica oposição: "Por outro lado, como símbolo no contexto da luta por esses direitos, é válido." O enunciador abre uma possibilidade para a aceitação de linguagem inclusiva.

2 CRITÉRIOS DE TEXTUALIDADE

São critérios de textualidade: intencionalidade, situacionalidade, aceitabilidade, informatividade, coesão, coerência, intertextualidade. Neles vemos preocupação com a língua (coesão e coerência), com a cognição (envolvendo aspectos psicológicos, como aceitabilidade e intencionalidade), com o processamento (informatividade) e com a sociedade (situacionalidade e intertextualidade). Enfim, os recursos de textualidade "contribuem para que o texto se constitua em uma unidade semântica, utilizada para estabelecer comunicação" (SOARES, 2016, p. 30). Além desses fatores, é relevante ainda considerar o contexto em que se dá a comunicação. Para Koch e Travaglia (2015, p. 81), "os fatores de contextualização são aqueles que 'ancoram' o texto em uma situação comunicativa determinada". Ao final da Seção 2.6, em que tratamos de coerência textual, voltaremos a falar de contexto.

2.1 Intencionalidade

A intencionalidade refere-se ao propósito de um texto, ao que o enunciador quer que o enunciatário faça de seu texto. Tomando como exemplo uma placa de trânsito que indica "contramão", verificamos que a intenção é orientar motoristas sobre a proibição de direção em determinada via; algo como: "não é permitido trafegar nesse sentido". Os textos são produzidos com um objetivo em mente, uma finalidade.

O enunciador empreende esforços para construir uma unidade de significação coesa e coerente, de forma que possa atingir o objetivo estabelecido. Aqui, cabe uma observação, a construção de um texto implica planejamento e um dos primeiros ingredientes é o que queremos alcançar: queremos informar, criticar, elogiar, apresentar nossas emoções, provocar humor, levar uma pessoa a agir, a manifestar sua opinião, a provocar uma resposta? Uma manifestação linguística se caracteriza como texto, quando o enunciador tem intenção de apresentá-la como texto, manifestando preocupação com a coesão e a coerência do sentido para atingir o objetivo previamente estabelecido. Representam a intencionalidade verbos como: *declarar, afirmar, informar, sugerir, pedir, ordenar, desabafar, argumentar, esclarecer, comentar*. Na notícia seguinte, a intenção, por exemplo, é informar:

> A Agência Aeroespacial dos Estados Unidos (Nasa) vai enviar um sanitário que acomoda melhor as astronautas mulheres para a Estação Espacial Internacional, segundo publicação da Associated Press.
>
> O novo sanitário, que está embalado dentro de um navio de carga, deveria ter decolado na noite de quinta-feira, 1, de uma ilha da Virgínia (EUA), mas o lançamento foi abortado faltando apenas dois minutos para a contagem regressiva. Outra tentativa de lançamento está prevista para esta sexta-feira, 2, à noite se os engenheiros consertarem os problemas que causaram o atraso (*O Tempo*. Disponível em: https://www.otempo.com.br/mundo/nasa-vai-enviar-sanitario-de-us-23-milhoes--para-a-estacao-espacial-1.2393918. Acesso em: 3 out. 2020).

O critério de intencionalidade está centrado no produtor do texto. A intenção do autor é um critério relevante para a textualização. Em geral, dizemos: o que o autor propõe ou pretende com o que diz?

A intencionalidade pode, ainda, ser vista como intenção de produzir um texto coesivo e coerente, mesmo que essa intenção não se realize na sua totalidade. Como a intencionalidade depende também do entendimento do enunciatário, ela nem sempre é facilmente identificável. A crítica que se faz a esse critério é de que, nesse caso, o sujeito é visto como dono do conteúdo, uma fonte independente e a-histórica de tudo o que deseja dizer e ao enunciatário caberia apenas um papel passivo, sem participação na constituição do sentido.

2.2 Situacionalidade

A situacionalidade refere-se ao contexto, ao tempo, ao local em que se dá a comunicação, às condições de formalidade e informalidade. Daí preocupar-se com o que pode ou não se dito. O uso da língua (escrita ou falada) não se reduz a uma questão gramatical; implica conhecimentos que ultrapassam a esfera linguística. Daí a importância do estudo dos critérios de textualização, cuja situacionalidade é um deles, visto que orienta o processo sociocomunicativo. Diferentemente da intencionalidade cujo foco é o *eu*, a situacionalidade focaliza o *tu*, o ouvinte ou leitor(a) a quem dirigimos nossa comunicação. Temos conhecimento da capacidade de recepção do enunciatário com quem vamos nos comunicar? Que elementos da situação precisamos levar em conta, que elementos da situação precisamos descrever para que o enunciatário possa reconstituir aquilo de que estamos tratando? Enfim, avaliamos a situação, a leitora ou o leitor, seu conhecimento de mundo, os conhecimentos que compartilhamos, selecionamos vocabulário e variedade linguística apropriados, de acordo com nosso enunciatário. Decidimos também sobre a modalidade de texto mais adequada (argumentativo, expositivo, narrativo, descritivo, injuntivo), bem como sobre algumas estratégias: escolha do suporte conveniente (oral ou escrito; se escrito, há necessidade de ilustrações, como gráficos, tabelas, quadros, boxes? Vamos usar cores?), organização e distribuição do texto na mancha da página.

Finalmente, a situacionalidade diz respeito à pertinência e à relevância do que temos a dizer dentro de determinado contexto.

Corolário dessas afirmações é que, para entender um texto, precisamos verificar em que condições foi produzido: quem o produziu, que intenções revela, a que público se dirige. Uma receita culinária, por exemplo, composta para produzir efeitos literários exige do leitor outras preocupações do que a focalização nos ingredientes e modo de fazer. Quando D. Flor, do romance *Dona Flor e seus dois maridos,* fala da receita de vatapá, sobressaem as analogias, as metáforas, o ritmo da prosa; tudo aí contribui para a produção de uma atmosfera erótica e representação de uma personagem sensual. O leitor, compreendendo a intenção do narrador, não se detém na receita culinária e atualiza os sentidos lúbricos:

> Me deixem em paz com meu luto e minha solidão. Não me falem dessas coisas, respeitem meu estado de viúva. Vamos ao fogão: prato de capricho e esmero é o vatapá de peixe (ou de galinha), o mais famoso de toda a culinária da Bahia. Não me digam que sou jovem, sou viúva: morta estou para essas coisas. Vatapá para servir a dez pessoas (e para sobrar como é devido). [...]
>
> Tragam duas cabeças de garoupa fresca. [...]

> Se encontrar um noivo o que farei? [...] Desejo de viúva é desejo de deboche e de pecado, viúva séria não fala nessas coisas, não pensa nessas coisas, não conversa sobre isso. Me deixem em paz, no meu fogão.
>
> Refoguem o peixe nesses temperos todos e o ponham a cozinhar num bocadinho d'água, um bocadinho só, um quase nada. Depois é só coar o molho, deixá-lo à parte, e vamos adiante.
>
> Se meu leito é triste cama de dormir, apenas, sem outra serventia, que importa? Tudo no mundo tem compensações. Nada melhor do que viver tranquila, sem sonhos, sem desejos, sem se consumir em labaredas com o ventre aceso em fogo. [...]
>
> Moídos e misturados, esses temperos juntem ao apurado da garoupa, somando tempero com tempero, o gengibre com o coco, o sal com a pimenta, o alho com a castanha, e levem tudo ao fogo só para engrossar o caldo.
>
> Se o vatapá, forte de gengibre, pimenta, amendoim, não age sobre a gente dando calor aos sons, devassos condimentos? Que sei eu de tais necessidades? [...]
>
> A seguir agreguem leite de coco, o grosso e puro, e finalmente o azeite de dendê, duas xícaras bem medidas: flor de dendê, da cor do ouro velho, a cor do vatapá. Deixem cozinhar por longo tempo em fogo baixo; com colher de pau não parem de mexer, sempre para o mesmo lado; não parem de mexer senão embola o vatapá. Mexam, remexam, vamos, sem parar; até chegar ao ponto justo e exatamente.
>
> Em fogo lento meus sonhos me consomem, não me cabe culpa, sou apenas uma viúva dividida ao meio, de um lado viúva honesta e recatada, de outro viúva debochada, quase histérica, desfeita em chilique e calundu. Esse manto de recato me asfixia, de noite corro as ruas em busca de marido. De marido a quem servir o vatapá doirado e meu cobreado corpo de gengibre e mel.
>
> Chegou o vatapá ao ponto, vejam que beleza! Para servi-lo falta apenas derramar um pouco de azeite de dendê, azeite cru. Acompanhado de acaçá o sirvam, e noivos e maridos lamberão os beiços (AMADO, 2001, p. 231-233).

Temos aqui uma receita, com ingredientes de receita, mas ela não tem função de receita. Tem formas verbais no imperativo, sequências textuais injuntivas, mas a expectativa do leitor é outra: em vez de ocupar-se do saboroso prato, o leitor é conduzido a saborear o efeito de sentido da cena erótica constituída por Dona Flor. Sobressaem então do texto não o aroma e o prazer gustativo do prato, mas a sensualidade da personagem.

O critério da situacionalidade refere-se, pois, aos fatores que tornam um texto relevante em determinada situação. Quando um texto não se ancora em contexto de interpretação possível, ele se torna improdutivo, ineficaz; não cumpre sua função de comunicação. A situacionalidade de uma receita culinária é uma; a situacionalidade da cena posta no livro de Jorge Amado é outra.

2.3 Aceitabilidade

Outro fator de grande relevância na produção de um texto é a aceitabilidade, um critério que diz respeito ao enunciatário (leitor) do texto. Ela se define como disposição para participar de um evento linguístico, compartilhar um propósito. O texto produzido precisa corresponder às expectativas daquele a quem se dirige, o enunciatário, o interlocutor. Este espera que o texto seja coeso, coerente, útil, relevante.

O leitor é um coenunciador, visto que ele está sempre presente quando o enunciador escolhe o vocabulário, o registro linguístico em que elaborará o texto, o que será informação nova, quais informações são conhecidas, o que implicitar e o que explicitar. Daí a necessidade de o enunciador ter presente que informação ou saber é partilhado pelo seu enunciatário.

Por saber partilhado entende-se a informação antiga, do conhecimento da comunidade. De modo geral, o saber partilhado aparece na introdução, um local privilegiado para a negociação com o leitor. Exemplificando:

> Não é fácil escrever ou falar sobre seu próprio pai; no mínimo se correrá o risco de ser sentimental, especialmente quando o personagem teve a estatura que Júlio de Mesquita foi aos poucos adquirindo mercê de sua ação e da difusão de seu pensamento, uma e outro sempre polêmico, marcando, como não poderia deixar de ser, todos nós que crescemos sob o influxo de seus ensinamentos, ou vivendo o afastamento imposto pelo exílio, ou a angústia de não saber quando suas incursões pela política, que muitas vezes tinham fronteira com a revolução, o levariam de novo à prisão (*O Estado de S. Paulo*, 15 fev. 1992. Suplemento Cultura, p. 2).

Não é difícil admitir que a informação que vai de "não é fácil escrever sobre seu próprio pai" até "sentimental" pertence ao saber partilhado. O emissor negocia com o leitor, coloca-se num nível de entendimento, estabelece um acordo, para, em seguida, expor informações novas.

A informação nova caracteriza-se como uma necessidade para a existência do texto. Sem ela, não há razão para o emissor escrever nada. Um texto normalmente, ao lado de informações partilhadas, veicula também informação que não é do conhecimento do leitor, ou que não o é da forma como é exposta, o que implica, naturalmente, matizes novos e, consequentemente, nova maneira de ver os fatos. A informação nova não significa originalidade total, absoluta. É análoga ao contrato que o leitor faz com o ficcionista. Ninguém, ao ler *Dom Casmurro*, estará interessado em saber se os acontecimentos relatados são reais, se houve naquele tempo e naquele espaço uma pessoa que se identificava com a personagem do livro. O leitor entra em acordo com o narrador, admitindo como verossímeis os acontecimentos relatados. Da mesma forma, o leitor de *Memórias póstumas de Brás Cubas* não contesta a possibilidade de um defunto ser narrador. Aceita o fato e dá prosseguimento à leitura.

No caso do exemplo apresentado, admitem-se como informação nova os pormenores que o autor do texto expõe: o pai era homem de ação, que buscava difundir seu pensamento, era polêmico, foi exilado, era pessoa que atuava politicamente.

A informação nova serve para desenvolver o texto, expandi-lo. O autor considera não sendo do conhecimento de todos e, portanto, capaz de estimular o leitor a continuar na leitura. A existência de um texto implica ter algo de novo para dizer, ou diz algo antigo sob forma nova.

O saber partilhado mais a informação nova não são suficientes para a realização de um texto. É preciso acrescentar provas, fundamentos das afirmações expostas. No caso do texto citado como exemplo, o próprio narrador (em primeira pessoa) constitui-se numa prova. Trata-se de alguém que conviveu com Júlio de Mesquita Filho. O narrador acrescenta mais à frente:

> Júlio de Mesquita Filho sempre foi um ser combativo; não apenas isso, no entanto. Foi desde cedo um rebelde. Esse traço de caráter poderia ter produzido apenas um revoltado a mais num meio social acanhado. Ele teve, porém, a sorte de ser rebelde demais. [...] O rebelde paulista, ao cruzar seus passos com os de Trotski, não se deixa influenciar pela personalidade, que deve ter sido fascinante, do futuro companheiro de Lênin. O cruzar caminhos deve, no entanto, ter deixado marcas; em 1925, quando publica *A crise nacional*, suas referências à revolução russa não vêm carregadas do anticomunismo comum à época, em São Paulo, no meio social em que então passou a ser o seu.

Para demonstrar a personalidade de Júlio de Mesquita Filho cita como prova o livro *A crise nacional*. Se o leitor duvidar de suas afirmações, poderá recorrer ao livro e chegar às mesmas conclusões que ele.

Ao saber partilhado, à informação nova, às **provas** o autor junta seus objetivos, pois "todo texto visa chegar a algum lugar, tem uma intenção a ser cumprida". No caso do texto em exame, parece que a intenção é transmitir uma imagem positiva do pai: um homem de rebeldia crítica, um homem de ação. Não só um homem de palavras, mas também um cidadão que conhecia a realidade mundial e a local e que trabalhou para inserir o Brasil no contexto das nações europeias.

Duas informações mais: todo texto trata de um assunto, a **referência**. Além do assunto, o texto tem um **tema**. Para conhecê-lo, o leitor deve interrogar-se: sob que perspectiva o texto foi construído? No caso do exemplo, a referência é o pai do emissor, Júlio de Mesquita Filho. O tema são os traços de sua personalidade.

Enfim, o autor de um texto, ao constituí-lo, leva em consideração o que o(a) leitor(a) ou ouvinte espera dele, ou seja, o destinatário de um texto participa de sua produção. Com base nessa expectativa, o enunciador diz o que pode dizer; silencia o que não deve dizer. E o diz de um modo que seja apropriado. Citemos dois exemplos: um leitor de horóscopo espera estímulo ao seu cotidiano, à sua vida amorosa e profissional. Ao manusear jornais e revistas à procura do que "dizem os astros", encontra previsões que preenchem essas expectativas. Da mesma forma, panfletos (volantes) de tarólogos e cartomantes distribuídos nas ruas e esquinas o que dizem? Propõem "consultas" que garantem a recuperação de amores; a conquista de paixões não correspondidas; esclarecimento de traições, possibilidades de novos amores; ajuda espiritual etc. Estrategicamente, quem escreve horóscopo ou "lê" cartas leva em consideração o que o leitor deseja ler, ou pretende ouvir sobre seu futuro. E, respeitando as condições culturais do consulente, elabora enunciados que lhe sejam compreensíveis: vocabulário cotidiano, sintaxe elementar (orações coordenativas, sobretudo).

É, pois, a aceitabilidade um fator de textualidade relevante, orientando-nos na construção dos textos. Ao ocupar-se da recepção do texto, o leitor espera que o texto seja coeso, coerente e tenha alguma utilidade ou relevância.

A aceitabilidade participa do **princípio de cooperação** de que nos fala Grice. Por isso, a necessidade de ajustar os enunciados à capacidade de compreensão do leitor ou interlocutor a quem estamos nos dirigindo, que inclui a preocupação com a seleção lexical, a sintaxe (conforme a audiência, podemos utilizar mais ou menos coordenação, mais ou menos subordinação, por exemplo). Quem escreve, por exemplo, textos esportivos utiliza um vocabulário próprio da área e de acordo com o nível de escolaridade da maioria das pessoas que gostam desse tipo de informação. Vale-se então de frases-feitas, de clichês, de expressões difundidas: o clássico entre

Santos e São Paulo é Sansão; o jogo entre Grêmio e Internacional é Grenal; o Corinthians é identificado como Timão; o Santos como Peixe etc. Já o autor de um artigo sobre economia avalia positivamente a introdução de termos técnicos da área; sabe que seu público gosta de determinadas expressões e não se importa com o *economês*.

Os jornais são atentos a essa diferença de leitores: articulistas do *Globo* escrevem para determinados leitores; articulistas de *O Estado de S. Paulo* para outros. Daí a grande diferença entre, por exemplo, um editorial da *Folha de S.Paulo* (SP) e um do *Diário de Pernambuco* (PE) ou do *Zero Hora* (RS) ou do *Correio Brasiliense* (DF). Nas revistas, verificamos a mesma preocupação com o princípio da aceitabilidade: quem escreve para *Nova*, *Cláudia*, *Veja*, *Istoé* leva em consideração o público para o qual escreve.

Aceitabilidade não significa gramaticalidade; diz respeito às condições em que o texto é aceitável, contextos em que, mesmo que viole determinadas regras da gramática normativa, possa ser visto como produtor de um sentido. Ela está diretamente relacionada com noções pragmáticas. Se atende às *necessidades comunicativas do contexto*, o texto, mesmo com inobservância de regras ortográficas, de concordâncias nominal e verbal, de regência, *pode ser aceitável como texto*. Imaginemos o caso de um garoto nas primeiras séries do

O princípio de cooperação orienta a interação conversacional. Quatro são as máximas conversacionais que concretizam o princípio da cooperação, de Grice: (1) a máxima da qualidade: o enunciador não deve dizer o que acredita ser falso, nem fazer afirmações sobre o que não dispõe de provas suficientes que confirmem sua veracidade; (2) máxima da quantidade: o enunciador deve buscar fazer uma contribuição à conversação, apresentando tantas informações quantas são necessárias para a compreensão do evento comunicativo; (3) máxima da relevância: diz respeito a tentar fazer com que a contribuição conversacional se revele pertinente em relação ao objetivo da conversa; deve haver pertinência entre os enunciados; (4) máxima do modo: procurar fazer com que a contribuição à conversação seja ordenada, clara, breve.

ensino fundamental, que ainda não domine completamente determinadas normas e escreva um bilhete para sua mãe ou seu pai. São possíveis, nesse caso, algumas violações gramaticais, mas perfeitamente compreensíveis dentro do contexto. Em geral, mesmo adultos escolarizados podem, em determinadas situações que não exigem monitoramento linguístico, produzir textos escritos que se aproximem da fala descontraída, que se distancia da variedade linguística chamada "norma culta", que é a falada por pessoas que vivem na cidade e possuem ensino superior; não se confundem "norma culta" e "norma-padrão", a estritamente gramatical, que é apenas uma idealização.

Nesse sentido, não se pode situar a oralidade e a escrita em dois extremos linguísticos, como vimos na Seção 2 do Capítulo 1, ao tratarmos de língua escrita, língua falada. Às vezes, ambas as modalidades se aproximam, às vezes se distanciam. Aproxima-se a escrita da fala em situações que não exigem monitoramento gramatical, como seria um bilhete escrito por um doutor em linguística para sua filhinha ou filhinho de dez anos. Escrita e fala, no entanto, se distanciam da espontaneidade cotidiana em situações que exigem monitoramento linguístico, como certos eventos formais de comunicação. Usamos a língua falada ou a ouvimos em congressos, eventos acadêmicos, defesas de teses, defesas em tribunais de júri, discursos da tribuna do Congresso Nacional; em todos esses casos, embora seja língua falada, ela tende a se aproximar da gramática normativa. Língua falada e escrita não se opõem; não se colocam em situações polares. Também é de considerar que, mesmo em uma fala altamente vigiada gramaticalmente, em um ambiente altamente formal, é possível a mescla, a hibridização.

2.4 Informatividade

Refere-se a informatividade ao grau de conhecimento das informações veiculadas em um texto: quanto mais imprevisíveis, mais informativas; quanto mais redundantes, menos informativas. Todavia, se excessivamente imprevisíveis, ou seja, totalmente novas as informações, maiores dificuldades terá o enunciatário para a compreensão do texto. Daí a necessidade, na produção de um texto, de balanceamento entre o novo e o já dito. Sempre que constituímos um texto, fazemo-lo para transmitir alguma informação, mas ela deve ser dosada pela capacidade de recepção do enunciatário.

O grau de informação que veiculamos em um texto, portanto, não pode desconsiderar as condições do leitor: seu conhecimento enciclopédico, sua bagagem cultural, seu nível escolar. Agimos de forma a prejudicar a interação se apresentamos ao interlocutor algo que supere sua capacidade de compreensão. Se rompemos completamente a previsibilidade, ou seja, se as informações veiculadas são excessivamente imprevisíveis, corremos o risco de não sermos compreendidos. O excesso, tanto de previsibilidade (redundância), quanto de imprevisibilidade (alta carga de informação), prejudica a aceitabilidade de um texto. O que tenho a dizer é totalmente novo e provocará estranhamento no leitor ou ouvinte? É assunto requentado? Que expectativa o leitor ou ouvinte poderá ter com relação ao que vou dizer?

Uma bióloga, quando escreve um artigo jornalístico de divulgação científica (como é o caso do texto de Natalia Pasternak, que vimos no início do Capítulo 1), ajusta seus enunciados ao público leitor médio. Seleciona informações e vocabulário que sejam compreensíveis pelo leitor de jornal. Diz o que pode ser dito em tais situações; silencia o que não deve ser dito, para não afastar o enunciatário do seu texto. Não escreve para seus pares; não está na academia ou numa sala de aula de estudantes de biologia. Por isso, balanceia as informações novas com outras já do conhecimento do leitor. Vejamos dois textos, com dois tipos diferentes de informação. O primeiro texto foi selecionado do artigo científico "LER/DORT: multifatorialidade etiológica e modelos explicativos", de Luiz Gonzaga Chiavegato Filho e Alfredo Pereira Jr., publicado no periódico *Interface – Comunicação, Saúde, Educação* (2004):

> A ETIOLOGIA DAS LER/DORT
>
> Não há uma causa única para a ocorrência de LER/DORT. Há fatores psicológicos, biológicos e sociológicos envolvidos na gênese desses distúrbios. Inicialmente as LER/DORT eram reconhecidas como decorrentes preponderantemente das condições de trabalho. Com o aumento explosivo da incidência entre várias categorias profissionais, surgiram novas correntes explicativas [...]
>
> Incluem-se, na visão psicologizante, os trabalhos que alegam serem as LER/DORT decorrentes de processos psíquicos, geralmente desvinculados das condições e da organização do trabalho, ou de uma predisposição psíquica oriunda de características específicas da personalidade. Alguns trabalhos com este tipo de visão unidimensional, que privilegia os aspectos psicológicos, sugerem a inexistência dos distúrbios biológicos e afirmam que a origem das

LER/DORT está na intenção de fugir de problemas e traumas psicológicos, não necessariamente ligados ao ambiente profissional (Martin & Bammer, 1997). Nesta perspectiva, destacam-se os trabalhos que sustentam a hipótese da "conversão histérica" ou "neurose histérica", concebendo as LER/DORT como consequência de uma somatização ou expressão da insatisfação de necessidades e desejos não realizados (Lucire, 1986; Almeida, 1995). Os portadores de LER/DORT, para se livrarem de seus sintomas, segundo esta teoria, deveriam submeter-se a um tratamento psicoterápico, que possibilitasse a lembrança das situações traumáticas que deram origem aos sintomas histéricos e sua superação. Ao considerar as características subjetivas do processo de adoecimento, esta concepção descaracteriza o vínculo com o trabalho, apresentando o portador do distúrbio como naturalmente predisposto. Transfere para o sujeito a responsabilidade do adoecer, culpando-o pelo descuido com a saúde, pela não utilização dos equipamentos de segurança, pelos seus problemas pessoais etc. (Verthein & Minayo-Gomes, 2001).

Algumas abordagens oriundas da psicossociologia, da psicopatologia do trabalho e da ergonomia francesa, segundo Araújo et al. (1998), investigam a relação entre o biológico, o psicológico e o social, mediante o "processo de individuação da doença", ou seja, a forma pela qual os processos sociais e as determinações gerais do contexto profissional e afetivo se manifestam no indivíduo. Neste caso, situações que envolvem uma ansiedade excessiva (p. ex., uma organização de trabalho rígida e opressora) propiciam condições de sofrimento e manifestações de somatização. Quando o sujeito ou o trabalhador não é capaz de dar vazão a essas sensações ansiogênicas no próprio trabalho ou atividade, a manifestação somática vem à tona (Almeida, 1995; Dejours, 1987; Inselin & Pezé, 1996). Settimi et al. (2000, p.21) apontam para a *"falta de consistência dessa teoria com estudos populacionais, restando apenas o caráter especulativo na construção de seus conceitos"*.

As LER/DORT, em uma visão psicossomática, poderiam estar ligadas a um comportamento compulsivo, que só se expressaria diante de uma organização do trabalho patogênica, ou seja, a organização do trabalho aproveitaria e estimularia o trabalhador com este perfil, gerando os problemas decorrentes (Araújo et al., 1998; Lima, 2000). Na mesma direção, Sato et al. (1993) argumentam que os traumas psicológicos, a culpa e a baixa autoestima são consequências desta doença e não pilares de uma personalidade naturalmente predisposta a adoecer. Estudos realizados por Araújo et al. (1998) constatam que aspectos relativos à personalidade, tais como perfeccionismo, elevado senso de responsabilidade, busca excessiva de reconhecimento (aumentando a produção e acelerando o ritmo de trabalho), submissão às exigências de produção e de qualidade, podem contribuir para o desenvolvimento desses distúrbios. Todavia, estes fatores isolados não geram a doença, o que reafirma a necessidade de integrá-los aos demais aspectos determinantes das LER/DORT.

A perspectiva sociologizante diz respeito aos trabalhos que atribuem aos contextos socioeconômico e cultural um papel preponderante na determinação da gênese das LER/DORT. Nesta visão destacam-se, principalmente, duas correntes de pesquisa, os discursos da iatrogênese social e da simulação (Martin & Bammer, 1997). Nessas abordagens afirma-se que as LER/DORT são, na verdade, simulações, que se caracterizam, na maior parte das vezes, como artifícios utilizados pelos empregados no conflito social com seus patrões, no contexto do trabalho, tendo em vista benefícios relacionados ao salário, autonomia, ritmo de produção etc. Trata-se de uma questão delicada, pois não há como verificar, de maneira definitiva, a presença ou não da dor (Scarf & Wilcox, 1984; Ireland, 1986; Bell, 1989; Oliveira, 1999).

> Também é difícil visualizar os benefícios ou "ganhos secundários" do trabalhador com esta simulação, uma vez que a vida de quem possui o diagnóstico confirmado de LER/DORT não é fácil; muito pelo contrário, enfrenta consequentemente inúmeros preconceitos, até da própria família, e dificuldades de reinserção profissional e social.
>
> As doenças iatrogênicas sociais são aquelas causadas por condições sociais específicas. Os proponentes deste conceito não negam a existência de um distúrbio, mas recusam o estabelecimento de um nexo com as condições e organização do trabalho (Cleland, 1987; Spillane & Deves, 1987; Oliveira, 1999). Além disso, esta corrente acredita na possibilidade de caracterização de uma "dor normal" como sendo um caso de LER/DORT. Isto seria decorrente do incentivo ou encorajamento de sindicatos e colegas de profissão ou de alguns profissionais da saúde, visando, de alguma forma, trazer benefícios ou ganhos secundários aos trabalhadores, como uma compensação monetária por sofrimento ou incapacidade.

O texto que acabamos de ver é endereçado a *outros pesquisadores e especialistas da área*. Daí poder valer-se de muitas informações que são conhecidas de seu público; a carga de informações novas não prejudica a constituição de sentido para o leitor a quem se dirige.

Agora, vejamos um texto da Sociedade Brasileira de Reumatologia, publicado em *LER/DORT: cartilha para pacientes* (2011, p. 6-7).

Como o texto anterior, também trata de doenças ocupacionais, salientando que diversas doenças, que, no passado, eram classificadas como LER/DORT, recebiam esse nome indevidamente, por falta de conhecimento científico dessa etiologia. Todavia, as informações novas, porque dirigidas a outro público que não doutores e pesquisadores da área, estão mais diluídas, oferecendo menos resistência ao entendimento do leitor a que se dirige. Vamos ao texto:

> QUAL A ORIGEM OU A HISTÓRIA DO TERMO LER/DORT?
>
> Incontáveis casos identificados como LER/DORT em um passado recente resultaram na polêmica "epidemia de LER/DORT" no nosso país. LER/DORT não é um diagnóstico etiológico, mas apenas uma denominação genérica. Trata-se de uma sigla cunhada na época sem grande embasamento científico. A simplicidade do seu significado, atualmente questionada pela medicina moderna, facilitou seu uso disseminado, permitindo uma simplificação inadequada da interpretação dos casos.
>
> Na década de 80, trabalhadores submetidos a intensas jornadas de trabalho, muitas associadas à baixa remuneração, ergonomia inapropriada e ao estresse, passaram a apresentar vários sintomas heterogêneos que resultaram em ações trabalhistas. Na ausência dos conhecimentos médicos atuais, esse grupo de sintomas foi reunido em uma sigla arbitrária (LER, e depois, DORT) quando, de fato, representavam muitas doenças, com causas, mecanismos e tratamentos diferentes. O desconhecimento que marcou esse período atribuiu, equivocadamente, a causa de todas essas doenças às repetições de movimentos no contexto do trabalho. Esse equívoco foi facilitado pelo fato de a maioria dos trabalhadores em litígio trabalhista serem provenientes da indústria, que produz em série.
>
> Não havendo uma descrição técnica do que era, realmente, LER/DORT, os próprios trabalhadores afetados permaneciam sem tratamentos específicos, corroborando a falsa ideia de incapacidade permanente para esse grupo de doenças, as quais dispõem de tratamentos. Afastados do trabalho e do tratamento, os indivíduos afetados criavam precedentes jurídicos

> para o embasamento de uma avalanche de ações trabalhistas, maior disseminação do uso da arbitrária sigla LER/DORT e aprofundamento do desconhecimento sobre suas causas e terapêuticas. Esse círculo vicioso prejudicou a Justiça, os trabalhadores e a sociedade, retardando esforços para a maior compreensão das doenças envolvidas, em especial no meio jurídico.

Informações novas e antigas parecem mais balanceadas para o enunciatário leigo. Por exemplo: falar que são muitos os casos identificados como LER/DORT não é novidade para o trabalhador de modo geral, particularmente para quem executa tarefas repetitivas. Todavia, a essa informação "conhecida" o texto acrescenta uma novidade: a existência de uma "polêmica epidemia de LER/DORT", no Brasil. No segundo enunciado, a informação nova é constituída pela distinção entre uma denominação genérica (que se tornou comum entre leigos em medicina) e outra, visto que "LER/DORT não é um diagnóstico etiológico, mas apenas uma denominação genérica", ou seja, é necessário, diante de determinadas doenças, buscar causas mais profundas, em vez de utilizar simplesmente o rótulo LER/DORT. Explica o enunciador, de forma clara e didática, que se trata de uma sigla (as primeiras letras de *lesão por esforço repetitivo; distúrbio osteomuscular relacionado ao trabalho*) "cunhada na época sem grande embasamento científico". No enunciado seguinte, volta a insistir que o uso generalizado da expressão levou "a uma simplificação inadequada da interpretação dos casos", o que constitui uma novidade, particularmente porque nos informa que essa postura é "atualmente questionada pela medicina". O enunciador, cauteloso, vai adicionando informações novas paulatinamente, sem ultrapassar a fronteira que geraria desentendimento, obscuridade, desinteresse pelo texto.

No segundo parágrafo, volta-se o texto para a história dos trabalhadores da década de 80 do século XX: "trabalhadores submetidos a intensas jornadas de trabalho, muitas associadas à baixa remuneração, ergonomia inapropriada e ao estresse, passaram a apresentar vários sintomas heterogêneos que resultaram em ações trabalhistas". Embora muitas informações aí veiculadas possam não ser novidade, talvez o seja que muitos trabalhadores acabaram entrando na Justiça do Trabalho para reivindicar direitos. Outra informação nova aparece no final do parágrafo: os litígios trabalhistas eram em grande parte "provenientes da indústria que produz em série". Essa informação está acoplada às afirmações anteriores que identificam o argumento do autor: "O desconhecimento que marcou esse período atribuiu, equivocadamente, a causa de todas essas doenças às repetições de movimentos no contexto do trabalho."

Parágrafo final contempla uma informação chocante: o uso inapropriado de uma palavra para identificar determinada doença provoca consequências desastrosas: "os próprios trabalhadores afetados permaneciam sem tratamentos específicos, corroborando a falsa ideia de incapacidade permanente para esse grupo de doenças, as quais dispõem de tratamentos".

2.5 Coesão

É lugar comum, nos estudos de Linguística Textual, que os falantes de uma língua têm capacidade para reconhecer um texto coerente, bem como um aglomerado incoerente de enunciados, o que constitui uma **competência linguística**. Os falantes de uma língua dispõem ainda de **competência textual**: quer para parafrasear um texto, quer para resumi-lo, quer para atribuir-lhe um título, quer para distinguir gêneros discursivos (distinguir uma carta de um soneto; um texto bíblico de um artigo de opinião; uma receita culinária de uma oração [reza] etc.). Fávero (2004, p. 6) salienta, todavia, que

> se sabemos intuitivamente não só distinguir entre textos e não textos, mas também que nossa produção linguística se dá com textos e não com palavras isoladas, não sabemos definir intuitivamente o que faz com que um texto seja um texto, e nem mesmo os estudiosos são unânimes ao conceituá-lo.

O que contribui para a formação de um texto de várias sentenças é a relação coesiva entre elas. As relações coesivas entre as sentenças produzem a *textura do texto*. Se retomarmos o que dissemos sobre texto no Capítulo 2, verificaremos que *texto* e *tecer* têm origem etimológica comum. Um tecido não é um emaranhado de fibras, mas uma estrutura organizada de linhas (originárias de fibras) que se entrelaçam, entrecruzam para formar um todo, o tecido. Também um texto não é um amontoado de sentenças desconexas, sem nenhuma coesão semântica.

Segundo Halliday e Hasan (1976), a coesão textual diz respeito às relações de sentido estabelecidas entre os enunciados do texto. Trata-se, portanto, de um conceito semântico. São as relações coesivas entre as sentenças que criam a textura; são elas que permitem "determinar se uma série de sentenças constitui ou não um texto" (FÁVERO, 2004, p. 8). Ainda com base nesse conceito de Halliday e Hasan, Fávero afirma que "a coesão é obtida parcialmente pela gramática e parcialmente pelo léxico".

Diferentemente da coerência, com a qual faz par opositivo/distintivo, a coesão

> é explicitamente revelada através de marcas linguísticas, índices formais na estrutura da sequência linguística e superficial do texto, sendo, portanto, de caráter linear, já que se manifesta na organização sequencial do texto. É nitidamente sintática e gramatical, mas é também semântica, pois, como afirmam Halliday e Hasan (1976), a coesão é a relação semântica entre um elemento do texto e um outro elemento que é crucial para sua interpretação. A coesão é, então, a ligação entre os elementos superficiais do texto, o modo como eles se relacionam, o modo como frases ou partes delas se combinam para assegurar um desenvolvimento proposicional (KOCH; TRAVAGLIA, 2012, p. 15).

Diversos são os elementos que contribuem para manter a coesão e dão unidade ao texto, mantendo a progressão, a continuidade temática. São mecanismos de coesão: o uso de pronomes anafóricos, de conectivos, a repetição, o paralelismo, a utilização de palavras de sentido equivalente, o uso de hiperônimos e hipônimos. Vejamos um exemplo:

> João estuda inglês na Inglaterra e **sua** irmã, francês em Paris. **Ele** deseja fazer **um** curso de Administração; **ela** visitar o Louvre, e **vão** se encontrar em Barcelona em maio. Acho que o curso de Administração vai ficar para o futuro.

Nesse caso, o pronome *ele* refere-se a João; *ela*, a sua irmã. São pronomes anafóricos, cuja interpretação depende de outro termo que aparece no texto. O pronome possessivo *sua*, por ter como referência *irmã*, aparece no feminino, possibilitando o progresso do texto, bem como sua coesão. Da mesma forma, a concordância do artigo indefinido com o termo a que se refere (*um curso*) também contribui para manter a coesão entre os termos. Na segunda vez em que o curso de Administração é referido, temos o uso de artigo definido (**o**), visto que já é uma informação conhecida. O verbo no plural (*vão*) faz referência a ambos os irmãos. Há, portanto, coesão entre os elementos linguísticos dos enunciados. Esses mecanismos linguísticos são responsáveis pela tessitura do texto, pela coesão textual.

Todavia, como há textos que se formam sem a necessidade de nexos explícitos, Koch (2016, p. 18) afirma:

> Se é verdade que a coesão não constitui condição necessária nem suficiente para que um texto seja um texto, não é menos verdade, também, que o uso de elementos coesivos dá ao texto maior legibilidade, explicitando os tipos de relações estabelecidas entre os elementos linguísticos que o compõem. Assim, em muitos tipos de textos – científicos, didáticos, expositivos, opinativos, por exemplo – a coesão é altamente desejável, como mecanismo de manifestação superficial da coerência.

Coesão e coerência constituem fenômenos distintos. Suponhamos:

> João foi para Paris e Maria para a Inglaterra. Todavia, a mãe de José trabalha em uma farmácia. Não há Metrô para ela ir ao trabalho.

O uso da conjunção adversativa *todavia*, que introduz uma possível oposição de sentido, não estabelece coesão com o primeiro enunciado. Mal começa o enunciado relativo a João e Maria, ele é imediatamente abandonado e introduz-se a mãe de José. Em seguida, o texto passa a um novo tópico: a mãe de José não dispõe de Metrô para ir ao trabalho. Resumindo, há nesse "texto" a conjunção aditiva *e*, a conjunção adversativa *todavia*, um pronome pessoa *ela*, mas esses elementos não são suficientes para juntos produzirem um sentido.

Também é possível encontrar textos que, embora não apresentem elos coesivos, formem um sentido, sejam coerentes, como em:

> Curitiba, Posto de gasolina, lava a jato, Polícia Federal, Ministério Público, Sérgio Moro, delações premiadas, políticos, empresários, gente graúda, investigações, processos, prisões.

Não há verbos nesse texto; ele é formado por um conjunto de substantivos e adjetivos apenas e, no entanto, forma um sentido coeso e coerente. Quem vive no atual momento no Brasil, ouve rádio, vê televisão, lê jornais não terá dificuldades para entender o texto. Se conseguimos compreendê-lo, é porque, além do conhecimento linguístico (do que significa cada uma das palavras usadas), temos competência que envolve outros elementos, como conhecimento de mundo, da situação que o Brasil viveu no final da década de 2010, quem é Sérgio Moro, o que constitui a "Lava Jato", conhecimentos que são partilhados, que suprem a ausência de informações detalhadas. O texto é formado por *frames* (enquadres), cada um deles despertando em nós todo um conjunto de imagens mentais.

> Não se confundem as grafias de lavar a jato (de água), com a operação de combate à corrupção que veio a se chamar *Lava jato*, que se escreve sem a preposição. Por isso as duas grafias utilizadas.

No texto apresentado, estabelecemos a coerência por **inferências**. Todavia, passadas algumas dezenas de anos, esse mesmo texto, para que possa ser compreendido, poderá requisitar a recomposição do contexto em que foi produzido.

Experimente, leitor, produzir um texto com as manchetes de primeira página de um jornal, concluindo-o com algo como: "essas são as notícias que vejo na *Folha de S. Paulo*, nesta quinta--feira" (ou outro jornal de sua região). As manchetes de cada uma das notícias, reunidas em um só texto, passam a formar um texto. Em seguida, escreva um texto totalmente bem formado gramaticalmente, com sujeito, verbo e complemento, mas que não progride, que não chega a nenhum lugar, visto que não tem unidade significativa, produzindo verdadeiro *nonsense*.

Os recursos de que utilizamos para estabelecer **coesão** são os que dão conta da estruturação da sequência superficial do texto.

Koch (2016, p. 29-78) classifica a coesão em referencial e sequencial. Considerando a função que os mecanismos linguísticos exercem na construção do texto, três seriam os fatores de coesão: a referencial, a recorrencial e a sequencial, segundo Fávero (2004, p. 18-40), em quem baseamos as subseções seguintes.

2.5.1 Coesão referencial

Na coesão referencial, um elemento da superfície do texto faz remissão a outro elemento do universo do texto. Esse elemento tem a função de estabelecer referência, ou seja, não é interpretado semanticamente por seu sentido próprio, mas pela referência que faz a alguma coisa necessária à sua interpretação.

A coesão referencial engloba: artigos, pronomes possessivos, números cardinais e ordinais, pronomes pessoais, pronomes substantivos, advérbios pronominais, proformas verbais (palavras que realizam uma retomada anafórica, isto é, servem para substituir um termo, um sintagma ou até mesmo uma sentença, como em: "hoje, vou estudar; amanhã minha irmã vai fazer o mesmo").

Dois são os processos de coesão referencial: a substituição e a reiteração.

A substituição compreende:

- Anáfora: substituição de uma palavra do enunciado por outra (um pronome, por exemplo): *João e Maria são irmãos; ela vai ao cinema; ele ao teatro*. O pronome *ela* substitui *Maria*, já referido anteriormente. No enunciado seguinte, temos duas anáforas, uma representada por um pronome oblíquo com função de objeto direto e outra por um pronome demonstrativo [há uma elipse no enunciado: "você vai contar *essa história de novo!*"]: *João lê história de Branca de Neve para filha todas as noites. A mãe o repreende: essa história de novo!* [o = João; essa = a história de Branca de Neve]
- Catáfora: diferentemente da anáfora, no caso da catáfora temos uma antecipação da palavra que será utilizada adiante: *Ao ver que não as alcançava, a raposa passou a falar mal das uvas. É isso que ele fez: João foi ao cinema. Isso é o que sempre acontece: embalamos as mercadorias pela manhã e as despachamos à tarde.* No primeiro exemplo, o pronome oblíquo *as*, cuja função é de objeto direto, precede a palavra *uvas* a que se refere. No segundo e terceiro, só reconhecemos o valor do pronome demonstrativo *isso* quando chegamos ao final da frase: João foi ao cinema; embalamos as mercadorias pela manhã e as despachamos à tarde. [Quando os pronomes se referem a algo ou alguém fora do texto, a um elemento da situação, temos exófora. Suponhamos: duas pessoas estão conversando; uma diz para a outra: *Neste domingo, eu e minha namorada fizemos programa separadamente: eu fui ver o time do coração; ela quis visitar uma tia.* Os pronomes *eu* e *ela* são aqui considerados dêiticos.]

- Proformas pronominais. Além de *ele* e *ela*, já citados no exemplo anterior, temos os pronomes *esse, essa, isso*: *Estabelecera o propósito de estudar naquele fim de semana até altas horas da noite, mas esse propósito era muito para suas forças.*
- Proformas verbais: *João pede à sua mulher que conte uma história para a filha. Ela diz que não* vai fazer o mesmo que ele faz *todas as noites.* [fazer o mesmo = contar a história de Branca de Neve].
- Proforma adverbial: *Se for à livraria, veja se encontra lá o livro* Tensão superficial do tempo, *de Cristovão Tezza.* Outro exemplo: *Rosa foi para o Rio de Janeiro e lá espera encontrar seu namorado.*
- Numerais: *João e Maria são universitários: ele faz faculdade de Química; ela de Engenharia Elétrica. Ambos passaram no Vestibular logo que saíram do ensino médio.* Outro exemplo: *João ama Maria; ambos estão apaixonados.*
- Anáfora indireta. Além da anáfora normalmente utilizada nos textos, como a relativa ao uso de pronomes, há um tipo especial dela: a anáfora indireta (anáfora em que não há retomada de um referente já exposto no texto, mas ativação de novos referentes; é, pois, uma anáfora que não tem um antecedente direto, explícito no texto): *São Lourenço da Mata. Arena de Pernambuco. Vai começar o jogo; os bandeirinhas estão posicionados; os jogadores silenciosos observam um minuto de silêncio; solitariamente, em lados opostos, os goleiros se benzem e erguem os braços para o céu.* Observar que, ao falar em uma partida de futebol, os outros componentes são ativados, são inferidos, visto que não se inicia o jogo sem goleiros, jogadores, bandeirinhas, árbitro. Esses elementos são introduzidos no texto como se já tivessem sido anunciados: são apresentados com artigo definido.

Os processos reiterativos de coesão referencial incluem:

- Repetição de um item lexical. Os manuais de redação antigos repeliam as repetições, como se elas fossem todas do mesmo tipo. Há repetições que enfastiam, não enfatizam, não apresentam nenhum efeito de sentido; há outras, todavia, que têm efeito estético, que constituem novos sentidos; servem para enfatizar um sentido, ou caracterizar uma personagem: *"Não, menina, não; ele é um frila que apostou em você. Vai fazer uma proposta por conta própria e você ficará milionária. Não: ele ficará milionário, você apenas rica. Comprará um computador novo, em vez de consertar o velho (falar nisso eu tenho que), um devedê como todo mundo, uma televisão 29 polegadas tela plana estéreo como todo mundo, um namoradinho engomado como todo mundo, um carro mil cilindradas engraçadinho como todo mundo, como todo mundo desse pequeno mundinho de merda, lá vai ela, ela pensou, ficando nervosa por besteira de novo* (TEZZA, 2011, p. 46).

As repetições enfáticas dão relevância ao sentido que se quer produzir e convocam a atenção do enunciatário. O fragmento que vamos reproduzir está no capítulo 34 de *Esaú e Jacó*. A fala da personagem Conselheiro Aires, com suas repetições enfáticas, produz, pelo menos, dois efeitos de sentido: de um lado, revela o *perfeccionismo* de Flora; de outro, o de sua indecisão:

> A primeira vez, porém, que Aires foi a S. Clemente, Flora pediu-lhe familiarmente o obséquio de uma definição mais desenvolvida. Aires sorriu e pegou na mão da mocinha, que estava de pé. Foi só o tempo de inventar esta resposta:
>
> – Inexplicável é o nome que podemos dar aos artistas que pintam sem acabar de pintar. Botam tinta, mais tinta, outra tinta, muita tinta, pouca tinta, nova tinta, e nunca lhes parece que a árvore é árvore, nem a choupana choupana. Se se trata então de gente, adeus. Por mais que os olhos da figura falem, sempre esses pintores cuidam que eles não dizem nada. E retocam com tanta paciência, que alguns morrem entre dous olhos, outros matam-se de desespero (ASSIS, 1979, v. 1, p. 989).

- Sinônimos (palavras de sentido equivalente, visto que não há propriamente sinônimos, palavras com o mesmo significado). Usamos *lábios* em determinadas situações; numa atitude grosseira, porém, podemos fazer referência a *beiços*; *cara* não é o mesmo que *rosto, face*. Não há sinonímia perfeita nas línguas, uma palavra com o mesmo significado que outra. Sempre é possível distinguir diferenças: uma pessoa pode dizer *almoço*; outra *alimentação*; outra ainda *refeição, boia, rango, regabofe, banquete*. Essas palavras têm sentidos diferentes, embora possam, em determinado texto, aparecer como equivalentes. Exemplificando, porém, o uso de "sinônimos", para manter a coesão, podemos dizer: *"O ministro se aposentaria compulsoriamente em 1º de novembro ao completar 75 anos, idade máxima para manutenção de servidores públicos na ativa, mas decidiu antecipar a saída para a próxima semana"* (Poder 360. Disponível em: https://www.msn.com/pt-br/noticias/brasil/celso-de-mello-%c3%a9-homenageado-em-%c3%baltima-sess%c3%a3o-de-colegiado-do-stf/ar-BB19LXj2?li=AAggXC1&ocid=mailsignout. Acesso em: 7 out. 2020). A palavra *saída* substitui, nesse texto, a palavra *aposentadoria*. Outro exemplo: *Os animais já fazem parte do cotidiano das pessoas, sendo eles domésticos ou não. Para explorar mais a relação dos bichinhos com a sociedade e o ambiente, o fotógrafo Steve McCurry criou um ensaio fotográfico* retratando esse relacionamento (CESCHIM, Beatriz. Fotógrafo retrata relação dos animais com pessoas. Busca Voluntária, 7 out. 2020. Disponível em: https://www.msn.com/pt-br/noticias/ciencia-e-tecnologia/fot%c3%b3grafo-retrata-rela%c3%a7%c3%a3o-dos-animais-com-pessoas-veja-lindas-fotos/ar-BBZGClY?li=AAggXC1&ocid=mailsignout. Acesso em: 7 out. 2020). A palavra *bichinhos* foi usada como sinônimo de *animais*, e assim manter a coesão textual.

- Hipônimo e hiperônimo: o hiperônimo funciona como termo genérico; o hipônimo, como termo específico. A substituição se dá observando essa relação de todo/parte ou parte/todo. Assim, se, em uma parte do texto, usamos *floresta* (hiperônimo), em outra podemos utilizar o hipônimo *arueira, jequitibá, jacarandá, pau-brasil, ipê* (hipônimos de *floresta*). Ou o contrário: podemos partir do uso de uma palavra específica (por exemplo, *cedro, seringueira, pinus*) e, adiante, retomar o texto, falando de árvores, floresta brasileira (hiperônimos). Imagine-se uma pessoa referindo-se ao seu automóvel, com um termo genérico: *Dirijo-me à garagem, ligo o* automóvel. Adiante, poderá dizer: *Quando cruzo o farol com meu Pálio, vejo um pedinte*. Mais adiante, poderá ainda dizer, ao entrar no posto de gasolina: *Comparando com meu antigo Chevrolet, este* Fiat *é muito mais econômico*. Outro exemplo: *Sua ambição, desde garoto, era conhecer a literatura nacional; leu de Gregório de Matos a João Ubaldo Ribeiro*. Nesse caso, o termo maior (hiperônimo) é literatura; o hipônimo é constituído pelos autores nacionais *Gregório de Matos João Ubaldo Ribeiro*. A relação também pode dar-se do termo específico (hipônimo) para o inespecífico, genérico (hiperônimo): *Machado de Assis e Graciliano Ramos eram autores de cabeceira, mas dedicava-se a toda a literatura nacional*. No exemplo seguinte, a expressão *meio de transporte* é um hiperônimo e *Metrô* (meios de transporte englobam: *carroça, automóvel, ônibus, trem, Metrô, avião, barco, navio* etc.): *Tomo o Metrô para ir ao trabalho. É um meio de transporte seguro.*

- Expressões nominais definidas: entende-se por esse conceito o uso de retomadas por meio de formas diversas, o que implica conhecimento de mundo e não apenas linguístico: *Fernando Henrique Cardoso foi presidente do Brasil entre 1995 e 2002. O sociólogo e cientista social até hoje continua requisitado para palestras pelo mundo afora.* As palavras *sociólogo e cientista*, nesse caso, constituem uma expressão nominal definida, que substitui o nome Fernando Henrique Cardoso.

- Nomes genéricos: compreende lexemas como: *coisa, trem, negócio, gente, pessoa* e outras que são utilizadas como "itens de referência anafórica": *Quem foi que fez essa coisa horrorosa aqui na sala? Não quero saber desse negócio que você está me dizendo. Chega! Você se refere à CLT e à Segurança e Medicina do Trabalho, mas para ser sincero não entendo dessas coisas. Política externa, comércio internacional, acordos, que negócios são esses?*

2.5.2 Coesão recorrencial

Tratando da coesão recorrencial, Fávero (2004, p. 26) elenca: recorrência de termos, paralelismo, paráfrase e recursos fonológicos, segmentais e suprassegmentais (ritmo, silêncio, entoação, motivação sonora).[2] Caracteriza então coesão recorrencial como a que se dá

> quando, apesar de haver retomada de estruturas, itens ou sentenças, o fluxo informacional caminha, progride; tem, então, por função levar adiante o discurso.
>
> Constitui um meio de articular a informação *nova* (aquela que o escritor/locutor acredita não ser conhecida) à *velha* (aquela que acredita conhecida ou porque está fisicamente no contexto ou porque já foi mencionada no discurso).

Vejamos alguns casos de recorrência sequencial:

- Recorrência de termos: não se confunda *recorrência* com *reiteração*. A recorrência assinala que a informação progride; a reiteração assinala que a informação conhecida é mantida. A função da recorrência, entre outras, é enfatizar, intensificar, como podemos ver no capítulo 17 de *Dom Casmurro*:

> OS VERMES
>
> "Ele fere e cura!" Quando, mais tarde, vim a saber que a lança de Aquiles também curou uma ferida que fez, tive tais ou quais veleidades de escrever uma dissertação a este propósito. Cheguei a pegar em livros velhos, livros mortos, livros enterrados, a abri-los, a compará-los, catando o texto e o sentido, para achar a origem comum do oráculo pagão e do pensamento

---

2 Não trataremos dos recursos fonológicos, segmentais e suprassegmentais (ritmo, expressividade das vogais e consoantes, alterações, ecos, assonâncias), constituidores da coesão recorrencial.

israelita. Catei os próprios vermes dos livros, para que me dissessem o que havia nos textos roídos por eles.

– Meu senhor, respondeu-me um longo verme gordo, nós não sabemos absolutamente nada dos textos que roemos, nem escolhemos o que roemos, nem amamos ou detestamos o que roemos; nós roemos.

Não lhe arranquei mais nada. Os outros todos, como se houvessem passado a palavra, repetiam a mesma cantilena. Talvez esse discreto silêncio sobre os textos roídos fosse ainda um modo de roer o roído (ASSIS, 1979, v. 1, p. 826-827).

Inicialmente, há a recorrência de *cura, curou,* depois *livros, vermes, roemos, roído, roer,* e o texto vai progredindo, sempre apresentando novidades: passa do tema da lança de Aquiles para o texto bíblico, o que dá oportunidade para falar da pesquisa empreendida em livros para verificar a origem da expressão, o que leva a livros velhos, carcomidos por vermes.

- Paralelismo: caracteriza-se pela reutilização das *mesmas estruturas* para veicular diferentes conteúdos. Para Koch (2016, p. 56), na recorrência de estruturas (paralelismo sintático), "a progressão [textual] se faz utilizando-se as mesmas estruturas sintáticas, preenchidas com itens lexicais diferentes". Essas estruturas veiculam conteúdos semânticos diversificados. Esse o caso do já citado poema de Drummond (Capítulo 2):

QUADRILHA

João amava Teresa que amava Raimundo

que amava Maria que amava Joaquim que amava Lili

que não amava ninguém.

João foi para os Estados Unidos, Teresa para o convento,

Raimundo morreu de desastre, Maria ficou para tia,

Joaquim suicidou-se e Lili casou com J. Pinto Fernandes

que não tinha entrado na história (ANDRADE, C. D., 1983, p. 89).

Nos três primeiros versos, temos o paralelismo de orações subordinadas adjetivas relativas. No quarto, quinto e sexto versos, os nomes vão se substituindo (também de forma paralelística), assim como os verbos, em frases lapidares, absolutas, para concluir com nova estrutura relativa.

No exemplo seguinte, presenciamos uma personagem de *O fotógrafo,* enquanto toma banho. O fluxo de consciência, expresso por orações introduzidas por gerúndio, vai paralelisticamente desenrolando-se à frente do leitor, formando uma escalada de emoções que vão das mais simples às mais complexas, ou que calam fundo na alma da personagem, como se estivesse se higienizando delas, buscando fazê-las escorrer pelo ralo:

Lídia punha a cabeça para trás, deixando a água quente cair na face, como a purificá-la de toda lembrança ruim, e aquela mulher era uma dessas lembranças, alguém que em sete sábados como que a obrigara a refazer a própria vida, em cada almoço que preparava; picando o alho para o arroz branco, descobriu que era infeliz; limpando a carne da gordura, que era triste; queimando a mão na panela, que era burra; errando a colher de sal, que era só, sem estar só, experimentando o molho ferrugem, sentiu, uma descoberta angustiante, a distância estúpida, silenciosa e insolúvel entre ela e seu fotógrafo; servindo a mesa, sobre a mesa que ela mesma havia arrumado – quantos dedos já foram?, ela se perguntou, como quem tenta se livrar da cabala transformando-a em brinquedo – que ela precisava mudar de vida, porque (e aqui ia o sexto dedo) havia uma sombra de paixão na sua alma querendo a luz. O sétimo dedo é o futuro, e antes de fechar a torneira os pés experimentam o azulejo do chão, sentido as velhas reentrâncias enquanto lançam as águas no ralo e isso lembrou-a dos 200 dólares do marido, do pouco dinheiro, da ausência de perspectiva, do eterno quebra-galho (TEZZA, 2013, p. 195-196).

- Paráfrase: caracteriza-se como atividade de reformulação do conteúdo de um texto-fonte. Em outros termos, um mesmo conteúdo semântico é posto de forma diferente. Fávero (2004, p. 29) salienta que a paráfrase "distingue-se da repetição na medida em que possui uma característica importante: a criatividade – ausente daquela, caracterizada pelo automatismo". A repetição de que fala a autora é a repetição não enfática, que nenhum sentido acrescenta. Ao tratar da paráfrase como recorrência de sentidos, Koch (2016, p. 56) ressalta: "Como acontece na recorrência de termos, a cada representação do conteúdo, ela sofre alguma alteração, que pode consistir, muitas vezes, em ajustamento, reformulação, desenvolvimento, síntese ou previsão maior do sentido primeiro." Entre as expressões introdutoras de paráfrase, temos: *isto é, ou seja, quer dizer, ou melhor, em outras palavras, em síntese, em resumo* etc. Exemplos:

Na análise e desenvolvimento de um discurso dá-se ênfase à *função*, **isto é**, àquilo que se faz quando se produz um enunciado ou vários em um texto (GUIMARÃES, 2013, P. 27).

A *microestrutura* é responsável pela estruturação linguística do texto, **isto é**, representa todo um sistema de instruções textualizadoras de superfície que auxilia na construção linear do texto por intermédio de palavras e de frases, organizadas como elementos e mecanismos de *coesão* (GUIMARÃES, 2013, p. 35).

Antes, pois, de estabelecer o quadro típico do texto, é preciso controlar os fatos do discurso, **isto é**, *saber quem fez o que para quem* e verificar *que relação uma **ação descrita pelo discurso tem com as outras ações em seu contexto*** (GUIMARÃES, 2013, p. 129).

Adam classifica e descreve os diversos tipos de progressão temática, **ou seja**, as diferentes estratégias de retomada e avanço do texto, com base nas noções de *tema* e *rema*, **ou seja**, a informação apresentada como conhecida (*tema*) ou como nova (*rema*) (GUIMARÃES, 2013, p. 67).

Os gêneros são um importante dispositivo enunciativo que merece um tratamento que una mais produtivamente o textual ao extratextual ao identificar nos textos de que maneira o extratextual é incorporado ao texto, de que maneira é intratextualizado, **ou seja**, tomando como parte inalienável do texto. **Em outras palavras**, os gêneros permitem ver de que maneira a enunciação deixa macas nos enunciados (SOBRAL; GIACOMELLI *In*: SOUZA; SOBRAL, 2016, p. 47-48).

Voltando à questão dos modelos de letramento, Street (1984) e seus seguidores no Brasil, tais como Kleiman (1995), Soares (1998) entre outros, já há algum tempo, como é possível

> notar pela data de seus textos, explicam os problemas decorrentes de uma educação escolar embasada predominantemente em uma concepção autônoma de letramento. **Em síntese**, os autores criticam essa concepção por estar centrada na aquisição da língua (acesso ao mundo da escrita) como uma entidade abstrata e não como um construto social. Essa concepção dissemina a falsa ideia de que para se lograr êxito na sociedade grafocêntrica basta a escola ensinar a todos a ler e escrever uma língua natural, segundo os ditames das pedagogias tradicionais (acríticas e assentadas no ensino prescritivo da gramática), depreciando e ou desdenhando as experiências orais vividas por fora da escola, esfera familiar, sobretudo em se tratando de populações de camadas menos favorecidas economicamente (BALTAR *In*: SOUZA; SOBRAL, 2016, p. 92-93).

Neste último exemplo, observar como, para explicitar a crítica que alguns autores fazem à concepção de modelos de letramento de Street, à sua *concepção autônoma de letramento*, quanto o enunciado se estendeu.

2.5.3 Coesão sequencial

A coesão sequencial é composta de sequenciação temporal e sequenciação por conexão.

A **sequenciação temporal** compreende a ordenação linear, como em: "treina, concentra-se, joga, descansa". A ordem nesse caso não pode ser alterada, exceto se se quiser, em uma narrativa, produzir o efeito de sentido de uma personagem desequilibrada. A sequenciação temporal é constituída também por expressões que indicam ordenação: "*primeiro* pensa; *depois*, toma decisões"; "*de manhã* responde aos *e-mails*; *à tarde* organiza os arquivos de papéis e eletrônicos".

Podemos, ainda, estabelecer sequência temporal mediante a correlação de tempos verbais: "*peço* que me *atendam* de boa vontade"; "*recusei* que me *atendessem* de má vontade"; "se *mantivermos* os pagamentos em dia, *teremos* menos dor de cabeça"; "se *obtivermos* os resultados esperados, *sairemos* vitoriosos".

Na **sequenciação por conexão**, temos operadores de tipo lógico e operadores discursivos.

Operadores de tipo lógico estabelecem relação de:

- **Disjunção:** "de manhã, ela digita textos *ou* organiza o escritório" (sentido exclusivo); "a avaliação dos alunos consistirá no desempenho oral ou escrito" (sentido inclusivo).
- **Condicionalidade:** "*se* ela for digitar textos, não organizará o escritório".
- **Causalidade:** "perdeu o emprego, *porque* chegava atrasado todos os dias"; "*como* houve abuso de poder econômico nas eleições, o TSE cassou o mandato do prefeito"; a relação de causalidade pode ainda ser introduzida por *já que, uma vez que*).
- **Finalidade:** "estuda com afinco, *para* aprender e ser promovida no emprego".
- **Temporalidade:** "*quando* chegou à faculdade para fazer o Vestibular, o portão já estava fechado". Outras expressões que indicam temporalidade: *mal, nem bem, assim que, logo que, instante em que*. Para tempo progressivo ou contínuo, temos: *à medida que, enquanto*.
- **Conformidade:** "seguiremos estudando gêneros discursivos, *conforme* orientação do professor".
- **Modo:** "*com calma*, responde a todos"; "*sem titubear*, responde que a vida é um valor absoluto".

Operadores de **relações discursivas ou argumentativas**: aqui não temos relação entre o conteúdo de uma oração e o de outra, mas dois ou mais enunciados distintos, "encadeando-se o segundo sobre o primeiro, que é tomado como tema. Prova de que se trata de enunciados diferentes, resultantes cada um de um ato de fala particular, é que eles poderiam ser apresentados sob forma de dois períodos ou até proferidos por locutores diferentes" (KOCH, 2016, p. 71-72). Entre eles, temos relação de:

- **Conjunção**: "o advogado conhece as leis *e* transita pelos tribunais com desenvoltura". Outros operadores de conjunção são: *nem, não só..., mas também, tanto... como, além disso*.
- **Disjunção argumentativa**: "Vigilância com os poderosos. Não há por que torcer por políticos, prefeitos, governadores, presidente; *ou* queremos fazer da política algo parecido com um time de futebol?" Para Koch (2016, p. 72), "trata-se aqui [na disjunção argumentativa] da disjunção de enunciados que possuem orientações discursivas diferentes e resultam de dois atos de fala distintos, em que, por meio do segundo, procura-se provocar o leitor/ouvinte pra levá-lo a modificar sua opinião ou, simplesmente, aceitar a opinião expressa no primeiro" (KOCH, 2016, p. 72).
- **Contrajunção**: "o garoto turbinou seu currículo, *mas*, repreendido pelo pai, se arrependeu". Na contrajunção, o segundo argumento é que prevalece, ou seja, prevalece o argumento introduzido pelo operador. No exemplo apresentado, o mais relevante, para o enunciador, não é o fato de o garoto ter turbinado seu currículo, mas o de ter-se arrependido de tê-lo turbinado. Se digo: "é honesto, *mas* indolente", o argumento mais forte do enunciado não é ser honesto, mas ser indolente. Se trocarmos as posições, temos: "é indolente, *mas* honesto", caso em que ser honesto foi considerado mais relevante. A contrajunção realizada por *mas, contudo, todavia, entretanto* difere da contrajunção realizada por operadores como *embora, ainda que, apesar de que*, porque na concessiva prevalece o argumento não introduzido pelo operador: "*embora* diga ser religioso, defende a pena de morte"; "*ainda que* defenda a vida e seja contra o aborto, paradoxalmente, é favorável à pena de morte"; "nas conversas com os amigos, apesar de apaixonado por seu time de coração, fazia questão de respeitar os torcedores de outros times".
- **Explicação ou justificativa**: "evitava discutir crenças religiosas, pois entendia ser religião terreno movediço". Nesse caso, aparece vírgula antes do operador *pois*. No segundo exemplo do tópico seguinte, temos um *pois* explicativo com vírgula antes e depois dele, porque se introduziu um adjunto adverbial ("na verdade"). Retirando o adjunto, temos: "não há sentido na divisão que se costuma fazer entre discursos argumentativos e não argumentativos, *pois* todos os discursos têm um componente argumentativo, uma vez que todos visam a persuadir
- **Conclusão**: "já havia falado o suficiente; portanto, era hora de se calar"; "a argumentação consiste no conjunto de procedimentos linguísticos e lógicos usados pelo enunciador para convencer o enunciatário. *Por isso*, não há sentido na divisão que se costuma fazer entre discursos argumentativos e não argumentativos, *pois*, na verdade, todos os discursos têm um componente argumentativo, uma vez que todos visam a persuadir (FIORIN, 2014, p. 75). Outros operadores de conclusão são: *logo, por conseguinte, por isso*; com o operador conclusivo *pois*, usamos vírgula antes e depois de dele: "é um especialista na área, grande pesquisador, um verdadeiro cientista; precisamos, *pois*, prestar atenção no que diz".

- **Comparação:** "Maria é *tão* estudiosa *quanto* sua irmã"; "ela é *mais* estudiosa *que* o irmão".
- **Generalização/extensão:** "ele é muito bom churrasqueiro, *aliás* é ótimo cozinheiro". A segunda parte do enunciado, a que começa com *aliás*, produz o sentido de que o sujeito não é só bom no preparo e cozimento das carnes de churrasco, mas também em culinária de modo geral. Amplia suas qualidades.
- **Especificação/exemplificação:** "não podemos, nos limites deste livro, estudar pormenorizadamente todos os procedimentos argumentativos. Eles vão desde o uso da norma linguística adequada (*por exemplo*, a não utilização da norma culta em situações de comunicação em que ela é exigida desacredita o falante) até o modo de organização do texto" (FIORIN, 2014, p. 75). O enunciado introduzido por *por exemplo* especifica uma proposição de ordem geral, uma afirmação genérica.
- **Correção/redefinição:** "ele foi eleito goleador do campeonato nacional, ou melhor, o maior artilheiro dos campeonatos nacionais"; "ela não é preguiçosa para estudar; pelo contrário, estuda até altas horas da noite todos os dias".

A coesão é talvez o mais importante critério da textualidade. Os processos coesivos estruturam a sequência da superfície do texto e constituem um padrão formal para a produção de sentidos. Todavia, ressaltamos que a coesão não se reduz a questões sintáticas, visto que pode haver textos bem formados sintaticamente, mas que não formam um sentido. Podem ter sujeito, verbo, complemento, mas constituírem *nonsense*, como em:

> Vejo os passistas da escola de samba. Meu pai gostava dos sambas de Cartola. Minha mãe gosta de Alcione. Alcântara é muito tranquila. Quero visitá-la no Natal. Natal tem a Barreira do Inferno, onde se lançam foguetes. Amanhã, preciso pagar a conta de luz. Ai que saudade que eu tenho da Bahia...

O que se tem aqui é um amontoado de frases que preenchem as condições de gramaticalidade, mas não formam um texto, não colaboram para a constituição de uma unidade de significado; falam de muitas coisas, mas não se percebe nelas um foco, um objetivo, uma intencionalidade. Falta aos enunciados textualidade ou textura, isto é, o que faria dessa sequência linguística um texto. É a coerência, assunto da próxima seção, que dá origem à textualidade.

2.6 Coerência

Nem sempre é muito fácil classificar um texto como incoerente, visto que, ainda que pareça incoerente superficialmente, pode ser que em algum contexto ele funcione como texto, apresente alguma coerência. Sua estruturação pode até parecer estranha, mas, convocado nosso conhecimento de mundo, nosso conhecimento enciclopédico, reconhecemos nele um texto coerente. Para Koch e Travaglia (2015, p. 14), "o cálculo do sentido de um texto, estabelecendo a sua coerência, pode ser auxiliado pela coesão, mas esta não é uma condição necessária". E, na página seguinte, conclui: "o receptor do texto ativa conhecimentos de mundo para estabelecer o sentido do texto. [...] Mas, se esse conhecimento de mundo é importante, não menos importante é que esse conhecimento seja partilhado pelo produtor e receptor do texto". Suponhamos algo como:

> O PROFESSOR
>
> Você tem o direito de dizer o que diz. Concordo, mas não pode me negar o direito de discordar de sua verdade, claudicante, estreita, torta. É um modo de dizer. Não sei também o que é direito, o que é torto. Se me dizem que vão falar a verdade, fico de cabelo em pé. Como é que se sabe o que é verdade? Fazia meus arcos com as madeiras impróprias para meu pai marceneiro. E daí? Ora bolas! Fui tarde na noite. Como dizia minha tia, que não bebia: "Você vê os tombos que eu levo, mas não vê as pingas que bebo." Ela nunca tinha caído na rua. Delicada, acariciava a cicatriz do meu rosto. Que tombo foi esse?
>
> Jogo fraco esse da Bolívia. Há alunos brilhantes. Gente que tem opinião e sabe defender pontos de vista. Numa boa, sem erguer a voz, sem criar inimizade. Estou atrasado. Agora, a devolução, a revisão, os comentários. Atrasado. Paciência. Esse ônibus que não passa. Às vezes, pego outro. Outro caminho. Ah!, todo caminho dá na venda..., mas tem caminho mais demorado. Graciliano, me ajude a chegar na venda! Ouço minha tia dizer aquela história do pássaro. Mais atraso. Que nada, tia, mais vale um pássaro voando e cantando livremente. Não preciso deles na minha mão. É da natureza. É de todos. Gosto daquele triângulo mineiro vermelho: *libertas quae sera tamem*. Terá o mesmo sentido liberdade para todas as pessoas? E mais: que ideologia era essa de botar vermelho na bandeira?

É possível formar um sentido do texto que acabamos de ver. Todavia, há nele crateras e não buracos ou vazios a serem preenchidos, o que pode levar muitos leitores a verem nele um texto pouco consistente, sem unidade. Há muitos assuntos no fluxo de consciência do professor que ficou até altas horas da noite corrigindo provas de seus alunos e acordou mais tarde do que devia. Um leitor menos experiente poderá ter dificuldade em ver relação entre os tópicos considerados, visto que junta máximas, fala da inconsistência delas, introduz o pai e a tia nos enunciados, cita Graciliano Ramos (*São Bernardo*), a bandeira de Minas Gerais, faz reflexão sobre o que é a verdade, o direito, a liberdade. É próprio dos textos requisitarem a participação do leitor, para fazer inferências, estabelecer hipóteses de leitura, mas é necessário não ultrapassar as fronteiras de conhecimento de mundo e enciclopédico do enunciatário. O enunciador precisa de conhecimentos linguísticos, sociolinguísticos, textuais (gênero discursivo), estratégicos, para atingir o objetivo estabelecido para seu texto. Escreve para quem? Em que circunstâncias? Quais são suas crenças, intenções comunicativas, função comunicativa do texto?

Agora, vejamos um segundo texto, talvez menos problemático para o preenchimento dos vazios, mas, ainda assim, requisitando alta participação do leitor. Fizemos isso, para mostrar que a coerência ou incoerência é gradual; distribui-se ao longo de um contínuo que vai de textos mais coerentes a menos coerentes.

> O PROFESSOR
>
> Um pouco cansado, mas não pouco satisfeito. Dia longo e cheio; pequenos incidentes, é verdade. "Faz parte!", ouve uma garota dizendo no final do corredor. "Estou farto do lirismo comedido. Estou farto do lirismo que para e vai averiguar no dicionário o cunho vernáculo de um vocábulo. Abaixo os puristas. Não quero mais saber do lirismo que não é libertação. Vou lançar a teoria do poeta sórdido. Poeta sórdido: aquele em cuja poesia há a marca suja da vida. Vai um sujeito, sai um sujeito de casa com a roupa de brim branco muito bem engomada, e na primeira esquina passa um caminhão, salpica-lhe o paletó ou a calça de uma nódoa

de lama. É a vida. O poema deve ser como a nódoa no brim: fazer o leitor satisfeito de si dar o desespero" "Tô com Bandeira e não abro", me disse o garoto. Que sujeito bom de argumentos. Me destrinchou os dois poemas com argúcia. Mil motivos para ter escolhido essa profissão.

Cansado, mas não frustrado, vai retornando para casa. Terá um relapso inventado o despertador? Um atrasadão? Quero conhecer de perto esse tal de Levi Hutchins? Ah! Revolução Industrial que prometia tanta riqueza...

O ônibus passa roncando forte. Será que entram todos desta vez? A cara do motorista não é de bons amigos. Levantou de madrugada. Está com cara de poucos amigos. Freada inesperada. Reclama a garota. Quanto mais atrasado, mais tudo se desloca para mais longe. Pra não perder o emprego, inventou esse troço; tenho certeza! Uma geringonça. O telescópio de Galileu não era melhor? Claro que não. Tudo embaçado, não é, seu Galileu, como esse trânsito. Ih! Você também gostava de olhar para cima. Caiu alguma vez? Aquela história do Tales volta-lhe à cabeça. Se vivesse por aqui, também cairia, não em poço, mas em poças e crateras de todas as vias. Sabe essa cicatriz? Tombo feio. Não foi carraspana, não.

Da janela vê vasculharem uma lixeira. O bicho lhe passa pela cabeça. É Bandeira de novo. A garota sussurra no ouvido da amiga: Vaca! Pelo tamanho do chifre é coisa antiga! Lembra então de Carvalho: *Olha para o céu, Frederico!* Faltou treinamento, diz um senhor mais comedido. Passam pela janela Penélope, Kariênina, Luísa, Capitu. Ah! essas mulheres! Fecha os olhos. Cochila. Ouve a voz da amiga feminista, que falava com entusiasmo de Tess, de Nastassja Kinski, de Polanski. Está inconformado com as pedras que caem sobre uma mulher que ninguém ali viu. Ouve alguém no final do corredor: "Faz parte!"

E o Galileu querendo ver o céu? Quem terá aperfeiçoado essa engenhoca? Como teriam sido os primeiros despertadores? Ah! como é diferente ver e ouvir! Já passou outro e eu ainda por aqui. Qualquer dia, jogo-o pela janela, boto-o na lixeira. Que coisa esquisita uma pessoa, ainda sonolenta, ter de se levantar. Ah! se encontrasse esse cara! Da janela, passa mais um. As janelas me olham. Seria uma solução uma cidadezinha qualquer? Idealização idílica agora não! Terá um anjo torto me posto no mundo? Ah! mineiro bom. Que profeta! Valeu a pena a lira Itabirana da Vale que amarga? Vou me embora pra Pasárgada. Eu quero é ser feliz. Fugindo da vida? Romanticão!

Sonolentos os pés desmancham a barra da calça; a camisa não fecha. Casas estreitas. Um mundo de camisetas me impediria de trocar os botões. Mas já andei por aí com camiseta do avesso. Estou sempre buscando soluções fáceis. O leite escorre sobre o fogão, queimo a língua. Pasta de dente ainda no canto da boca. Acho que não penteei o cabelo. Vejo pelo olhar estranho de quem me vê. Atravesso o ônibus perdido na rua. A vida chove pressa no olhar do diretor à porta.

Mesmo que possa inicialmente parecer tratar de muitos tópicos e pareça desajeitado o texto, ele tem alguma coerência: a desestruturação sintática e inadequação semântica iconizam um professor que levantou com algum atraso e, por isso, faz tudo apressadamente para chegar à faculdade ainda em tempo. Do fluxo de consciência (os fatos não são expostos ordenadamente, como acontecem na sucessão temporal; fatos de dentro do ônibus, por exemplo, vêm à tona antes de o professor sair de casa); do texto brotam o inventor do despertador (Levi Hutchins), a imperfeição do telescópio de Galileu, a lenda de Tales de Mileto (que, ao contemplar o céu, teria caído em um poço), os poemas "Poética", "Nova poética", "O bicho" e "Vou me embora pra Pasárgada", de Manuel Bandeira, o livro de José Cândido de Carvalho (*Olha para o céu, Frederico*), a revolta da garota que faz relação entre a imaginada infidelidade da mulher do motorista e sua desatenção com o trânsito, provocando que os passageiros se lancem uns sobre os outros; o comentário vil, a fidelidade de Penélope, do livro *Odisseia*, de Homero; Anna Kariênina, de Tolstói; Luísa, de *O primo Basílio*, de Eça de Queiroz; Capitu, de *Dom Casmurro*, de Machado de Assis. Por fim, fecha os olhos, colchila e surgem à sua frente Tess, personagem do romance de Thomas Hardy: *Tess of the D'Urberville: a pure woman*, bem como a atriz Nastassja Kinski (no papel de Tess) do filme de Roman Polanski. O fluxo de consciência continua com os poemas "Cidadezinha qualquer", "Poema de sete faces" e "Lira Itabirana", de Drummond. Todas essas informações, que parecem à primeira vista desencontradas, o leitor as recupera de seu conhecimento de mundo, de seu conhecimento enciclopédico. Nesse sentido, pode-se dizer que a coerência é um princípio de interpretação dos textos e das ações humanas. Ela está relacionada com a inteligibilidade de um texto em uma situação de comunicação; é a coerência que faz com que um texto tenha sentido para o enunciador e para o coenunciador em determinada situação.

Não é, pois, a coerência, propriamente, uma propriedade do texto; ela é uma *operação realizada pelo leitor* sobre as possibilidades interpretativas do texto. Para Koch e Travaglia (2015, p. 36), com base em Charolles,

> a coerência seria a qualidade que têm os textos que permite aos falantes reconhecê-los como bem formados, dentro de um mundo possível (ordinário ou não). A boa formação seria vista em função da possibilidade de os falantes recuperarem o sentido de um texto, calculando sua coerência. Considera-se, pois, a coerência como princípio de interpretabilidade, dependente da capacidade dos usuários de recuperar o sentido do texto pelo qual interagem, capacidade essa que pode ter limites variáveis para o mesmo usuário dependendo da situação e para usuários diversos, dependendo de fatores vários (como grau de conhecimento sobre o assunto, grau de conhecimento de um usuário pelo outro, conhecimento dos recursos linguísticos utilizados, grau de integração dos usuários entre si e/ou com o assunto, etc. Deve ficar claro que a coerência tem a ver com "boa formação" do texto num sentido totalmente diverso da noção de gramaticalidade usada pela gramática gerativa-transformacional no nível da frase. A boa coerência tem a ver com boa formação em termos da interlocução comunicativa, que determina não só a possibilidade de estabelecer o sentido do texto, mas também, com frequência, qual sentido se estabelece.

É, portanto, necessário que o texto permita o acesso à coerência. O enunciatário é um sujeito histórico e social, inserido em contextos amplos e submetido a condicionamentos os mais variados. Como qualquer texto tem relação com outros textos, ele precisa dominar os discursos dos quais provém o texto que tem em mãos. Além disso, para recuperar o sentido, atentará para a isotopia textual, que lhe possibilita verificar a continuidade do que está sendo tratado. Isotopia é a reiteração de unidades semânticas no texto, que lhe proporciona coerência semântica. Vejamos como a isotopia se dá na prática, considerando um poema de Carlos Drummond de Andrade (1983, p. 83):

> *Sweet home*
> Quebra-luz, aconchego.
> Teu braço morno me envolvendo.
> A fumaça de meu cachimbo subindo.

> Como estou bem nesta poltrona de humorista inglês.
> O jornal conta histórias, mentiras...
> Ora afinal a vida é um bruto romance
> e nós vivemos folhetins sem o saber.
> Mas surge o imenso chá com torradas,
> chá de minha burguesia contente.
> Ó gozo de minha poltrona!
> Ó doçura de folhetim!
> Ó bocejo de felicidade!

Há no texto um conjunto de figuras (lexemas que se relacionam com um elemento do mundo natural), criando no texto o efeito de sentido de realidade. Essas figuras estabelecem a isotopia textual, possibilitando a construção da coerência: o cenário montado não é o vivenciado por um operário, mas por quem tem posses. Os signos escolhidos mantêm essa coerência do início ao final do poema: *quebra-luz, aconchego, cachimbo, poltrona, jornal, chá com torradas*. Temos então um cenário requintado e aconchegante, propício ao ócio e uma oportunidade para verificar o que pensa da vida o ser que dele se apossa. Todas essas figuras contribuem para formar a imagem de um burguês individualista, destituído de qualquer preocupação com a realidade social. Todas elas contribuem para uma linha de coerência; não há nada que destoe, que introduza algo fora de lugar.

Comecemos pelo título: ele se vale de uma expressão inglesa para indicar certo refinamento. Paralelamente à atmosfera de despreocupação e privilégio de poder desfrutar a vida sem correrias e desassossegos, o enunciador fala de sua relação erótica com os objetos que possui (gozo proporcionado pelo braço da poltrona que o envolve). Mostra ainda seu posicionamento social, também isotopicamente explorado: burguesia contente, possibilidade de gozar a vida na ociosidade, forma de encarar a vida, em que a realidade social degradada que lhe chega pelo jornal é vista como ficção (histórias), mentiras, bocejo (indicativo de preguiça e de inatividade). O eu lírico do poema escolhe sempre as referências mais doces, que não afetem sua vida. Ao saboroso café nacional, prefere o "chá com torradas", originário de outras tradições.

De posse desses traços, o leitor observa a existência de uma isotopia de costumes burgueses, de vida bocejante, de quem sequer precisa levantar para preparar o chá, visto que tudo está posto por algum serviçal. Em sua doce vida, afasta-se de todos os problemas e não quer saber de nada à sua volta que lhe possa trazer preocupação; envolvimento apenas dos braços de sua poltrona.

O texto movimenta-se, pois, em torno de dois eixos: o de uma vida de regalias, mas bocejante, e o de uma vida vivida no cotidiano da realidade brasileira, que pode ser vista no jornal, mas que o eu lírico, para não ter sua vida afetada, considera-a ficcional, mentirosa. Lê-se então no poema o ponto de vista irônico da enunciação, que contesta o sem sentido de uma vida egoísta, não solidária, isolada do mundo, voltada apenas para si mesma.

Para o estabelecimento da coerência textual contribuem o enunciador e o enunciatário; o locutor e o interlocutor. Não é suficiente, pois, a organização linguística do texto para que produza um sentido. Daí Koch e Travaglia (2012, p. 105) afirmarem não haver propriamente texto incoerente, mas tão somente um texto que "pode ser incoerente para alguém em determinada situação de comunicação".

Usuários do WhatsApp, Facebook e outras mídias eletrônicas estão acostumados, por exemplo, com o suporte, com a forma como as informações são neles expostas. É comum, nesses casos, a participação dos enunciatários, com comentários sobre o que acabam de ler. O leitor pode localizar uma dessas notícias e verificar que, isolados do contexto em que aparecem, alguns enunciados poderiam até parecer incoerentes, desconexos ou sem sentido. Todavia, acostumado que está a essa prática social, ele, mobilizando modelos mentais e conhecimentos sobre a mídia social, sabe como proceder para a constituição do sentido, bem como para interagir, formulando outros textos que serão adicionados aos anteriores. Também pode ocorrer comentário indevido, posto fora de lugar, como um comentário que tenta chamar a atenção para outros assuntos. Se o leitor da mídia considerar inoportuno o comentário de algum usuário, poderá rechaçar seu comentário, considerando esquisita ou descontextualizada a participação de quem a escreveu. Quando se trata de pessoas amigas ou parentes, comentários tidos como indevidos, opiniões tidas como inaceitáveis, às vezes, provocam até inimizade. Às vezes, se observa que amigos "cobram" posição de outros amigos sobre determinado fato; outras vezes, não admitem posições contrárias. Outras vezes, ainda, mesmo percebendo que o tema de que trata não tem relação com o comentário fonte compartilhado, o usuário se arrisca a fazer alguma observação que considera relevante para si. Tem consciência de que seu assunto não se relaciona com a matéria exposta, mas, mesmo assim, quer chamar a atenção para algo específico que lhe interessa. É nesse sentido que se diz que o **contexto** é fundamental para a coerência textual e que ele engloba

> o linguístico, a situação de interação imediata, o entorno sócio-político-cultural e a bagagem cognitiva dos interlocutores. [...] O contexto assume várias funções: avaliar o que é adequado ou não numa interação, justificar algo que foi dito (não foi dito) ou que será dito (não será dito), desambiguizar enunciados, alterar o que se diz e preencher lacunas no texto como aquelas originadas pela introdução de referentes no texto com base nos princípios de compartilhamento de conhecimentos e conectividade (KOCH; ELIAS, 2016, p. 42-43).

Voltando ao início deste capítulo, o leitor pode localizar o texto "A língua des jovens argentines". Nele, Colombo trata de linguagem inclusiva, fala do *Pequeno Príncipe*, de Saint-Exupéry, da Real Academia Espanhola e, sobretudo, *cosplay*, cuja definição posta no Google afirma tratar-se de termo utilizado para referir-se à atividade que consiste em "atuar como personagem real (artista) ou ficcional [personagem de *animes*, mangás, *comics* ou videojogos], procurando interpretá-lo na medida do possível") (Disponível em: https://pt.wikipedia.org/wiki/Cosplay. Acesso em: 24 abr. 2020). Essas referências são introduzidas no texto como pertencentes à bagagem cognitiva do leitor e contam com a sua capacidade para recuperar esses conhecimentos. São tais referências e outras não especificadas aqui que proporcionam coerência ao texto e permitem a progressão textual.

Ao falarmos de coerência e coesão, afirmamos a necessidade de conhecimentos linguísticos (ainda que não suficientes) para a produção de sentidos de um texto. Esse conhecimento diz respeito à sintaxe e à semântica. Por exemplo, conhecimento sobre anáforas de pronomes pessoais, de pronomes possessivos: *ele, eles, ela, elas, seu, seus, sua, suas*; adjuntos adverbiais, como *naquela noite, nesse dia* etc. Além desse tipo de anáfora, temos as **anáforas indiretas**, que são constituídas por associações. Exemplificando: na crônica "B de Briga", de Scliar (1995, p. 13-14), temos:

84   Capítulo 3

Quem viaja em geral está numa boa, em paz com o mundo. Mas, em viagem, uma briga ou outra será inevitável; alguma vez teremos de reclamar, num hotel, ou num restaurante, do mau atendimento. Mas tudo bem – se podemos reclamar. Se a pessoa a quem nos dirigimos nos entende (se vai nos dar bola ou não, é outro problema). [...]

No terminal aéreo tomamos – transporte da lumpen-burguesia[3] – o ônibus para o aeroporto. Estava quase lotado. Sobravam dois lugares, separados. Num, minha mulher sentou. Noutro eu sentei. Ela ia ao lado de uma velhinha magrinha. Ao meu lado, um russo gordo. [...]

Sentei-me na beira do banco, com malas e pacotes – uma posição de extrema precariedade. Que o homem nem notou. Outro teria se encolhido, numa tentativa de proporcionar mais espaço ao companheiro de viagem. O russo sequer o tentou.

(A propósito, como sabia eu que era russo? Bem, eu sabia. Essas coisas são intuitivas. E são mais intuitivas num descendente de russos, como é o meu caso.)

O leitor verifica que se associam a viagem: *hotel, restaurante, mau atendimento, terminal aéreo, ônibus para o aeroporto, banco do ônibus, malas, pacotes*. Essas referências vão sendo introduzidas no texto em associação. Todas estão interligadas; constituem anáforas indiretas. Quem viaja, se de avião, vai ao aeroporto, carrega mala, vai a restaurante, encontra outras pessoas que também estão viajando etc. Trata-se de uma cadeia de referências. Quando se fala de um, outros da mesma "atmosfera" vão surgindo em cascata. O texto de Scliar introduz *terminal* como se ele já tivesse sido anunciado. Daí o uso do artigo definido, junto com a preposição: "*No* terminal aéreo". Da mesma forma, "*o* ônibus, para *o* aeroporto". Quando apresentamos uma referência pela primeira vez em um texto, nós o fazemos com o uso de um artigo indefinido. Adiante, ao nos valermos da mesma referência, como ela já é do conhecimento do enunciatário, nós o fazemos com o uso de artigo definido. Suponhamos: "Uma amiga tem **um** *yorkshire*. Ela me diz que **o** cachorrinho parece entender quando ela me telefona. Fica atento, como se estivesse participando da conversa. Não perde uma palavra." Todavia, na anáfora indireta, usamos o artigo definido mesmo quando apresentamos uma referência nova, porque contamos com a habilidade cognitiva do enunciatário, que sabe recuperar a informação.

Retomando a crônica de Scliar: para viajar, se vamos de avião, precisamos chegar ao terminal aéreo, precisamos de um meio de transporte (no caso, ônibus), que são anunciados como se já tivessem sido referenciados. Pertencem ao *frame* viagem: aeroporto, mala, viajantes etc. A moldura, o *frame*, é que nos permite eliminar muitas informações, porque o enunciatário é capaz de recuperá-las facilmente: se alguém nos fala em festa de aniversário de crianças, reconhecemos que fazem parte dela: aniversariante, bolo, presentes, decoração, crianças, pais, mães, amigos. Se falamos em Natal, reconhecemos nesse *frame*: ritual de festa religiosa, árvore de Natal, presentes, papai-noel, pratos alimentícios, bebidas etc.

Coerência e coesão são fatores de textualidade, mas não são suficientes para que um texto seja tido como texto. Uma pessoa pode, conforme o objetivo que tem em vista, produzir um texto que não seja nem totalmente coerente nem totalmente coeso. Daí a necessidade de incluir entre os critérios de textualidade *a atitude do usuário*: uma manifestação linguística será considerada texto se houver a *intenção* do produtor de apresentá-la em uma situação determinada e o leitor ou

---

[3]   No exercício 2 deste capítulo, propomos leitura sobre uma crônica de António Pinho Vargas que trata desse conceito.

interlocutor a aceitar como uma comunicação. Como resultado que é do encontro de enunciador e enunciatário, locutor e interlocutor, ela não está na sucessão linear dos enunciados, não está no texto propriamente dito, mas em um nível macroestrutural. Enquanto a coesão possibilita coerência microestrutural, local, a coerência proporciona coerência global. Os recursos de que utilizamos para estabelecer coerência são os que dão conta do processamento cognitivo do texto; dizem respeito à conexão conceitual, à estruturação do sentido. Citando Beaugrande e Dressler, Fávero (2004, p. 61-62) postula que um texto é coerente quando há "continuidade de sentidos entre os conhecimentos ativados pelas expressões do texto". Havendo descontinuidade, o leitor ou interlocutor o reconheceria como um texto incoerente:

> O texto contém mais do que o sentido das expressões na superfície textual, pois deve incorporar conhecimentos e experiência cotidiana, atitudes e intenções, isto é, fatores não linguísticos. Desse modo, *um texto não é em si coerente ou incoerente; ele o é para um leitor/alocutário numa determinada situação* [destaque nosso].

Em relação aos processos cognitivos, acrescente-se que eles contribuem para a formação do sentido. No caso de substituições de expressões, por exemplo, precisamos recorrer ao nosso conhecimento de mundo, à nossa memória, para recuperar determinadas informações. Vejamos um exemplo:

> Todo pai sabe que as crianças gostam de histórias lidas em um ritmo suave e interessante antes de dormir, mas eu era rápido demais para desacelerar com os Irmãos Grimm. Disparava pelos contos de fada, pulando linhas, parágrafos, páginas inteiras. Minha versão de *Branca de Neve* só tinha três anões. "O que aconteceu com o Zangado?", perguntava meu filho de 4 anos (HONORÉ, Carl. Como viver com mais calma? *Vida Simples*, ed. 185, p. 37, jul. 2017).

Nesse caso, há no texto algumas informações que precisam ser recuperadas; dependem de nosso conhecimento enciclopédico, de nosso conhecimento de mundo, de nossa cultura, de nossa memória: a palavra *história* aparece substituída por *contos de fada, Branca de Neve*. O leitor precisa então saber que *Branca de Neve* é um conto de fada, bem como recuperar a informação de que os Irmãos Grimm são autores alemães de literatura infantil, que escreveram *Chapeuzinho Vermelho, Cinderela, Branca de Neve*, e que Zangado é uma personagem de *Branca de Neve* (as outras personagens são: Atchim, Dengoso, Dunga, Feliz, Mestre, Soneca). Não basta, pois, o conhecimento linguístico para entender um texto; são necessários também outros conhecimentos.

Define-se conhecimento prévio como conhecimento partilhado, conhecimento de mundo, conhecimento enciclopédico; dele depende a coerência dos textos. Esse conhecimento é elemento básico, "subjacente a todos os outros". Citando Kleiman, Fávero (2004, p. 73) nos informa que, "sem o engajamento do conhecimento prévio do leitor, não haverá compreensão". Conclui: "a compreensão de um texto é um processo que se realiza pela ativação desse conhecimento, isto é, a memória, onde estão guardados nossos conhecimentos, busca as informações necessárias, a partir dos elementos presentes". Esse conhecimento prévio compreende: conhecimento linguístico, conhecimento textual, conhecimento de mundo:

O **conhecimento linguístico** é o conhecimento da língua: conhecimento de como funciona a língua, conhecimento do vocabulário, da estruturação das frases. Vejamos um trecho de um editorial:

> Para **alguns** candidatos, pesquisa eleitoral só vale quando **os** mostra à frente. **Se a** sondagem **lhes** é desfavorável, a despeito do esforço **para** parecerem competitivos e até favoritos, então **a** explicação só pode ser uma: trata-se de "manipulação", com **o** objetivo de induzir **o** eleitor a votar **neste** e a evitar **aquele** candidato. **Por isso**, não surpreende que, na comissão que discute reforma política na Câmara, tenha sido aprovado **o** texto-base de **um** projeto de lei que prevê restrições às pesquisas eleitorais. É **um** desejo antigo **dos** políticos, **que** só não foi adotado até agora porque **eles** temiam ser acusados de violar **o** preceito constitucional da liberdade de informação. Pelo jeito, perderam **esse** receio (O eleitor no escuro. *O Estado de S. Paulo,* São Paulo, 17 set. 2017, p. A3).

Diferentemente do texto de Pignatari, que veremos em seguida, em "O eleitor no escuro" há um conjunto de elementos linguísticos, que permitem a passagem de uma parte do enunciado para outra. Sem eles, teríamos dificuldade de produzir um sentido. Também observamos que, além de articuladores que estabelecem relação entre um segmento e outro dos enunciados, há artigos definidos e indefinidos, pronome oblíquo, pronome pessoal, pronome demonstrativo, pronome indefinido, todos contribuindo para a coesão do texto.

O **conhecimento textual** compreende o conhecimento dos gêneros textuais e dos elementos que o compõem: se não conhecemos, por exemplo, o gênero *e-mail* administrativo, teremos dificuldade em produzir um exemplar dele. É o conhecimento do gênero que nos permite distribuir as informações apropriadamente nos lugares em que o leitor está acostumado a encontrá-las. Além de saber que não podemos utilizar em um texto administrativo a mesma variedade linguística que utilizamos em um bate-papo com um amigo (a descontração linguística cede lugar a certa formalidade), precisamos saber que no *e-mail* administrativo há um vocativo, cumprimentos, tema (assunto objeto da comunicação), formas de cortesia, despedida, assinatura, função do enunciador na empresa. Em relação ao conhecimento textual, é relevante também o conhecimento do **tipo textual:** descritivo, narrativo, expositivo, argumentativo, injuntivo. A escolha de um ou outro tipo vai depender dos objetivos que temos em vista: se queremos persuadir, por exemplo, rechearemos o texto de expressões linguísticas que revelem orientação argumentativa. Para Koch e Travaglia (2012, p. 41),

> o conhecimento das superestruturas de cada tipo de texto ajuda o processo de compreensão (de uma narrativa, por exemplo) e tem, portanto, a ver com a coerência [...]. Diferentes tipos de textos podem diferir quanto ao número e/ou quanto ao tipo de pistas da superfície linguística que apresentam, para facilitar ao receptor (leitor ou ouvinte) a tarefa de compreensão.

Dessa forma, concluem os autores citados, os textos seriam compostos de "diferentes graus de coesão e diferentes elementos coesivos", que permitem, pelas pistas distribuídas pela superfície textual, "chegar ao sentido global e, portanto, detectar sua coerência". A título de exemplo, observemos quão diferentes são, em relação aos elementos coesivos, um editorial ou artigo de opinião e um poema concretista:

(PIGNATARI, 1986, p. 113)

- A ausência completa de artigos, de articuladores lógicos e de articuladores discursivo-argumentativos não impede que o leitor perceba o sentido de crítica ao consumismo a que somos levados pela absorção exaustiva da propaganda. Sem necessidade de liames linguísticos, o enunciador, com base em repetição e permutação de fonemas (sons) parecidos (primeiramente *beba* (*beber*) faz *babe* (*babar*), de *cola* faz *caco* e, juntando ambas as palavras, faz *cloaca*), conduz o enunciatário para o argumento que dá sustentação à avaliação negativa da realidade social do mundo consumista em que vivemos.

O **conhecimento de mundo** é o **conhecimento enciclopédico**. A coerência depende do conhecimento que enunciador e enunciatário partilham. Se recebemos um *e-mail* do Departamento de Recursos Humanos nos informando: "Reunião da CIPA dia 3-9-2021, 16 h, salão X", essas informações são suficientes para nossa convocação. Imediatamente, processamos cognitivamente a sigla CIPA e depreendemos: *Comissão Interna de Prevenção de Acidentes*, formada por representantes de empregador e empregados, para tratar de assuntos relativos à segurança das pessoas que trabalham na empresa.

A esses fatores, Koch e Travaglia (2012, p. 50) afirmam ainda, com base na quase unanimidade dos autores, que *a coerência depende ainda de fatores pragmáticos* (situacionalidade, intencionalidade, aceitabilidade, informatividade, intertextualidade) e *interacionais*, que compreendem *contexto situacional*, interlocutores, crenças, intenções comunicativas, função comunicativa do texto.

Para o estudo da coerência, Fávero (2004, p. 62) apoia-se na semântica procedimental, que distingue dois tipos de conhecimento: o **declarativo** (que é dado pelas sentenças que organizam os conhecimentos e fatos do mundo, estabelecendo relações de generalização, especificação, causalidade etc.) e o **procedimental** (conhecimento armazenado na memória por meio de modelos globais, superestruturas, culturalmente determinados e construídos pela experiência).

2.7 Intertextualidade

A intertextualidade é uma propriedade constitutiva de qualquer texto. Não somos, propriamente, autores de nossos textos, visto que neles há diferentes contribuições, colaborações, participações. Todo texto se comunica com outros textos, se relaciona com outros enunciados. Daí se poder afirmar que nenhum texto existe isoladamente, visto que mantém sempre alguma relação com outros.

Nos estudos de intertextualidade, o leitor encontrará termos diferentes relativos a esse conceito. Por exemplo, *dialogismo*, termo importando do Círculo de Bakhtin, deu origem aos estudos de *intertextualidade*. Di Fanti (*In*: DI FANTI; BRANDÃO, 2018, p. 91) afirma que, ao estudar a linguagem, quando se tem como pressuposto o dialogismo (outro nome que se dá à intertextualidade; Bakhtin fala em dialogismo; Kristeva em intertextualidade; e há ainda os que distinguem intertextualidade e interdiscusividade),

> é considerar que todo discurso é constituído por outros discursos, mais ou menos aparentes, uma vez que o discurso traz ressonâncias de já ditos, responde a dizeres diversos e faz projeções e/ou antecipações do discurso-resposta. Essa inter-relação tensa e permanente com discursos de outrem caracteriza a dinamicidade da linguagem, sua natureza heterogênea, e a instauração de variadas relações de sentido.

O outro é condição fundamental para a existência do discurso, do sentido e do sujeito. Com base sempre em Bakhtin, a autora citada sustenta haver "uma relação de interdependência entre o eu e o outro, já que o sujeito e o discurso, dimensões indissociáveis, se constituem e se alteram na relação com outros sujeitos e outros discursos" (p. 97).

Para Citelli (1994, p. 48),

> se os textos vivem dialogando permanentemente uns com os outros, é fundamental desenvolvermos a consciência de que os nossos próprios textos resultam deste diálogo. Escrever ou ler com alguma eficiência é também o resultado do grau de inserção nas relações intertextuais.

Cabe ainda falar da existência de duas outras expressões comuns nos estudos da intertextualidade: *heterogeneidade mostrada* e *heterogeneidade constitutiva*, termos usados por Authier-Revuz (1990):

- **Heterogeneidade mostrada:** a relação com outro discurso/texto é identificada de forma clara. A heterogeneidade mostrada pode aparecer de forma marcada ou não marcada. Pela forma marcada, temos: discurso direto, uso de aspas, alusão identificada; pela forma não marcada, temos: discurso indireto, indireto livre, paráfrase.
- **Heterogeneidade constitutiva**: o discurso é dominado pelo interdiscurso, por um diálogo interno, nos termos de Bakhtin. Um texto seria sempre resposta a outro texto, ou levaria a uma resposta.

Maingueneau (2008), citado por Sobral (*In*: DI FANTI; BANDRÃO, 2018, p. 55), comentando heterogeneidade mostrada e heterogeneidade constitutiva, entende que esta última "só é abordável por uma teoria do discurso":

a primeira é acessível já a partir de uma abordagem *linguística*, na medida em que permite que se apreendam sequências delimitadas que marcam claramente sua alteridade (discurso relatado, autocorreções, palavras entre aspas etc.) [o leitor fica sabendo tratar-se de uma citação direta ou indireta]. A segunda, em contrapartida, não deixa marcas visíveis: as palavras, os enunciados de outrem se acham aí tão intimamente ligados ao texto que não podem ser apreendidos por uma abordagem linguística *stricto sensu*.

Sobral ressalta ainda que Maingueneau substitui o termo *interdiscurso* pela tríade *universo discursivo, campo(s) discursivo(s)* e *espaço discursivo*, "que vão do geral para o particular" (p. 56). Universo discursivo compreende "o conjunto de formações discursivas de todo tipo que interagem numa dada conjuntura". Define então *campo discursivo* como subdivisão do universo discursivo, "um conjunto de formações discursivas que se acham em concorrência, se delimitam reciprocamente numa região determinada do universo discursivo". Adiante, apresenta então a definição de espaço discursivo, considerando que ele tem duplo estatuto: "um modelo dessimétrico que permite descrever a constituição de um discurso" e "um modelo simétrico de interação conflituosa entre dois discursos". Entende Sobral que o que interessa a Maingueneau é o segundo modelo, "marcado pela permanência de uma tensão entre discurso primeiro e discurso segundo, tensão na qual nenhum deles absorve o outro, ainda que possa haver diferentes graus de 'neutralização'" (p. 63).

Outro aspecto a considerar é que há nos textos diálogo com diferentes vozes, estejam elas explicitadas, implicitadas ou silenciadas. Vozes podem ser suprimidas do tecido textual, mas elas permanecem presentes, ressoam, emitem eco.

De forma estrita, a intertextualidade é a relação de um texto com outros anteriormente produzidos. Ela pode ser explícita ou implícita. Se citamos textualmente algum enunciado de outro autor, temos intertextualidade explícita. Também se trata de textualidade explícita a indicada como discurso indireto, aquela em que parafraseamos as palavras de determinado autor. Utilizamos suas ideias, mas não literalmente suas palavras. Nesse caso, não usamos aspas, mas dizemos algo como: "para fulano, ...", "segundo fulano, ...", "fulano afirmou que a Lava Jato dá alguma esperança, mas não toda". No entanto, se não é possível identificar a fonte de um texto, ainda assim não é possível afirmar que o autor é sujeito absoluto de seu discurso. A forma como expressa determinados conteúdos pode até parecer própria, mas as ideias são importadas do meio em que vive, de outros já ditos. Um economista, por exemplo, fala segundo sua **formação discursiva** de economista; um religioso, segundo sua formação discursiva religiosa, que poderá ser católica, evangélica, judaica, muçulmana etc. Se o economista for keynesiano, falará o que é possível dizer dentro dessa formação discursiva. Se for neoliberal, falará o que é possível dizer dentro dessa outra formação discursiva. Assim é que se diz que um discurso se apoia em um já dito.

Koch, Bentes e Cavalcante (2012, p. 31 s.), ao tratarem de intertextualidade implícita, classificam-na em:

- **Captação:** o poema "Canção do exílio", de Gonçalves Dias foi, através dos tempos, intertextualizado quer explicitamente, quer implicitamente. Por exemplo, em Casimiro de Abreu ("Eu nas além dos mares: // Os meus lares, // Meus amores ficam lá! // Onde canta nos retiros // Seus suspiros, // Suspiros o sabiá". Em Gonçalves Dias, temos:

"Minha terra tem palmeiras // Onde canta o sabiá // As aves que aqui gorjeiam / Não gorjeiam como lá."[4]

- **Subversão** (em alguns dos poemas citados o leitor percebe a realização da paródia): em Murilo Mendes: "Minha terra tem macieiras da Califórnia // Onde canta gaturamos de Veneza // Eu morro sufocado em terra estrangeira. // Nossas flores são mais bonitas // Nossas frutas são mais gostosas // Mas custam cem mil réis a dúzia. // Ai quem me dera chupar uma carambola de verdade // E ouvir um sabiá com certidão de idade!" Em Oswald de Andrade: "Minha terra tem Palmares // Onde gorjeia o mar // Os passarinhos daqui // Não cantam como os de lá // Minha terra tem mais rosas // E quase que mais amores // Minha terra tem mais ouro // Minha terra tem mais terra // Quero terra amor e rosas // Eu quero tudo de lá // Não permita Deus que eu morra sem que volte para lá // Não permita Deus que eu morra sem que volte para São Paulo // Sem que veja a Rua 15 // E o progresso de São Paulo."

Às vezes, ao intertextualizar um texto, o enunciador troca palavras que são muito próximas do texto original, produzindo evidentemente outro sentido, como é o caso da fórmula usada em casamentos: "até que a morte os separe", em que se troca por: "até que a sorte os separe" (produz o efeito de humor: separar-se é para os que têm sorte..., ou: separará se tiver sorte...). Provérbios e máximas são constantemente objeto desse tipo de intertextualização: "a mentira tem perna curta, mas ultimamente tem costas quentes". Outro tio de intertextualidade é a **alusão**: "Não vou perder tempo descrevendo o espetáculo. Foi só meu pai soar o gongo e a batalha começou. O cineasta municipal discutia com o cineasta estadual para ver quem batia mais forte no cineasta federal, que, em vez de tirar ouro do nariz, como queria o poeta, batia com mais força na cabeça da Embrafilme, do Ministro da Cultura, do Presidente da República e de quem aparecesse pela frente" (TEZZA, 2014b, p. 156). Alusão ao poema "Política literária", de Carlos Drummond de Andrade (1983, p. 80): "O poeta municipal // discute com o poeta estadual // qual deles é capaz de bater o poeta federal // Enquanto isso o poeta federal // tira ouro do nariz."

Um texto que utiliza sentidos, ideias já veiculados em outros textos revela intertextualidade de conteúdo. A relação de conteúdo tanto pode ser explícita, marcada no texto, por alguma característica linguística (discurso direto, indireto, indireto livre, alusão), como de forma implícita, remetendo apenas aos discursos veiculados, ou seja, tratando do mesmo tema, recuperando informações pela memória, constituindo sentidos que se opõem aos já ditos. Por exemplo, o julgamento do agora ex-Presidente Temer, pelo Tribunal Superior Eleitoral, deu "origem" a inúmeros textos. Entre aspas, porque o próprio julgamento se apoiou em inúmeros textos legislativos, jurídicos. Esses textos, que constituem um *já dito*, prosseguiu produzindo falas e escritos dos ministros do TSE, os seus votos.

No primeiro texto a seguir, verificamos que o jornalista remete a um texto do Ministro Gilmar Mendes, que remete a Monteiro Lobato:

---

[4] São muitos os textos que se apoiam em Gonçalves Dias ("Canção do exílio"). O leitor pode pesquisar na Internet: "Canção do exílio" e "Eu nasci além dos mares", de Casimiro de Abreu, "Canto de regresso à pátria", de Oswald de Andrade, "Nova canção do exílio", de Carlos Drummond de Andrade, "Canção do exílio", de Murilo Mendes, "Nova canção do exílio", de Ferreira Gullar, "Outra canção do exílio", de Carlos Nejar, "Canção do exílio facilitada", de José Paulo Paes, a canção "Sabiá", de Tom Jobim e Chico Buarque.

> Como não lhe faltassem argumentos, a certa altura do voto decisivo contra a cassação da chapa vencedora nas eleições presidenciais de 2014, o presidente do Tribunal Superior Eleitoral (TSE), ministro Gilmar Mendes, tirou da algibeira um personagem da nossa literatura infantil, Américo Pisca-Pisca. "De vez em quando a gente vê esse personagem andando por aí, o reformador da natureza", disse. Na fábula de Monteiro Lobato, Pisca-Pisca punha defeito em tudo. Por que uma árvore grande como a jabuticabeira carrega frutos tão pequeninos? Por que abóboras enormes crescem ao chão, em frágeis plantas rasteiras? "Não era lógico que fosse o contrário?", pergunta. "Se as coisas tivessem de ser reorganizadas por mim, eu trocaria as bolas – punha as jabuticabas na aboboreira e as abóboras na jabuticabeira." Até que, "pisca-piscando que não acabava mais", ele adormece sob a jabuticabeira, e uma jabuticaba cai-lhe sobre o nariz. Desperta, pisca, pisca de novo – e reflete: e se tivesse caído uma abóbora? "Deixemo-nos de reformas. Fique como está que está tudo muito bom", diz. Para Gilmar, a fábula é um alerta para as tentativas de mudar o mundo sem atentar às consequências. "Muitas vezes, brincamos de Américo Pisca-Pisca, temos de ter muito cuidado com as instituições", disse, ao votar pela manutenção do mandato do presidente Michel Temer. "Não devemos brincar de aprendizes de feiticeiro. Se quiserem tirar um presidente, não se aproveitem desse tipo de situação" (GUROVITZ, Helio. Américo Pisca-Pisca e os "bissurdos" de Gilmar. *Época*, São Paulo, 19 jun. 2017. Disponível em: https://epoca.globo.com/cultura/helio-gurovitz/noticia/2017/06/americo-pisca-pisca-e-os-bissurdos-de-gilmar.html. Acesso em: 12 out. 2020).

Como se pode verificar, o conhecimento intertextual possibilita não só a construção de textos, como também maior acesso ao sentido do que lemos.

Alguns dos textos originários do julgamento do TSE foram constituídos apenas de fala; outros foram previamente escritos e, posteriormente, falados (lidos), veiculados por rádio e televisão em programas da tarde e da noite do dia do julgamento, e outros, ainda, foram escritos e veiculados por Internet, jornais e revistas do próprio dia e dos dias seguintes. Assim é que o texto "O craque da semana" permite melhor compreensão se relacionamos seu primeiro parágrafo com os fatos ocorridos no julgamento da chapa Dilma-Temer do dia anterior (sexta-feira):

> O jogo foi acirrado na sexta (9) [dia do mês] e, com uma pontinha de esperança, acompanhamos lance a lance, de olho no placar, torcendo com o coração. Quisemos acreditar que venceria o melhor, que a justiça seria feita, mas nossa defesa falhou.
>
> Essa derrota que o brasileiro amarga hoje lembra um tanto o gostinho azedo da Copa de 1982, quando nossa seleção era um timaço. [...]
>
> Segue o baile. Sexta foi o dia em que o Brasil dançou [...] Na política e no esporte (JORGE, Mariliz Pereira. O craque da semana. Esporte. *Folha de S. Paulo,* São Paulo, 10 jun. 2017, p. 3).

O texto é recheado de metáforas futebolísticas, como tem sido usual nesses tempos. O lexema *acirrado* se refere ao embate entre os ministros pró e contra a impugnação das eleições ocorridas quase três anos antes; *esperança* remete à expectativa de grande parte dos brasileiros que entendiam que as provas de uso de poder político e econômico eram suficientes para depor o Presidente. *Lance a lance*, metáfora comum nos comentários de prática esportiva, constitui o sentido de que as pessoas que acompanhavam o julgamento se mantinham atentas às manifestações retóricas dos ministros. *De olho no placar* é também uma metáfora esportiva: indica que as pessoas que desejavam a saída do Presidente Temer sabiam que eram necessários quatro votos a favor à cassação da chapa. Por isso, conforme os ministros iam votando, sua esperança ia desvanecendo. Os lexemas *justiça* e *defesa* relacionam o texto diretamente aos acontecimentos do julgamento no TSE. São termos que despertam nos leitores brasileiros o reconhecimento de todo um cenário de julgamento: acusação, defesa, magistrados, leis, injustiças, condenações, absolvições, salão, pessoas presentes, auxiliares dos magistrados etc. No final do texto, duas metáforas: a esportiva *baile*, importada do mundo da dança, e a de *dançar*, num enunciado modalizado deonticamente.

Marcelo Coelho, alguns dias depois, ainda sobre o mesmo tema:

> Tento tirar conclusões a partir da vitória de Michel Temer no TSE, mas escrevo num estado de desânimo total. Não foram apenas os políticos que, em sua maioria, perderam o pouco de cuidado ético que ainda pudessem ostentar. É a sociedade inteira que está em franco processo de desmoralização.
>
> Começo com o julgamento do Tribunal Superior Eleitoral.
>
> Acompanhei ao longo de todos aqueles dias [de quarta-feira até sexta-feira, de 7-6 a 9-6-2017] o voto do ministro Herman Benjamin, que com infinita paciência e ampla acumulação de provas, deixou claro, ao menos para mim, que não havia argumento para inocentar a chapa Dilma-Temer. [...]
>
> Pouco importou. O ministro Napoleão Maia [...] insistiu na tese da delação premiada, como se não tivesse ouvido nada do que estava no voto de Herman Benjamin.
>
> Outros se aferraram à versão de que a causa extrapolava seus objetivos iniciais. Mas Herman Benjamin demonstrara rigorosamente que esse não era o caso; para refutá-lo, teriam sido necessários mais três dias de debate, sem garantia de sucesso.
>
> Melhor seria mandar às favas todos os fatos e concentrar-se apenas no aspecto político da coisa, o que fez em grande parte Gilmar Mendes (COELHO, Marcelo. Os desmoralizados. *Folha de S. Paulo*, São Paulo, 14 jun. 2017, p. C8).

Como podemos verificar, os textos dialogam, estabelecem relação de intertextualidade de uns com outros. Quando temos de escrever algo, buscamos informações, lemos outros textos que tratam do mesmo assunto, recuperamos informações; assumimos posições que podem estar em acordo ou desacordo com o que outros já disseram. Não somos a fonte de nossos textos, a origem do que escrevemos ou falamos. Alguns autores mais radicais entendem que somos sujeitos assujeitados; outros, que somos quase assujeitados. Daí o cuidado necessário com relação aos textos alheios, quer não os fazendo dizer o que queremos; quer tendo consciência de que nossas opiniões não são propriamente nossas opiniões, nossos argumentos não são propriamente nossos argumentos. Vivemos cercados de informações, argumentos, visão de mundo. Absorvemo-los e os passamos adiante como se fossem nossos.

A intertextualidade não é fenômeno apenas dos textos verbais. Na propaganda, por exemplo, a imagem de Mona Lisa tem sido parodiada com frequência (ver imagens disponibilizadas em: https://www.google.com/search?source=univ&tbm=isch&q=propagandas+com+Monalisa&sa =X&ved=2ahUKEwjI_pu9la_sAhWXGLkGHancBnoQjJkEegQIDBAB&biw=1054&bih=450. Acesso em: 12 out. 2020).

EXERCÍCIOS

1. Localize três editoriais de jornais de sua cidade ou região e marque os articuladores coesivos que aparecem no texto.

2. Selecione três textos veiculados pela Internet e comente o conhecimento enciclopédico que é necessário para a produção do seu sentido.

3. Na crônica "A de aeroporto", Scliar (1995, p. 9-11), depois de tratar da beleza da arquitetura, das pessoas que vão visitá-lo ("toda sua experiência de aeroporto se resumirá a isto, àquelas poucas horas que ali ficarão, apoiadas no parapeito, mirando extasiadas as aeronaves"), afirma que, enquanto algumas pessoas leem à espera de seus voos, ele aproveita o tempo para escrever ("sempre achei que o aeroporto fosse um lugar ideal para escrever, sobretudo ficção. [...] O aeroporto é ficção ancorada na realidade"). Transcreve então uma frase de William Hazlitt (escritor inglês, 1778-1830): "Viajamos para nos livrarmos de nós mesmos, mais que para nos livrarmos dos outros." Essa reflexão de Hazlitt aparece parafraseada em outro texto, encontrável na internet:

> Muitos acham que viajar é preciso para fugir da realidade, para esquecer os problemas do dia a dia, para descansar. Ok, de fato, para alguns, até pode ser. Mas, para mim, é uma maneira de me encontrar. De entrar em contato com sentimentos profundos, de descobrir, de aprender e ver o que nunca imaginei que existia.
>
> Viajar é preciso porque saímos do nosso mundo e vemos outras possibilidades de ser e ter. Outras realidades, outras maneiras, outros costumes, outros, outros, outros. E isso contribui para sermos menos preconceituosos, sermos mais humildes e mais empáticos com o próximo (Disponível em: https://levenaviagem.com.br/viajar-e-preciso/. Acesso em: 25 abr. 2020).

Localize outros textos do gênero viagens e escreva uma crônica (que seria publicada em um possível jornal ou revista do seu colégio, faculdade ou universidade), tratando de algo semelhante.

4. Na crônica "B de briga", também de Scliar (1995, p. 13-15), cujo fragmento vimos neste capítulo, o leitor encontrou o termo *lumpen-burguesia*. Localizar na Internet o artigo de VARGAS, António Pinho. Lumpen-burguesia: um conceito novo. Disponível em: https://jardimdasdelicias.blogs.sapo.pt/348799.html. Acesso em: 25 abr. 2020. Leia-o, releia-o e faça seus comentários por escrito. Seu interlocutor será um amigo ou parente que gosta de discutir temas político-sociais.

5. Escreva para seu professor um texto argumentativo, do gênero artigo de opinião, comentando o enunciado: "menino veste azul e menina veste rosa". Disponível em: https://oglobo.globo.com/sociedade/menino-veste-azul-menina-veste-rosa-diz-damares-alves-em-video-23343024. Acesso em: 22 abr. 2020.

SUGESTÃO DE LEITURA

1. VALENTE, André. Intertextualidade e interdiscursividade nas linguagens midiática e literária: um encontro luso-brasileiro. *In*: O FASCÍNIO DA LINGUAGEM. *Actas do Colóquio de homenagem a Fernanda Irene Fonseca*, Universidade do Porto, 2008. Disponível em: https://ler.letras.up.pt/uploads/ficheiros/6694.pdf. Acesso em: 10 abr. 2020.

2. NIEDZIELUK, Luzinete Carpin; OLIVEIRA, Sandra Ramalho e. Relações intertextuais e sentidos dialógicos. *Revista GEARTE*, Universidade Federal do Rio Grande do Sul, Porto Alegre, v. 5, n. 1, p. 15-28, jan./abr. 2018. Disponível em: https://seer.ufrgs.br/gearte/article/view/71451/48088. Acesso em: 10 abr. 2020.

3. Resumir o texto de BERTUCCI, Roberlei Alves. Anáforas encapsuladoras: uma análise em textos de opinião. *Revista Letras*, Curitiba, Editora da Universidade Federal de Curitiba, n. 70, p. 207-221, set./dez. 2006. Disponível em: https://revistas.ufpr.br/letras/article/view/5429/6397. Acesso em: 23 abr. 2020.

4

Sequências textuais

O sentido não está no texto, mas é construído pelo leitor num processo interacional, no qual se mobilizam conhecimentos de diversas espécies. Ler é uma atividade multifacetada, o que significa que as estratégias usadas na leitura não são as mesmas para todo tipo de texto: não se lê uma receita culinária da mesma forma que um romance. Pode parecer óbvio, mas nunca é demais lembrar que um poema deve ser lido como poema; uma receita como receita. Mesmo a leitura do jornal diário varia, dependendo do que o leitor busca (TERRA, 2014, p. 7-8).

1. INTRODUÇÃO

Os textos classificam-se segundo a sequência textual dominante. Se predomina a narrativa, ainda que apresente sequências descritivas e argumentativas, dizemos que é dominantemente narrativo. No capítulo 6 de *Quincas Borba* (ASSIS, 1979, v. 1, p. 646-649), temos a exposição do que seria o Humanitismo, "uma criação filosófica" de Quincas Borba. É uma reflexão do narrador sobre o mais forte, o mais esperto, o mais poderoso. Diz então ao final de um parágrafo: "Ao vencido, ódio ou compaixão; ao vencedor, as batatas" (p. 649). Na obra de Machado, não é incomum o narrador deixar de lado momentaneamente a narrativa para introduzir sequências argumentativas e levar o leitor à reflexão. Esse o caso, por exemplo, do capítulo 17 de *Dom Casmurro*, em que o narrador faz advertência ao leitor sobre a constituição do sentido:[1]

> OS VERMES
>
> "Ele fere e cura!" Quando, mais tarde, vim a saber que a lança de Aquiles também curou uma ferida que fez, tive tais ou quais veleidades de escrever uma dissertação a esse propósito. Cheguei a pegar em livros velhos, livros mortos, livros enterrados, a abri-los, a compará-los, catando o texto e o sentido, para achar a origem comum do oráculo pagão e do pensamento

---

[1] Neste capítulo, tal como em todos os demais, apresentamos possíveis interpretações dos textos. O leitor não só pode delas discordar, como também construir outras, mantendo-se, porém, dentro dos limites do texto. Nenhuma interpretação é absoluta. Dogmatismos não funcionam na aprendizagem.

> israelita. Catei os próprios vermes dos livros, para que me dissessem o que havia nos textos roídos por eles.
>
> – Meu senhor, respondeu um longo verme gordo, nós não sabemos absolutamente nada dos textos que roemos, nem escolhemos o que roemos, nem amamos ou detestamos o que rocmos; nós roemos.
>
> Não lhe arranquei mais nada. Os outros todos, como se houvessem passado palavra, repetiam a mesma cantilena. Talvez esse discreto silêncio sobre os textos roídos fosse ainda um modo de roer o roído (ASSIS, 1979, v. 1, p. 826-827).

Na dedicatória das *Memórias póstumas de Brás Cubas* (1881), romance de Machado de Assis, publicado alguns anos antes de *Dom Casmurro* (1899), o leitor encontra: "Ao verme que primeiro roeu as frias carnes do meu cadáver dedico como saudosa lembrança estas memórias póstumas" (p. 511).[2] Em ambos os textos, a referência ambígua a artrópode. Que vermes são esses? No primeiro caso, como o livro fora publicado em folhetins de 1880, o verme que lhe roeu as carnes (texto) tem cara de leitor de jornal. No texto de *Dom Casmurro*, Machado volta ao tema, deixando o leitor mais intrigado, espicaçado, curioso para recuperar o sentido que a conotação estabelece. O narrador inicia o texto com uma remissão a duas passagens bíblicas: uma a *Jó* (capítulo 5, versículo 18) e, com alguma diferença, a Isaías (capítulo 30, versículo 26). O texto também remete à mitologia grega, a Homero: Télefo, ferido pela lança de Aquiles, consulta um oráculo, que lhe diz que aquele que o ferira deveria curá-lo. Levado a Aquiles, não sabia o que fazer. Ulisses decifra então o enigma: se o que o ferira fora uma lança, nela encontraria o contraveneno, ou seja, a cura. Diz o mito que, ao encostar a ferida na espada de Aquiles, a ferrugem curou a ferida (cf. A linguagem da cruz. Disponível em: http://alinguagemdacruz.blogspot.com/2011/04/aquiles.html. Acesso em: 20 ago. 2020).

Se o leitor voltar ao capítulo anterior de *Dom Casmurro* (ao 16, portanto), vai verificar que Pádua, "empregado em repartição dependente do Ministério da Guerra", ao substituir o administrador da repartição, que tinha de ir ao Norte, "em comissão", passou a receber os mesmos honorários. Modificou sua vida: "reformou a roupa e a copa, atirou-se às despesas supérfluas, deu joias à mulher, nos dias de festa matava um leitão, era visto em teatros, chegou aos sapatos de verniz. Viveu assim vinte e dous meses na suposição de eterna interinidade" (p. 825). Com a volta do titular e a redução de seus honorários, Pádua (o pai de Capitu) diz que vai se matar, por não querer voltar à vida de antes. A mãe de Bentinho encontra-o à beira do poço da casa, "e intimou-lhe que vivesse". Diz então o narrador: "Vieram as semanas, **a ferida foi sarando** [Ferida aqui é metáfora da perda da situação próspera que vivera com a interinidade]. Pádua começou a se interessar pelos negócios domésticos, a cuidar dos passarinhos, a dormir tranquilo as noites e as tardes, a conversar e dar notícias da rua. A serenidade regressou; atrás dela veio a alegria, um domingo, na figura de dous amigos, que ia jogar o solo, a tentos. Já ele ria, brincava, tinha o ar do costume; **a ferida sarou de todo**" (p. 826) [destaques nossos]. E, fechando o capítulo, já

---

[2] A leitora ou o leitor pode encontrar no poema "Remorso póstumo", de Baudelaire, outra fonte com a qual Machado possivelmente tenha tido contato. A referência a um poema de características românticas exacerbadas em uma obra que se contrapõe ao Romantismo não é sem propósito, provocando choque, sobretudo para o(a) leitor(a) da época, a valorização de algo que provoca asco. Disponível em: https://www.escritas.org/pt/t/10964/remorso-postumo. Acesso em: 11 dez. 2020.

completamente restabelecido Pádua, o narrador nos informa que o episódio da interinidade se transformara em um marco histórico:

> Com o tempo veio um fenômeno interessante. Pádua começou a falar da administração interina, não somente sem as saudades dos honorários, nem o vexame da perda, mas até com desvanecimento e orgulho. A administração ficou sendo a hégira, donde ele contava para diante e para trás.
>
> – No tempo em que eu era administrador... [...]
>
> Tal é o sabor póstumo das glórias interinas. José Dias bradava que era a vaidade sobrevivente; mas o Padre Cabral, que levava tudo para a Escritura, dizia que com o vizinho Pádua se dava a lição de Elifás a Jó: "Não desprezes a correção do Senhor; ele fere e cura" (p. 826).

O texto do capítulo 17 ("Os vermes") pode então ficar mais claro: o narrador, leitor de Jó, bem como de Homero, mostra para o leitor como é que o sentido se forma: às vezes, não o constituímos imediatamente, mas ao longo do tempo. A fala de Padre Cabral contém um enunciado que também está presente na mitologia grega, mas Bentinho só veio a perceber tempos depois. Faz então considerações sobre os clássicos: "livros velhos, livros mortos, livros enterrados" (ou seja, que deixaram de fazer parte das leituras contemporâneas), "a abri-los, a compará-los, catando o texto e o sentido, para achar a origem comum do oráculo pagão e do pensamento israelita". *Esse o tipo de leitor que o narrador deseja para seu texto: não o apressado, que lê, fecha o livro e tudo continua do mesmo jeito.* Pode-se então ver o texto como uma conversa com o leitor: um convite ao leitor a catar "os próprios vermes dos livros", para verificar o que eles dizem: "o que havia nos textos roídos por eles". Diz então que "um longo verme gordo" lhe disse: "nós não sabemos absolutamente nada dos textos que roemos, nem escolhemos o que roemos, nem amamos ou detestamos o que roemos; nós roemos". A solução do sentido não está em recolher o que outros entenderam do texto, mas em nós mesmos roermos os textos silenciosamente.

Construir o sentido de um texto não é buscar hermeneuticamente o que o texto diz, numa atitude de quem acredita que ler é decodificar, recuperar o sentido pronto dos textos, de que basta ter conhecimento da língua para que tenhamos acesso ao sentido do texto. A referência ao verme gordo não parece aí ser despropositada: há leitores que apenas acumulam gorduras, literatices; consumidores tão somente de adiposidades, aflitos por consumir livros da moda. O leitor proficiente é capaz de remover as lájeas tumulares dos textos já enterrados. Não nos podemos furtar a esse trabalho de roer, como vermes, os textos antigos, sem o preconceito de que estão mortos. Daí o silêncio de que fala o narrador: silenciosamente buscar o que se esconde nos textos que já não fazem parte do nosso cotidiano. As palavras silenciam o sentido, mas com afinco podemos fazê-las voltar a significar.

Como, então, classificar a sequência do capítulo que acabamos de analisar? É narrativo? É argumentativo? É expositivo? É injuntivo? Ou é narrativo com função argumentativa? E seu propósito é informar que o texto de Padre Cabral também se encontra na mitologia grega?

2 CONCEITO DE SEQUÊNCIA TEXTUAL

Para Bezerra (2020),

> as *sequências textuais*, por se repetirem em textos orais ou escritos, vão sendo adquiridas pelos ouvintes, leitores ou escreventes, por meio do contato constante com os textos, e tornando-se esquemas memorizados. As sequências são narrativas, descritivas, argumentativas, explicativas, injuntivas (prescritivas) e dialogais, lembrando o conceito de tipos textuais, que remete a essa mesma classificação, mas se refere a um modelo teórico, abstrato de gramática do texto, e deixa de entrever-se a ideia de que essa classificação serve para o texto em sua totalidade. Mas é raro encontrar-se um texto totalmente descritivo, ou narrativo, ou explicativo etc. Em geral, podem-se encontrar algumas sequências, concomitantemente, nos textos, o que contribui para que se use o termo *sequências textuais*, indicando-se que há partes composicionais diversas que entram na organização do texto.
>
> Os tipos textuais remetem para a ideia de homogeneidade e totalidade. Em um conto de fadas, por exemplo, há uma sequência narrativa (conjunto de ações realizadas por um agente que provoca ou tenta evitar uma mudança), uma sequência descritiva (conjunto de operações que apresenta aspectos caracterizadores de um objeto, animal ou pessoa) e uma sequência dialogal (fala entre os personagens). Pode haver também uma sequência injuntiva (indicação de como ou do que se deve fazer) ou uma argumentativa (apresentação de uma tese, defesa ou rejeição, contra-argumentação e conclusão) ou, ainda, uma explicativa (explicação de um problema apresentado).

Os textos normalmente não são constituídos por um tipo apenas de sequência textual. Normalmente, suas características linguísticas são híbridas, heterogêneas, podem apresentar-se como uma mistura de sequência narrativa com descritiva, expositiva com argumentativa, dependendo de **propósitos** específicos (a intencionalidade do autor): *informar, persuadir, ordenar, divertir, fazer, demonstrar, polemizar* etc.

Há textos com mais de um propósito. "A cartomante", conto de Machado de Assis, tem em seu início uma citação de Hamlet, que se constitui numa sequência textual argumentativa. Entende que se trata de uma estratégia discursiva para produzir determinado efeito com relação à expectativa do leitor. A consultas a cartomantes costumam preceder determinado desequilíbrio de emoções, intranquilidades motivadas por relações amorosas que não vão bem. Nesse sentido, ao citar Hamlet, o **propósito** do narrador não é levar o leitor a pensar no que diz Hamlet sobre os limites da filosofia, mas conectar seu conto com o trágico. Levá-lo a pensar, conduzi-lo a um comportamento não passivo. Há no texto algo como: "não faço aqui uma narrativa de histórias alheias; pense em como podemos, tomados pela emoção, dar vazão a ações irrefletidas". Além da existência de mais de uma sequência narrativa nos textos, destaca-se que o propósito também pode ser mais de um. Em relação ao propósito, acrescentamos que nem sempre o leitor o identifica com facilidade, exceto em algumas ocasiões:

Você sabe onde fica a Rua X? (propósito = obter uma informação)

A Rua X estará interditada neste final de semana (propósito = informar)

As sequências textuais, como nos informa Terra (2014, p. 114),

> dizem respeito à infraestrutura, ou seja, ao modo de organização do texto, assegurando sua progressão, por meio de retomadas (substituições lexicais, pronominalização, referenciação etc.). Embora as sequências textuais sejam unidades relativamente autônomas, há entre elas relações semânticas, normalmente estabelecidas por procedimentos responsáveis pela coesão textual.

Em outros termos, sequências textuais são unidades linguístico-textuais prototípicas, constituidoras dos gêneros textuais. Elas contribuem não só para a identificação de um gênero discursivo, como também para revelar a estrutura predominante no texto: narrativa, argumentativa, descritiva etc. Diferentemente dos gêneros discursivos que são incontáveis, as sequências textuais são formas linguísticas organizadas e mais estáveis.

Bonini (*In*: MEURER; BONINI; MOTTA-ROTH, 2010, p. 208) reconhece que a estabilidade linguística das sequências narrativas é relativa, uma vez que ocorre de modo heterogêneo nas realizações textuais. Adiante, apoiando-se em Bakhtin (2017, p. 12), para quem "cada campo de utilização da língua elabora seus tipos relativamente estáveis de enunciados, os quais denominamos gêneros do discurso", que são compostos por três elementos: conteúdo temático, estilo e construção composicional, acrescenta que Jean-Michel Adam propôs que os gêneros primários fossem vistos como "tipos nucleares, menos heterogêneos, e como responsáveis pela estruturação dos gêneros secundários" (p. 209-210). Além disso, vê a estabilidade das sequências (narração, descrição, explicação, argumentação e diálogo) como centrais para a categorização dos textos "e, portanto, como os principais componentes para a atividade com textos".

Adam (1992) se vale da categoria protótipo para estabelecer cada uma das sequências textuais. Exemplificando: um pardal seria o protótipo de pássaro, um representante típico de pássaro, enquanto avestruz e pinguim estariam na periferia da tipologia das aves. Nesse sentido, há gêneros com predominância narrativa e outros com predominância argumentativa. Os gêneros estariam, assim, relacionados diretamente a determinadas sequências textuais. Um editorial, um artigo de opinião, um artigo científico são gêneros compostos com sequência argumentativa; uma notícia, um conto, um relatório administrativo são gêneros cruzados por sequência narrativa. Ocupando-se de diferenciar sequência textual de gênero discursivo, Bonini (*In*: MEURER; BONINI; MOTTA--ROTH, 2010, p. 218) entende que "os gêneros marcam situações sociais específicas, sendo essencialmente heterogêneos. Já as sequências, como componentes que atravessam todos os gêneros, são relativamente estáveis, logo mais facilmente delimitáveis em um pequeno conjunto de tipos". Relativamente ao termo *sequência*, Bonini declara que, enquanto uns preferem a expressão *tipo de texto* (diferentemente, pois, do que afirma Bezerra, citada no início deste capítulo), outros se valem da expressão *modalidades retóricas* (p. 234).

O número de sequências textuais não é consensual. Elas compõem um número muito mais reduzido que os gêneros. Enquanto os gêneros são múltiplos e diversos em cada campo da atividade humana, as sequências textuais, normalmente, compõem um quadro de cinco a oito tipos.

Bonini afirma ainda que "muitos estudiosos do tema já propuseram os seguintes tipos: descritivo, narrativo, expositivo, argumentativo, instrutivo, procedimental, comportamental (injuntivo), explicativo. Declara ainda que Adam inicialmente "concebeu sete tipos de sequência (narrativa, descritiva, argumentativa, expositiva-explicativa, injuntiva-instrucional, conversacional e poético--autotélica)", que, posteriormente, reduziu a cinco: narrativa, descritiva, explicativa, argumentativa e dialogal. A exclusão da sequência injuntiva se dava por constituir parte da descrição. Também excluiu a poética por entender que ela não constitui propriamente "uma estrutura hierárquica e ordenada de proposições" (p. 217). Adiante, assevera que tanto Adam quanto Bronckart não consideram o tipo expositivo, mas que, sem esse tipo, "se torna difícil explicar a planificação da notícia. Não se pode dizer que ela [a notícia] é determinada claramente nem por uma sequência explicativa (não se explica o fato), nem narrativa (já que o fato, pelo menos na tradição americana, não é contado), nem descritiva (já que não se descreve o fato)" (p. 234).

Diferentemente de Adam, Bronckart (1999), além de incorporar a sequência injuntiva, entende que nas sequências narrativas há gradação dentro do mundo do expor e do narrar. Considera então a possibilidade de um grau zero de narrar (relato puramente cronológico), e um grau zero na ordem do expor, "que se realiza como enumerações, fórmulas, cadeias causas etc." (BONINI *In*: MEURER; BONINI; MOTTA-ROTH, 2010, p. 234). Esses tipos textuais comporiam "um conjunto de recursos cognitivos responsáveis, em parte, pela produção do texto" (p. 211). É de lembrar, porém, que os textos não são constituídos por um tipo específico de sequência textual. Nesse sentido, é mais apropriado falar-se em sequência predominante. Um artigo de opinião, já dissemos, pode conter enunciados narrativos ou descritivos, embora seja predominantemente argumentativo.

Travaglia (*In*: TRAVAGLIA; FINOTTI; MESQUITA, 2008, p. 179 s.), em "Categorias de texto: significantes para quais significados?", com base no conceito de tipelemento ("termo com que designamos classes de categorias de texto de natureza distinta"), distingue tipo, gênero e espécie.

O **primeiro tipelemento** (natureza básica de categoria de texto) é o **tipo**, "que é identificado e caracterizado por instaurar um modo de interação, uma maneira de interlocução, segundo perspectivas que podem variar, constituindo critérios para o estabelecimento de tipologias diferentes".

Considerando "a perspectiva do produtor do texto em relação ao objeto do dizer quanto ao conhecer/saber ou ao fazer/acontecer e sua inserção ou não no tempo e/ou no espaço", temos: *descrição, dissertação* (Travaglia não utiliza a distinção *textos argumentativos* e *expositivos*), *injunção e narração*:

- **Tipo descritivo:** da perspectiva do enunciador, ao focalizar o espaço em seu conhecer, ele visa caracterizar, dizer como é e instaura um enunciatário *voyeur*. Em relação ao tempo referencial, há simultaneidade das situações: tudo o que ocorre em uma descrição ocorre simultaneamente. Daí se dizer que uma descrição é como uma fotografia. Em relação ao tempo da enunciação, pode haver ou não coincidência entre o tempo da enunciação e o referencial, ou seja, pode ser anterior, posterior ou simultâneo ao referencial: posso descrever um espaço do passado, do presente ou do futuro.
- **Tipo dissertativo:** da perspectiva do enunciador, a dissertação pode abstrair-se do tempo e do espaço. Nesse caso, ela objetiva refletir, explicar, avaliar, conceituar, expor ideias, para dar a conhecer, para fazer saber. Esse tipo de texto instaura um enunciatário pensante, que raciocina. Em relação ao tempo referencial, temos simultaneidade de situações; em relação ao tempo da enunciação, é possível tanto a coincidência entre o tempo de enunciação e o referencial, quanto a anterioridade e posterioridade. Em geral, os tipos dissertativos são compostos com verbos no presente. Substitui-se o distanciamento narrativo pelo comprometimento do enunciador por aquilo que diz (**mundo comentado**).

- **Tipo narrativo:** considerando o fazer/acontecer da perspectiva do enunciador, o tipo narrativo está inserido no tempo. Temos aqui o que se chama **mundo narrado**, não comprometimento do enunciador com aquilo que diz. Seu objetivo é contar o que aconteceu. Instaura-se um enunciatário assistente, espectador não participante, que somente toma conhecimento do ocorrido. Em relação ao tempo referencial, observa-se na narração não simultaneidade das situações. Em relação ao tempo da enunciação, em geral, conta-se um fato depois de ocorrido. Às vezes, o enunciador presentifica fatos passados para dar mais ênfase aos acontecimentos, fazer com que eles se desenvolvam diante do enunciatário.
- **Tipo injuntivo:** o enunciador instaura um interlocutor (enunciatário) capaz de realizar as ações requeridas. Temos aqui um enunciador que visa a um fazer/acontecer, posterior ao tempo da enunciação. O objetivo do enunciador é levar o enunciatário a agir, a praticar a ação desejada; diz como ela deve ser feita e incita a sua realização.

Travaglia analisa ainda a perspectiva do produtor do texto, considerando a imagem que ele faz de seu enunciatário; alguém que pode concordar ou discordar daquilo que diz. Podemos então ter textos argumentativos *stricto sensu* e *argumentativos não stricto sensu,* de transformação e de cumplicidade. Se o enunciatário é visto como alguém que não concorda com o enunciador (discurso da transformação), este mobiliza argumentos e recursos linguísticos para persuadi-lo. Se o enunciatário é visto como alguém que concorda com o enunciador, temos o *discurso da cumplicidade*. Constitui-se então um texto argumentativo não *stricto sensu*. Se o enunciador prevê situações, temos texto preditivo ou não preditivo. Se o enunciador quer manifestar comprometimento com o que diz, temos texto do mundo comentado. Se sua atitude é de manifestar distanciamento com o que diz, temos texto do mundo narrado. Uma última categoria de textos engloba o lírico, o épico e o dramático. O texto lírico se caracteriza por "voltar-se para si mesmo para refletir-se como numa 'confissão' que se importa pouco com o outro, com o alocutário". O texto épico se caracteriza pela admiração do acontecido: "o que importa é a complicação que vai constituir uma parte essencial da superestrutura narrativa da espécie história". O texto dramático se caracteriza "pela exposição e/ou análise das relações entre os seres" (p. 182).

O **segundo tipelemento** é o gênero, "que se caracteriza por exercer uma função sociocomunicativa específica" (p. 183-184). Veja os Capítulos 1 e 6 deste livro. Entre as funções básicas dos gêneros, temos:

- Dar conhecimento de algo a alguém: aviso, comunicado, edital.
- Estabelecer concordância: acórdão, acordo, convênio, contrato, convenção.
- Pedir, solicitar: petição, requerimento, abaixo-assinado, requisição, solicitação.
- Permitir: alvará, autorização, liberação.
- Dar fé da verdade de algo: atestado, certidão, certificado, declaração.
- Decidir, resolver: ordem de serviço, decisão, resolução.
- Solicitar a presença: convite, convocação, notificação, intimação.
- Prometer: nota promissória, termo de compromisso, voto.
- Decretar ou estabelecer normas: lei, decreto, portaria.
- Determinar a realização de algo: mandado, interpelação.
- Acrescentar elementos a um documento, declarando, corrigindo, ratificando: averbação, apostila.

O **terceiro tipelemento** de um texto é a espécie, que se caracteriza por aspectos formais e estruturais. São espécies, por exemplo, novela, conto, crônica, fábula, parábola, apólogo, lenda, mito, biografia, artigo de opinião, editorial jornalístico etc.

3 SEQUÊNCIA DESCRITIVA

Descrever é representar verbalmente um objeto, uma pessoa, um lugar, mediante a indicação de aspectos característicos, de pormenores individualizantes. Para Machado (*In*: MEURER; BONINI; MOTTA-ROTH, 2010, p. 246), descrever é "fazer o destinatário *ver em pormenor* elementos de um objeto de discurso, conforme a *orientação dada a seu olhar pelo produtor*" São suas fases: ancoragem, aspectualização, relacionamento, reformulação. Na descrição, não ocorre transformação ou alteração temporal; enfim, não há sucessão temporal de acontecimentos: o objeto descrito permanece imóvel, inalterado. Buscamos nesse caso constituir o sentido de uma fotografia realizada com palavras, o que implica apresentar propriedades do que é descrito e localização espacial, isto é, aspectualizamos o ser ou objeto, quer por meio de verbos de estado (*ser, estar*), quer por meio de adjetivos (rosto *longo*, nariz *adunco*, olhos *amendoados*). Nessa fotografia, vamos considerando as várias partes constituidoras do objeto ou ser e podemos estabelecer comparações, como em: "aguardando o elevador como quem espera um tílburi real" (do texto adiante transcrito). Se descrevemos uma mesa, podemos falar de seu material (madeira, ferro, alumínio etc.); se de madeira, podemos ainda especificar o tipo (carvalho, peroba, cedro, cerejeira, jacarandá, pinho, mogno). Podemos ainda nos ocupar do tampo, do apoio (pés), da função (de jantar, de cozinha, de escritório etc.). Se vamos descrever uma pessoa, procedemos também por partes: cabeça, tronco, braços, pernas. Além disso, podemos estabelecer relações do objeto ou ser com outros objetos ou seres, comparando-os, ou usando metáforas. Exemplificando: no poema "Plenilúnio", de Raimundo Correia, o leitor verifica que a Lua dos tristes e enamorados é, metaforicamente, um balão (aeróstato, balão de festa junina), "sol da demência", "golfão de cismas", "astro dos loucos", "sol da demência" etc.:

> Além nos ares, tremulamente,
> Que visão branca das nuvens sai!
> Luz entre as franças, fria e silente;
> Assim nos ares, tremulamente,
> **Balão aceso subindo vai...**
>
> Há tantos olhos nela arroubados,
> No magnetismo do seu fulgor!
> Lua dos tristes e enamorados,
> **Golfão de cismas fascinador!**
>
> Astros dos loucos, sol da demência,
> Vaga, noctâmbula aparição!
> Quantos, bebendo-te a refulgência,
> Quantos por isso, sol da demência,
> **Lua dos loucos, loucos estão!**
>
> (CORREIA. Disponível em: https://www.escritas.org/pt/t/11454/plenilunio. Acesso em: 21 ago. 2020).

Nas descrições são comuns os verbos de estado (os que não transmitem ação, movimento): *ser, estar, parecer, conter*, bem como enunciados nominais, ou seja, enunciados em que não aparecem verbos. O objeto ou pessoa é percebido no espaço. Exemplo:

> Seu celular é moderno. A tela ampla e brilhante. Uma maravilha da tecnologia. Ela o mantém na bolsa, longe do olhar dos transeuntes.
>
> É bonita, inteligente e sabe conversar. Ela é profissional experiente e madura e parece sempre pronta para a tomada de decisões apropriadas.

Há descrições que são constituídas com observação atenta, cuidadosa, *in loco*, ou são resultado de experiência vivida; outras são feitas a distância, produzidas pela imaginação. Umas são mais coloridas, mais enfáticas, mais convincentes; outras mais descoradas. Comparem-se, por exemplo, os dois textos seguintes:

> Segue a boiada vagarosamente, à cadência daquele canto triste e preguiçoso. Escanchado, desgraciosamente, na sela, o vaqueiro, que a revê unida e acrescida de novas crias, rumina os lucros prováveis: o que toca ao patrão e o que lhe toca a ele, pelo trato feito. Vai dali mesmo contando as peças destinadas à feira: considera, aqui, um velho boi que ele conhece há dez anos e nunca levou à feira, mercê de uma amizade antiga; além, um mumbica claudicante, em cujo flanco se enterra estrepe agudo, que é preciso arrancar; mais longe, mascarado, cabeça alta e desafiadora, seguindo apenas guiado pela compressão dos outros, o garrote bravo, que subjugou, pegando-o, de saia, e derrubando-o, na caatinga; acolá, soberbo, caminhando folgado porque os demais o respeitam, abrindo-lhe em roda um claro, largo pescoço, envergadura de búfalo, o touro vigoroso, inveja de toda a redondeza, cujas armas rígidas e curtas relembram, estaladas, rombas e cheias de terra, guampaços formidáveis, em luta com os rivais possantes, nos logradouros; além, para toda a banda, outras peças, conhecidas todas, revivendo-lhes todas, uma a uma, um incidente, um pormenor qualquer de sua existência primitiva e simples.
>
> E prosseguem, em ordem, lentos, ao toar merencório da cantiga, que parece acalentá-los, embalando-os com o refrão monótono:
>
> Ê cou mansão
>
> Ê cou...ê cão!
>
> ecoando saudoso nos descampados mudos...
>
> De súbito, porém, ondula um frêmito sulcando, num estremeção repentino, aqueles centenares de dorsos luzidios. Há uma parada instantânea. Entrebatem-se, enredam-se, trançam-se e alteiam-se fisgando vivamente o espaço, e inclinam-se, e embaralham-se milhares de chifres. Vibra uma trepidação no solo; e a boiada estoura... (CUNHA, 1963, p. 57).

Algumas palavras que podem ser desconhecidas do leitor: *mumbica* = bezerro magro, raquítico; *claudicante* = que manca, coxo; *rombas* = refere-se ao chifre rombudo do touro; *guampaço* = chifrada; *descampado* = campo vasto, despovoado.

Agora o texto de Rui Barbosa:

> O ESTOURO DA BOIADA
>
> Já vistes explicar o "estouro da boiada?"
>
> Vai o gado sua estrada, mansamente, rota segura e limpa, chã e larga, batida e tranquila, ao tom monótono dos "eias" dos vaqueiros. Caem as patas ao chão em bulha compassada. Na vaga doçura dos olhos dilatados transluz a inconsciente resignação das alimárias, oscilantes as cabeças, pendente a magrém dos perigalhos, as aspas no ar, em silva rasteira, por sobre o dorso da manada.
>
> **Palavras que podem ser desconhecidas do leitor: chã = terreno plano, planície; bulha = ruído; alimária = animal, particularmente quadrúpede; oscilantes as cabeças = cabeças em movimento; magrém = magreza; perigalho = pele flácida do pescoço que descai, por magreza ou envelhecimento; aspas = chifres; silva = arbustos; espertada = espicaçada; abalar = fazer estremecer; desfechar = disparar; aguilhada = vara comprida com ferrão na ponta; alento = estado de ânimo.**
>
> Dir-se-ia a paciência em marcha, abstrata de si mesma, ao tintinar dos chocalhos, em pachorrenta andadura, espertada automaticamente pela vara dos boiadeiros. Eis senão quando, não se atina por quê, a um incidente mínimo – um bicho inofensivo que passa a fugir, o grito de um pássaro na capoeira, o estalido de uma rama no arvoredo – se sobressalta uma das reses, abala, desfecha a correr, e, após ela, se arremessa, em doida arrancada, atropeladamente, o gado todo. Nada mais o reprime. Nem brados, nem aguilhadas o detêm, nem tropeços, voltas ou barrancos por davante. E lá vai, incessantemente, o pânico em desfilada, como se os demônios o tangessem, léguas e léguas, até que, exausto o alento, esmorece e cessa, afinal, a carreira, como começou, pela cessação do seu impulso.
>
> Eis o estouro da boiada (Disponível em: https://euclidesite.com.br/artigos/estouro-da-boiada-por-rui-barbosa/#:~:text=O%20estouro%20da%20boiada,-J%C3%A1%20vistes%20explicar&text=Caem%20as%20patas%20ao%20ch%C3%A3o,sobre%20o%20dorso%20da%20manada. Acesso em: 14 out. 2020).

A sequência descritiva raramente aparece isoladamente nos textos. Em geral, ela aparece encaixada sobretudo em sequências narrativas. Para Bonini (*In*: MEURER; BONINI; MOTA-ROTH, 2010, p. 222), ela "consiste na determinação de um rótulo e de um conjunto de propriedades relacionadas a ele". E, com base em Adam, afirma que nela se observam três partes: (1) uma ancoragem (uma designação, um título); (2) uma relação de propriedades, que compreende uma aspectualização e um estabelecimento de relação; (3) uma reformulação, ou nova visão geral do objeto ou ser.

Entende-se por aspectualização o estabelecimento de relação: o objeto designado passa então a ser objeto, pela aspectualização, de dois processos: (1) ele é considerado em seu aspecto físico, é visto segundo suas propriedades (qualidades) e suas partes; cada uma das partes pode ser objeto de novo relato de propriedades; (2) estabelecimento de relação das características de uma parte com outras: temos então a situação do objeto no tempo e no espaço e a assimilação de suas características para compor outro aspecto; nesse caso, temos o uso de comparações e metáforas.

Para Travaglia (2007, p. 47),

> o tipo descritivo tem relacionadas a ele algumas espécies que se caracterizam por aspectos de conteúdo, às vezes em conjugação com aspectos formais:
>
> a) segundo a tradição dos estudos tipológicos (classificatórios) de textos, na descrição **objetiva** o produtor do texto se guia exclusivamente pelo objeto visto como algo exterior ou não ao falante, ou seja, o conteúdo são a localização, as características e componentes ou partes do objeto de descrição sem interferência do estado emocional, afetivo, psicológico de quem diz, enquanto na descrição **subjetiva** tem-se o tipo de informação própria do tipo descritivo (localização, características, partes ou elementos) fundida a uma expressão dos sentimentos, afetividade e estados psicológicos daquele que diz;
>
> b) a descrição **estática** tem como conteúdo dizer como são objetos e seres, já a **dinâmica** caracteriza movimentos, eventos (uma dança, uma tempestade, uma festa), dizendo como são. Dizer como algo é constitui o objetivo da descrição, como veremos adiante;

Travaglia (1991, p. 225, 234-237) propõe a distinção de duas espécies de descrição: a comentadora e a narradora. A narradora se refere sempre a um exemplar único do elemento descrito (acontecimento, ser, coisa, objeto etc.), e a comentadora se refere sempre a uma classe de elemento descrito. Por exemplo, uma descrição narradora diria como foi a festa de casamento de uma filha, enquanto uma descrição comentadora diria como são as festas de casamento em geral em qualquer lugar ou época ou pelo menos em determinada sociedade.

Marquesi e Elias (2011, p. 190), para o estudo do descritivo, apoiam-se em dois momentos da Linguística Textual: "aquele que trata do texto do ponto de vista de sua organização tipológica e aquele que o trata do ponto de vista sociocognitivo-interacional". Outra informação relevante das autoras citadas diz respeito à presença do descritivo no interior dos mais variados gêneros.

Ainda dentro do primeiro momento, ocupam-se de categorias, regras e superestrutura.

A **superestrutura** engloba: designação (condensação), definição e individuação (expansão).

A condensação apresenta um enunciado "de ser que expande uma designação cuja estruturação é caracterizada pela fórmula x é y, em que x está para a designação e y para a expansão".

As categorias apontadas pelas autoras são ordenadas por duas regras: a regra da equivalência e a regra da hierarquização. A regra da equivalência é "responsável pela organização das relações categoriais e predicativas nos diferentes níveis a partir de uma linha horizontal". A regra da hierarquização é "responsável pela organização das relações a partir de uma linha vertical".

As categorias do descritivo são funções textuais esquemáticas. Elas nos possibilitam organizar e classificar diferentes enunciados.

Sustentam as autoras citadas que a categoria da **designação** compreende a nomeação do objeto ou ser que será descrito: "designar implica dar nome a, nomear, portanto, condensar, em um recorte lexical, um conjunto sêmico". E continuam:

> o léxico que se presta, entretanto, para falar de conhecimentos do mundo e das palavras que nos permitem designar e reconhecer objetos é uma questão complexa. Nosso vocabulário depende de nossa confrontação com o real e das interações verbais com o outro. No entanto, a experiência do mundo não é universal; ela varia em função do contexto sociocultural e geográfico dos sujeitos.

> Nomear é reconhecer objetos do mundo de que se tem conhecimento, e esses objetos mantêm entre si certas relações. Então, é necessário verificar as relações entre o léxico e o mundo, pois a palavra é uma representação do referente (p. 192).

Com base no verbete *definir* do *Dicionário Aurélio* – "determinar a extensão ou os limites de; limitar, demarcar; enunciar os atributos essenciais e específicos (de uma coisa), de modo que a torne inconfundível com outra" (FERREIRA, 1975, p. 426) –, afirmam ainda que a **definição** "é, pois, entendida como um conjunto de predicações sequenciadas a uma designação, e o que possibilita sequenciar essas predicações é um *saber partilhado*" [destaque nosso]. Saber partilhado é a informação que é do conhecimento do enunciatário. No caso, o leitor dispõe, tanto quanto o enunciador, de informações sobre como determinados predicados do ser objeto da descrição devem ser sequenciados.

A categoria da **individuação**, também tomando como base o verbete *individualizar,* do *Dicionário Aurélio* – "tornar individual; especializar, particularizar; [...] caracterizar, distinguir" (FERREIRA, 1975, p. 759) – entendem Marquesi e Elias que "esta categoria revela o que faz com que um ser possua não apenas um tipo específico, mas uma existência singular, determinada no tempo e no espaço. Nesse sentido, a categoria da individuação pode referir-se a um conjunto de predicações permanentes e/ou transitórias do ser descrito" (p. 193). Predicações permanentes dizem respeito à identidade do ser descrito. Já as predicações transitórias se ocupam de aspectos não permanentes, inconstantes, momentâneos do ser. Nos termos das autoras citadas, elas não predicam o que é o ser descrito, mas "como ele está no tempo e no espaço em que é descrito".

São essas três categorias (designação, definição e individuação) que evidenciam a hierarquização que ocorre nas sequências descritivas.

O segundo momento do descritivo constitui a abordagem sociocognitivo-interacional. Agora, as sequências descritivas são tratadas dentro de gêneros textuais, e são considerados os aspectos relativos à tematização, "ao recorte estabelecido pelo descritor na referência" (p. 194).

Duas seriam as linhas argumentativas no tratamento da **referenciação**. Na primeira linha, sobressai a **categorização**, "por meio da qual, os sistemas cognitivos dão uma estabilidade ao mundo". Na segunda linha, com base na linguística interacionista e discursiva, "os processos de referenciação são analisados em termos de construção de objetos de discurso e de negociação de modelos públicos do mundo". Concluem então:

> Neste sentido, tratar da referenciação, para o ensino de leitura e de escrita do Descritivo no interior de gêneros específicos, exige que pensemos não apenas na abordagem linguística, mas também na cognitiva, estando ambas estreitamente imbricadas, já que são concernentes às práticas e aos discursos. A referenciação, assim como a categorização, assume, pois, um caráter de prática simbólica, necessariamente passando pela leitura de mundo do autor.
>
> Desta forma, o elemento contextual assume igual importância para o tratamento da questão, uma vez que este tem relação direta com as escolhas lexicais e com a organização estrutural das categorias cognitivas.

Assim, na escrita de um texto, há um processo de ajustamento das palavras que não se faz diretamente em relação ao referente dentro do mundo, mas no quadro contextual, a fim de construir o objeto de discurso pelo curso do próprio processo de referenciação.

Um ponto fundamental quando se fala em referenciação: diferentemente do conceito de referência que remete ao mundo extralinguístico, ela não remete ao mundo extralinguístico. Construímos realidades com as palavras; não transportamos o mundo da realidade para dentro de nossos textos:

> Os processos de referenciação são escolhas do sujeito em função de um querer--dizer; os objetos-de-discurso não se confundem com a realidade extralinguística, mas (re)constroem-na no próprio processo de interação, ou seja, a realidade é construída, mantida e alterada não somente pela forma como sociocognitivamente se interage com ele: interpretam-se e constroem-se mundos por meio da interação com o entorno físico, social e cultural (p. 195).

Ainda com relação à referenciação, com base em Marcuschi e Koch, afirma Andrade (*In*: TRAVAGLIA; FINOTTI; MESQUITA, 2008, p. 54) que "nosso cérebro não opera como um sistema fotográfico do mundo, nem como um sistema de espelhamento, ou seja, nossa maneira de ver e dizer o real não coincide com o real [...] O cérebro é um aparato que reelabora os dados sensoriais para fins de apreensão e compreensão". Todavia, a reelaboração não é "individual, em que cada qual pode fazer o que quiser. A reelaboração deve obedecer a restrições culturais, sociais, históricas e, finalmente, pelas condições de processamento decorrentes do uso da língua".

Vejamos uma sequência descritiva, para, em seguida, reconhecermos o que foi explicitado:

> O meu pai é um homem que passou cinquenta anos polindo a própria estátua, caprichoso nos detalhes do bronze, dos cabelos imóveis simulando um vento imaginário no meio da praça, onde ele elabora sua elegância em passadas tão bem medidas que parecem casuais. Um homem quase esportivo. Quem diria! O nó da gravata, o terno do paletó sempre aberto com o fino colete fazendo o sobretom de uma superioridade natural, verdadeira, autêntica, distraída, a barriga incipiente, tudo nele revelando o homem abstrato na caverna de Platão: o mundo das ideias, da História, mas com os pés suavemente no chão, dentro de sapatos de cromo que nem parecem tão bons tal a naturalidade com que são usados!
>
> E que cabeça! Perguntem a qualquer um que tenha apertado aquela mão segura, firme, discretamente generosa no toque, sob a bonomia de um olhar que atrai pelo equilíbrio entre a pontinha de timidez e o desejo de verdadeiramente receber o mundo dos outros. E tem no olhar – no olhar, na testa, na postura, no coração, eu diria – aquela qualidade que não se encontra mais em lugar nenhum do mundo, como disse o amigo Otávio: *Seu pai tem generosidade intelectual* (TEZZA, 2014, p. 13).

Com base no que expõem em seu artigo, Marquesi e Elias propõem quatro procedimentos de análise das sequências descritivas: (1) levantamento de microestruturas do texto descritivo; (2) criação de macroproposições ("aplicação de regras de redução da informação semântica"); (3) definição da macroestrutura do texto, ou seja, "indicação do fio condutor do ser descrito"; (4) explicitação dos elementos linguísticos utilizados na referenciação. Vejamos como isso se dá no texto sob análise:

Primeiramente, vejamos o levantamento de microestruturas:

1. "Meu pai é um homem que passou cinquenta anos polindo a própria estátua, caprichoso nos detalhes do bronze, dos cabelos imóveis simulando um vento imaginário no meio da praça, onde ele elabora sua elegância em passadas tão bem medidas que parecem casuais."
2. Um homem quase esportivo."
3. "O nó da gravata, o terno do paletó sempre aberto com o fino colete fazendo o sobretom de uma superioridade natural, verdadeira, autêntica, distraída, a barriga incipiente."
4. "Tudo nele revelando o homem abstrato na caverna de Platão: o mundo das ideias, da História."
5. "Com os pés suavemente no chão, dentro de sapatos de cromo que nem parecem tão bons tal a naturalidade com que são usados!"
6. "Que cabeça!"
7. "Mão segura, firme, discretamente generosa no toque, sob a bonomia de um olhar que atrai pelo equilíbrio entre a pontinha de timidez e o desejo de verdadeiramente receber o mundo dos outros."
8. "Tem no olhar – no olhar, na testa, na postura, no coração, eu diria – aquela qualidade que não se encontra mais em lugar nenhum do mundo, como disse o amigo Otávio: *Seu pai tem generosidade intelectual.*"

Passemos agora a verificar as macroproposições, aplicando regras de redução das informações semânticas:

1. Meu pai passou cinquenta anos polindo a própria imagem.
2. Meu pai apresentava-se sempre vestido formalmente, com paletó e gravata.
3. Homem pensativo, absorto.
4. Homem racional e de boa memória.
5. Homem generoso e tímido.

Na terceira etapa da análise, temos a identificação do fio condutor do ser descrito:

Meu pai é um intelectual um pouco tímido, absorto, concentrado, generoso, que se veste com apuro.

Na quarta etapa da análise, temos o que Marquesi e Elias chamam de "explicitação dos elementos linguísticos de referenciação", considerando as categorias do descritivo: designação, definição, individuação.

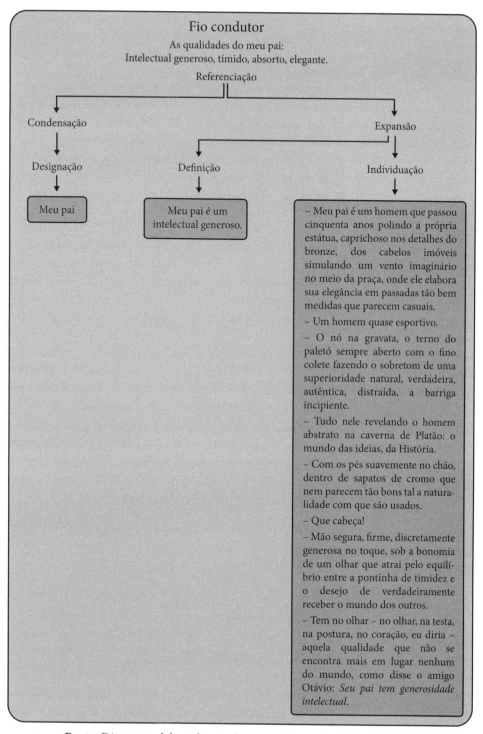

Fonte: Diagrama elaborado com base em Marquesi e Elias (2011, p. 199).

O processo de referenciação, por meio de anáforas e anáforas indiretas é responsável pela progressão textual. Por exemplo, o pronome anafórico *ele* refere-se ao pai do narrador.: "O meu pai é um homem que passou cinquenta anos polindo a própria estátua, caprichoso nos detalhes do bronze, dos cabelos imóveis simulando um vento imaginário no meio da praça, onde **ele** elabora sua elegância em passadas tão bem medidas que parecem casuais." Pouco adiante: "tudo n**ele** revelando o homem abstrato na caverna de Platão". Considerando a anáfora indireta, ao descrever a elegância na forma de vestir-se do pai, temos: "O nó da gravata, o terno do paletó sempre aberto com o fino colete fazendo o sobretom de uma superioridade natural, verdadeira, autêntica, distraída". *Nó, gravata, terno, paletó, colete, gravata* são palavras diretamente relacionadas. O leitor não toma essas informações como desconhecidas, porque todas elas estão compreendidas por *roupa*. Daí o uso de artigo definido. Da mesma forma, ao falar de "aquela mão segura", nós a compreendemos como diretamente relacionada ao pai, porque, uma pessoa tem mãos. O uso do artigo definido aparece ainda em: "no olhar, na testa, na postura". Adiante diz: "o amigo Otávio"; esse amigo ainda não havia sido apresentado ao leitor, mas isso não impede que o admita como conhecido, visto que, normalmente, as pessoas têm amigos. Todas essas informações o leitor as toma como fazendo parte da descrição de uma pessoa, todas elas proporcionam coesão e coerência, e contribuem para a formação do sentido do texto.

Enfim, o processo de referenciação funciona como um estoque de recursos linguísticos, de informações semânticas, um estoque de material linguístico a que recorremos para formar nossos textos. Na descrição vista, todos os elementos linguísticos selecionados formam uma rede de referenciação, estão diretamente relacionados e contribuem para a constituição do sentido formador da imagem do pai do narrador. E não é por se tratar de ficção que se trata de um ser discursivo. Na ficção ou fora dela, construímos discursivamente objetos, animais, pessoas.

A essa descrição em que predominam características físicas da personagem: idade, elegância, preocupação com os cabelos, passadas, nó da gravata, terno do paletó, colete, barriga, sapatos de cromo, mão, olhar, testa, postura. A esses pormenores, o narrador acrescenta características psicológicas (lembramos o leitor que as sequências descritivas aparecem entranhadas nas mais diversas sequências textuais; nesse caso, o meio de uma sequência narrativa):

> Começo praticamente pelo fim, vendo o professor Rennon no hall do Edifício Dom Pedro II, o templo das Ciências Humanas da Universidade, aguardando o elevador como quem espera um tílburi real, cumprimentando em volta seus eventuais pupilos e colegas, às dez horas da manhã, um sorriso no rosto, tanto pelos cumprimentos como (principalmente) pela ideia que lhe vai na cabeça para apresentar à reunião do Centro que começará em poucos minutos.
>
> Pensem: meu pai tem 51 anos. É um homem bonito, bem tratado, maduro, um cidadão de uma classe média diligente e econômica (mas que, é verdade, nunca sai do lugar), um tanto vaidoso, mas consciente da vaidade, o que faz muita diferença; um homem, digamos, satisfeito; um homem que não tem nada contra o prazer, porque nunca pensou nele; a ideia de prazer não se localiza em nenhuma atividade específica. Em suma: viver, para ele, até então não ocupava espaço. Isso tem um preço, é claro, mas ao longo dos anos nunca ninguém lhe apresentou a conta – daí aquele olhar tranquilo acompanhando a luzinha do elevador descendo os andares. A essa altura da vida, meu pai vê seu nome impresso no cabeçalho de alguns importantes suplementos culturais do país, com alguma frequência. O abnegado professor de tantos anos vai se transformando em referência bibliográfica obrigatória, uma

> notinha aqui, uma notícia ali, e eis que temos uma pequena celebridade acadêmica, mais ou menos do tamanho da cidade, o que é razoável. Ali, a pouco metros, saudável – ele nunca fumou – e feliz, esperando o elevador (TEZZA, 2014, p. 18-19).

O narrador nos surpreende, apresentando a personagem à espera do elevador. Nesse breve instante, somos informados de sua vida pregressa, onde trabalha, o que vai em sua cabeça ("ideia que lhe vai na cabeça para apresentar à reunião do Centro que começará em poucos minutos"). A fotografia se completa com avaliações do narrador: pertence a uma "classe média diligente e econômica (mas que, é verdade, nunca sai do lugar), um tanto vaidoso, mas consciente da vaidade, o que faz muita diferença; um homem, digamos, satisfeito; um homem que não tem nada contra o prazer, porque nunca pensou nele; a ideia de prazer não se localiza em nenhuma atividade específica". Enfim, como se pode verificar, aqui há elementos descritivos, mas entranhados na narrativa e a presença próxima do narrador. É do ponto de vista do filho, narrador em primeira pessoa, que formamos a imagem do pai.

4 SEQUÊNCIA NARRATIVA

Para Machado (*In*: MEURER; BONINI; MOTTA-ROTH, 2010, p. 247), a narrativa tem como objetivo "manter a atenção do destinatário, por meio da construção de suspense, criado pelo estabelecimento de tensão e subsequente resolução". Para Adam (1992), a sequência narrativa apresenta as seguintes características:

- Uma narrativa é uma sucessão de eventos: as narrativas são delimitadas pelo tempo; estão inseridas em uma cadeia de eventos: "um evento (ou fato) é sempre a consequência de outro evento, sendo o elemento principal, aqui, a delimitação do tempo, que se dá em função do evento anterior e do subsequente".
- Uma narrativa deve ter unidade temática: privilegia um sujeito agente e dele desencadeia toda a ação narrada.
- Em uma narrativa os predicados são transformados: o desenrolar dos acontecimentos implica a transformação de estados: a personagem principal inicia-se de um jeito e termina de outro.
- Uma narrativa é um processo: ela deve ter início, meio e fim: uma posição inicial de equilíbrio, uma sequencial de desequilíbrio e uma final de resultado, de conquista de novo equilíbrio.
- Uma narrativa necessariamente precisa ter uma intriga, uma sequência de causas e consequências. Todavia, a disposição dos fatos depende na criatividade do enunciador. Ele pode antecipar fatos e postergar outros. Se falta intriga à narrativa, ela pode deixar de ser vista como narrativa, e ser vista como simples relato.
- As narrativas podem ainda ter uma moral, explícita ou implícita.

A estrutura de narrativas e experiência pessoal, segundo Labov (1997, p. 32-41) compreende estes elementos:

- **Situação inicial ou orientação:** proporciona ao leitor tomar contato com a situação ou circunstâncias da narrativa. Compreende: lugar em que se dão os acontecimentos, personagens, tempo.
- **Complicação:** momento fundamental da narrativa, porque dele depende a apresentação de um conflito, de um obstáculo, um fator que põe em desequilíbrio a situação de equilíbrio anterior. É a complicação que vai promover o desencadeamento de reações.
- **Ações, reações desencadeadas:** balanço dos acontecimentos apresentado pelo narrador, às vezes, dialogando com o enunciatário (leitor). O desencadeamento de reações leva à resolução.
- **Resolução ou resultado:** implica o fornecimento de informações sobre o que resultou da situação que introduziu desequilíbrio. A resolução leva a uma nova situação de equilíbrio, que é a coda da narrativa.
- **Situação final ou coda:** indicação do término da narrativa.

As narrativas podem ainda ter explícita ou implícita uma moral, que cabe ao narrador, a quem esteja contando a história.

As narrativas têm um título, que funciona como um resumo que busca atrair a atenção do leitor. Se se tratar de uma narrativa disposta no interior de uma revista, ao leitor cabe, em uma análise, confrontar a chamada de capa (um título) com a matéria veiculada. Confrontar as visões de mundo do editor do periódico com o da narrativa. Ambas seguem a mesma direção de sentido? Outra preocupação será com relação à enunciação: o tempo da enunciação (presente) e o do enunciado (passado). Os fatos narrados estão situados em que tempo? Contrapõem-se tempos? Em que espaço? Contrapõem-se espaços? Que personagens atuam? Que papel desempenham? Há modalizações atitudinais (afetivas: *"felizmente", "infelizmente"*), epistêmicas (os enunciados expressam valor de verdade, certeza, evidência: "é certo...", "sem dúvida", "na verdade", "com certeza" etc.), deônticas (os enunciados expressam obrigatoriedade: "ele devia...", "ele precisava", "deve-se", "é preciso")? Os acontecimentos do passado são vistos positivamente ou negativamente? Localiza-se o momento do equilíbrio e o momento do conflito, em que a narrativa apresenta elementos de desequilíbrio (complicação). O léxico utilizado é valorativo? Que verbos de ação são utilizados? Em que se transformou o equilíbrio inicial depois da introdução do desequilíbrio, do conflito? (resultado ou solução que a narrativa apresenta para a superação do obstáculo). Como o narrador também apresenta uma avaliação do que ocorreu, ao leitor cabe identificá-la. Como ele mesmo vê a narrativa, a superação dos obstáculos e indica o fim da história (coda)? Na coda, o narrador, muitas vezes, revela a finalidade do que acaba de contar, ou a justificativa do que contou, o que teria motivado a narrativa. Exemplo:

> O imenso baú da mitologia guarda a história de Orfeu, exímio cantor e tocador de lira, dilacerado pela morte de sua amada, Eurídice. Inconformado, ele desce ao mundo dos mortos a fim de resgatá-la da posse de Hades, deus dos estratos inferiores. Seu canto era tão belo e comovente que obteve permissão para trazer Eurídice de volta à vida, desde que respeitasse uma cláusula: o marido não poderia olhar para a esposa, que caminharia às suas costas, até alcançarem à superfície. À beira da luz, entretanto, Orfeu torce o pescoço e, em segundos, perde sua companheira para as trevas. Permaneceu inconsolável até o fim de seus dias (MELLO, 2013).

Para Machado (*In*: MEURER; BONINI; MOTTA-ROTH, 2010, p. 246-247), as narrativas têm a seguinte estrutura: situação inicial (orientação), complicação (conflito), reação (ações desencadeadas, fase de ação, reação), resolução (desenlace), situação final, moral (este último elemento nem sempre aparece de forma explícita).

A primeira fase é de equilíbrio; as personagens são apresentadas. Na fase de complicação, introduz-se o desequilíbrio, um conflito, uma tensão. Na fase de reação, temos acontecimentos originados pela perturbação. A fase de resolução, como o nome já diz, introduz acontecimentos que levam a uma redução da tensão. Finalmente, na situação final um novo estado de equilíbrio é apresentado a partir da resolução. A moral, como já dissemos, é um elemento facultativo. Outro elemento facultativo é a presença de avaliação realizada pelo narrador, comentando o desenrolar da história. Vejamos um exemplo:

> OS TERRORISTAS
>
> Era um professor duro, exigente e implacável. As provas eram feitas sem aviso prévio. Todos os trabalhos valiam nota e eram corrigidos segundo os critérios mais rigorosos. Resultado: no fim do ano quase todos os alunos estavam à beira da reprovação. As notas que ele anotava cuidadosamente no livro de chamada eram as mais baixas possíveis. O que fazer?
>
> Reuniam-se todos os dias no bar em frente ao colégio, para discutir a situação, mas nada lhes ocorria. Até que um deles teve uma ideia brilhante. O livro de chamada. A solução estava ali: tinham de se apossar do livro de chamada e mudar as notas. Um 0 poderia se transformar em 8. Um 1 poderia virar 7 (ou 10, dependendo do grau de ambição).
>
> O problema era pegar o livro, que o professor não largava nunca, nem mesmo para ir ao banheiro. Aparentemente só uma catástrofe poderia superá-los. Recorreram, pois, à catástrofe. Um dos alunos telefonou do orelhão em frente ao colégio, avisando que havia um princípio de incêndio na casa do professor. Avisado, o pobre homem saiu correndo da sala de aula, deixando sobre a mesa o famigerado livro de presenças.
>
> Acreditareis se eu disser que ninguém tocou no livro? Ninguém tocou no livro. Os rapazes se olhavam, mas nenhum deles tomou a iniciativa de mudar as notas. Às vezes a consciência pesa mais que a ameaça da reprovação (SCLIAR, 2011).

No texto que acabamos de ver, podemos identificar os elementos estruturais de uma narrativa. Inicialmente, nos mostra dois comportamentos em tensão: o do professor excessivamente exigente e o dos alunos que temiam ser reprovados. Esse o cenário montado pela narrativa. A primeira fase, a que seria de equilíbrio, é pressuposta: alunos e professor viveriam um relacionamento de tranquilidade, sem conflito. Todavia, no início do texto o que temos é já a segunda fase de uma narrativa: os alunos temem receber notas baixas. Precisam envidar esforços para superar essa dificuldade, esse problema estabelecido. Planejam então tomar posse do livro de chamadas para alterarem as notas. A solução encontrada é inventar uma possível catástrofe, o anúncio de um incêndio na casa do professor. Executam o plano; o professor sai às pressas e deixa o livro de presenças sobre a mesa. A "solução", porém, encontra um obstáculo maior: "Os rapazes se olhavam, mas nenhum deles tomou a iniciativa de mudar as notas." O narrador dialoga com o leitor e faz uma avaliação moral: "Às vezes a consciência pesa mais que a ameaça da reprovação."

Nas narrativas, simplificando, há um sujeito que: (1) quer (ou não quer) fazer algo: os alunos querem tomar posse do livro de presenças para alterarem as notas baixas do professor "duro, exigente e implacável"; (2) deve (ou não deve) fazer algo: os alunos não devem praticar esse ato desonesto, mas entendem que deve fazê-lo para não serem reprovados; (3) sabe (ou não sabe) fazer algo: precisam adquirir competência para entrar na posse do livro de presenças, o que conseguem conversando, planejando a execução de um plano; (4) pode (ou não pode) fazer alguma coisa (ação): adquirida a competência, distribuídas as tarefas, um dos alunos vai ao orelhão e telefona avisando que há um incêndio na casa do professor, ou seja, é possível executar o plano. Para entrar em conjunção ou em disjunção com um valor investido em algum objeto, eles se deparam com um antissujeito, que são os obstáculos que precisam vencer. Todavia, não contavam com a presença do antissujeito ético, o da consciência de realizar um ato indecoroso. Resultado, desfecho da história: não tomam posse do livro que desejavam tanto possuir.

Nem sempre, entretanto, uma narrativa se explica por um simples fazer, visto que as próprias emoções do sujeito (estado de alma) podem constituir-se numa narrativa (cf. BARROS, 1990; FIORIN, 1989).

A estrutura é o arcabouço para veicular sentidos. E esses são mais importantes: por meio do comportamento de personagens que desejam, têm sentimentos, agem, falam, tomamos conhecimento de sua visão de mundo. No caso dos jovens da narrativa de Scliar, observamos que eles têm a possibilidade de alterarem as notas baixas, mas, mesmo correndo o risco de serem reprovados, não as alteram, porque princípios éticos, de repente, afloram de suas consciências. Num país em que é frequente o trânsito de malas de dinheiro público, muitos deles escondidos em cuecas, não é difícil antever o narrador nos informando que temos muito a aprender com os jovens.

Como temos afirmado neste capítulo, as sequências textuais não são realizadas com um tipo exclusivo. Assim é que em uma sequência narrativa podemos encontrar mais de uma sequência textual. No texto de Scliar, por exemplo, podemos verificar a presença de uma sequência argumentativa no seu final: "Às vezes a consciência pesa mais que a ameaça da reprovação. Apresentado, como é o caso da presença do diálogo no seguinte texto." No texto seguinte, de Lins do Rego, verificamos a presença de sequência dialogal:

> O Capitão Tomás não deixou que a filha fosse morar fora de sua casa. O engenho era pequeno, mas dava para todos. Mariquinha ficara radiante com as vontades do marido. E assim o genro estaria ao lado de todos como filho. Os primeiros meses do casal foram como de todos os outros. A princípio o capitão estranhou o jeito caladão do primo. Ficava o rapaz naquela rede do alpendre horas inteiras, lendo jornais velhos, virando folhas de livros. Não era capaz de pegar um cavalo e sair de campo a fora para ver um partido. Em todo caso tomou por acanhamento. Sem dúvida que não achava que fosse direito estar a se meter na direção do engenho. Mandasse o sogro. O velho, porém, quis pôr o genro à vontade, e um dia falou-lhe. Dava-lhe o partido de cima para que tomasse conta. Ele ali seria como filho, teria toda a força de mando. O rapaz ouviu calado as palavras do capitão e deu para sair pela manhã para olhar os serviços. Os negros se espantavam com aquele senhor de olhar abstrato, vestido como gente da cidade, sempre de gravata, olhando para as coisas como uma visita. O capitão não se satisfazia com a orientação do genro. Negro precisava de senhor de olhos abertos, de mãos duras. O genro pareceu-lhe um leseira. Disse mais de uma vez a Mariquinha:
>
> – O primo Lula ainda não tomou tenência na vida. Está aqui há seis meses, e parece que chegou ontem.
>
> – Termina se ajeitando – dizia-lhe a velha. – É rapaz acanhado.

A filha se angustiava com a desconfiança do pai. De fato, o marido não parecia homem, como era a sua gente. Era alheio à vida que o cercava. D. Amélia procurava interessá-lo.

– Lula, como vai o teu partido?

E Lula falava das coisas sem interesses. Gostava de ouvi-la ao piano. No começo todos de casa pensavam que fossem dengos de casados de novo. Todas as tardes os dois ficavam na sala de visita. O marido no sofá grande e a mulher, no piano, dando tudo o que sabia.

– Toca aquela varsoviana.

Ela tocava, tocava tudo que não esquecera.

A mãe achava bonito tudo aquilo. Assim devia ser um marido, homem que vivesse perto da mulher, como gente, sem aquela secura, aquela indiferença de Tomás. Felizmente que a sua Amélia encontrara um homem de uma natureza tão boa, tão amorosa. As negras elogiavam os modos do jovem senhor. Parecia uma estampa de santo, com aquela barba de S. Severino dos Ramos, com aqueles modos de fidalgo, todo pegado com a mulher como só se via na história de príncipes e de princesas. O capitão era que não podia entender o gênio daquele rapaz. Lembrou-se de sua vida de casado no Ingá, dos primeiros dias, e achara tudo aquilo do primo como um absurdo. Não falava nada para não contrariar a filha, que era tudo que tinha. A outra estava perdida em Recife. Só lhe restava mesmo Amélia que ele criara na fartura como filha de rico. O rapaz, pensou, não criava gosto pelo trabalho. Sentia-se velho e tinha medo de deixar o Santa Fé sem um pulso como o seu para governá-lo. Era um engenho pequeno, que pedia um homem de seu calibre, homem que soubesse mandar, de tino, de força. O genro não lhe inspirava confiança. Dissera mesmo a Mariquinha:

– Este teu genro está me parecendo um banana.

A mulher se ofendeu com a sua opinião. E falou-lhe como nunca ouvira ela falar com tanta arrogância" (REGO, 1977, p. 146-147).

Essa sequência textual focaliza algumas personagens que circulam no espaço de um pequeno engenho: o Capitão Tomás; Mariquinha, esposa; Amélia, filha; Lula, o genro; negros, negras, não nomeados. Não nomeá-los é, de certa forma, reduzi-los, tal como foi tratamento regular no Brasil agrário antigo, atrasado e desumano de senhores e escravos (e, talvez, continua sendo regra no Brasil no relacionamento de determinadas pessoas com outras que consideram inferiores).

No primeiro momento, o Capitão Tomás não admite que a filha, depois de casada, deixe sua fazenda, "fosse morar fora de sua casa". Na fase seguinte, o Capitão constata a falta de jeito e interesse do genro para o trabalho no engenho. Para resolver esse embaraço, o sogro entrega ao genro um pedaço de terra para que tome conta, mande e desmande sem precisar prestar contas. Esse motivo dá lugar a outros temas, igualmente relevantes para o narrador: a relação marido e mulher do Capitão Tomás, o tipo de educação feminina a que as mulheres estavam sujeitas, o preconceito que separa o homem de ação do intelectual, interessado em ler livros e jornais, valorizando o primeiro, desconsiderando o segundo. Finalmente, o narrador focaliza o relacionamento do senhor do engenho com negros e negras (escravos). "Os negros se espantavam com aquele senhor de olhar abstrato, vestido como gente da cidade, sempre de gravata, olhando para as coisas como uma visita. O capitão não se satisfazia com a orientação do genro. Negro precisava de senhor de olhos abertos, de mãos duras."

Agora, passemos a observar as marcas linguísticas das sequências narrativas, particularmente os verbos do mundo narrado, que são:

- Pretérito perfeito simples: *deixou, foram, estranhou, tomou, quis, falou, ouviu, deu, pareceu, disse, tomou, lembrou, pensou, ofendeu, falou.*
- Pretérito imperfeito: *era, dava, era, achava, dava, espantavam, satisfazia, precisava, dizia, angustiava, parecia, era, cercava, procurava, falava, gostava, penavam, ficavam, tocava, achava, devia, elogiavam, parecia, via, era, falava, era, tinha, estava, restava, criava, sentia, tinha, era, pedia, inspirava.*
- Mais-que-perfeito: *ficara, esquecera, encontrara, achara, criara, dissera, ouvira.*
- Futuro do pretérito: *estaria, seria, teria.*
- Locuções verbais: *ficava lendo, termina se ajeitando, podia entender, está parecendo.*

Esses tempos verbos têm valores diferentes: enquanto o pretérito perfeito indica que a ação é pontual, acabada, o pretérito imperfeito significa que a ação é durativa. O mais que perfeito produz o sentido de que o fato aconteceu antes de outra ação passada, ou ação que ocorreu há muito tempo. O futuro do pretérito expressa possibilidade, incerteza. Já as locuções verbais manifestam aspectualidade durativa.

Finalmente, uma observação sobre o narrador: ele é onisciente: sabe o que se passa no interior da personagem, o que lembra, o que pensa: "Lembrou-se de sua vida de casado no Ingá"; "O rapaz, pensou, não criava gosto pelo trabalho. Sentia-se velho e tinha medo de deixar o Santa Fé sem um pulso como o seu para governá-lo. Era um engenho pequeno, que pedia um homem de seu calibre, homem que soubesse mandar, de tino, de força. O genro não lhe inspirava confiança."

5 SEQUÊNCIA ARGUMENTATIVA

Fiorin e Savioli (1990, p. 73) entendem que, em princípio, todo texto visa convencer o receptor sobre um fato, uma ideia, uma tese. Assim, é característica de todo texto buscar a persuasão, levar alguém a admitir certa postura, ou a realizar determinada ação. A comunicação assim entendida elimina a ideia de neutralidade, de ausência de subjetividade: "Todo texto tem, por trás de si, um produtor que procura persuadir o seu leitor (ou leitores), usando para tanto vários recursos de natureza lógica e linguística", afirmam os autores citados. Para Machado (*In*: MEURER; BONINI; MOTTA-ROTH, 2010, p. 246), o efeito de sentido pretendido com a sequência argumentativa é "convencer o destinatário da validade de posicionamento do produtor diante de um objeto de discurso visto como contestável (pelo produtor ou pelo destinatário)". São suas fases: estabelecimento de premissas, suporte argumentativo, contra-argumentação e conclusão.

Os procedimentos argumentativos são recursos acionados pelo produtor do texto com o objetivo de levar o receptor a acreditar no que o texto diz e a realizar o que o texto propõe.

Argumentar é apresentar a demonstração de um raciocínio, é expor razões para convencer o receptor de uma mensagem; é induzir alguém à persuasão ou convicção. Para Ferreira (2015, p. 14),

> argumentar é o meio civilizado, educado e potente de constituir um discurso que se insurja contra a força, a violência, o autoritarismo e se prove *eficaz* (persuasivo e convincente) numa situação de antagonismos declarados. Argumentar implica

demonstrar ideias para clarear no espírito do outro nossa posição diante de um assunto polêmico.

Da definição de Ferreira, podemos salientar que "argumentar é um meio civilizado" para expor sentidos que se contrapõem a outros. Não é incomum vermos, em programas de televisão, entrevistados que se esquecem de que argumentar é um meio civilizado para persuadir o opositor. Alteram o volume da voz; não prestam atenção no que o outro diz, interrompem a fala do outro etc. Entendem que se apossaram da verdade e é o outro que tem de ceder, mudar seu ponto de vista etc.

Citando Ducrot, para quem todo discurso comporta uma orientação argumentativa, Bonini (*In*: MEURER; BONINI; MOTTA-ROTH, 2010, p. 221) afirma que "o ato argumentativo é constituído com base em um *já dito*, em um dizer temporalmente anterior (e conhecido pelo interlocutor) que, na sua forma mais característica, aparece implícito. Ou seja, já que conhecido pelo interlocutor, não precisa ser dito".

Segundo o enunciado de Bonini, sequências narrativas, descritivas, argumentativas são modalidades retóricas que, em geral, não se apresentam de forma pura. Elementos de uma e outra modalidade misturam-se em um mesmo texto, podendo-se apenas afirmar que há dominância de uma forma sobre outra. Para Bezerra (2020),

> mesmo que seja composto de diferentes sequências simultâneas, o texto não se torna caótico, pois uma delas domina as demais, que são utilizadas para melhor demonstrar essa dominante. Um artigo de opinião, por exemplo, tem como sequência principal a argumentativa, pois nele se discute um tema polêmico e se defende ou refuta uma tese, mas nele pode haver uma sequência narrativa, cujo fato ou ação narrada venha fortalecer essa tese; uma sequência descritiva, que mostra aspectos do tema que contribuem para convencer ou persuadir o leitor do artigo; ou, ainda, uma explicativa, expondo por que ou como a tese é defendida ou rejeitada.

Na sequência argumentativa, buscamos convencer, persuadir nosso enunciatário. Ela é uma sequência em que prevalece a exposição de um ponto de vista, a defesa de uma tese, uma opinião, mas não significa que nele não haja segmentos narrativos e descritivos. Para Terra (2014, p. 118-119), as sequências argumentativas implicam raciocínio argumentativo,

> que consiste na apresentação de uma tese sobre um tema, à qual são acrescentados dados novos que orientam para uma conclusão ou nova tese, ou seja, pelas sequências argumentativas realizam-se propósitos comunicativos específicos, qual seja, levar o interlocutor a aderir a um ponto de vista apresentado. Esse tipo de sequência desenvolve-se por inferências (argumentos e contra-argumentos) a partir de dados pressupostos.

Esquematicamente, temos em uma sequência argumentativa:

Tese ⟶ argumentos ⟶ contra-argumentos ⟶ conclusão (ou nova tese)

Quando se fala em modalidade retórica argumentativa, sobretudo, no gênero jornalístico, bem como nos gêneros acadêmico-científicos, é comum vir à tona a questão da imparcialidade e neutralidade. A enunciação (composta de enunciador e enunciatário) está sempre presente. Todos nós, quando construímos um texto (falado ou escrito), temos um objetivo a atingir, pretendemos produzir determinado efeito no enunciatário. Vejamos um texto constituído por sequência argumentativa:

> SIRENES QUE NÃO SOAM
>
> Nossa espécie é péssima em avaliar riscos. Um ser humano típico tem medo de cobras e tubarões, mas não hesita muito em fumar ou acelerar seu carro. Nos EUA, onde as estatísticas são mais confiáveis, cobras e tubarões matam, respectivamente, cinco e 0,5 pessoas por ano, enquanto o cigarro e os acidentes de trânsito geram 480 mil e 35 mil óbitos anuais.
>
> Nossa sirene interna dispara diante de ameaças que perderam relevância no ambiente urbano, mas é cega para perigos produzidos pela modernidade, como morar a jusante de barragens ou construir cidades em zonas de terremoto.
>
> Imagino que a fiscalização precária e sede de lucros contribuíram para a tragédia em Brumadinho, mas o ingrediente que mais me chama a atenção é que os dirigentes da Vale acreditavam que a barragem era segura, tanto que instalaram o refeitório da empresa bem abaixo dela. De algum modo, a noção de que todo projeto de engenharia carrega risco e a informação de que operavam com uma tecnologia ultrapassada, cuja avaliação de segurança está repleta de pontos cegos, não foram assimiladas pela cúpula da empresa –o que é assustador para uma companhia que lida essencialmente com problemas de engenharia.
>
> Espero que o desastre sirva para arrefecer o clima de "liberou geral" [...]. Olhando para a frente, seria importante desenvolver mecanismos para que empresas e a própria legislação não se acomodem com as tecnologias antigas e busquem continuamente aprimoramento na segurança, mesmo que a um sobrepreço.
>
> A garotada da minha geração andou de bicicleta e *skate* sem capacete e isso era visto como normal. À medida que aprendemos mais sobre traumas, o comportamento foi reclassificado como de risco e hoje poucos pais deixam os filhos brincar sem proteção. Essa cultura de busca constante por mais segurança precisa ser disseminada (SCHWARTSMAN, Hélio. Sirenes que não soam. *Folha de S.Paulo*, 29 jan. 2019. Disponível em: https://www1.folha.uol.com.br/colunas/helioschwartsman/2019/01/sirenes-que-nao-soam.shtml

O texto trata da tragédia do rompimento da barragem de rejeitos da mineradora Vale (chamada Barragem da Mina Córrego do Feijão), no município mineiro de Brumadinho. Números da tragédia: 259 mortos e 11 desaparecidos (nesta data de 17-10-2020). A Vale S.A.

- Tese: "Nossa espécie é péssima em avaliar riscos."
- Argumentos: para comprovar sua tese, o enunciador utiliza argumentos, rechaça contra-argumentos, apresenta exemplos:
    ✓ "Um ser humano típico tem medo de cobras e tubarões, mas não hesita muito em fumar ou acelerar seu carro. Nos EUA, onde as estatísticas são mais confiáveis, cobras e tubarões matam, respectivamente, cinco e 0,5 pessoas por ano, enquanto o cigarro e os acidentes de trânsito geram 480 mil e 35 mil óbitos anuais (argumento por exemplificação).

- ✓ "Nossa sirene interna dispara diante de ameaças que perderam relevância no ambiente urbano, mas é cega para perigos produzidos pela modernidade, como morar a jusante de barragens ou construir cidades em zonas de terremoto."
- ✓ "Todo projeto de engenharia carrega risco e a informação de que operavam com uma tecnologia ultrapassada, cuja avaliação de segurança está repleta de pontos cegos, não foram assimiladas pela cúpula da empresa – o que é assustador para uma companhia que lida essencialmente com problemas de engenharia."
- ✓ [Espero] "que o desastre sirva para arrefecer o clima de 'liberou geral'."
- ✓ "Olhando para a frente, seria importante desenvolver mecanismos para que empresas e a própria legislação não se acomodem com as tecnologias antigas e busquem continuamente aprimoramento na segurança, mesmo que a um sobrepreço."
- ✓ A garotada da minha geração andou de bicicleta e *skate* sem capacete e isso era visto como normal. À medida que aprendemos mais sobre traumas, o comportamento foi reclassificado como de risco e hoje poucos pais deixam os filhos brincar sem proteção (argumento por exemplificação).

- Contra-argumentos: está implícito no título. Teríamos algo como: "tomamos as providências, mas as sirenes não tocaram". Esse contra-argumento é rechaçado pelo enunciador: "Os dirigentes da Vale acreditavam que a barragem era segura, tanto que instalaram o refeitório da empresa bem abaixo dela. De algum modo, a noção de que todo projeto de engenharia carrega risco e a informação de que operavam com uma tecnologia ultrapassada, cuja avaliação de segurança está repleta de pontos cegos, não foram assimiladas pela cúpula da empresa – o que é assustador para uma companhia que lida essencialmente com problemas de engenharia." E ainda: "Imagino que a fiscalização precária e sede de lucros contribuíram para a tragédia em Brumadinho, **mas** o ingrediente que mais me chama a atenção é que os dirigentes da Vale acreditavam que a barragem era segura."
- Conclusão: "A garotada da minha geração andou de bicicleta e *skate* sem capacete e isso era visto como normal. À medida que aprendemos mais sobre traumas, o comportamento foi reclassificado como de risco e hoje poucos pais deixam os filhos brincar sem proteção. Essa cultura de busca constante por mais segurança precisa ser disseminada."

Os verbos comuns nas sequências argumentativas são:

- Presente do indicativo: *é, tem, hesita, são, matam, geram, dispara, é, imagino, chama, carrega, está, é, lida, espero, acomoda, buscam, deixam.*
- Pretérito perfeito composto [não há nesse texto; poderíamos ter algo como: *tenho feito, tenho realizado, tenho ouvido*].
- Futuro do presente [não nesse texto; poderíamos ter algo como: *defenderei, entenderei*].
- Futuro do presente composto [não há nesse texto; poderíamos ter algo como: *teremos aprendido, teremos reconhecido*].
- Locuções verbais formadas com esses tempos: *precisa ser.*

No texto sob exame, aparece um futuro do pretérito, que é um tempo do mundo relatado: "seria importante desenvolver mecanismos...", produzindo o efeito de sentido de possibilidade, de descomprometimento, de sugestão; algo como: "não tenho certeza, mas..." Há também no texto o uso do pretérito perfeito, que, embora produza o efeito de sentido de ação acabada, também produz o efeito de sentido de duratividade (ou seja, não andou uma só vez, mas durante muito tempo = *andava*) "A garotada da minha geração andou de bicicleta e *skate* sem capacete."

Além dos verbos nesses tempos verbais, temos a presença de **operadores argumentativos**, como os de:

- Adição: *e, nem, não só, mas também*). No texto examinado: "Seria importante desenvolver mecanismos para que empresas **e** a própria legislação não se acomodem com as tecnologias antigas **e** busquem continuamente aprimoramento na segurança, mesmo que a um sobrepreço."
- De oposição: *mas, contudo, entretanto, porém, todavia*. No texto de Schwartsman, temos: "Um ser humano típico tem medo de cobras e tubarões, **mas** não hesita muito em fumar ou acelerar seu carro." O uso desse operador opositivo serve não só para mostrar o comportamento paradoxal do ser humano, mas também para destacar o argumento, introduzido pelo enunciado que começa com o operador. Pouco adiante, volta a se valer de argumento opositivo: "Nossa sirene interna dispara diante de ameaças que perderam relevância no ambiente urbano, **mas** é cega para perigos produzidos pela modernidade, como morar a jusante de barragens ou construir cidades em zonas de terremoto." Nesse tipo de enunciado, temos dois argumentos: o mais forte é o introduzido pelo articulador opositivo.
- De explicação: *pois, porque.*
- De conclusão: *logo, portanto, por conseguinte, assim, então.*
- De explicação: *pois, porquanto.*
- De causalidade: *uma vez que, visto que, porque, já que.*
- De comparação: *mais do que, menos do que, tão... quanto, tanto... quanto, assim como.*
- De concessividade (*embora, conquanto, não obstante, ainda que, mesmo que, se bem que, posto que, apesar de, a despeito de, em que pese a*). No texto: "Busquem continuamente aprimoramento na segurança, **mesmo que** a um sobrepreço."
- De condição: *se, caso, a não ser que, exceto se, salvo se, contanto que.*
- De conformidade: *segundo, conforme, consoante.*
- De consecutividade: *de sorte que, de modo que, de maneira que*. No texto sob foco: "mais me chama a atenção é que os dirigentes da Vale acreditavam que a barragem era segura, **tanto que** instalaram o refeitório da empresa bem abaixo dela. **De algum modo**, a noção de que todo projeto de engenharia carrega risco e a informação de que operavam com uma tecnologia ultrapassada, cuja avaliação de segurança está repleta de pontos cegos, não foram assimiladas pela cúpula da empresa."
- De finalidade: *para que, a fim de que*. No texto sob foco: "Espero que o desastre sirva **para arrefecer** o clima de 'liberou geral.'" [aqui, a oração subordinada adverbial final foi substituída por uma reduzida de infinitivo, que tem valor de finalidade] Há ainda um segundo enunciado que produz o efeito de sentido de finalidade: "Seria importante desenvolver mecanismos **para que** empresas e a própria legislação não se acomodem com as tecnologias antigas e busquem continuamente aprimoramento na segurança, mesmo que a um sobrepreço.

- De proporcionalidade: *à medida que, à proporção que*. No texto: "**À medida que** aprendemos mais sobre traumas, o comportamento foi reclassificado como de risco e hoje poucos pais deixam os filhos brincar sem proteção."
- De temporalidade (*quando, enquanto, assim que, desde que, até que*. No texto: "**Olhando** para a frente, seria importante desenvolver mecanismos para que empresas e a própria legislação não se acomodem com as tecnologias antigas e busquem continuamente aprimoramento na segurança, mesmo que a um sobrepreço" (a oração subordinada adverbial temporal foi substituída por uma reduzida de gerúndio).

E há ainda operadores que utilizamos para indicar:

- Argumento mais forte: *até, até mesmo, inclusive, ao menos, pelo menos, no mínimo*.
- Argumento a favor de uma mesma conclusão: *e, também, ainda, além de, não só..., mas também, tanto... quanto, aliás*.
- Argumento decisivo (introduz um argumento adicional a outros já enunciados: *aliás, ademais, além do mais, além de tudo, além disso*.
- De generalização ou ampliação do que já foi dito: *de fato, realmente, é verdade que* (cf. KOCH, 2015b, p. 30-40).

Exemplificando, temos argumentação por condicionalidade e explicação em:

> Se você impede com medicação ou superprotege as dores que uma pessoa sofre na vida, está produzindo um ser incapaz, porque é da vontade de superar a perda que vem a potência de cada um (*Vida Simples*, São Paulo, ed. 172, p. 47).

É comum ainda nas argumentações o uso de modalizadores:

- **Epistêmicos**: são os que conferem certeza ao discurso, tanto para afirmar quanto para negar. Entre eles, temos: *claro, certamente, evidentemente, logicamente, sem dúvida; de jeito nenhum, de nenhum modo*. Também podem transmitir dúvida: *talvez, possivelmente, provavelmente*. E, ainda, podem ser delimitadores, estabelecendo restrição ao que se afirma (o raciocínio é válido nessas condições): *historicamente, biologicamente, estatisticamente*. No texto sob foco: "**Nossa espécie é péssima em avaliar riscos**. Um ser humano típico **tem medo de cobras e tubarões**, mas **não hesita muito em fumar ou acelerar seu carro.**" "**Nos EUA, onde as estatísticas são mais confiáveis.**" "**Nossa sirene interna dispara diante de ameaças que perderam relevância** no ambiente urbano, **mas é cega para perigos produzidos pela modernidade**, como morar a jusante de barragens ou construir cidades em zonas de terremoto." "**É assustador** para uma companhia que lida essencialmente com problemas de engenharia." "Os dirigentes da Vale **acreditavam** que a barragem era segura." Esses enunciados se apresentam para o leitor como uma verdade incontestável.
- **Deônticos**: estabelecem obrigatoriedade ou proibição. O enunciador expressa algo facultativo ou dá permissão, deixando, às vezes, ao coenunciatário a escolha em realizar o que lhe é pedido pelo conteúdo do enunciado. São exemplos: *necessariamente, obrigatoriamente*, e ainda os verbos *dever, poder*. No texto: "**Espero** que o desastre sirva para arrefecer o clima." "Essa cultura de busca constante por mais segurança **precisa** ser disseminada." "**Seria importante desenvolver mecanismos** para que empresas e a própria legislação

não se acomodem com as tecnologias antigas e busquem continuamente aprimoramento na segurança, mesmo que a um sobrepreço." No último exemplo, o leitor pode observar a preocupação do enunciador em atenuar seu enunciado, utilizando o futuro do pretérito.
- **Afetivos:** transmitem avaliação, uma emoção do enunciador diante do seu discurso. Entre eles: *felizmente, infelizmente, curiosamente, estranhamente, admiravelmente, sinceramente, francamente, lamentavelmente.* Por se tratar de texto jornalístico, que se orienta pela objetividade e "neutralidade", o enunciador evitou o uso de modalizações afetivas.

Finalmente, o enunciador, para persuadir o leitor, se coloca na sua companhia, aproxima-se dele: "**nossa** espécie é"; "**nossa** sirene interna dispara"; "à medida que **aprendemos** mais sobre traumas" (uso de *nós inclusivo*). Outras vezes, abandona o *nós* e fala por si mesmo, talvez para produzir o efeito de sentido de modéstia: "**Imagino** que a fiscalização precária"; "**Espero** que o desastre sirva para arrefecer o clima..."

Para não alongar mais, deixamos para o leitor a tarefa de identificar as várias vozes que compõem o texto. Destacamos apenas a do título, em que é possível ouvir a voz oposta ("Sirenes que não soam" → sirenes que soam); as introduzidas pelo articulador opositivo *mas*; a voz genérica que tende a valorizar o que é estrangeiro, sobretudo o que é de países do Primeiro Mundo ("Nos EUA, onde as estatísticas são mais confiáveis"); a voz dos cientistas: "todo projeto de engenharia carrega risco" etc.

6   SEQUÊNCIA EXPLICATIVA/EXPOSITIVA

Sequência explicativa comumente é chamada de sequência expositiva. Para Bonini (*In*: MEURER; BONINI; MOTTA-ROTH, 2010, p. 223), Adam não acreditava na existência de uma sequência expositiva, visto que os casos apontados como sequência expositiva poderiam "ser regularmente reinterpretados como uma sequência descritiva (na maioria dos casos) ou como uma sequência explicativa". Conclui então que se trata de um texto cuja característica é "prover uma resposta à questão *Como?*" Na sequência descritiva, a resposta a essa questão adquire a forma *Como fazer para...?* e o texto compreenderia passos para atingir um objetivo. A sequência explicativa, por sua vez, tem o propósito de

> construir um desenho claro de uma ideia. Para isso, responde à questão *Por quê?* ou *Como?*, mostrando quadros parciais da significação da ideia. A sequência explicativa também se diferencia da argumentativa, pois não visa modificar uma crença (visão de mundo), mas transformar uma convicção (estado de conhecimento) (p. 223-224).

Machado (*In*: MEURER; BONINI; MOTTA-ROTH, 2010, p. 246) afirma que o efeito de sentido pretendido com a sequência explicativa é "fazer o destinatário *compreender* um objeto de discurso, visto pelo produtor como incontestável, mas também como de difícil compreensão para o destinatário". Esquematicamente, temos:

Problema (questão) ⟶ explicação (resposta) ⟶ conclusão (avaliação)

Entende ainda o autor citado que, nessas fases da explicação, se procura: (1) *questionar algo*; (2) *dar uma resposta para o questionamento*, ou *resolver o problema*, expondo detalhes; (3) sumarizar a resposta, avaliando o problema.

Terra (2014, p. 121) entende que "as sequências explicativas estão ligadas a processos cognitivos que envolvem análise e síntese de conceitos ou fatos, procurando estabelecer relações de causa e efeito entre conceitos". E acrescenta: "Nesse tipo de sequência, parte-se do pressuposto de que o interlocutor não sabe X e a função [do enunciado] é fazê-lo saber X".

Os textos explicativos/expositivos podem aparecer encaixados em uma sequência argumentativa, por exemplo, em um texto de propaganda, como suporte para a persuasão. A explicação/exposição pode ser realizada por *definição, análise* ou por *síntese*:

Raciocínio realizado por definição:

> As expressões *negacionismo climático* e *ceticismo climático* referem-se ao pensamento daqueles que negam a realidade do aquecimento global ou, ao menos, negam que os seres humanos tenham um papel relevante neste fenômeno. Essas alegações são consideradas pseudo-científicas e o atual consenso científico não apoia os negacionistas do aquecimento global (Disponível em: https://pt.wikipedia.org/wiki/Negacionismo_clim%C3%A1tico. Acesso em: 22 maio 2020).
>
> A síndrome de Down é conhecida também como **trissomia do cromossomo 21** ou trissomia 21, pois ela apresenta o cromossomo 21 em triplicata. Enquanto as células somáticas normais possuem 46 cromossomos, num indivíduo com síndrome de Down elas possuem **47 cromossomos** (Disponível em: https://www.biologianet.com/doencas/sindrome-de-down.htm. Acesso em: 22 maio 2020).

Raciocínio realizado por síntese:

> Os **vírus** são seres acelulares que necessitam de parasitar células para conseguir reproduzir-se, por isso são chamados de **parasitas intracelulares obrigatórios**. [...]
>
> Quando um vírus parasita uma célula, ele pode ocasionar sua morte ou até mesmo sua divisão de maneira exagerada, levando ao surgimento de tumores. As doenças causadas por vírus são denominadas de **viroses** e podem variar desde problemas leves até enfermidades que levam à morte.
>
> A maioria das viroses causa **sintomas como febre, mal-estar, dores no corpo, dores de cabeça e vômitos**, dificultando, assim, um diagnóstico mais preciso utilizando-se como base o quadro clínico do paciente (Viroses, *Biologia Net*. Disponível em: https://www.biologianet.com/doencas/viroses.htm. Acesso em: 22 maio 2020).

Raciocínio realizado por análise:

> A Chikungunya é uma das doenças virais mais preocupantes dos últimos tempos no Brasil, principalmente pelos últimos casos de epidemia. [...] A febre pelo vírus Chikungunya é um arbovírus. Para quem não sabe, os arbovírus são aqueles transmitidos por picadas de insetos, especialmente mosquitos. Contudo, podem também ser transmitidos por carrapatos ou outros (Disponível em: https://noticias.r7.com/hora-7/segredos-do-mundo/chikungunya-transmissao-sintomas-tratamento-e-prevencao-11072019. Acesso em: 22 maio 2020).

São comuns nas sequências expositivas: uso do presente do indicativo, de verbos de identificação do fenômeno (verbo *ser*, ou verbo que não comporte sentido de mudança, transformação), verbos de atitude proposicional: *eu creio, eu penso, parece-me*.

Agora, vejamos um exemplo em que temos sequência expositiva e argumentativa em um mesmo texto:

Sequência expositiva	A UNIÃO Europeia piscou. Piscou para a revolta de trabalhadores britânicos contra a contratação de italianos e portugueses para trabalhar na obra de uma refinaria francesa na Inglaterra. A UE pode permitir novas "interpretações" nacionais da lei que permite o livre trânsito de trabalhadores no bloco europeu. Ameaça vetar aqueles pacotes de ajuda a empresas que tenham cunho protecionista, mas quer que o auxílio oficial proteja "empregos europeus". Uma no cravo, outra na ferradura. A UE não quer deflagar uma guerra protecionista e, ao mesmo tempo, joga migalhas para os sindicatos, a fim de evitar mais tumultos nas ruas. Nos EUA, Barack Obama demorou a criticar a cláusula "Buy American" que o Congresso enfiou em seu pacote – só o fez após protestos globais. Países da Europa ocidental são acusados de "persuadir" suas empresas a fechar fábricas e postos de trabalho no exterior antes de o fazerem em casa, além de estimularem campanhas pelo produto nacional.
Sequência argumentativa	Mas hoje parece improvável que os países ricos cavem novas trincheiras nacionalistas. Primeiro, porque as grandes empresas do mundo são transnacionais – seus interesses não têm fronteiras. Segundo, o "establishment" mundial, político, intelectual e empresarial é todo "globalizante". Terceiro, está fresca a lição do desastre político e econômico causado pelo nacionalismo dos anos 1930. Quarto, uma onda protecionista é um perigo político: ameaçaria os pactos econômicos (OMC, União Europeia etc.), os quais, embora precários, colocam certa ordem nas disputas internacionais. Por outro lado, tais argumentos são demasiadamente racionais, o que não é bem o caso da política real. De resto, não levam em conta o risco de uma desgraça econômica ainda mais profunda que a já prevista. Isto é, desconsidera que a sobrevivência das empresas venha a depender ainda mais de governos, o que poderia levá-las a abrir mão do seu "globalismo". Enfim, o desemprego pode provocar distúrbios sociais com consequências políticas importantes – alguém pode querer abafar as ruas com placebos protecionistas. Sinais desses problemas pipocam ali e aqui. Dependentes de governos, grandes bancos já direcionam seu escasso capital para seus países de origem, em parte pressionados pelos novos patrões. As pequenas manifestações de trabalhadores no Reino Unido, de funcionários públicos na França e na Alemanha e de agricultores no Leste Europeu e na Grécia já levaram governos a dar uma colher de chá ao menos verbal para o nacionalismo trabalhista.
Conclusão	A estratégia empresarial europeia de baixar os custos por meio da contratação de empregados de países mais pobres ganhara mais força desde que o Leste Europeu entrara na UE. A imigração ilegal e a onda de trabalhadores baratos importados provocaram surtos de xenofobia, mais ou menos contidos, com exceção maior da Itália, onde o ódio é estimulado por Silvio Berlusconi. A crise, decerto, deu mais pano para a manga nacionalista. As tensões vão crescer. A direção dos conflitos não depende só de EUA, Europa e Japão. A pressão baixista sobre os salários e a competição entre empresas será determinada ainda pela atitude de países como China e Índia (FREIRE, Vinicius Torres. Nacionalismos e protecionismos. *Folha de S. Paulo*, São Paulo, 5 fev. 2009, p. B4).

Apenas para efeito didático separamos o texto em exposição, argumentação e conclusão. Argumentos podem entremear partes em que a exposição dos fatos prevalece.

Um texto expositivo-argumentativo apresenta fatos ou observações para convencer o leitor de sua validade.

7 SEQUÊNCIA INJUNTIVA

A sequência injuntiva caracteriza-se pela instrução. Tem como objetivo fazer o enunciatário agir conforme a orientação do enunciador, que dialoga com o enunciatário, especificando o que ele deve fazer, enumerando ações subsequentes. Daí o uso de imperativo (ou forma atenuadora, como infinitivo). Temos então verbos de ação no imperativo: *faça isso, faça aquilo*. Exemplo:

> BOLO DE FUBÁ CREMOSO
>
> *Ingredientes:*
> 4 xícaras (chá) de Leite Líquido NINHO Forti+ Integral
> 4 ovos
> 2 xícaras (chá) de açúcar
> 2 colheres (sopa) de manteiga
> 1 xícara (chá) de queijo parmesão ralado
> 1 e meia xícara (chá) de fubá
> 2 colheres (sopa) de farinha de trigo
> 1 colher (sopa) de fermento em pó
>
> *Modo de preparo*
>
> - Em um liquidificador, **bata** o leite NINHO, os ovos, o açúcar, a manteiga e o queijo parmesão ralado.
> - **Acrescente** o fubá, a farinha de trigo e o fermento em pó e **bata** até ficar homogêneo.
> - **Coloque** em forma retangular (20 cm × 30 cm) untada com manteiga e polvilhada com fubá e **leve** ao forno médio (180ºC), pré-aquecido, por cerca de 30 minutos (Disponível em: https://www.receitasnestle.com.br/receitas/bolo-cremoso-de-fuba?gclsrc=aw.ds&gclid=EAIaIQobChMIhoXaqNDH6QIVxgWRCh0sfgsFEAMYASAAEgI16vD_BwE&gclsrc=aw.ds. Acesso em: 22 maio 2020).

Destacamos os imperativos do texto, que é um modo verbal comum nas sequências injuntivas.

8 SEQUÊNCIA DIALOGAL

A sequência dialogal, além de ser, na teoria bakhtiniana, um *gênero primário* e de estar na base de todos os gêneros, é caracterizada pela alternância de turnos entre as pessoas que estão em interação. Ela objetiva a interação de enunciador e enunciatário. Ela aparece nas conversas cotidianas, nas entrevistas, nas conversações telefônicas. Nos *gêneros secundários*, como conto, romance, comédia, drama, tragédia, o uso de sequência dialogal também é comum. No jornalismo falado ou escrito, ela aparece nas entrevistas.

Nas sequências dialogais, temos um primeiro turno de *abertura* (rituais de cumprimentos, cuja função é fática) e, em seguida, uma *sequência de turnos* negociados (quais tópicos serão abordados na conversa): enquanto um fala, o outro presta atenção nos enunciados para, ao perceber seu fechamento, tomar o turno e apresentar sua fala. Finalmente, temos o *fechamento*: ao término da conversa, assim como no início, recorre-se a uma sequência de relações fáticas, de cumprimentos de despedida. Esquematicamente, temos:

Abertura ⟶ troca de turnos ⟶ fechamento

Em geral, as formas clássicas de sequência dialogal envolvem perguntas e respostas e comentários sobre algum tópico, que podem ser polêmicos ou contratuais (de acordo).

9 CENA ENGLOBANTE, CENA GENÉRICA E CENOGRAFIA

A enunciação interpela o coenunciador, leva-o a considerar a cena englobante, a cena genérica e a cenografia.

A **cena englobante** define-se como: tipo de discurso (científico, técnico, ficcional), bem como estabelece a situação dos parceiros.

A **cena genérica** diz respeito ao gênero em que o texto é constituído (jornalístico, acadêmico, administrativo etc.). É sempre oportuno lembrar que "um discurso só é 'autorizado' e, portanto, dotado de eficácia, se reconhecido como tal". Se não reconhecemos o gênero de um discurso, temos dificuldade de entendê-lo. Às vezes, deparamos em jornais artigos de opinião que se valem de alguns elementos de uma carta (forma de interlocução direta com o enunciatário, por exemplo), mas nós os lemos como artigos de opinião jornalísticos, não como carta. Quando lemos uma carta, propriamente, nós o fazemos não como se estivéssemos lendo um artigo de opinião: buscamos nelas algum assunto relativo a amizade, relações familiares e identificamos nelas, por exemplo, expressões afetivas, assuntos de nossas relações.

A **cenografia** constitui o elemento específico da organização textual. É ela que estimula o leitor a continuar na leitura. A cenografia é o elemento do primeiro contato do leitor.

Os textos argumentativos, em geral, particularmente em editoriais e artigos de opinião, buscam afastar a enunciação dos enunciados, produzindo o que Benveniste chama de história. No discurso, para Benveniste, temos a relação de um *eu* com um *tu*; na história, temos um texto em 3ª pessoa, para produzir o efeito de sentido de "impessoalidade", de "neutralidade", de distanciamento, produzindo o efeito de sentido de um *ethos* de "imparcialidade". Usamos aspas aqui por se tratar de conceitos impróprios, visto que os textos argumentativos também apresentam subjetividade.

EXERCÍCIOS

1. Vai haver um evento em seu colégio, faculdade, ou empresa onde trabalha e você precisa apresentar um amigo à plateia. Descreva-o.

2. Produza uma sequência narrativa sobre violência doméstica. Não se esqueça de informações básicas, como: espaço, personagens, tempo, narrador (em primeira ou terceira pessoa?).

3. Localize na Internet (ou em jornais e revistas) três textos do gênero *artigo de opinião*, que tratem de diferenças salariais entre homens e mulheres. Leia-os cuidadosamente e, em seguida, produza um texto, manifestando seu ponto de vista.

4. Comente o ponto de vista do enunciador no seguinte texto:

A ÁGUA É NOSSA

Não me dei ao respeito de acompanhar com a devida atenção os dois fóruns realizados simultaneamente – um na Suíça, outro no Pará. E olha que não tinha nada de importante para fazer ou pensar. Esnobei as duas assembleias por considerá-las inúteis, ou, na melhor das hipóteses, redundantes.

Mesmo assim, graças ao controle remoto, peguei sem querer o encerramento da turma de Belém, um sujeito lendo um documento que me pareceu a ata final da reunião – tanta gente reunida e de tantos países, certamente produziu outras atas, que, somadas e analisadas, denunciam o que deve ser denunciado e exigem o que deve ser exigido. Após considerações gerais e protestos de continuar a luta, o texto entrou nos finalmente. Foram lidas as exigências fundamentais, que me pareceram três, todas iniciadas com o indefectível "exigimos".

Umas pelas outras, exigiam medidas para a preservação do meio ambiente, sobretudo da água que faltará ao planeta se não forem tomadas as providências sugeridas. A água é nossa. Temos a maior bacia de água doce do mundo, e a ganância dos negocistas internacionais insistem nos atentados ecológicos, principalmente na construção de hidrelétricas que inundam cidades e florestas, agridem a flora e a fauna de espécies raras etc. etc.

Honestamente, por mais que me esforce, não tenho opinião sobre isso, sobre a investida do licencioso progresso contra a virgindade da natureza. No final do século XIX, os plantadores de cana do norte fluminense quiseram impedir a colocação dos trilhos da Estrada de Ferro Dom Pedro 2º, futura Central do Brasil. O argumento era poderoso: as fagulhas que saíam das marias-fumaças causavam incêndios nos canaviais – e, naquele tempo, a cana só servia para fazer açúcar, rapadura e cachaça (CONY, 2009, p. A2).

5. Escreva um texto de sequência descritiva, com informações sobre como utilizar um eletrodoméstico qualquer de sua casa (máquina de lavar, micro-ondas, batedeira, aspirador etc.). Depois de escrito o texto, localize em casa ou na Internet um modelo desse tipo de texto. Leia-o várias vezes, observando o que é importante nesse gênero textual e faça os ajustes em seu texto. Suponhamos que seu leitor será sua mãe, seu pai ou sua irmã ou irmão.

SUGESTÃO DE LEITURA

1. Leitura e comentário com colegas do texto de TRAVAGLIA, Luiz Carlos. Tipologia textual e ensino de língua. *Domínios de Lingu@gem*, Uberlândia, Universidade Federal de Uberlândia, v. 12, n. 3, p. 1336-1400, jul./set. 2018. Disponível em: http://www.seer.ufu.br/index.php/dominiosdelinguagem/article/view/41612/23986. Acesso em: 21 maio 2020.
2. Comentar, por escrito, para seu professor, o artigo de BRANDÃO, Helena Hathsue Nagamine. A escrita de estudantes pré-universitários: representação e estereotipia.

Filologia Linguística Portuguesa, São Paulo, Universidade de São Paulo, n. 8, p. 239-250, 2006. Disponível em: http://www.revistas.usp.br/flp/article/view/59754/62863. Acesso em: 17 abr. 2020.

3. Resumir para um irmão seu (ou irmã) o texto de SOUZA-E-SILVA, Cecília P. Você sabe vender seu peixe? A construção do ethos da revista *Vida Executiva*. *In*: SIMPÓSIO INTERNACIONAL SOBRE ANÁLISE DO DISCURSO, 3., 2008. Belo Horizonte, UFMG, 2008. Disponível em: https://periodicos.ufpe.br/revistas/INV/article/view/1457/1132. Acesso em: 17 abr. 2010.

5

Gênero resumo

> *Considera-se que um usuário competente de língua é AQUELE capaz de produzir os mais diversos tipos de textos, exigidos nas mais variadas situações comunicativas, e utilizando a "estrutura" própria de cada categoria de textos. Para tanto, é preciso que esses usuários tenham conhecimento metalinguístico dessa estrutura e das características e funções das categorias textuais. Dessa forma, identificar e descrever as regularidades que definem e caracterizam textos como sendo de um grupo ou outro de textos torna-se fundamental* (PARREIRA In: TRAVAGLIA; FINOTTI; MESQUITA, 2008, p. 349).

1 INTRODUÇÃO

Ao tratar do interacionismo sociodiscursivo, Machado (*In*: MEURER; BONINI; MOTTA-ROTH, 2010, p. 242) contrapõe o conceito de *gênero de texto*, que ainda não está formalmente construído nessa abordagem, com nossa postura social, em que distinguimos os gêneros discursivos, ainda que nos falte conhecimento teórico sobre o que eles são:

> Se estamos lendo em casa e alguém nos pergunta "o que você está lendo?", as respostas provavelmente conterão termos como "um romance", "um conto", "uma lenda", "um diário" etc., o que indica haver um conhecimento compartilhado pelos falantes de que esses objetos estão relacionados à prática de leitura.

A autora citada, ocupando-se de distinguir *tipos de discurso* de *gênero de texto*, afirma que "os *tipos de discurso* são segmentos de *texto* ou até mesmo um texto inteiro, que apresentam características próprias em diferentes níveis" (p. 242). Releva considerar aqui diferenças entre: (1) texto de interação dialogal, em que prevalece o uso de 1ª e 2ª pessoas verbais, uso do presente do indicativo, futuro do presente, imperativo); essas formas "colocam os conteúdos verbalizados como concomitantes ao momento da produção"; (2) o discurso teórico, em que há autonomia do conteúdo do enunciado e a situação e produção; há aqui disjunção temporal; não temos marcas dos participantes da interação, visto que se vale da 3ª pessoa; (3) o discurso do tipo relato interativo: conta-se a alguém um história, fala-se de um evento passado de terceiro(s): temos aqui o uso do

> A atividade humana em geral é concebida como tripolar, envolvendo um sujeito que age sobre objetos ou situações, utilizando objetos específicos, socialmente elaborados, que são *ferramentas* para a ação e determinam o comportamento do indivíduo, guiando, aperfeiçoando e diferenciando sua percepção em relação à situação em que se encontra (MACHADO *In*: MEURER; BONINI; MOTTA-ROTH, 2010, p. 251)

pretérito imperfeito (durativo) e do pretérito perfeito (pontual); há disjunção entre o presente da enunciação e o tempo dos enunciados (os fatos relatados são anteriores ao presente.

Tal como as sequências textuais, que se mesclam, convivem uma ao lado da outra, os tipos de discursos também podem se apresentar misturados.

A atividade humana em geral é concebida como tripolar, envolvendo um sujeito que age sobre objetos ou situações, utilizando objetos específicos, socialmente elaborados, que são *ferramentas* para a ação e determinam o comportamento do indivíduo, guiando, aperfeiçoando e diferenciando sua percepção em relação à situação em que se encontra (MACHADO *In*: MEURER; BONINI; MOTTA-ROTH, 2010, p. 251)

Adiante, afirma ainda Machado que "a primeira distinção conceitual importante para compreender o quadro teórico mais geral do interacionismo sociodiscursivo (ISD) é a que diferencia *atividade* de *ação*". As atividades são compostas de ações, "condutas que podem ser atribuídas a um agente particular, motivadas e orientadas por objetivos que implicam a representação e a antecipação de seus efeitos na atividade social" (p. 249). Com essa distinção entre atividade e ação, o interacionismo sociodiscursivo, de um ponto de vista sócio-histórico, propõe que "as atividades são os determinantes primeiros do funcionamento psíquico humano e das ações" e que "essas atividades apoiam-se fundamentalmente nas *atividades linguajeiras*" (p. 249). Essas atividades sociais e os produtos dessa atividade constituem o princípio explicativo das ações individuais. Considerando esse quadro de atividades sociais, "os homens produzem ferramentas que lhes permitem transformar a natureza e os objetos". À semelhança da construção de instrumentos para domínio da natureza, o homem constrói "formas semióticas (os signos, as línguas, por exemplo) para a regulação dessas atividades". Esses instrumentos permitem agir não só sobre a natureza, como também sobre o outro (p. 250). São as formas comunicativas estabilizadas que constituem os gêneros de textos. Conclui Machado, com base em Bronckart: "os gêneros de textos constituem-se como *pré-constructos,* isto é, constructos existentes *antes de* nossas ações, necessários para a sua realização" (p. 250). Os gêneros são, em outros termos, "*ferramentas semióticas complexas*, que permitem que realizemos ações de linguagem, partindo das *atividades sociais* de linguagem" (p. 251). Nesse sentido, os gêneros constituem mecanismo fundamental de socialização. Ressalte-se, porém, que apropriar-se de um gênero adequado a determinada situação não é repeti-lo, reproduzir seu modelo exatamente.

2 CONCEITO DE RESUMO

Quando se fala em gênero discursivo *resumo*, é relevante considerar que esse gênero não se apresenta sempre da mesma forma em todos os lugares. O resumo de um capítulo de livro inclui determinados elementos; uma sinopse de um filme ou peça teatral, outros. O resumo que consta de artigos científicos, dissertações de metrado e tese de doutorado orientam-se por estrutura específica, diferente dos resumos citados. Nas resenhas de livros, o resumo constitui uma de suas seções. Observação: resenha não é resumo; o resumo é apenas uma parte de uma resenha. Outros elementos, além do resumo, compõem uma resenha.

Não há, pois, uma forma única de resumo. Ainda que apresentem semelhanças, há diferenças a considerar determinadas pela situação de produção, objetivos do resumo, enunciatário(s). Um resumo de um capítulo de livro que se faz para apresentar a um professor, objetivando verificar a aprendizagem de determinado conteúdo, bem como alcançar nota de aprovação, é diferente de um resumo de uma obra veiculado em sua quarta-capa.

Duas são as abordagens do gênero resumo. A primeira, tipológica, ocupa-se de caracterizar cada tipo de resumo. A segunda, discursiva, focaliza a situação de comunicação tanto da produção do texto original como da do resumo. Nessa segunda abordagem, é a situação para a qual o resumo é produzido que orienta sua produção.

Se o resumo faz parte de outro texto, como é o caso de resenhas, artigos científicos, teses acadêmicas, quem o escreve observa as características discursivas do gênero do qual faz parte, o contexto de que fará parte. Essa é a razão por que são tão diferentes um resumo de uma obra veiculado em um folheto de propaganda (um resumo autônomo) e um resumo de textos acadêmico-científicos (*abstract* = resumo). Em um folheto podemos ter, por exemplo, um resumo apresentado na forma de uma lista de itens. Essa forma não é adequada para o resumo de um artigo científico. Na quarta-capa, por exemplo, do livro *O que é ideologia*, de Marilena Chaui (1984), o leitor encontra o seguinte resumo:

- Por que é possível a ideologia?
- Qual sua origem? Quais seus mecanismos, seus fins e efeitos sociais e econômicos?
- A história do termo ideologia, a partir do início do século XIX.
- A concepção marxista de ideologia.
- A ideologia como ilusão necessária à dominação de classe e como fabricação de uma história imaginária.

Esses tópicos indicam sinteticamente o conteúdo do livro.

Já o resumo do filme *Sociedade dos poetas mortos*, por sua vez, apresenta no parágrafo final uma avaliação e constitui um enunciado persuasivo, que objetiva levar o leitor a procurar o filme e vê-lo:

SOCIEDADE DOS POETAS MORTOS

Sociedade dos Poetas Mortos – ou *Dead Poets Society*, no original – é um longa-metragem de **drama** dirigido por Peter Weir e estrelado pelo saudoso Robin Williams. O filme conta a história de um professor de poesia que utiliza métodos de aprendizagem muito diferenciados da escola onde começa a trabalhar.

A obra se passa no ano de 1959 e é ambientada na fictícia escola secundária **Academia Welton**, considerada uma das melhores dos Estados Unidos. A história toda acontece em torno de **John Keating** (Robin Williams), um professor e ex-aluno da instituição que lecionava na Chester School, em Londres, e é chamado para substituir o agora aposentado professor de Literatura.

> O longa-metragem é muito aclamado tanto pelos críticos de cinema quanto pela audiência. No **Rotten Tomatoes**, famoso *site* agregador de críticas e análises, Sociedade dos Poetas Mortos recebeu **84%** de avaliações positivas dos profissionais especializados e **92%** de aprovação pelo público, o que demonstra uma recepção altíssima por ambas as partes (Disponível em: https://www.stoodi.com.br/blog/portugues/sociedade-dos-poetas-mortos/. Acesso em: 20 out. 2020).

> O interacionismo sociodiscursivo pode ser definido como uma abordagem transdisciplinar das condições do desenvolvimento humano, que desenvolve trabalhos teóricos e empíricos, focalizando o papel fundamental da atividade discursiva nesse desenvolvimento, dentro de uma tradição teórica que tem sua origem básica nas concepções de Spinoza, Marx e Vygotsky. Ele se insere no programa mais geral do interacionismo social, posicionamento epistemológico e político encontrado em várias disciplinas das Ciências Humanas, que priorizam o social como fonte do desenvolvimento do funcionamento psíquico humano, mas atribuindo um papel central à linguagem. Assim, compreendemos que é nos textos que se materializam os diferentes gêneros, e que é por meio desses mesmos textos que o homem age nas mais diversas atividades sociais (MACHADO; LOUSADA; ABREU-TARDELLI, 2005, p. 93).

Com base no quadro teórico do interacionismo sociodiscursivo (ISD),[1] Machado, Lousada e Abreu-Tardelli (2005, p. 91) definem resumo como "a apresentação concisa dos conteúdos de outro texto (artigo, livro, etc.), que mantém uma organização que reproduz a organização do texto original, com o objetivo de informar o leitor sobre esses conteúdos e cujo enunciador é outro que não o autor do texto original". As autoras estão se referindo a resumos em contextos escolares; não estão tratando de resumos constantes de artigos científicos, dissertações de mestrado e tese de doutorado, que são redigidos pelo próprio autor do texto original. Acrescentam ainda as autoras que "o resumo não pode conter nenhum dado adicional nem avaliação explícita em relação ao texto a ser resumido" e que textos veiculados pela mídia, mesmo que não tragam esse rótulo de *resumo*, mas mantenham as características expostas, pertencem ao gênero *resumo*.

No caso dos resumos escolares, o aluno os produz segundo determinado objetivo, como, por exemplo, a avaliação de leitura e escrita por parte de seu professor. Esse contexto é, pois, da prática de outros tipos de resumo, como os produzidos pela imprensa, ou resumos veiculados em trabalhos acadêmico-científicos.

As autoras citadas ainda se referem à "falta de ensino sistemático" do gênero resumo, que leva o aluno a produzir um tipo de gênero discursivo que nunca praticou. Sair-se bem em um gênero não é garantia de domínio de qualquer gênero. Finalmente, lembram que resumos fazem parte de outros gêneros. Não há como, por exemplo, fazer uma resenha de um livro, se não se sabe redigir um resumo, visto que este é parte daquela.

---

1 Na abordagem do interacionismo sociodiscursivo (do Grupo de Genebra, com Bronckart, Schneuwly, Dolz à frente), os gêneros são construtos históricos, presentes na sociedade; deles nos apropriamos para *realizar ações de linguagem*. Machado (*In*: MEURER; BONINI; MOTTA-ROTH, 2010, p. 237), no entanto, defende "a tese de que, na verdade, não há um conceito de gênero de que possamos atribuir de forma isolada a Bronckart. Antes, o que se tem divulgado no Brasil como sendo 'de Bronckart' deve ser visto de forma contextualizada, no quadro da psicologia da linguagem e da didática das línguas".

Genericamente, resumo é uma paráfrase de um texto original. *Parafrasear* é transformar textos alheios em texto construído com nossas próprias palavras. Um cuidado elementar, quando parafraseamos textos alheios, é lê-los e relê-los até que os tenhamos compreendido. Agir de outra forma é correr o risco de alterar o sentido do texto-fonte; de substituir palavras por outras que modificam completamente seu conteúdo; de levar o texto a dizer o que ele não disse. Imaginemos uma situação em que determinado ministro da Saúde tivesse dito que às cidades que dispusessem de 50% dos leitos disponíveis, em virtude da pandemia do novo coronavírus, o Ministério *recomendava* flexibilizar o distanciamento social. Se, ao parafrasear o texto, substituíssemos o verbo *recomendar* por *dever*, alteraríamos completamente o sentido do texto: "O ministro da Saúde disse que os municípios que dispõem de 50% dos leitos disponíveis, em virtude do novo coronavírus, *devem* flexibilizar o distanciamento social." *Recomendar* não se confunde com *dever*, no sentido de obrigatoriedade. Evidentemente, o verbo *dever*, além dos sentidos de *obrigação* e *proibição*, tem outros sentidos, como *probabilidade de um fenômeno acontecer*, caso em que fazemos uma suposição: *amanhã deve fazer frio; amanhã fulano deve ser eleito*. O verbo *dever* tem ainda o sentido *estar em débito*, ou *contrair dívida*: "devo, mas só posso pagar no final do mês", ou *dívida de gratidão*: "devo confessar que devo meu emprego à recomendação do meu amigo fulano de tal". Sentido de *sugestão*: *acho que você deveria parar de beber tanto, acho que você deveria comer menos doce*. Todavia, o sentido do verbo *dever* usado no texto de nosso exemplo sobre flexibilização do distanciamento social é de obrigatoriedade e, por isso, não cabe como substituição de *recomendar*.

O leitor pode fazer um exercício de verificação de impropriedades de paráfrases com as quais se defronta no seu dia a dia, confrontando textos impressos (jornais e revistas) ou oralizados (rádio e televisão) com os textos originais: a fala de uma pessoa e a paráfrase feita por jornalistas e radialistas. Tomemos outro texto, para verificar como se pode fazer paráfrase imprópria:

> O tipo sanguíneo de uma pessoa e outros fatores genéticos podem ter ligação com a gravidade de uma infecção pelo novo coronavírus, de acordo com pesquisadores europeus que buscam mais pistas para explicar por que a covid-19 atinge algumas pessoas tão mais duramente que outras (Disponível em: https://www.msn.com/pt-br/saude/medicina/tipo-sangu%c3%adneo-e-genes-est%c3%a3o-ligados-%c3%a0-covid-19-grave-mostra-estudo/ar-BB15IDry?li=AAggXC1&ocid=mailsignout. Acesso em: 20 jun. 2020).

Se se parafraseia o início do texto, eliminando o verbo *podem*, o sentido do texto altera-se completamente:

> Pesquisadores europeus descobriram que a gravidade da infecção por coronavírus tem relação direta com o tipo sanguíneo.

O texto original não diz isso; diz apenas que *pode haver* relação com o tipo sanguíneo. Não afirma categoricamente que *tem relação*. A confusão entre o verbo *poder* e *dever* é muito comum nas conversas cotidianas, nas entrevistas em jornais, revistas, rádio, televisão. Às vezes, tendo acabado de tomar contato com o enunciado do próprio entrevistado, somos surpreendidos por jornalistas, radialistas, apresentadores de televisão, que se põem a "traduzir" a fala de seu entrevistado. Apresentam então uma "nova versão" do que seu entrevistado disse. Dizemos *nova*, porque a paráfrase (alguns profissionais da área acham que sua fala é mais clara do que a de seu entrevistado) entorta, altera, modifica o texto original.

Voltando ao texto sobre tipo sanguíneo, verificamos também que ele não credita a gravidade da infecção apenas ao tipo sanguíneo; afirma que a gravidade pode estar relacionada ao tipo sanguíneo e a *outros fatores genéticos*. Quais? O texto não diz. Ou seja, trata-se de um estudo ainda inicial, que pode vir ou não a se confirmar.

Outro descuido comum nas paráfrases é com a extensão dos enunciados. Um enunciado pode apresentar alguma restrição que não deve ser eliminada nas paráfrases. Se digo que estou lendo um livro sobre a história *recente do Brasil*, não se pode parafrasear a frase, afirmando que "fulano disse que está lendo um livro de história". Há algum tempo, durante um programa esportivo, um jornalista perguntou ao presidente de um clube de futebol se ele era favorável à existência do árbitro de vídeo, conhecido pela sigla VAR (*Video Assistant Referee*). Disse então que, em reunião com outros presidentes de clubes de futebol, tinha votado contra o árbitro de vídeo por duas razões: *falta de precisão quanto a seu uso e porque a CBF queria que os custos recaíssem sobre os clubes de futebol*. Terminada a entrevista, o radialista comentou que o presidente era contrário ao uso do VAR. O presidente voltou a ligar para a emissora, afirmando que não tinha dito o que o radialista dissera que ele tinha dito. O radialista voltou a insistir no erro, parafraseando indevida e novamente a fala do presidente. O presidente retornou a ligação mais uma vez, reclamando sobre a alteração do que houvera dito (fala que não foi ao ar, mas se percebeu, com a sequência do programa, que o radialista se sentia incomodado com algum recado que acabava de receber internamente nos estúdio da emissora). Como não: "ele tinha reproduzido a fala tal como fora dito...". Alguém da equipe, recuperando a voz do presidente, verificou a impropriedade, e só então o radialista notou que havia interferido na extensão do enunciado original.

Um dos primeiros passos para a aprendizagem do gênero *resumo* é observar como vários tipos de resumos se apresentam em nosso cotidiano: lemos contracapa de livros, resumo de álbuns de canções, de filmes (na própria embalagem do DVD) ou em revista ou jornais, de peças teatrais etc. Cada um desses tipos de resumo tem um objetivo, um contexto de produção, um público-alvo. Uns visam mais informar, outros mais persuadir a ver, ouvir ou levar à aquisição. Os resumos acadêmicos têm em vista um público específico, os pesquisadores, fornecendo-lhes informações para decidirem se devem ou não ler o texto completo, abreviando-lhes o tempo do trabalho. Precisamos aprender a identificar diferenças nesses textos, embora todos eles façam parte do gênero resumo.

Outro passo relevante na aprendizagem do gênero resumo é acostumar-se a ler e reler (muitas vezes, mais de duas vezes) os textos que queremos resumir. Inicialmente, retemos na memória as informações mais relevantes do texto-fonte, descartando o que ser eliminado sem perda de conteúdo. Na etapa da leitura, identificamos o gênero textual, o tema, o meio em que circula o texto-fonte, quem é seu autor, quando foi publicado. Depois dessa etapa, podemos dar seguimento a outras igualmente relevantes, como, por exemplo, o aprimoramento da primeira versão do resumo produzida. O mesmo cuidado que aplicamos à leitura, não a reduzindo a uma tão somente, nós dedicaremos às seguidas versões do resumo produzidas.

Duas são as estratégias básicas para a retenção dos sentidos relevantes: apagamento de informações desnecessárias ou redundantes e substituição de construções. A substituição de construções implica o uso de generalizações, que são constituídas em lugar de séries de propriedades, seres, objetos, ações. A substituição demanda ainda o uso de inferência de sentidos expressos.

Os passos para resumir um texto, segundo Siqueira (1990, p. 63), são: (a) seleção das ideias principais; (b) cancelamento das ideias irrelevantes; (c) agrupamento das ideias que se relacionam entre si; (d) adaptação da linguagem devido aos agrupamentos realizados.

Segundo Maria Teresa Serafini (1987, p. 188-189), as regras para a sumarização de um texto envolvem: **cancelamento, generalização, seleção e construção**. Cancelam-se palavras que não são imprescindíveis à compreensão do texto. Pelo processo de generalização substituem-se "alguns elementos por outros mais gerais que os incluam". Pela seleção eliminam-se os "elementos que exprimem detalhes óbvios".

Exemplificando, temos:

> Entre as novas estruturas físicas e organizacionais que estão sendo introduzidas nos ambientes de trabalho em todo o mundo, destaca-se o caso da sede da IBM na Inglaterra. Para cada 100 funcionários foram instalados apenas 75 postos de trabalho. Desaparece a mesa personalizada e individual, e essa "estação de trabalho" passa a ser usada com a mesma transitoriedade que caracteriza o uso de uma biblioteca.
>
> Essa tendência introduz no mundo do trabalho a cultura do tempo livre ou do ócio aparente, onde uma hora de distração durante a jornada de trabalho pode tornar mais produtivas as outras sete horas regulamentares. O escritório passa a ser um local onde praticamente qualquer atividade pode ser desenvolvida, segundo um estrito código de conduta.
>
> O desaparecimento ou transformação do escritório tradicional não corresponde, no entanto, à liberação do trabalho. Corresponde, sim, ao seu oposto: o desaparecimento da distinção entre vida particular e trabalho. A um tempo de concentração segue-se o tempo da evasão, num fluir constante. O trabalho deixa de ser uma tarefa aborrecida que se deve suportar cotidianamente e se transforma em parte integrante da vida. Tempo de trabalho e tempo de prazer se tornam mais próximos e interagem (MHE) (*Folha de S. Paulo*, 7 nov. 1993, p. 7-1).

- Considerando o **apagamento** (cancelamento de informações), podemos eliminar advérbios, adjetivos, informações redundantes:
   - ✓ No primeiro parágrafo, podemos apagar: "entre as"; "que estão sendo"; "em todo o mundo"; "destaca-se o caso da sede da"; "e essa "estação de trabalho passa a ser usada com a mesma transitoriedade que caracteriza o uso de uma biblioteca". Temos então:
   - ✓ No segundo parágrafo, eliminamos: "ou do ócio aparente"; "onde"; "regulamentares"; "praticamente"; "qualquer atividade pode ser desenvolvida, segundo um estrito código de conduta". Temos então:
   - ✓ No terceiro parágrafo, podem ser eliminadas: "o desaparecimento ou"; "no entanto"; "corresponde, sim"; "ao seu oposto"; "num fluir constante"; "uma"; "que se deve suportar cotidianamente". Temos então:

   Resultado:

   Novas estruturas físicas e organizacionais são introduzidas nos ambientes de trabalho. Na IBM, na Inglaterra, para cada 100 funcionários foram instalados apenas 75 postos de trabalho. Desaparece a mesa personalizada e individual.

   Essa tendência introduz no mundo do trabalho a cultura do tempo livre. Uma hora de distração durante a jornada de trabalho pode tornar mais produtivas as outras sete horas. O escritório passa a ser um local onde qualquer atividade pode ser desenvolvida.

A transformação do escritório tradicional não corresponde à liberação do trabalho, mas ao desaparecimento da distinção entre vida particular e trabalho. A um tempo de concentração segue-se o tempo da evasão. O trabalho deixa de ser tarefa aborrecida e se transforma em parte integrante da vida. Tempo de trabalho e tempo de prazer se tornam mais próximos e interagem.

- Não é todo texto que possibilita a operação de **generalização**. Se não há séries que possam ser trocadas por um lexema que as compreende, essa etapa não é aplicável. Analogamente, temos um processo de troca de hipônimos por um hiperônimo:

> Corre à boca pequena que amanhã não estarão operando metrô, trens, ônibus = Corre à boca pequena que amanhã não estarão operando os meios de transporte coletivo.
>
> Ela vai à feira e compra tomate, beterraba, pepino, cenoura, pimentão, berinjela, alface, almeirão, rúcula, espinafre = Ela vai à feira e compra legumes e verduras.

- **Selecionando** tópicos e propondo **novas construções**: nesse caso, substituem-se enunciados por outros equivalentes, com menos palavras. Suponhamos:

> O pesquisador consultou catálogos de bibliotecas, selecionou o material de leitura, resumiu e resenhou textos, redigiu sua tese de doutorado e não estourou o tempo estipulado pelo regulamento da universidade = o pesquisador cumpriu todas as etapas de seu trabalho acadêmico e concluiu sua tese no prazo estipulado.

Voltando ao texto das novas formas de organização de trabalho, podemos selecionar alguns tópicos e reconstruir o enunciado:

> Na Inglaterra, a IBM está implantando novidades na organização do trabalho. Em seus escritórios, os trabalhadores já não contam com mesas individuais, mas revezam-se em sua utilização como se fossem usuários de uma biblioteca. Além disso, introduziu no mundo do trabalho a cultura do ócio aparente, levando o trabalhador a eliminar a distinção entre vida particular e mundo do trabalho.

Realizadas essas ações, cabe identificar o **contexto** de produção do texto-fonte e sua influência na produção do resumo. Considerando a seleção e organização dos conteúdos a serem expostos no resumo, seu produtor tem necessidade de refletir e ter clareza sobre informações fundamentais: quem é o autor do texto original, qual é sua função social, contexto de sua produção, que objetivo tinha em vista. Considerando o autor do resumo, são objetos de sua reflexão: imagem que tem de seu enunciatário, local e veículos em que o texto circulará, contexto da produção e objetivo a atingir.

Machado, Lousada e Abreu-Tardelli (2005, p. 98) alertam: (1) "o produtor [de resumo] deve mostrar a organização do texto lido e reproduzir as relações de conteúdos existentes, exatamente como se encontram no texto a ser resumido"; (2) a voz do autor do texto original não deve se confundir com a voz do produtor do resumo (uso, por exemplo, de verbos que introduzem a fala do autor original, ou de expressões, como: *conforme fulano, segundo fulano, para fulano* etc.).

Em relação ao uso dos verbos, saliente-se que eles são resultado de interpretação do produtor do resumo e, por isso, é relevante todo cuidado: fulano *disse*, fulano *se opõe*, fulano *nega*, fulano *sugere*, fulano *duvida*, fulano *questiona*, o autor *define* etc. Afirmam as autoras citadas: "Essa etapa de interpretação do agir do autor e da atribuição de valor a seus atos é, a nosso ver, essencial para a produção de um bom resumo" (p. 99).

Três elementos são constitutivos dos resumos, segundo Fiorin e Savioli (1990, p. 420): cada uma das partes fundamentais do texto, a progressão das ideias apresentadas e a correlação das partes do texto. Ressaltam os autores citados: (1) não cabem no resumo comentários e avaliações apreciativas; (2) a complexidade (vocabulário, estrutura sintática) de alguns textos pode possibilitar maiores dificuldades para quem escreve resumo; (3) o texto-fonte deve ser segmentado, segundo blocos temáticos (tópicos tratados); (4) redigir o resumo com as próprias palavras, "procurando não só condensar os segmentos mas encadeá-los na progressão em que se sucedem no texto e estabelecer as relações entre eles" (p. 421).

Exemplificando:

A ARTE DE SABER LER

Ela me olhou e disse: "Encontrei um lindo poema de Fernando Pessoa." Fiquei contente, porque gosto muito de Fernando Pessoa. Aí ela disse o primeiro verso. Fiquei mais contente ainda, porque era um poema que eu conhecia. Ato contínuo, ela abriu o livro e começou a ler. Epa! Senti-me mal. As palavras estavam certas. Mas ela tropeçava, parava onde não devia, não tinha ritmo nem música. Não, aquilo não era Fernando Pessoa, embora as palavras fossem suas. Senti o mesmo que já sentira em audições de alunos principiantes que, via de regra, são um sofrimento para os que ouvem, o maior desejo sendo que a música chegue ao fim e que a aflição termine. Percebi, então, que a arte de ler é exatamente igual à arte de tocar piano ou qualquer outro instrumento. Como é que se aprende a gostar de piano? O gostar começa pelo ouvir. É preciso ouvir o piano bem tocado. Há dois tipos de pianistas. Alguns, raros, como Nelson Freire, já nascem com o piano dentro deles. Eles e o piano são uma coisa só. O piano é uma extensão dos seus corpos. Outros, aos quais dou o nome de "pianeiros", são como eu, que me esforcei sem sucesso para ser pianista (consolo-me pensando que o mesmo aconteceu com Friedrich Nietzsche. Atreveu-se até mesmo a enviar algumas de suas composições ao famoso pianista Hans von Büllow, que as devolveu com o conselho de que ele deveria se dedicar à filosofia). Diferentemente dos pianistas, que nascem com o piano dentro do corpo, os "pianeiros" têm o piano do lado de fora. Esforçam-se por pôr o piano do lado de dentro, mas é inútil. As notas se aprendem, mas isso não é o bastante. Os dedos esbarram, erram, tropeçam, e aquilo que deveria ser uma experiência de prazer se transforma numa experiência de sofrimento não só para quem ouve mas também para quem toca. Um pianista, quando toca, não pensa nas notas. A partitura já está dentro dele. Ele se encontra num estado de "possessão". Nem pensa na técnica. A técnica ficou para trás, é um problema resolvido. Ele simplesmente "surfa" sobre as teclas seguindo o movimento das ondas. Pois é precisamente assim que se aprende o gosto pela leitura: ouvindo-se o artista – o que lê – interpretar o texto. Não estou usando a palavra "interpretar" no sentido comum de dizer o que o autor queria dizer, mas não conseguiu, coisa que se tenta fazer nas aulas de literatura (o que é que o autor queria dizer? Ele queria dizer o que disse. Se quisesse dizer uma outra coisa, ele teria escrito essa outra coisa). Estou usando "interpretar" no sentido artístico, teatral. O "intérprete" é o possuído. É ele que faz viver –seja a partitura musical silenciosa, seja

> o texto teatral ou poético, silencioso na imobilidade da escrita. Disse William Shakespeare no segundo ato de Hamlet: "Não é incrível que um ator, por uma simples ficção, um sonho apaixonado, amolde tanto a sua alma à imaginação que todo se lhe transfigura o semblante, por completo o rosto lhe empalideça, lágrimas vertam dos seus olhos, suas palavras tremam, e inteiro o seu organismo se acomode a essa mesma ficção?" Tenho a impressão de que, se os jovens não gostam de ler, é porque não tiveram a experiência de ouvir a leitura feita por um possuído. Uma lembrança feliz que tenho do meu irmão Murilo, já encantado, era que ele lia para mim, menino, livros de aventura: "Náufragos de Bornéo", com um enorme gorila na capa, "Prisioneiros dos Pampas", com dois homens lutando à faca na capa. Isso aconteceu há 63 anos, e não esqueci. Ainda posso ouvir a sua voz possuída pela emoção. É a experiência de ouvir que nos faz querer dominar a técnica da leitura para poder penetrar na emoção do texto. Há de se dominar a técnica da leitura da mesma forma que se domina a técnica do piano. Acontece que o domínio da técnica é cansativo e frequentemente aborrecido. Antigamente, o aprendiz de piano tinha de gastar horas nos monótonos exercícios de mecanismo do Hannon. Mas mesmo os grandes pianistas que já dominaram a essência da técnica têm de gastar tempo e atenção debulhando as passagens complicadas que não podem ser pensadas ao ser tocadas. Todo pianista tem de dominar os estudos de Chopin, de dificuldades técnicas transcendentais, maravilhosos. Mas só têm paciência para suportar o aborrecimento da técnica aqueles que foram fascinados pela beleza da música. Estuda-se a técnica por amor à interpretação, que é o evento orgiástico de possessão. Por isso eu tenho sugerido a escolas e prefeituras que promovam "concertos de leitura" para seduzir os ouvintes à beleza da leitura. Não custam nada. Uma única coisa é necessária: o artista, o intérprete... Um concerto de leitura poderia se organizar assim: primeira parte, poemas da Adélia Prado (é impossível não gostar dela...); segunda parte, "O Afogado Mais Lindo do Mundo", conto de Gabriel García Márquez; terceira parte, haicais de Bashô. Acho que todo mundo gostaria e sairia decidido a dominar a arte da leitura (ALVES, 2020).

Diferentemente dos resumos acadêmico-científicos que são compostos em um único parágrafo, os demais tipos de resumo admitem paragrafação normal (novo parágrafo a cada novo tópico). A seguir, resumimos o texto "A arte de saber ler", sem a preocupação de mostrar as fases de apagamento, generalização, construção, mas contextualizando o texto, fazendo referência ao diálogo que estabelece com o leitor, visto que um texto não pode ser entendido apenas por meio da análise de seus elementos linguísticos. No texto original, temos 840 palavras; no resumo, 484:

Rubem Alves, em "A arte de saber ler", tematiza a leitura, objetivando oferecer uma possível solução para o problema da ausência de interesse de alguns jovens pela leitura. Como entende que ouvir alguém lendo com musicalidade e ritmo é um caminho para despertar o interesse dos jovens pela leitura, sugere que escolas e prefeituras promovam concertos de leitura.

Ele, um educador, psicanalista, doutor em filosofia e teologia e escritor, publicava crônicas no Caderno Cotidiano da *Folha de S. Paulo*. É do lugar de educador que, didaticamente, faz desfilar aos olhos do leitor sua experiência familiar com a leitura, recuperando uma passagem lírica de sua vida, em que o irmão lia para ele e o emocionava. Como se tornou doutor, psicanalista, leitor, escritor, infere-se da crônica que seu exemplo poderia ser útil a muitos jovens.

A leveza característica do gênero discursivo crônica permite a Alves dialogar não só com seus pares (outros educadores), como também com o leitor do jornal. É um texto argumentativo, embora nele se possam identificar outras sequências textuais.

A fim de alcançar seu objetivo persuasivo, o texto recorre a recursos retórico-argumentativos, como a analogia, a comparação, a exemplificação, além de aproximar-se do leitor, visto que escrito em primeira pessoa. Inicialmente, afirma que se passa a gostar de piano ouvindo alguém tocar bem piano; logo, se passaria a gostar de leitura ouvindo alguém lendo com competência. Dois seriam os tipos de pianistas: os que nascem com o piano dentro deles, em que não se distingue o pianista do instrumento, e os "pianeiros", que têm o piano do lado de fora. Como a excelência do pianista é conquistada com muitas horas de exercícios, é de se inferir que a atividade de leitura também pede constância e dedicação. Recorre então a uma metáfora (tal como um surfista que flutua sobre as ondas, um pianista surfa sobre as notas musicais) para afirmar ao leitor que também na leitura é necessário surfar sobre os enunciados, o que produz sentidos como acrobacias, agilidade, desafio, belezas.

Acrescenta ainda outro exemplo para esclarecer como despertar os jovens para a leitura: quem lê para outra pessoa deveria *interpretar* o texto no sentido teatral. Interpretar dando vida ao texto. É nesse sentido que entende que, se muitos jovens não gostam de ler, é porque lhes faltou ouvir a leitura realizada por quem fosse dominado por um estado de espírito especial.

O final da crônica é lírico, relembra o irmão que, com voz possuída de emoção, lia para ele na infância. Ouvimos então a voz do educador e do psicanalista, advertindo que a experiência de ouvir nos leva a dominar a técnica da leitura e a penetrar na emoção do texto. Reconhece que o domínio da técnica é cansativo, mas necessário. E novamente retomando a analogia do piano, afirma que é por amor à interpretação que o pianista dedica muitas horas exercitando. Finaliza o texto com as indicações que tem feito às prefeituras para promoverem em suas escolas concertos de leitura.

3 RESUMO EM ARTIGOS CIENTÍFICOS E TRABALHOS ACADÊMICOS

Resumos em artigos científicos, dissertações de mestrado e teses de doutorado seguem estrutura específica.

A Associação Brasileira de Normas Técnicas (ABNT), ao tratar de resumos na NBR 6023 (2003), o faz de uma forma que o conceito que apresenta se ajusta aos resumos que são veiculados em trabalhos acadêmicos e às resenhas. Ela define resumo como: "apresentação concisa de pontos relevantes de um documento", ou seja, apresentação sucinta, compacta, dos pontos relevantes de um texto. A norma citada distingue resumo crítico, resumo indicativo e resumo informativo:

- **Resumo crítico:** "resumo redigido por especialistas com análise crítica de um documento". Esse tipo de resumo é o que se identifica com resenhas. Todavia, como já dissemos, resumo é apenas uma parte de uma resenha; não se confunde com ela. Os comentários críticos que aparecem em uma resenha são distribuídos ao longo dela.
- **Resumo indicativo:** resumo que contém "apenas os pontos principais de um documento, não apresentando dados qualitativos, quantitativos". É um tipo de resumo que, "de modo geral, não dispensa a consulta ao original".

- **Resumo informativo:** tipo de resumo que "informa ao leitor finalidades, metodologia, resultados e conclusões do documento, de tal forma que este possa, inclusive, dispensar a consulta ao original".

Os resumos constantes de artigos científicos aparecem, em geral, logo depois do título. Nas dissertações de mestrado e tese de doutorado, eles são postos nas páginas pré-textuais, cuja ordem é a seguinte:

- Folha de rosto.
- Errata.
- Folha de aprovação.
- Dedicatória.
- Agradecimentos.
- Epígrafe.
- Resumo em língua vernácula.
- Resumo em língua estrangeira.
- Lista de ilustrações.
- Lista de tabelas.
- Lista de abreviaturas e siglas.
- Lista de símbolos.
- Sumário.

Relativamente à extensão dos resumos, a NBR 6028 (2003) estabelece que eles devem ter:

- De 150 a 500 palavras nos trabalhos acadêmicos (dissertação de mestrado, tese de doutorado) e relatórios técnico-científicos.
- De 100 a 250 palavras nos artigos científicos de periódicos impressos ou eletrônicos.
- De 50 a 100 palavras quando destinados a indicações breves.

Resumos constantes de resenhas não estão sujeitos a limite de palavras.

Os resumos acadêmico-científicos são escritos na voz ativa e em terceira pessoa. Não utilizam citação direta e respeitam a ordem em que os assuntos (tópicos) são apresentados no texto-fonte. Nos artigos científicos, dissertações de mestrado e artigos científicos são expostos em um parágrafo apenas, ou seja, não se faz a divisão do texto em parágrafos.

Os resumos constantes de trabalhos acadêmico-científicos têm como objetivo abreviar o tempo de leitura dos pesquisadores. Eles difundem informações que possibilitam seleção do material a ser lido, pesquisado, estimulando a consulta ou não do texto original. Em geral, esses resumos contêm:

- Objeto do texto, ou seja, o assunto, o tema.
- Objetivo do texto.
- Problema que se propõe resolver.
- Justificativa de realização do trabalho.
- Quadro de referência teórica.

- Métodos e técnicas utilizados na pesquisa.
- Resultados e conclusões.

Biasi-Rodrigues (*In*: BIASI-RODRIGUES; ARAÚJO; SOUSA, 2009, p. 51), com base em resumos de dissertações de mestrado na área de Linguística da Universidade Federal de Santa Catarina e em resumos de teses, artigos científicos e comunicações apresentadas em congressos, produzidos por alunos e professores da Universidade Federal do Ceará, nas áreas de Linguística, Educação, Sociologia, Economia, Enfermagem e Farmácia, Engenharia Elétrica e Engenharia Mecânica, afirma:

> Os resumos de dissertações, em geral, são escritos como parte do ritual de compor o volume da dissertação, ocupando espaço determinado, com função de anunciar resumidamente o texto-fonte. Os seus autores constituem, em princípio, uma comunidade de escritores proficientes e de especialistas na sua área de conhecimento, presumivelmente conhecedores de estratégias já convencionadas academicamente quanto às formas de organização das informações, aos padrões linguísticos e às formas de objetividade nesse e nos demais gêneros acadêmicos. Sua audiência, por outro lado, compõe-se, principalmente, de especialistas da mesma área de conhecimento, potencialmente aptos a reconhecer todo o aparato estratégico e retórico utilizado pelos autores.

Algumas páginas adiante (p. 57), a autora citada, embora destaque que, nos resumos que analisou, não tenha identificado propriamente um padrão, visto que muitos deles "fogem ao padrão de condução das informações e alguns parecem cumprir o papel de uma introdução reduzida", sugere então a seguinte organização retórica, que é baseada no modelo CARS (*create a research space*) de John Swales:

- Unidade retórica 1 – apresentação da pesquisa:
  - Subunidade 1A – expondo o tópico principal e/ou
  - Subunidade 1B – apresentando o(s) objetivo(s) e/ou
  - Subunidade 2 – apresentando a(s) hipótese(s)
- Unidade retórica 2 – contextualizando a pesquisa
  - Subunidade 1 – indicando área(s) de conhecimento e/ou
  - Subunidade 2 – citando pesquisas/teorias/modelos anteriores e/ou
  - Subunidade 3 – apresentando um problema

Para Hemais e Biasi-Rodrigues (*In*: MEURER; BONINI; MOTTA-ROTH, 2010, p. 124-125), "o índice de flexibilidade nas estratégias de condução das informações nos resumos analisados pode indicar um processo de constituição do gênero 'resumo de dissertação' [não é diferente nas teses de doutorado e nos artigos científicos] na comunidade científica que o produziu, evidenciando uma prática social que passa por diferentes níveis de consciência dos seus membros, grande parte deles iniciantes, especialmente em relação aos propósitos comunicativos desse gênero".

- Unidade retórica 3 – Apresentação da metodologia
  - ✓ Subunidade 1A – descrevendo procedimentos gerais e/ou
  - ✓ Subunidade 1B – relacionando variáveis/fatores de controle e/ou
  - ✓ Subunidade 2 – citando/descrevendo o(s) método(s)
- Unidade retórica 4 – sumarização dos resultados
  - ✓ Subunidade 1A – apresentando fato(s) achado(s) e/ou
  - ✓ Subunidade 1B – comentando evidência(s)
- Unidade retórica 5 – conclusões da pesquisa
  - ✓ Subunidade 1A – apresentando conclusão(ões) e/ou
  - ✓ Subunidade 1B – relacionando hipótese(s) a resultado(s) e/ou
  - ✓ Subunidade 2 – oferecendo/apontando contribuição(ões) e/ou
  - ✓ Subunidade 3 – fazendo recomendação(ões)/sugestão(ões)

Ao final de seu texto, Biasi-Rodrigues (p. 75) declara que "não é um modelo genérico prescritivo que garante a qualidade de um texto e não existe fórmula mágica de escrever textos de qualidade". Todavia, ressalta que "não se pode fugir às convenções ou aos acordos praticados em cada comunidade discursiva, com maior ou menor margem de liberdade em questões de estilo".

Vejamos um exemplo de resumo posto em um artigo científico:[2]

EFEITO ESTUFA E AQUECIMENTO GLOBAL: UMA ABORDAGEM CONCEITUAL A PARTIR DA FÍSICA PARA EDUCAÇÃO BÁSICA

Alexandre Luis Junges[3]
Vinícius Yuri Santos
Neusa Teresinha Massoni
Francineide Amorim Costa Santos

Resumo
A temática das mudanças climáticas é um dos principais temas da agenda da educação ambiental para o século XXI. Contudo, o tema ainda é pouco abordado na sala de aula da educação básica e requer discussões mais aprofundadas, inclusive sobre seus aspectos científicos mais básicos. O presente artigo pretende contribuir para a articulação e inserção deste tema no ensino de ciências, especialmente nos níveis médio e fundamental. Para tanto, é feita uma abordagem da perspectiva da Física básica discutindo os principais conceitos científicos necessários para a compreensão dos fenômenos do efeito estufa e do aquecimento global. Buscamos fazê-lo de forma detalhada, apresentando passo a passo os conceitos e incluindo alguns aspectos da história da ciência do clima, de modo que o leitor não familiarizado com o assunto possa formar uma visão científica inicial acerca do tema (JUNGES; SANTOS; MASSONI; SANTOS, 2018, p. 126).

---

2 Como o leitor pode verificar, em geral (às vezes, por desconhecimento da organização retórica dos resumos), não são localizáveis todas as unidades retóricas e subunidades que seriam apropriadas.

3 Omitimos as informações relativas a endereço eletrônico e universidade em que atuam os autores.

O que é que o leitor nota no gênero chamado *resumo*? Um título identificador do tema do texto, o nome de seu(s) autor(es) e, em seguida, um longo parágrafo, porque os resumos são compostos de um único parágrafo. Logo no início, faz referência ao tema que será objeto do texto: *mudanças climáticas* e introduz, por meio de um articulador de oposição, um enunciado que justifica a elaboração do artigo: apesar de ser tema relevante ("um dos principais temas da agenda da educação ambiental para o século XXI"), "o tema ainda é pouco abordado na sala de aula da educação básica e requer discussões mais aprofundadas, inclusive sobre seus aspectos científicos mais básicos".

Logo em seguida, a justificativa de sua pesquisa: "o tema ainda é pouco abordado na sala de aula da educação básica e requer discussões mais aprofundadas, inclusive sobre seus aspectos científicos mais básicos". Após a justificativa, anuncia o objetivo do artigo: "O presente artigo pretende contribuir para a articulação e inserção deste tema no ensino de ciências, especialmente nos níveis médio e fundamental." Finalmente, trata do método utilizado: "Para tanto é feita uma abordagem da perspectiva da Física básica discutindo os principais conceitos científicos necessários para a compreensão dos fenômenos do efeito estufa e do aquecimento global. Buscamos fazê-lo de forma detalhada, apresentando passo a passo os conceitos e incluindo alguns aspectos da história da ciência do clima, de modo que o leitor não familiarizado com o assunto possa formar uma visão científica inicial acerca do tema."

Quando se redige um resumo, é preciso indicar com precisão os seguintes elementos, tal como fazemos em uma lista de referências bibliográficas:

- Sobrenome do autor e prenomes.
- Título da obra em *itálico* (se for livro), ou do artigo se sua origem é um periódico. Neste último caso, acrescenta-se o nome do periódico em *itálico*.
- Local de publicação do texto original.
- Nome da editora que publicou o livro. Se for artigo, nome da universidade que publica o periódico.
- Ano de publicação do texto.
- Páginas compreendidas pelo texto.

No início do resumo, informa-se o leitor sobre o gênero do texto-fonte (literário, acadêmico-científico, ensaio, artigo de opinião etc.).

Suponhamos que tivéssemos feito o resumo do texto de Rachel Machado, *A perspectiva interacionista sociodiscursiva de Bronckart*. Indicaremos logo no início (depois da referência bibliográfica, o resumo do texto):

MACHADO, Anna Rachel. A perspectiva interacionista sociodiscursiva de Bronckart. *In*: MEURER, J. L.; BONINI, Adair; MOTTA-ROTH, Désirée (org.). São Paulo: Parábola, 2010. p. 237-259.

Se o resumo anteriormente exposto não fizesse parte do artigo científico e tivesse sido escrito por terceiros, teríamos:

> JUNGES, Alexandre Luis; SANTOS, Vinícius Yuri; MASSONI, Neusa Teresinha; SANTOS, Francineide Amorim Costa. Efeito estufa e aquecimento global: uma abordagem conceitual a partir da física para educação básica. Experiências em Ensino de Ciências, Grupo de Ensino do Instituto de Física da Universidade Federal de Mato Grosso, Cuiabá, v. 13, n. 5, p. 126-152, 2018. Disponível em: https://if.ufmt.br/eenci/artigos/Artigo_ID531/v13_n5_a2018.pdf. Acesso em: 25 set. 2020.

EXERCÍCIOS

1. Quais são as características estruturais do gênero discursivo resumo? Localize na Internet textos que tratam de resumo. Observar que, varia o resumo, conforme a sua função. Para um resumo de artigo científico (que é uma das seções de um artigo científico), por exemplo, você pode ler: YUKIHARA, Eduardo. Como escrever o resumo do artigo científico. *Ciência Prática*. Disponível em: https://cienciapratica.wordpress.com/2015/01/10/escrevendo-o-resumo-ou-%E2%80%9Cabstract%E2%80%9D-paraum-artigo/. Acesso em: 25 abr. 2020. Escreva o resumo de um artigo de seu interesse (por exemplo: um artigo sobre preconceito, sobre liberdade de imprensa, sobre educação etc.).

2. Comentar a seguinte paráfrase (texto veiculado por ocasião da pandemia do novo coronavírus): "CBF cogita 'retorno progressivo' do futebol em maio" (Disponível em: https://www.msn.com/pt-br/esportes/futebol/cbf-cogita-retorno-progressivo-do-futebol-em-maio-e-sem-a-presen%c3%a7a-de-p%c3%bablico-nos-est%c3%a1dios/ar-BB12y1Cn?li=AAvYMzb&ocid=mailsignout. Acesso em: 13 abr. 2020). A paráfrase da manchete corresponde ao texto original? Eliminou-se na paráfrase alguma restrição relevante? A fala de Walter Feldman, secretário-geral da Confederação Brasileira de Futebol (CBF), fonte da paráfrase apresentada, é a seguinte:

> "Eu diria que o pico da doença no eixo Rio-São Paulo provavelmente se dará no mês de abril, primeira quinzena de maio. Nós temos já uma franca elaboração de um protocolo que permita que, quando a autoridade pública de saúde diga que pode ter a chamada miniaglomeração, é possível nós retomarmos progressivamente, mas claro que de maneira parcial", disse Feldman.

3. Realizar o apagamento lexical que vimos, nas regras de realização de resumo, do seguinte texto:

> TÊNIS × FRESCOBOL
>
> Depois de muito meditar sobre o assunto concluí que os casamentos são de dois tipos: há os casamentos do tipo tênis e há os casamentos do tipo frescobol. Os casamentos do tipo tênis são uma fonte de raiva e ressentimentos e terminam sempre mal. Os casamentos do tipo frescobol são uma fonte de alegria e têm a chance de ter vida longa.
>
> Explico-me. Para começar, uma afirmação de Nietzsche, com a qual concordo inteiramente. Dizia ele:

Ao pensar sobre a possibilidade do casamento cada um deveria se fazer a seguinte pergunta: "Você crê que seria capaz de conversar com prazer com esta pessoa até a sua velhice?" Tudo o mais no casamento é transitório, mas as relações que desafiam o tempo são aquelas construídas sobre a arte de conversar.

Xerazade sabia disso. Sabia que os casamentos baseados nos prazeres da cama são sempre decapitados pela manhã, terminam em separação, pois os prazeres do sexo se esgotam rapidamente, terminam na morte, como no filme O império dos sentidos. Por isso, quando o sexo já estava morto na cama, e o amor não mais se podia dizer através dele, ela o ressuscitava pela magia da palavra: começava uma longa conversa, conversa sem fim, que deveria durar mil e uma noites. O sultão se calava e escutava as suas palavras como se fossem música. A música dos sons ou da palavra – é a sexualidade sob a forma da eternidade: é o amor que ressuscita sempre, depois de morrer. Há os carinhos que se fazem com o corpo e há os carinhos que se fazem com as palavras. E contrariamente ao que pensam os amantes inexperientes, fazer carinho com as palavras não é ficar repetindo o tempo todo: "Eu te amo, eu te amo..." Barthes advertia: "Passada a primeira confissão, 'eu te amo' não quer dizer mais nada". É na conversa que o nosso verdadeiro corpo se mostra, não em sua nudez anatômica, mas em sua nudez poética. Recordo a sabedoria de Adélia Prado: "Erótica é a alma".

O tênis é um jogo feroz. O seu objetivo é derrotar o adversário. E a sua derrota se revela no seu erro: o outro foi incapaz de devolver a bola. Joga-se tênis para fazer o outro errar. O bom jogador é aquele que tem a exata noção do ponto fraco do seu adversário, e é justamente para aí que ele vai dirigir a sua cortada – palavra muito sugestiva, que indica o seu objetivo sádico, que é o de cortar, interromper, derrotar. O prazer do tênis se encontra, portanto, justamente no momento em que o jogo não pode mais continuar porque o adversário foi colocado fora de jogo. Termina sempre com a alegria de um e a tristeza de outro.

O frescobol se parece muito com o tênis: dois jogadores, duas raquetes e uma bola. Só que, para o jogo ser bom, é preciso que nenhum dos dois perca. Se a bola veio meio torta, a gente sabe que não foi de propósito e faz o maior esforço do mundo para devolvê-la gostosa, no lugar certo, para que o outro possa pegá-la. Não existe adversário porque não há ninguém a ser derrotado. Aqui ou os dois ganham ou ninguém ganha. E ninguém fica feliz quando o outro erra – pois o que se deseja é que ninguém erre. O erro de um, no frescobol, é como ejaculação precoce: um acidente lamentável que não deveria ter acontecido, pois o gostoso mesmo é aquele ir e vir, ir e vir, ir e vir... E o que errou pede desculpas, e o que provocou o erro se sente culpado. Mas não tem importância: começa-se de novo este delicioso jogo em que ninguém marca pontos...

A bola: são as nossas fantasias, irrealidades, sonhos sob a forma de palavras. Conversar é ficar batendo sonho pra lá, sonho pra cá...

Mas há casais que jogam com os sonhos como se jogassem tênis. Ficam à espera do momento certo para a cortada. Camus anotava no seu diário pequenos fragmentos para os livros que pretendia escrever. Um deles, que se encontra nos Primeiros cadernos, é sobre este jogo de tênis:

Cena: o marido, a mulher, a galeria. O primeiro tem valor e gosta de brilhar. A segunda guarda silêncio, mas, com pequenas frases secas, destrói todos os propósitos do caro esposo. Desta forma marca constantemente a sua superioridade. O outro domina-se, mas sofre uma humilhação e é assim que nasce o ódio. Exemplo: com um sorriso: "Não se faça mais estúpido do que é, meu amigo". A galeria torce e sorri pouco à vontade. Ele cora, aproxima-se dela, beija-lhe a mão suspirando: "Tens razão, minha querida". A situação está salva e o ódio vai aumentando.

Tênis é assim: recebe-se o sonho do outro para destruí-lo, arrebentá-lo, como bolha de sabão... O que se busca é ter razão e o que se ganha é o distanciamento. Aqui, quem ganha sempre perde.

Já no frescobol é diferente: o sonho do outro é um brinquedo que deve ser preservado, pois se sabe que, se é sonho, é coisa delicada, do coração. O bom ouvinte é aquele que, ao falar, abre espaços para que as bolhas de sabão do outro voem livres. Bola vai, bola vem – cresce o amor... Ninguém ganha para que os dois ganhem. E se deseja então que o outro viva sempre, eternamente, para que o jogo nunca tenha fim... (ALVES, 2020).

4. Parafrasear os seguintes enunciados:

Medidas de distanciamento social podem ser necessárias até 2022.

Medidas de distanciamento social podem ser aplicadas até 2022.

Medidas de distanciamento social devem ser aplicadas até 2022.

Medias de distanciamento social serão necessárias até 2022.

5. Resumir seguinte texto de Pereira (1982, p. 31-32):

Desde o final do século XIX, entretanto, o Brasil e, principalmente, São Paulo começam a industrializar-se. O café era ao mesmo tempo o grande propulsor da industrialização, à medida que proporcionava capital e mercado para a indústria, e o grande obstáculo. A oligarquia agrário-mercantil, especulativa, incapaz de pensar em termos de aumento da produtividade, era e foi incapaz de realizar a industrialização brasileira (conforme demonstrei na pesquisa sobre as origens étnicas e sociais dos empresários paulistas). Esta só a prejudicava à medida que qualquer processo de industrialização dependia da proteção do Estado, inclusive a proteção alfandegária, que implicaria transferência de renda para os novos industriais. Ora, a renda a ser transferida só poderia ter origem no setor exportador da economia. Diante desse fato, a oligarquia agrário-mercantil, formada por grandes fazendeiros e grandes comerciantes, aliava-se ao imperialismo em sua oposição à industrialização.

Apesar de tudo, entretanto, a revolução industrial ocorreu no Brasil, principalmente a partir de 1930. A industrialização ocorrida anteriormente teve sua importância, mas foi marginal, não apenas porque o seu grau de integração interindustrial era muito pequeno, mas também porque o domínio político estava inteiramente nas mãos da oligarquia cafeeira. A revolução industrial brasileira foi realizada por imigrantes e seus descendentes e não pela oligarquia agrário-mercantil, muito menos pelo capital estrangeiro. Este, na área industrial, só viria a se instalar no Brasil bem mais tarde, a partir de 1950.

A industrialização acelerou-se a partir de 1930, transformando o período 1930-1960 em nossa revolução industrial substitutiva de importações. Suas causas mais gerais foram a crise por que passava o sistema capitalista internacional e a decadência política da burguesia mercantil. Dessa forma era o próprio pacto entre o imperialismo e a oligarquia local que entrava em colapso, abrindo espaço para o desenvolvimento do capital industrial. A Revolução de 1930 foi o primeiro capítulo desse processo.

SUGESTÃO DE LEITURA

1. Ler e resumir o artigo de FERREIRA, Elisa Cristina Amorim. Fazer um resumo, mas como? *Ao Pé da Letra,* Recife, Universidade Federal de Pernambuco, v. 13.1, 2011. Disponível em: https://pdfs.semanticscholar.org/8dbd/ec55cfdb3cbcd44e8508a76d5 898492aabac.pdf. Acesso em: 20 out. 2020.
2. Leitura e discussão do texto de ABREU-TARDELLI, Lília Santos; ARANHA, Solange. Gêneros textuais nas abordagens do interacionismo sociodiscursivo e da sociorretórica: contribuições teóricas e práticas. *Delta: Documentação e Estudos em Linguística Teórica e Aplicada,* São Paulo, PUC, v. 33, n. 3, jul./set. 2017. Disponível em: https://www.scielo.br/scielo.php?script=sci_arttext&pid=S0102-44502017000300001&lng=en&nrm=iso. Acesso em: 23 out. 2020.
3. Resumir o texto de KEMIAC, Ludmila; NÓBREGA, Daniela Gomes de Araújo. O interacionismo sociodiscursivo e o ensino de escrita: algumas considerações sobre os gêneros escolares e não escolares. *Leia Escola,* Campina Grande, Universidade Federal de Campina Grande, v. 17, n. 1, 2017. Disponível em: http://revistas.ufcg.edu.br/ch/index.php/Leia/article/view/846. Acesso em: 23 out. 2020.

6

Gêneros administrativos

> *Se os gêneros do discurso não existissem e nós não os dominássemos, se tivéssemos de criá-los pela primeira vez no processo do discurso, de construir livremente cada enunciado e pela primeira vez, a comunicação discursiva seria quase impossível* (BAKHTIN, 2017, p. 39).

1 INTRODUÇÃO

Tal como nos usos linguísticos, em que há preconceito em relação a determinadas variedades, bem como em relação a seus usuários, também na língua escrita deparamos com textos que são valorizados e outros que não gozam de prestígio.

Os gêneros administrativos, sejam originários da administração pública, sejam da iniciativa privada, se caracterizam, em relação à linguagem, como tipo de linguagem escrita regida por princípios de objetividade e de obediência à norma gramatical. Eles se caracterizam notadamente pela predominância de sequências expositivas e argumentativas, uso da ordem direta (em termos gerais: sujeito + verbo + complemento), precisão vocabular, clareza (?), coerência, ênfase, ordenação lógica, ausência de afetividade linguística, visto que seu objetivo é informar, convencer, persuadir o leitor. Enfim: linguagem monossêmica, vocabulário específico e sem grande complexidade (evita-se a palavra que obriga o leitor a correr ao dicionário para verificar seu significado), frequência de emprego da voz passiva, nominalizações, preferência pelo presente do indicativo. Ora, tais características não são exclusivas dos textos burocráticos, administrativos. Além disso, não podemos deixar de considerar que esses textos, embora parceiros da objetividade e da imparcialidade, não estão isentos de subjetividade. O uso da 3ª pessoa não é suficiente para neutralizar os enunciados; podemos detectar marcas de subjetividade nas opções de nominalizações referenciais, uso de adjetivos e modalizadores. Às vezes, o uso da 1ª pessoa do plural revela-se uma estratégia de aproximação do leitor, para conquistar-lhe a atenção e persuadi-lo. O sujeito está sempre presente no texto, inexistindo a possibilidade de texto neutro e imparcial. Relativamente à suposta *clareza* dos textos administrativos, é ilusão imaginar que eles não produzem ambiguidade, ou que nada do que veiculam pode prejudicar a comunicação. Quando se fala de clareza na linguagem, é de considerar que um texto pode ser claro para uma pessoa e obscuro ou menos claro para outra. A maior ou menor eficácia de um texto depende de várias capacidades do enunciador, a começar pela consideração de que a produção do sentido é resultado da interação sua com seu interlocutor, com seu enunciatário.

Para relembrar o que tratamos no Capítulo 2:

- **Competência textual ou discursiva:** capacidade do usuário da língua de compreender e produzir textos, orais ou escritos, de contextualizar a interação verbal, ajustando os enunciados ao contexto da enunciação; em outros termos, capacidade do usuário da língua para selecionar um gênero discursivo adequado, as sequências textuais apropriadas, bem como organizar o discurso para realizar determinada ação de linguagem.
- **Competência linguística** (gramatical): saber como funciona a língua; saber como estruturar os enunciados.
- **Competência sociolinguística:** conhecimento da variedade linguística oportuna à situação, o que inclui formas de tratamento em conformidade com quem se interage.
- **Competência estratégica:** capacidade para resolver problemas que ocorrem durante a interação, seja parafraseando um texto para torná-lo mais compreensível, seja substituindo uma palavra que o enunciatário não entendeu, seja valendo-se de expressões atenuativas, modalizadoras do sentido, seja usando expressões de preservação da face, como as de polidez (uso de *por favor, por gentileza, obrigado* etc.).

Em relação ao estilo, Bakhtin (2017, p. 18) entende que não se trata de uma característica individual, mas da área de atuação do usuário da língua: "O estilo é indissociável de determinadas unidades temáticas e – o que é de especial importância – de determinadas composicionais." Assim, há um estilo próprio para quem escreve artigos de opinião em jornais; um estilo próprio para quem trabalha no interior de um hospital, um estilo próprio para quem escreve textos bancários etc.

São exemplos de gêneros administrativos escritos: *e-mails*, resultados de reuniões de negócios, avisos afixados em murais ou veiculados por *e-mail*, relatórios administrativos, memorandos, manuais de instrução, regulamento empresarial, estatuto da empresa, aviso-prévio, carta de advertência etc. É grande também a variedade de gêneros administrativos orais: conversas no corredor ou no café, reuniões, telefonemas, entrevista de emprego etc. De modo geral, nos gêneros administrativos prevalecem enunciados formais, expressos na variedade "culta" da linguagem.

Alguns gêneros administrativos são mais flexíveis que outros; uns são mais estabilizados, outros menos. Uma carta ou um *e-mail* proveniente de empresa privada, por exemplo, não apresenta a mesma rigidez que um ofício, um requerimento, uma procuração.

Neste livro, utilizamos a expressão *gêneros administrativos* em sentido amplo, como aqueles que englobam tanto textos da administração privada quanto pública.

Como os gêneros administrativos são burocráticos e o termo *burocracia* ganhou múltipla significação, que vai de *imparcialidade* a *trâmites complexos e oficiais*, que muitas vezes aborrecem o usuário do serviço público, propomos a leitura e discussão do texto seguinte. A recuperação do sentido de *burocracia* em Weber, talvez, possa nos ajudar a entender uma característica fundamental nos textos administrativos: o uso de orações passivas e nominalizações, que visam produzir sentido que não identifica o responsável pelo conteúdo do enunciado.

Com base em modelo de análise do interacionismo sociodiscursivo posto por Machado (*In*: MEURER; BONINI; MOTTA-ROTH, 2010, p. 123), propomos verificar os conteúdos verbalizados, o espaço-tempo em que emissor e receptor se situam, o produtor (o enunciador do texto), o enunciatário, o lugar social em que se realiza a interação e circula o texto, os papéis sociais desempenhados pelo enunciador e enunciatário, os efeitos de sentido que o produtor buscou produzir. Esses mesmos elementos podem ser utilizados para a análise de *e-mails*, relatório administrativo, ofício, requerimento, procuração etc. Vejamos o texto:

MODELOS ORGANIZACIONAIS E REFORMAS DA ADMINISTRAÇÃO PÚBLICA

O modelo burocrático weberiano é um modelo organizacional que desfrutou notável disseminação nas administrações públicas durante o século XX em todo o mundo. O modelo burocrático é atribuído a Max Weber, porque o sociólogo alemão analisou e sintetizou suas principais características. O modelo também é conhecido na literatura inglesa como *progressive public administration* – PPA (Hood, 1995), referindo-se ao modelo que inspirou as reformas introduzidas nas administrações públicas dos Estados Unidos entre os séculos XIX e XX, durante a chamada *progressive era*.

No entanto, desde o século XVI o modelo burocrático já era bastante difundido nas administrações públicas, nas organizações religiosas e militares, especialmente na Europa. Desde lá o modelo burocrático foi experimentado com intensidades heterogêneas e em diversos níveis organizacionais, culminando com sua adoção no século XX em organizações públicas, privadas e do terceiro setor. [...]

Foi apenas após a morte de Weber, e após a publicação em 1922 do livro *Wirtschaft und Gesellschaft* (Economia e sociedade), que as bases teóricas da burocracia foram definitivamente construídas. Na sua descrição sobre os modelos ideais típicos de dominação, Weber identificou o exercício da autoridade racional-legal como fonte de poder dentro das organizações burocráticas. Nesse modelo, o poder emana das normas, das instituições formais, e não do perfil carismático ou da tradição.

A partir desse axioma fundamental derivam-se as três características principais do modelo burocrático: a formalidade, a impessoalidade e o profissionalismo.

A formalidade impõe deveres e responsabilidades aos membros da organização, a configuração e legitimidade de uma hierarquia administrativa, as documentações escritas dos procedimentos administrativos, a formalização dos processos decisórios e a formalização das comunicações internas e externas. As tarefas dos empregados são formalmente estabelecidas de maneira a garantir a continuidade do trabalho e a estandardização dos serviços prestados, para evitar ao máximo a discricionariedade individual na execução das rotinas.

A impessoalidade prescreve que a relação entre os membros da organização e entre a organização e o ambiente externo está baseada em funções e linhas de autoridade claras. O chefe ou diretor de um setor ou departamento tem a autoridade e responsabilidade para decidir e comunicar sua decisão. O chefe ou diretor é a pessoa que formalmente representa a organização. Ainda mais importante, a impessoalidade implica que as posições hierárquicas pertencem à organização, e não às pessoas que a estão ocupando. Isso ajuda a evitar a apropriação individual do poder, prestígio, e outros tipos de benefícios, a partir do momento que o indivíduo deixa sua função ou a organização.

O profissionalismo está intimamente ligado ao valor positivo atribuído ao mérito como critério de justiça e diferenciação. As funções são atribuídas a pessoas que chegam a um cargo por meio de competição justa na qual os postulantes devem mostrar suas melhores capacidades técnicas e conhecimento. O profissionalismo é um princípio que ataca os efeitos negativos do nepotismo que dominava o modelo pré-burocrático patrimonialista (March, 1961; Bresser-Pereira, 1996). A promoção do empregado para postos mais altos na hierarquia depende da experiência na função (senioridade) e desempenho (performance). O ideal é a criação de uma hierarquia de competências com base na meritocracia. Outras características do modelo que derivam do profissionalismo são a separação entre propriedade pública e privada, trabalho remunerado, divisão racional das tarefas e separação dos ambientes de vida e trabalho. [...]

O modelo burocrático weberiano estabeleceu um padrão excepcional de *expertise* entre os trabalhadores das organizações. Um dos aspectos centrais é a separação entre planejamento e execução. Com base no princípio do profissionalismo e da divisão racional do trabalho, a separação entre planejamento e execução dá contornos práticos à distinção wilsoniana [refere-se a Woodrow Wilson, político e acadêmico americano; foi presidente dos EUA de 1913 a 1921] entre a política e a administração pública, na qual a política é responsável pela elaboração de objetivos e a administração pública responsável por transformar as decisões em ações concretas. No setor privado, a burocracia weberiana consolida a prescrição de Taylor (1911) sobre divisão de tarefas entre executivos (usando a mente) e operadores (usando os músculos).

A preocupação com a eficiência organizacional é central no modelo burocrático. Por um lado, os valores de eficiência econômica impõem a alocação racional dos recursos, que na teoria weberiana é traduzida em uma preocupação especial com a alocação racional das pessoas dentro da estrutura organizacional. Por outro lado, o valor da eficiência administrativa induz à obediência às prescrições formais das tarefas, em outras palavras, preocupações do "como as coisas são feitas". Nas teorias da escolha pública (*public choice*) os mecanismos que induzem a burocracia a cumprir determinadas tarefas seguindo prescrições formais são chamados restrições *ex ante* (*ex ante constraints*) às agências e/ou burocracias (McCubbins, Noll e Weingast, 1989).

Outro valor implícito na ideia de burocracia é a equidade, pois ela é desenhada para dar tratamento igualitário aos empregados que desempenham tarefas iguais (tratamento, salários etc.). A burocracia também é desenhada para prover produtos e serviços *standard* aos destinatários de suas atividades.

Também implícita ao modelo burocrático é a desconfiança geral com relação à natureza humana. O controle procedimental de tarefas, e reiteradas preocupações com a imparcialidade no tratamento dos empregados e clientes são expressões claras da teoria X de McGregor. A teoria X, em contraposição à teoria Y do mesmo McGregor, é entendida como desconfiança com relação à índole humana, à vontade de trabalho e desenvolvimento das pessoas, e à capacidade criativa e de responsabilidade.

As críticas ao modelo organizacional burocrático são muitas. Após a Segunda Guerra Mundial uma onda de confrontação intelectual contra o modelo burocrático foi liderada por Simon (1947), Waldo (1948) e Merton (1949).

Robert Merton (1949) elaborou a crítica mais incisiva e direta ao modelo burocrático, analisando os seus efeitos negativos sobre as organizações e outras esferas da vida. Esses efeitos negativos foram chamados de disfunções burocráticas: o impacto da prescrição estrita de tarefas (*red tape*) sobre a motivação dos empregados, resistência às mudanças, e o desvirtuamento de objetivos provocado pela obediência acrítica às normas. Outro aspecto levantado por Merton (1949) é o abuso da senioridade como critério para promoção funcional que, segundo o pesquisador, pode frear a competição entre funcionários e fomentar um senso de integridade e corporativismo entre os funcionários, causando um destacamento dos interesses dos destinatários/clientes dos serviços da organização. Ademais, a impessoalidade levada ao pé da letra pode levar a organização a não dar atenção a peculiaridades das necessidades individuais. Merton (1949) ainda enumera a arrogância funcional em relação ao público destinatário, em especial no serviço público, pois, em muitos casos, o funcionalismo público goza de situação de monopólio na prestação de serviços. Tais disfunções podem ser ainda mais prejudiciais em organizações que dependem da criatividade e da inovação.

Depois de Merton, outras críticas foram feitas ao modelo burocrático, e elas podem ser notadas implicitamente nas características dos chamados modelos pós-burocráticos de organização. Na administração pública destacam-se os modelos gerenciais (APG e GE), e a governança pública (SECCHI, Leonardo. Modelos organizacionais e reformas da administração pública. *Revista Administração Pública*, Rio de Janeiro, Fundação Getulio Vargas, v. 43, n. 2, mar./abr. 2009. Disponível em: https://www.scielo.br/scielo.php?pid=S0034-76122009000200004&script=sci_art text. Acesso em: 26 out. 2020).

Leonardo Secchi, autor do fragmento do artigo científico que acabamos de ver, é doutor em ciências políticas pela Universidade de Milão e professor de administração do Centro de Ciências Sociais Aplicadas da Universidade Comunitária Regional de Chapecó (Unochapecó). É desse lugar que escreve; escreve como um pesquisador interessado em discutir tema relevante para a sociedade brasileira. Escreve, evidentemente, para seus pares, colegas professores, estudiosos da administração pública. A *Revista de Administração Pública* da Fundação Getulio Vargas, como todos os periódicos científicos, estabelece triagem rigorosa dos textos que publica. Além disso, depois de selecionar artigos relevantes, o editor os submete à revisão por pares, outros especialistas da área, que avaliam a qualidade e publicação. Dizemos isso para esclarecer que, embora a burocracia seja muitas vezes vista como fator negativo tanto na administração pública como na privada, é ela nesse caso que garante a realização das atividades e, idealmente, é responsável pela impessoalidade e seleção por mérito dos artigos que o periódico publica. Também sublinhamos o domínio do gênero artigo científico por parte do autor: a estrutura do texto, a preocupação com a divisão em seções, o resumo, a conclusão, as citações diretas e indiretas. Um leitor de artigos científicos não confunde esse texto com um artigo de opinião de um jornal impresso, um relatório administrativo, uma procuração. A identificação do gênero discursivo é um procedimento relevante para a leitura: um gênero discursivo cria determinadas expectativas para o leitor.

Dito isso, passemos a observar mais de perto o conteúdo do texto. O título do texto já nos chama a atenção para dois tópicos que serão focalizados: modelos organizacionais e reformas da administração pública. Inicialmente, trata-se de um tema perseguido há tempo no Brasil (já tivemos até ministro da desburocratização). Os textos são produzidos em determinados contextos históricos; fazem parte dos discursos que circulam na sociedade. Dialogam não apenas com os discursos presentes socialmente, como também com discursos recuperados da história (o leitor toma contato com outras vozes enunciativas). Um texto dialoga também com seu leitor. No caso presente, o enunciador reconhece em seus leitores determinados conhecimentos que ficam implícitos no texto; enunciador e enunciatário compartilham determinados conhecimentos de mundo e enciclopédico.

Para situar o leitor, faremos uso de fragmentos de seu artigo que são constantes de outras partes do artigo científico de Secchi. Esses acréscimos ao fragmento citado são relevantes para situar o leitor, que não tem o texto completo em mãos (que pode ser recuperado em: https://www.scielo.br/pdf/rap/v43n2/v43n2a04.pdf).

Afirma o autor, no resumo de seu artigo científico:

> Este artigo foi elaborado a partir de uma pesquisa bibliográfica em livros e artigos científicos clássicos ou recentemente publicados na literatura de administração pública na Europa e nos Estados Unidos, e faz uma comparação dos quatro modelos organizacionais e relacionais que vêm inspirando o desenho das estruturas e processos nas recentes reformas da administração pública. Os modelos analisados são o burocrático, a administração pública gerencial, o governo empreendedor e a governança pública.

Secchi compartilha conhecimentos; recupera os que são relevantes à área: informações sobre o modelo burocrático weberiano e dialoga com correntes contrárias, reconhecendo que o modelo burocrático se tornou alvo de críticas "ásperas", sendo "considerado inadequado para o contexto institucional contemporâneo por sua presumida ineficiência, morosidade, estilo autorreferencial, e descolamento das necessidades dos cidadãos". Para dar sustentação a seus argumentos nos diz que o "artigo apresenta o estado da arte sobre modelos organizacionais públicos recentemente debatidos na comunidade epistêmica internacional da área de administração pública".

Informa-nos ainda o autor citado que fez sua pesquisa bibliográfica, para dizer o que diz, e que comparou diversos modelos organizacionais (burocrático, administração pública gerencial, governo empreendedor e governança pública). Defende a tese de que seu artigo "mostra que os novos modelos compartilham características essenciais com o modelo tradicional burocrático e, portanto, não são modelos de ruptura". Daí, particularmente, por motivos editoriais, de espaço, nosso interesse em recortar o modelo burocrático. É, pois, um texto predominantemente argumentativo, que busca persuadir o leitor de que não há mágica em reformas administrativas e que todas elas têm caráter retórico. Não há propriamente ruptura entre os mais diversos modelos organizacionais e o modelo burocrático weberiano. Embora reconheça algumas particularidades em cada um dos modelos, verifica em todos eles que a ênfase continua sendo na *função controle*. O autor diz na conclusão do texto: "Não são raros os esforços de reforma da administração pública que avançam mais em autopromoção e retórica do que em fatos concretos".

Retomamos até aqui o contexto do artigo: discussão de vários modelos de organização na atualidade e reforma administrativa; o texto é de 2009, mas, como se pode verificar pelo noticiário atual (2020), continua-se discutindo no Brasil o tema da reforma administrativa do Estado. O autor não fala sozinho no texto; convoca inúmeras outras vozes, como as de Weber, Taylor, McGregor, Parsons etc. (sugerimos ao leitor listar todos os autores citados no artigo, particularmente, para acostumar-se a entender como os textos dialogam com outros). Não somos propriamente autores isolados de nossos textos: neles falam outras vozes, bem como provocam respostas de outras pessoas. No texto de Secchi, verificamos que o enunciador convoca não só vozes convergentes, como também divergentes. Verificamos ainda que se trata de um texto do gênero artigo científico, um tipo de texto apropriado para as discussões acadêmicas. Como é um texto argumentativo, ele segue o esquema: tese → argumentos → contra-argumentos → conclusão. Tese do autor: "novos modelos compartilham características essenciais com o modelo tradicional burocrático e, portanto, não são modelos de ruptura". Entre os argumentos, destacamos: as "reformas da administração pública transformam-se facilmente em políticas simbólicas, e que políticos e burocratas tentam manipular a percepção do público em relação ao desempenho dos governos". "Não são raros os esforços de reforma da administração pública que avançam mais em autopromoção e retórica do que em fatos concretos." O autor parte ainda de um conhecimento de mundo que compartilha com seus leitores: "Desde os anos 1980, as administrações públicas em todo o mundo realizaram mudanças substanciais nas políticas de gestão pública (PGPs) e no desenho de organizações programáticas (DOPs). Essas reformas administrativas consolidam novos discursos e práticas derivadas do setor privado e os usam como *benchmarks* para organizações públicas em todas as esferas de governo" (informação que consta da "Introdução"). Também entende que essa preocupação com reforma administrativa é motivada pela crise fiscal do Estado.

Ao analisar o modelo de administração pública gerencial (gerencialismo), entende que há dois modelos organizacionais no quadro global de reformas da administração pública: a administração pública gerencial (APG) e o governo empreendedor (GE). Nas suas palavras: "Os dois modelos compartilham os valores da produtividade, orientação ao serviço, descentralização, eficiência na prestação de serviços, *marketization* e *accountability*." Entende ainda que a APG e o GE "são frequentemente chamados de gerencialismo". Quando trata do modelo de governança pública, afirma que "estudos de relações internacionais concebem governança como mudanças nas relações de poder entre estados no presente cenário internacional". Na última seção do artigo, antes da conclusão, tece então comparações entre os modelos e sublinha que "a descrição dos modelos organizacionais de forma fragmentada parece obscurecer os elementos básicos de continuidade e descontinuidade" (em relação ao conceito de burocracia weberiano). Chegamos então ao ponto que nos interessa destacar:

> O principal elemento comum desses modelos é a preocupação com a *função controle*. No caso do modelo burocrático, as características de *formalidade* e *impessoalidade* servem para *controlar os agentes públicos, as comunicações, as relações intraorganizacionais e da organização com o ambiente*. [destaque nosso]

Parece-nos agora que fica mais claro que a impessoalidade e a formalidade comuns nos gêneros administrativos têm sua origem na função controle. Esses gêneros não são produzidos por qualquer pessoa dentro das organizações e o enunciador da área diz o que pode ser dito a seus interlocutores; silencia informações que não interessa publicar, faz uso de determinadas estruturas linguísticas que mais escondem que revelam. Esse o caso, por exemplo, do uso de orações passivas sem agente: *"foi determinado que você não fará mais parte de nossa equipe"; "determinou-se que você não faz mais parte de nossa empresa"*. Às vezes, o leitor pode deparar nesses textos com enunciados com sujeito genérico, que não identifica o autor da ação: *"a diretoria resolveu..."; "o governo tomou essa decisão..."*. Na Seção 2 deste capítulo voltaremos a tratar dessas estratégias de ocultamento do sujeito da ação, bem como de nominalizações, que é outra forma igualmente utilizada para esconder o sujeito.

O autor do artigo sob foco sublinha ainda a diversidade lexical utilizada pelos modelos:

> Uma clara distinção entre os três modelos em estudo é visível na forma de tratamento do cidadão. No modelo burocrático, o cidadão é chamado de usuário dos serviços públicos. Na retórica dos modelos APG e GE, os cidadãos são tratados como clientes, cujas necessidades devem ser satisfeitas pelo serviço público. Sob o guarda-chuva da GP, os cidadãos e outras organizações são chamados de parceiros

ou *stakeholders*, com os quais a esfera pública constrói modelos horizontais de relacionamento e coordenação.

São muitos os conceitos de ideologia. O que foi apresentado é próprio dos estudos da análise de discurso. Para Andrade (*In*: TRAVAGLIA; FINOTTI; MESQUITA, 2008, p. 51), com base em Van Dijk (*La ideología: una aproximación multidisciplinaria*), "as ideologias são definidas como crenças fundamentais de um grupo e de seus membros". Por se constituírem por meio de sistemas de ideias de grupos sociais e movimentos, as ideologias, além de darem sentido ao mundo, do ponto de vista do grupo, "proporcionam o fundamento das práticas sociais dos membros de cada grupo. Frequentemente, as ideologias surgem da luta e do conflito de um grupo, estabelecendo a oposição entre "Nós" e "Eles".

O cidadão ora é tratado como *usuário dos serviços públicos*, ora como *cliente*. As escolhas lexicais não são ingênuas, casuais, mas se orientam pela formação discursiva do enunciador. Nossos textos são determinados pela situação social e histórica; não somos fonte do sentido do que dizemos, visto que o sentido deriva da posição social de classe que ocupamos. Um médico fala segundo a formação discursiva da medicina; um administrador, conforme a formação discursiva desse meio. Além disso a **ideologia interpela o sujeito**, produz um efeito de sentido de evidência, de naturalização do sentido (passamos a entender a realidade como natural; como se nada houvesse a fazer; naturalizamos o machismo, a violência doméstica, os mais diversos tipos de preconceitos etc.). Por meio da ideologia, ancoramos nossos enunciados em um já-dito e apagamos a história. Sentidos são abolidos; outros são percebidos como naturais, transparentes (não há transparência em linguagem) e aparecem como evidentes, o que leva o enunciatário a interpretar os sentidos segundo uma direção determinada.

Gostaríamos ainda de tratar de um termo que aparece no último fragmento: os *parceiros*; na administração privada, não é incomum o uso de *colaborador*. Às vezes, a escolha de determinadas palavras visa atenuar sentidos. Quem substitui o termo *empregado* por *funcionário* (termo que se refere a quem trabalha na administração pública) ou por *colaborador* entende que essas permutas suavizam o discurso, atenuam o sentido. Um leitor ou interlocutor não ingênuo pode perceber essas estratégias retóricas.

Agora, uma análise dos elementos linguísticos. Observemos primeiramente a articulação do enunciado: "O modelo burocrático é atribuído a Max Weber, *porque* o sociólogo alemão analisou e sintetizou suas principais características", em que temos um *porque* explicativo. Em seguida, Max Weber foi substituído por *sociólogo alemão* (forma remissiva lexical que ativa propriedades ou características do elemento referenciado), acrescentando não só informação ao texto, como também proporcionando a progressão textual.

O segundo parágrafo começa com um articulador de oposição: *no entanto*. Quando usamos esse tipo de operador, o argumento que prevalece é o que é por ele introduzido, ou seja, embora se atribua a Max Weber o modelo burocrático, esse modelo já era conhecido desde o século XVI, "nas administrações públicas, nas organizações religiosas e militares, especialmente na Europa".

O terceiro parágrafo é expositivo-argumentativo; o argumento inicial nega o segundo. Neste último, vale-se de um articulador alternativo inclusivo, enfatizando que são as normas que dão poder; não é a tradição nem o carisma o responsável pelo poder que observamos no interior das organizações. São as normas que dão poder dentro das organizações. São elas responsáveis pela hierarquização, pela assimetria nas relações entre as pessoas.

No quarto parágrafo, afirma que desse axioma do poder emanado das normas derivam três características do modelo burocrático: a formalidade, a impessoalidade e o profissionalismo, objeto dos três parágrafos seguintes.

Em "as tarefas dos empregados são formalmente estabelecidas de maneira a garantir a continuidade do trabalho e a estandardização dos serviços prestados, para evitar ao máximo a discricionariedade individual na execução das rotinas", temos dois articuladores: um consecutivo (*de maneira a*) e outro que indica finalidade (*para evitar...*). Em seguida, temos um argumento mais forte em: "*Ainda mais importante*, a impessoalidade implica que as posições hierárquicas pertencem à organização" [destaque nosso]. Conclui o parágrafo com um articulador alternativo de exclusão: "a partir do momento que o indivíduo deixa sua função *ou* a organização" [destaque nosso]. Relações inclusivas vemos no parágrafo que trata de impessoalidade: "o chefe *ou* diretor de um setor *ou* departamento" [= qualquer um dos dois].

Pouco adiante, ao tratar da divisão social do trabalho, que separa planejamento de execução, é a voz de Taylor que é recuperada: cabe à direção executiva das empresas usar a mente e aos operadores os músculos. Esse princípio antigo na administração ainda é comum nos dias de hoje tanto nos escritórios, quanto no chão das fábricas. Convidamos o leitor a atualizar o sentido do princípio taylorista.

No parágrafo "Outro valor implícito na ideia de burocracia é a equidade, *pois* ela é desenhada *para dar* tratamento igualitário aos empregados que desempenham tarefas iguais (tratamento, salários etc.). A burocracia também é desenhada para prover produtos e serviços *standard* aos destinatários de suas atividades", temos um articulador explicativo (*pois*) e dois de finalidade (uso de oração reduzida de infinitivo com valor de finalidade: *para dar, pra prover*).

No parágrafo seguinte, o articulista dialoga com McGregor, ressaltando limitações do modelo burocrático: "O controle procedimental de tarefas, e reiteradas preocupações com a imparcialidade no tratamento dos empregados e clientes são expressões claras da teoria X de McGregor." Segunda a teoria X, o trabalhador evita o trabalho sempre que possa; daí a necessidade de controle. A teoria Y, por sua vez, vê os trabalhadores de forma positiva: eles querem, desejam trabalhar; o trabalho não é visto como algo a ser evitado. Basta para isso oferecer condições adequadas para que os trabalhadores se sintam em condições de utilizar todas as suas capacidades e qualidades. O trabalho é então visto como fonte para suprir suas necessidades.

Destacamos em seguida o uso do operador explicativo *pois*: "Merton (1949) ainda enumera a arrogância funcional em relação ao público destinatário, em especial no serviço público, *pois*, em muitos casos, o funcionalismo público goza de situação de monopólio na prestação de serviços." O diálogo com Merton faz vir à tona crítica ao modelo burocrático.

2 FUNÇÕES SOCIOCOMUNICATIVAS DOS GÊNEROS ADMINISTRATIVOS

A classificação dos gêneros em jornalísticos, forenses, administrativos proporciona o conhecimento de que cada um deles impõe restrições e convenções. Cada um deles determina como se começa e acaba um texto, bem como se associa a determinadas situações de uso (cf. MESQUITA *In*: TRAVAGLIA; FINOTTI; MESQUITA, 2008, p. 135).

Segundo, ainda, Mesquita, quando se consideram em geral tipologia textual e gêneros discursivos, os autores que tratam do assunto ficam pouco à vontade, visto que os gêneros frequentemente não apresentam características exclusivas, que só a eles pertencem. Há características de um que são encontradas em outro. Os gêneros se caracterizam por exercer função sociocomunicativa. Travaglia (*In*: TRAVAGLIA; FINOTTI; MESQUITA, 2008, p. 184), tomando como base os atos de fala, distingue nos gêneros discursivos as seguintes funções (Quadro 1):

Quadro 1   Funções sociocomunicativas de gêneros caracterizados por atos de fala

Grupo de gêneros	Função básica comum
Aviso, comunicado, edital, informação, informe, participação, citação	Dar conhecimento de algo a alguém.
Acórdão, acordo, convênio, contrato, convenção	Estabelecer concordância.
Petição, memorial, requerimento, abaixo-assinado, requisição, solicitação	Pedir, solicitar.
Alvará, autorização, liberação	Permitir.
Atestado, certidão, certificado, declaração	Dar fé da verdade de algo.
Ordem de serviço, decisão, resolução	Decidir, resolver.
Convite, convocação, notificação, intimação	Solicitar a presença.
Nota promissória, termo de compromisso, voto	Prometer.
Decreto, decreto-lei	Decretar ou estabelecer normas.
Mandado, interpelação	Determinar a realização de algo.
Averbação, apostila	Acrescentar elementos a um documento, declarando, corrigindo, ratificando.

Ao redigir qualquer desses textos, o enunciador (tal como o faz em relação a outros gêneros) ressalta determinados aspectos da realidade, restringe-a, faz um recorte dela. Analisa-a e a apresenta como uma estrutura de significado. Nesse sentido, faz escolhas gramaticais, conforme a teoria sistêmico-funcional de Halliday. Escolhas em que utiliza a língua para representar o mundo (sistema de transitividade) que inclui: *processos* (verbos de ação, existencial, comportamental, relacional, mental), *participantes* (agente da ação, afetado, instrumento, resultado, paciente) e *circunstâncias*. A transitividade é a base da representação; é ela que permite analisar os fatos, os acontecimentos, os objetos. Por exemplo, podemos analisar um evento do ponto de vista material (*O aluno abriu o livro quando o professor se aproximou*); do ponto de vista mental (*O aluno não entendeu o que o professor disse*), do ponto de vista relacional (*O aluno estava cheio de interesse na explicação do professor*).

Ao fazermos escolhas, omitimos outras que seriam possíveis, o que configura nosso ponto de vista e nossa escolha se torna, portanto, "ideologicamente significativa". Escolhemos uma das vozes do verbo: ativa, passiva, reflexiva. No uso das vozes verbais, ocorrem duas transformações relevantes:

- O uso de **orações passivas** no lugar de orações ativas. Para lembrar, a passiva focaliza o paciente e permite suprimir o agente (passiva sem agente humano). O objeto direto passa a ocupar a posição do sujeito. O sujeito pode se apresentar como "sofrendo a ação" (*o aluno foi surpreendido pelo professor*) ou, simplesmente, desaparecer, ser apagado, caso em que oculta o responsável (*o empregado foi responsabilizado*). Observar que nesse caso ficamos sem saber que o responsabilizou; escondeu-se o agente ou por considerar tal informação irrelevante, ou por não querer revelá-lo por algum motivo. Outra forma de apagar o sujeito se dá com o uso do verbo na 3ª pessoa + um pronome (*Responsabilizou-se o empregado; vendem-se terrenos*). Do que acabamos de ver, é de considerar que orações ativas e passivas têm funções diversas na constituição do sentido. É sempre oportuno lembrar, no entanto, que a interpretação não é um processo mecânico; o contexto onde aparece é relevante para a produção do sentido.
- A segunda transformação comum é o uso de **nominalização**. Transformamos em nomes (substantivos) verbos e adjetivos. Nesse caso, em vez de "*as pessoas ficaram inseguras quando fulano declarou que a pandemia não é um problema de saúde grave*", temos simplesmente: "*a declaração de que a pandemia não é um problema deixou as pessoas inseguras*". Citando Fowler, Hodge, Kress e Trew (*Language and control*, 1979), Ikeda (*In*: MEURER; BONINI; MOTTA-ROTH, 2010, p. 56) afirma que "a nominalização é considerada potencialmente mistificadora, permitindo o ocultamento, especialmente das relações de poder, bem como do posicionamento do escritor. Ao lado da mistificação, podemos apontar a reificação como outra consequência da nominalização. Processos e qualidades tomam o *status* de coisa impessoal, inanimada". Outros exemplos: "*a exploração da mão de obra no Brasil*" (quem explora?), "*a condenação dos atos praticados na manifestação*" (quem condenou?).

Às vezes, são comuns nos textos burocráticos afirmações de instituições (*o Ministério decidiu; a Secretaria estabeleceu, o governo pediu*), o que também impede o leitor de saber quem é propriamente o enunciador do texto, como em:

> A AGU pedia, desde quarta, 6, que o decano revisasse a ordem de entrega da gravação, inicialmente afirmando se tratar de uma reunião que tratou de assuntos sensíveis (MOURA, Rafael Moraes. Governo entrega vídeo de reunião ministerial para STF; Celso põe sigilo. *Estadão*. Disponível em: https://www.msn.com/pt-br/noticias/politica/governo-entrega-v%c3%addeo-de-reuni%c3%a3o-ministerial-parasstf-celso-p%c3%b5e-sigilo/ar-BB13Ovla?li=AAggXC1&ocid=mailsignout. Acesso em: 9 maio 2020).

Outro processo também largamente utilizado é o da **generalização**, ou **impessoalização**:

> "Os líderes atuais, após alcançarem suas vitórias nos coliseus eleitorais, são tragados pelos comentários babosos dos que os cercam ou pelas demonstrações alucinadas de seguidores de ocasião", escreveu Barros (*Correio Braziliense*, Brasília, 28 out. 2020. Disponível em: https://www.correiobraziliense.com.br/politica/2020/10/4885182-criticas-de-ex-porta-voz-a-bolsonaro-tem-grande-repercussao-no-pais.html. Acesso em: 28 out. 2020).
>
> Por outro lado, cientistas em todo o mundo apontam o *lockdown* como medida eficaz e necessária para a contenção da doença (*Lockdown* pode terminar em "tiro e morte", diz prefeito

> de Manaus. *BBC News*. Disponível em: https://www.msn.com/pt-br/noticias/brasil/lockdown-pode-terminar-em-tiro-e-morte-diz-prefeito-de-manaus/ar-BB13MggE?li=AAggXC1&ocid=mailsignout. Acesso em: 9 maio 2020.
>
> Pensa-se que os coronavírus, como o MERS, a Síndrome Respiratória Aguda Grave (SARS) e, mais recentemente, o vírus SARS-CoV-2, causador da covid-19, teriam se originado em morcegos. *Planeta*. Disponível em: https://www.msn.com/pt-br/saude/medicina/%e2%80%9csuperimunidade%e2%80%9d-pode-explicar-como-morcegos-portam-coronav%c3%adrus/ar-BB13K1fg?li=AAggXC1&ocid=mailsignout. Acesso em: 9 maio 2020).

Nos dois primeiros exemplos, *líderes atuais* e *cientistas* generalizam os sujeitos, não os individuam; no terceiro, o enunciador, valendo-se de construção de indeterminação do sujeito, igualmente estabelece uma generalização (= muita gente pensa), que nos impede de saber quem é que *pensa* dessa forma.

Na análise de qualquer texto, é relevante considerar o uso do vocabulário. Por meio dele, categorizamos o mundo. Nossas palavras são carregadas de sentido ideológico. A todo momento ouvimos as pessoas se referirem a determinados fatos de modo diverso. Uns dizem que o imóvel ou terreno foi *ocupado*; outros dizem que foi *invadido*. Em recente episódio da política brasileira, alguns textos jornalísticos diziam que uma autoridade governamental *visitou* o Presidente do STF; outros chamaram o episódio de *ocupação*; outros ainda como "a *marcha* do Presidente e empresários à Corte foi vista como *jogada de marketing que falhou*". No processo de análise do vocabulário, ressaltamos a **relexicalização**. Exemplificando: *lava jato* (= *lavar a jato*; a expressão se originou dos motores de propulsão a jato dos aviões): inicialmente indicava instalação para lavar automóveis (ou estabelecimento para lavar automóveis) e passou nos últimos tempos a significar investigação policial realizada pela Polícia Federal. *Comunidade* é outro vocábulo que foi relexicalizado: significava inicialmente "grupo de pessoas que compartilham algo" (comunidade de jovens, Comunidade dos Alcoólicos Anônimos) e passou a significar também conjunto de habitações populares, favela. Da mesma forma, *coxinha* foi relexicalizada: além do sentido de *salgadinho empanado, frito e recheado de carne de frango, ou outro ingrediente,* passou também a significar pessoa conservadora, "burguesinha" etc.

Outro instrumento utilizado na análise de textos são as modalizações: epistêmicas, deônticas e afetivas (veja adiante).

Finalmente, quando se estuda um gênero discursivo não se pode isolá-lo dos elementos não verbais que os constituem, conforme aponta Balocco (*In*: MEURER; BONINI; MOTTA-ROTH, 2020). Na página 65, ao tratar da operacionalização da análise de um gênero, esse autor relembra que três são os fatores constitutivos de um gênero: a finalidade, o lugar de fala, a organização textual, que

> são necessários, mas não são suficientes no estudo de gêneros textuais como práticas sociais. Além destes, é preciso também olhar para a forma como o entorno de um gênero contribui para a construção dos sentidos de determinado tipo. Por exemplo: para o sujeito homoerótico, falar de sua orientação sexual num consultório de psicanalista não equivale a falar sobre o mesmo assunto numa revista de grande circulação: o gênero *coming out story* claramente não se aplica à primeira situação, por não pressupor o elemento de afirmação pública implícito no último.

Forçosamente, um elemento importante na análise de um gênero é o seu suporte ou meio pelo qual o gênero é posto em circulação.

Daí a necessidade de considerar as condições de produção de um gênero discursivo posto sob análise, ou seja, o que pode ou não ser dito, as suas restrições, e o que deve ser dito, por quem pode ser dito e a quem pode ser dito.

Ao tratar dos gêneros como ação social, Carvalho (*In*: MEURER; BONINI; MOTTA-ROTH, 2010, p. 136) reconhece a necessidade de examinar quais

> regularidades são aparentes em um conjunto de textos representativos de certo gênero, que regularidades são observáveis nos processos de produção e recepção dos textos e, ainda, que regularidades se percebem nos papéis sociais desempenhados por seus produtores e consumidores.

Daí a necessidade de análise dos movimentos retóricos dos textos de um mesmo gênero, bem como do evento que deflagrou a produção do texto, as fases de coleta e análise das informações utilizadas para compô-lo, a escrita e reescrita do texto, as revisões do texto empreendidas, a tecnologia de produção. Relativamente à prática de leitura dos textos, ao leitor cabe focalizar: onde foi escrito, quando, por quê, com que finalidade, bem como se há ou não necessidade para compreender outros textos de apoio. Ao leitor cabe ainda decidir sobre o que ler detalhadamente, ou superficialmente, o que pular, assim como reconhecer que problema o texto se propõe a resolver, que informação privilegia. A leitura de um texto pressupõe ainda uma finalidade: lê-lo para divertir-se, tomar decisões, produzir outro texto?

Finalmente, em relação aos papéis sociais desempenhados por enunciadores e enunciatários (produtores e consumidores do texto), focaliza-se: grau de poder que detêm enunciador e enunciatário para tomar decisões, limitações encontradas na realização de tarefas, grau de relações com os enunciatários (proximidade ou distanciamento). São os papéis sociais e a relações que "determinam o que pode e o que não pode ser feito e dito por certos indivíduos, assim como quando, como, onde e para quem" (PARÉ; SMART *apud* CARVALHO *In*: MEURER; BONINI; MOTTA-ROTH, 2010, p. 137).

3 FUNÇÃO DE INFORMAR

Examinaremos os seguintes gêneros: *e-mails*, cartas comerciais, ofícios, memorandos, atas de reunião.

3.1 *E-mails* e cartas comerciais

A função de informar alguém sobre alguma coisa compreende dar conhecimento de algo a alguém, pedir, solicitar etc. Examinemos primeiramente os *e-mails* que, praticamente, substituíram as cartas comerciais nos tempos atuais.

Dois cuidados elementares com relação aos *e-mails*: o uso de abreviações e de *emoticons*. Embora o uso de abreviações seja antigo na história da humanidade, nos gêneros administrativos, em prol da clareza, elas podem ser evitadas. Em relação aos *emoticons*, ícones de emoção, eles se ajustam a interações familiares e de amizade; nos gêneros administrativos, podem produzir o efeito de sentido perverso de desconsideração não só com relação às informações veiculadas, como também de seu enunciador.

Para Travaglia (2007, p. 53), com base em Gomes (2002), o gênero carta (e por extensão os *e-mails* administrativos) tem a seguinte estrutura retórica:

> Função 1: **Estabelecer contato**
> Subfunção 1: situar o tempo e o espaço da produção (local e data)
> Subfunção 2: definir o interlocutor / destinatário (vocativo)
> Subfunção 3: assegurar o contato (saudação) / introdução)
>
> Função 2: **Realizar propósito**
> Subfunções: o número e o tipo de subfunção depende do(s) tópico(s) e objetivos da carta. (corpo)
>
> Função 3: **Finalizar contato**
> Subfunção 1: despedir-se (despedida)
> Subfunção 2: identificar-se (assinatura)
>
> *Pós-escrito* e notas geralmente têm função de complementação do corpo.

Para Silveira (2007, p. 1454), nas cartas comerciais há maior ênfase na informatividade e enunciador e enunciatário devem focalizar o ato de fala visado (*convidar, pedir, relatar* etc), bem como os meios utilizados para a persuasão, as estratégias argumentativas.

O cuidado na elaboração de um *e-mail*, tanto quanto das antigas cartas, implica o reconhecimento de: **o que** (o objeto do texto, da comunicação); **para quem** (quem receberá a mensagem); **para que** (objetivo da comunicação); **quando ocorreu o fato**, ou a data em que deve ficar pronto um produto, por exemplo; **como** o leitor deve proceder, como foram realizados os trabalhos; **por que** se está comunicando, por que ocorreu determinado fato, por exemplo.

Além da preocupação com a informatividade, o enunciador e o enunciatário (ambos são responsáveis pela constituição do sentido) consideram aspectos relativos à persuasão, o uso de expressões que manifestam respeito e consideração pelo outro: *por gentileza, por favor, muito obrigado, desculpe-nos por..., queira nos desculpar por...*

Textos administrativos são assinados e a assinatura é acompanhada da função do enunciador na empresa.

Nas cartas de venda, comumente chamadas de *mala direta*, ou *comunicação direta*, o leitor pode observar as mais diversas escolhas linguísticas, tipo de vocabulário e de enunciados, sempre em acordo à função social da área.

Vian Jr. e Lima-Lopes (*In*: MEURER; BONINI; MOTTA-ROTH, 2010, p. 40-41), ao tratarem desse gênero, utilizam a expressão *estágio* (= estrutura do texto). Uma carta de mala direta apesenta os seguintes estágios:

- **Início da interação:** vocativo ("Fulano de Tal:", "Amigo:", "Prezado Sr.:", "Prezada Sra.:", "Prezada Fulana de Tal:", "Prezado Fulano de Tal:", "Caro Fulano de Tal:", "Cara Fulana de Tal:"). Observar que algumas dessas expressões produzem o sentido de maior ou menor distanciamento do leitor. O leitor sabe o que significa *prezado*? É termo adequado em relações comerciais e oficiais? Há em todas as expressões expostas um tom, que varia do menos formal ao mais formal, do mais pessoal ao mais impessoal.

- **Descrição da empresa ou do produto oferecido:** se da empresa, para mostrar competência e autoridade, vale-se muitas vezes de sua história, de sua longevidade no mercado, de prêmios conquistados, de serviços prestados. Se descrição do produto, salientam-se as mais diversas qualidades: composição, benefícios, facilidade de manuseio, embalagem etc.
- **Descrição da oferta:** tem função argumentativa, de persuasão do enunciatário. Introduz não só o que está sendo anunciado, como também salienta qualidades do serviço ou produto, ou como o produto pode ser usado, o que é realizado por meio de escolhas lexicais, como, por exemplo, adjetivos. É comum ainda na descrição da oferta o uso de modalizações:
    ✓ **Epistêmicas**, que inclui os modalizadores asseverativos afirmativos: *realmente, evidentemente, naturalmente, efetivamente, claro, certo, lógico*, e modalizadores asseverativos negativos: *de jeito nenhum, de forma alguma*. Um terceiro tipo de modalizadores epistêmicos é constituído pelos quase asseverativos: *talvez, possivelmente, provavelmente, eventualmente*. Por fim, completam os modalizadores epistêmicos os delimitadores: *historicamente, economicamente, politicamente, psicologicamente, sociologicamente* etc.
    ✓ **Deôntica**, que se refere às obrigações e permissões: *obrigatoriamente, necessariamente*.
    ✓ **Atitudinais ou afetivos**, que podem ser subjetivos ou intersubjetivos: *felizmente, infelizmente; sinceramente, francamente*.
- **Manipulação:** quando se fala em textos argumentativos, considera-se a manipulação. Para Barros (*In*: FIORIN, 2016, II, p. 199), na manipulação "o destinador propõe ao destinatário um contrato, um acordo", quer levá-lo "a fazer ou a dever fazer alguma coisa" e, para isso, "tem de persuadi-lo disso, tem que levá-lo a querer ou a dever fazer, a poder e a saber fazer". Saliente-se que "em qualquer dos tipos de manipulação, o destinatário é colocado em posição de obediência ou de falta de liberdade, pois só tem duas opções: fazer o que o destinador propõe e receber assim os valores e imagens desejados ou evitar valores e imagens temidos, ou não fazer e não receber os valores e imagens desejados ou sofrer as consequências dos valores e imagens temidos". A manipulação persuasiva pode ocorrer por:
    ✓ **Sedução:** o enunciador apresenta imagens positivas do enunciatário, que, para confirmá-las, tende a fazer o que o enunciador deseja: "o texto que escolhi para vocês que gostam de textos bem escritos lerem é uma deliciosa crônica de Luis Fernando Veríssimo; vocês vão se divertir".
    ✓ **Provocação:** o enunciador apresenta imagens negativas do enunciatário; para não confirmar a imagem negativa estrategicamente posta, o enunciatário tende a fazer o que o enunciador deseja: "como a cada dia é menor o interesse por leitura de texto literário, duvido de que vocês leiam a crônica que estou lhes indicando".
    ✓ **Intimidação:** o enunciador tem em vista oferecer valores que acredita serem temidos pelo enunciatário: "se não fizerem a leitura pedida, vou pedir um trabalho escrito de no mínimo três páginas". Parafraseando recentes enunciados de manipulação intimidatória de autoridades governamentais quando da reforma da

Previdência, temos: "Se a reforma da Previdência não for aprovada tal como a apresentamos, o Brasil quebra".

✓ **Tentação:** o enunciador tem em vista oferecer valores que acredita serem desejados pelo enunciatário: "quem fizer a leitura e o resumo do texto que estou pedindo, vai ganhar um ponto na média final". Durante o período de tramitação do texto que introduziu a reforma trabalhista (Lei nº 13.467, de 2017), a manipulação comum era por tentação: "passando esta reforma, teremos milhões de empregos".

- **Demanda de compra/contato:** constitui a parte do texto em que se busca a adesão do consumidor do produto ou do serviço da empresa; objetiva-se levá-lo a comprar o serviço ou produto. Coloca-se à disposição do cliente e faz-se o convite para que verifique a qualidade do produto, ou serviço. Novamente, a linguagem tem aqui função argumentativa. O leitor poderá então verificar a constância de verbos no imperativo, ou outras formas menos antipáticas, mais modalizadas (uso de formas atenuativas) que têm a mesma função: produzir uma resposta positiva do consumidor. Neste último caso, substituímos o uso de formas verbais do imperativo por algo como: "contamos com sua atenção", "estamos a sua disposição para outros esclarecimentos", "gostaríamos de oferecer um contato direto com nossos técnicos para uma demonstração em sua empresa" (ou "com nossos promotores de venda").

- **Assinatura de encerramento:** nome da pessoa que assina o texto, com indicações de suas funções na empresa, ou simplesmente o nome da empresa.

Esses estágios não são estanques. Evidentemente, as fronteiras entre um e outro são instáveis. Todavia, saliente-se que, em todos eles, há necessidade de interação com o enunciatário, que pode, dependendo das características do enunciador, ser constituído como alguém de comportamento passivo ou ativo. A um enunciatário passivo não se lhe oferece possibilidade de participar da constituição do sentido; é mero ouvinte ou mero leitor e o enunciador, nesse caso, quer se constituir em único falante, que apenas ele tenha voz. Quando se constitui um enunciatário participativo, ele é convidado respeitosamente a construir juntamente com o enunciador o sentido do texto.

O redator comercial, atento à necessidade da qualidade do texto da mensagem que veicula, porque transmite a imagem da empresa em que trabalha, leva em conta: a organização das ideias, a gramaticalidade do texto e a estética. Com relação à obediência às normas gramaticais, atentar para a pontuação (vírgula depois do local, ponto após a data, dois-pontos depois do vocativo, vírgula após *atenciosamente*, vírgula depois do nome e ponto depois da função ou cargo de quem assina a carta), para a colocação pronominal, para a ortografia. Hoje, com o verificador ortográfico dos computadores, não há desculpas para erros grosseiros de troca de *s* por *z*; de *ç* por *ss*, ou vice-versa, de *j* por *g* e outros, ou até mesmo de acentuação.

3.2 Ofício

Ofício é um gênero discursivo próprio da administração pública. É o gênero correspondente às cartas comerciais da administração privada, com algumas diferenças. Nele, veicula-se comunicação escrita emanada de uma autoridade, em que se informa sobre qualquer assunto de ordem administrativa, ou se baixa uma ordem. Sua finalidade é o tratamento de assuntos oficiais pelos órgãos da Administração Pública entre si e também com particulares. Assim, o ofício só pode ser expedido por órgão público, mas seu destinatário pode ser tanto outro órgão público, como uma pessoa particular.

Se na administração privada circulam *e-mails* e cartas, na administração pública temos ofícios, que, embora, tenham características de uma carta comercial, têm outra estrutura; os enunciados têm estilo próprio e há um conjunto de normas a serem seguidas, em relação à apresentação do texto.

Silveira (2007, p. 1457) esclarece:

> as pessoas físicas, mesmo se dirigindo a uma instituição pública (e também a uma empresa ou organização particular) não utilizam (ou pelo menos não devem utilizar) ofícios, e sim cartas comerciais, que têm seu uso aberto a todos os cidadãos.

O *Manual de redação da Presidência da República* (2018, p. 16) define redação oficial como:

> a maneira pela qual o Poder Público redige comunicações oficiais e atos normativos. Neste Manual, interessa-nos tratá-la do ponto de vista da administração pública federal. A redação oficial não é necessariamente árida e contrária à evolução da língua. É que sua finalidade básica – comunicar com objetividade e máxima clareza – impõe certos parâmetros ao uso que se faz da língua, de maneira diversa daquele da literatura, do texto jornalístico, da correspondência particular etc.

Em seguida, o mesmo *Manual* informa que são atributos da redação oficial: clareza, precisão, objetividade, concisão, coesão e coerência, impessoalidade, formalidade e padronização, uso da norma padrão da língua portuguesa (ou seja, a estabelecida pela gramática). Será? Adiante, ao tratar do ofício, expõe:

> Até a segunda edição deste Manual, havia três tipos de expedientes que se diferenciavam antes pela finalidade do que pela forma: o ofício, o aviso e o memorando. Com o objetivo de uniformizá-los, deve-se adotar nomenclatura e diagramação únicas, que sigam o que chamamos de padrão ofício.

É comum no Brasil, as pessoas que completaram o curso universitário fazerem uso da *norma culta*, mas entenderem que usam a norma padrão. A *norma culta*, falada por pessoas de nível escolar superior, aproxima-se da gramática normativa (constituída segundo modelo do português europeu e tomando por base, muitas vezes, exemplos escolhidos a dedo de textos de consagrados literatos), mas não a segue rigorosamente. Não a segue na colocação pronominal; não a segue em muitas regências verbais (esse o caso, por exemplo, dos verbos *assistir* e *obedecer*); não a segue em determinadas construções sintáticas (para citar um exemplo: o caso de *podem-se realizar os atos*, em que é comum o uso do singular). Também é comum, no Brasil, as pessoas entenderem que conhecer a língua é saber ortografia, que é apenas uma convenção que, como sabemos, tem sido alterada de tempos em tempos. Na nossa sociedade, valoriza-se a variedade linguística falada por determinadas pessoas e estigmatizam-se preconceituosamente outras.

A distinção básica anterior entre os três era:

a) aviso: era expedido exclusivamente por Ministros de Estado, para autoridades de mesma hierarquia;

b) ofício: era expedido para e pelas demais autoridades; e

c) memorando: era expedido entre unidades administrativas de um mesmo órgão.

Atenção: Nesta nova edição ficou abolida aquela distinção e passou-se a utilizar o termo ofício nas três hipóteses.

Trata ainda o *Manual* da estrutura do padrão ofício, segundo a ordem em que cada elemento aparece no documento oficial: cabeçalho (composto de brasão das Armas da República, nome do órgão principal), identificação do expediente, numeração, ano e siglas usuais do setor. Exemplificando:

OFÍCIO Nº 652/2018/SAA/SE/MT

Passa em seguida a tratar do local e data do documento: cidade, dia do mês, com alinhamento à margem direita:

Brasília, 2 de fevereiro de 2018.

O endereçamento compreende: vocativo, nome do destinatário, endereço postal, postos à margem esquerda do documento. Exemplifica então o *Manual* que o pronome de tratamento a ser utilizado no endereçamento, se a autoridade for tratada de *Vossa Excelência*, é:

A Sua Excelência o Senhor...

A Sua Excelência a Senhora...

O *Manual* estabelece que, se o documento for dirigido a pessoa que se trata por *Vossa Senhoria*, não se devem usar as expressões "A Sua Senhoria o Senhor" ou "A Sua Senhoria a Senhora", mas simplesmente:

Ao Senhor...

À Senhora...

Sob o nome da pessoa, coloca-se sua função ou cargo que ocupa na administração pública:

A Sua Excelência o Senhor	À Senhora	Ao Senhor
[Nome]	[Nome]	[Nome]
Ministro de Estado da Justiça	Diretora de Gestão de Pessoas	Chefe da Seção de Compras
Esplanada dos Ministérios Bloco T	SAUS Q. 3 Lote 5/6 Ed Sede I	Diretoria de Material, Seção de...
70064-900 Brasília/DF	70070-030 Brasília. DF	Brasília — DF

Em relação ao assunto, estabelece o *Manual*: uso de uma designação, um enunciado nominal (frase sem verbo) que expresse o conteúdo do documento. Exemplifica:

> Assunto: Encaminhamento do Relatório de Gestão julho/2018. Assunto: Aquisição de computadores.

O texto (corpo) do ofício deve ter uma introdução (em que se expressa o objetivo da comunicação. O *Manual* pede que se evitem chavões: "Tenho a honra de...", "Tenho o prazer de...", "Cumpre-me informar que..." Basta dizer nesses casos: *informo, solicito, comunico*.

Se se tratar de resposta a um pedido anterior, a introdução terá dizeres, como:

> Em resposta ao Ofício nº 12, de 1º de fevereiro de 2018, encaminho cópia do Ofício nº 34, de 3 de abril de 2018, da Coordenação-Geral de Gestão de Pessoas, que trata da requisição do servidor Fulano de Tal.
>
> Encaminho, para exame e pronunciamento, cópia do Ofício nº 12, de 1º de fevereiro de 2018, do Presidente da Confederação Nacional da Indústria, a respeito de projeto de modernização de técnicas agrícolas na região Nordeste.

No desenvolvimento do texto, observa que a mudança de ideia exige mudança de parágrafo.

Finalmente, na conclusão deve-se afirmar a posição sobre o assunto. O fecho do ofício tem a finalidade, além de concluir o texto, saudar o destinatário. Informa ainda o *Manual* que, com base nos fechos regulados pela Portaria nº 1, de 1937, do Ministério da Justiça, selecionou dois. Se a autoridade destinatário é de hierarquia superior, temos:

> Respeitosamente,

Se se tratar de autoridades da mesma hierarquia, temos:

> Atenciosamente,

Finalmente, a identificação do signatário, grafado com letras maiúsculas, acompanhada do cargo (grafado apenas com as iniciais maiúsculas), tudo centralizado:

> (espaço para assinatura)
>
> NOME
>
> Ministro de Estado Chefe da Casa Civil da Presidência da República

Se o ofício ocupar mais de uma página, elas serão numeradas, a partir da segunda (que receberá o número 2, centralizado).

Em relação à formatação, estabelece o *Manual*:

a) tamanho do papel: A4 (29,7 cm × 21 cm);

b) margem lateral esquerda: no mínimo, 3 cm de largura;

c) margem lateral direita: 1,5 cm;

d) margens superior e inferior: 2 cm;

e) área de cabeçalho: na primeira página, 5 cm a partir da margem superior do papel;

f) área de rodapé: nos 2 cm da margem inferior do documento;

g) impressão: na correspondência oficial, a impressão pode ocorrer em ambas as faces do papel. Nesse caso, as margens esquerda e direita terão as distâncias invertidas nas páginas pares (margem espelho);

h) cores: os textos devem ser impressos na cor preta em papel branco, reservando-se, se necessário, a impressão colorida para gráficos e ilustrações;

i) destaques: para destaques deve-se utilizar, sem abuso, o negrito. Deve-se evitar destaques com uso de itálico, sublinhado, letras maiúsculas, sombreado, sombra, relevo, bordas ou qualquer outra forma de formatação que afete a sobriedade e a padronização do documento;

j) palavras estrangeiras: palavras estrangeiras devem ser grafadas em itálico;

k) arquivamento: dentro do possível, todos os documentos elaborados devem ter o arquivo de texto preservado para consulta posterior ou aproveitamento de trechos para casos análogos. Deve ser utilizado, preferencialmente, formato de arquivo que possa ser lido e editado pela maioria dos editores de texto utilizados no serviço público, tais como DOCX, ODT ou RTF.

l) nome do arquivo: para facilitar a localização, os nomes dos arquivos devem ser formatados da seguinte maneira:

Tipo do documento + número do documento + ano do documento (com 4 dígitos) + palavras-chaves do conteúdo

Exemplo:

Ofício 123_2018_relatório produtividade anual.

Seguem exemplos de ofício:

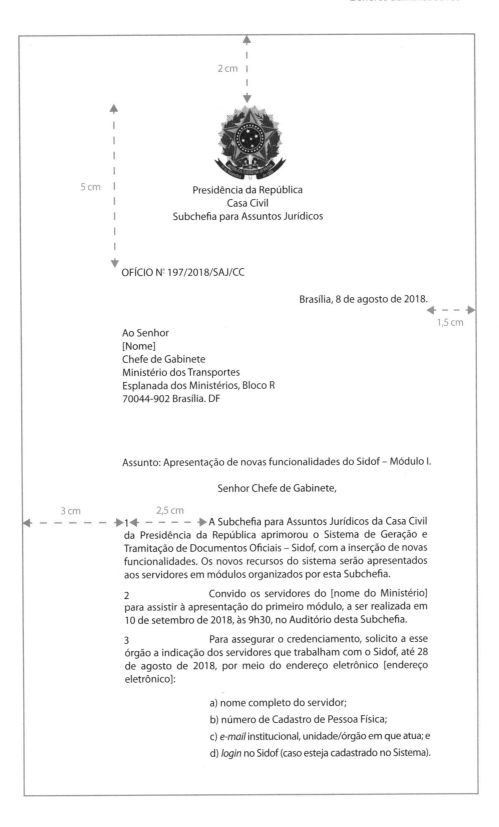

Presidência da República
Casa Civil
Subchefia para Assuntos Jurídicos

OFÍCIO Nº 197/2018/SAJ/CC

Brasília, 8 de agosto de 2018.

Ao Senhor
[Nome]
Chefe de Gabinete
Ministério dos Transportes
Esplanada dos Ministérios, Bloco R
70044-902 Brasília. DF

Assunto: Apresentação de novas funcionalidades do Sidof – Módulo I.

Senhor Chefe de Gabinete,

1   A Subchefia para Assuntos Jurídicos da Casa Civil da Presidência da República aprimorou o Sistema de Geração e Tramitação de Documentos Oficiais – Sidof, com a inserção de novas funcionalidades. Os novos recursos do sistema serão apresentados aos servidores em módulos organizados por esta Subchefia.

2   Convido os servidores do [nome do Ministério] para assistir à apresentação do primeiro módulo, a ser realizada em 10 de setembro de 2018, às 9h30, no Auditório desta Subchefia.

3   Para assegurar o credenciamento, solicito a esse órgão a indicação dos servidores que trabalham com o Sidof, até 28 de agosto de 2018, por meio do endereço eletrônico [endereço eletrônico]:

a) nome completo do servidor;
b) número de Cadastro de Pessoa Física;
c) *e-mail* institucional, unidade/órgão em que atua; e
d) *login* no Sidof (caso esteja cadastrado no Sistema).

4   Caso o servidor ainda não seja cadastrado no Sistema, será necessário o envio de autorização da chefia imediata. O envio das informações solicitadas acima é fundamental para garantir a inscrição do servidor no evento.

Atenciosamente,

(espaço para assinatura)

[NOME DO SIGNATÁRIO]

[Cargo do Signatário]

[Endereço] – Telefone: (xx) xxxx-xxxx
CEP 00000-000 Cidade/UF – http://www.xxxxxxxxxxxxxxxxxxx.gov.br

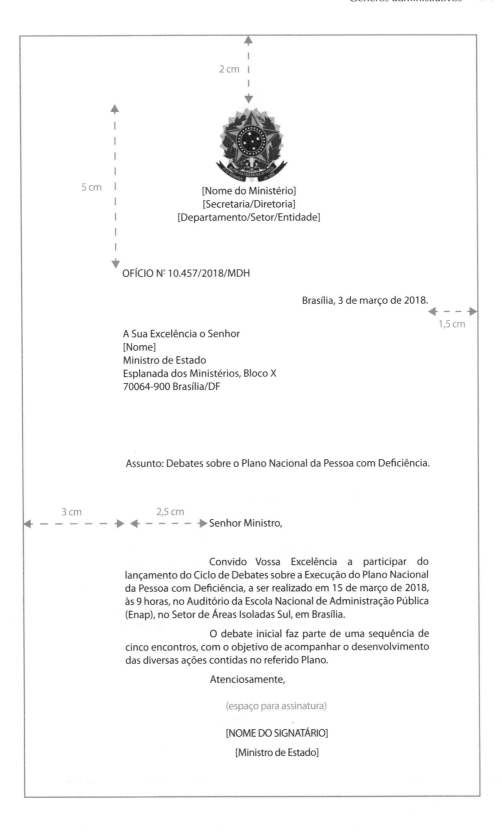

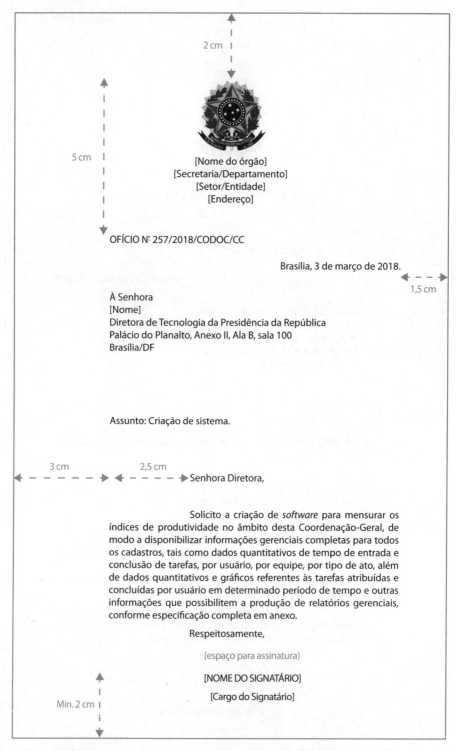

Disponível em: http://www4.planalto.gov.br/centrodeestudos/assuntos/manual-de-redacao-da-presidencia-da-republica/manual-de-redacao.pdf. Acesso em: 10 jun. 2021.

Feitas essas considerações oficiais, tratamos agora do ofício como gênero textual segundo a concepção sociorretórica da linha de Swales (1990). Nesse caso, os gêneros têm propósitos comunicativos que podem ser os mais variados (*informar ou pedir uma informação, estabelecer uma orientação, ordenar, encaminhar, convidar, parabenizar* etc.). Um gênero textual pode ainda ter mais de um propósito comunicativo. Os gêneros textuais (relatório, memorando, ofício, edital etc.), além do propósito comunicativo, exibem características identificadoras pela comunidade discursiva (uma ação retórica tipificada). Essas características constituem propriamente sua estrutura e estilo dos enunciados. Essas características predispõem, criam expectativas sobre o conteúdo a ser veiculado. Não se lê, por exemplo, um ofício como se lê uma crônica, ou uma receita culinária. Assim é que da definição de ofício constam termos como: gênero próprio das atividades da administração pública, que têm propósitos claros, expostos no seu conteúdo, orientados para a comunicação entre as instituições públicas (em geral, um órgão da administração pública se comunica com outro órgão da administração pública).

Silveira (2007, p. 1456), após tratar do propósito comunicativo do ofício, salienta que "os gêneros são ações discursivas que reforçam, legitimam e 'naturalizam' o pensamento dominante que está na base das crenças e das práticas culturais e institucionais". Os gêneros textuais são produzidos em determinada situação, em um contexto determinado, o que envolve simetria de relações de poder, valores e ideologia.

Uma análise de um ofício envolve reconhecimento de como esse gênero circula nos ambientes organizacionais da administração pública: quem os escreve, quem tem a responsabilidade para dizer para que possa ser considerado válido, que convenções é necessário observar na sua confecção, por exemplo, a formalidade de sua estética, variedade linguística, forma de tratamento, uso de pessoa verbal apropriada (terceira pessoa ou primeira do plural?), numeração sequencial, uso de papel timbrado etc.

Textos administrativos são marcados por formalismos, impessoalidade e racionalismo. Sem o reconhecimento dessas formalidades convencionadas, a comunidade discursiva pode não reconhecer no texto um ofício e, consequentemente, ele perderá sua eficácia. Ainda dentro da concepção sociorretórica, não se deve esquecer que gêneros constituem formas de agir, que o fazemos retoricamente, formas estabelecidas por convenção, textos que buscam persuadir nosso enunciatário. Por isso, a necessidade de o enunciador que assina o ofício ser reconhecido como alguém que ocupa determinada posição na instituição, alguém que foi investido de poderes para transmitir a voz da instituição e, portanto, tem poderes para dizer o que diz (*pedir, reivindicar, orientar ações* etc.), observando sempre as restrições do gênero: o que pode ser dito, quem pode dizê-lo e para quem e como deve ser dito.

Para Silveira, relativamente à "persona retórica que emerge dos ofícios", é portadora da voz institucional e defensora dos interesses da organização. Sublinha então os aspectos ideológicos dos gêneros da burocracia administrativa (os ofícios são um deles): eles "são formas discursivas que concretizam de uma maneira aparentemente 'natural' a dinâmica das forças mantenedoras das estruturas de poder que permeiam as relações sociais nas comunidades organizadas". Para o autor citado, esses fatos são evidenciados no uso da linguagem burocrática, bem como "nas práticas reguladas pela hierarquia nos documentos oficiais e empresariais, na correspondência administrativa". E mais: os quadros dirigentes de todos os escalões "rezam pela mesma cartilha" (p. 1459).

3.3 Memorando

Quando se fala de memorando sob a perspectiva dos gêneros discursivos, nunca é demais lembrar que eles emergem de necessidades comunicativas relacionadas com as mais diversas atividades humanas. Como nos lembram Nunes e Silveira (2015, p. 136), alguns gêneros são mais previsíveis (prototípicos), mais estáveis em sua elaboração formal, como boletim de ocorrência, memorando, requerimento; outros são menos previsíveis, mais instáveis, como uma crônica, um poema, um *e-mail* para um amigo etc.

Com base em um memorando de uma instituição federal de ensino, observam os autores citados que primeiramente se deve verificar a "relação entre o gênero memorando e a esfera discursiva em que circula, ou seja, a instância administrativa/burocrática". Na mesma oportunidade, avaliam que a existência de memorandos está atrelada às necessidades comunicativas dos diversos setores que constituem determinada instituição. Caracterizam-se os memorandos como

> forma de interlocução que prima pelo controle e pelo registro escrito daquilo que se enunciou, visto que, como diz o provérbio latino *verba volant, escripta manent* [as palavras voam, os escritos permanecem]. Logo, não se trata apenas de uma mera "comunicação interna" ou de um "bilhete formal" fácil de ser reproduzido a partir de um modelo pronto, mas de um gênero complexo como qualquer outro, no que tange ao seu funcionamento discursivo (p. 138).

Ao possibilitarem a interação, os memorandos apresentam enunciador e enunciatário ocupando papéis sociais determinados e com objetivos específicos. Não é, pois, apenas a expressão da vontade particular de um sujeito, mas um texto que tem origem em uma situação. Nele não circula apenas a voz do enunciador, mas também a do próprio enunciatário que propôs uma pergunta, pediu um esclarecimento, ou antecipa dúvidas futuras, elucidações etc. Nossos textos são sempre **responsivos**: ou respondem a uma proposição anterior ou antecipam ou provocam futuros enunciados. Para Bakhtin (2017, p. 29),

> todo enunciado – da réplica sucinta (monovocal) do diálogo cotidiano ao grande romance ou tratado científico – tem, por assim dizer, um princípio absoluto e um fim absoluto: antes do seu início, os enunciados de outros; depois do seu término, os enunciados responsivos de outros (ou ao menos uma compreensão ativamente responsiva silenciosa do outro ou, por último, uma ação responsiva baseada nessa compreensão.

Alertam ainda os autores citados que quem assina um memorando "o faz em nome de uma voz institucional". Enfim, "o memorando contém a assinatura de alguém responsável por aquele discurso, porém esse alguém, discursivamente, jamais esteve sozinho" (p. 139). Em relação ao(s) enunciatário(s) de um memorando, é de dizer que não são passivos; eles participam da construção do sentido. No momento em que se escreve, cria-se um simulacro de quem vai ler o memorando. Esse simulacro orienta a dizer o que pode ser dito e a deixar de dizer o que não pode ser dito. Da mesma forma, o(s) enunciatário(s) também cria(m) um simulacro do enunciador: qual seu papel na organização, comportamento, convenções que segue etc.

A situação implica escolha vocabular adequada: consideram-se o tema, as pessoas que vão ler o memorando, seu nível de conhecimento de mundo e de escolaridade, sua capacidade de compreensão de determinadas palavras, a polidez que o evento requer (manter a face positiva, evitando, por exemplo, dar ordem bruscamente, uso de imperativo, enfim, modalizando a expressão, atenuando os dizeres), uso do futuro do pretérito, formas de tratamento (*você, senhor, senhora, vossa senhoria* etc.). Acrescente-se: não se diz o que se quer, mas o que pode ser dito. O enunciador também terá de escolher sobre a maior aproximação (subjetividade) ou maior distanciamento (objetividade) de seus enunciados: uso de primeira pessoa do singular (*eu*), da primeira pessoa do plural (*nós*), ou da terceira pessoa. E, ainda, prevalecerá o uso da voz ativa? Utilizará em algumas situações a voz passiva? Lembrar sempre que o enunciatário não é um leitor passivo; ele contribui para a constituição do sentido. Como visto na Seção 2 deste capítulo, o uso da voz passiva sem agente expresso é uma decisão do enunciador que não quer se responsabilizar pelo que diz, ou quer esconder, ocultar o responsável pelo que está afirmando. De igual forma, o uso de nominalizações esconde responsáveis: o leitor não é destituído de compreensão. Não se confundem, por exemplo, enunciados de sujeito explicitamente manifesto com enunciados que se valem de nominalizações: "Para reduzir custo da folha de pagamentos, o diretor fulano de tal resolveu dispensar 10 empregados" → "A dispensa de dez empregado foi motivada pela redução de custo da folha de pagamentos". Como assim? Quem dispensou? Quem da organização dispensou? De igual forma, como já vimos anteriormente, outra forma de esconder responsáveis é valer-se de generalizações: "A empresa, não suportando o peso da folha de pagamentos, decidiu..." Empresa? Por que o uso da prosopopeia? Leitores são mais astutos, argutos do se imagina.

Observar ainda os mecanismos de controle do memorando: sequência numérica, data, assunto, assinatura.

Relativamente ao suporte, era comum até bem pouco tempo os memorandos serem datilografados em papel timbrado, com cópia e, depois, enviados ao destinatário. Pouco adiante, com o uso de computadores, inicialmente, passaram a ser digitados, impressos (igualmente, em papel timbrado, sempre para conferir formalidade e legitimar o caráter institucional) e, depois, enviados à(s) pessoa(s) que se tinha em vista. Modernamente, é cada dia mais comum a dispensa da impressão: digita-se o texto, que é enviado eletronicamente.

3.4 Ata

Conceitualmente, define-se ata como relato do que se passou numa reunião, assembleia ou convenção. Daí as várias espécies: ata de assembleia geral extraordinária, de assembleia geral ordinária, ata de condomínio. É, portanto, um relatório pormenorizado de tudo o que se passou em uma reunião.

Uma das particularidades de uma ata é a necessidade de ser assinada, em alguns casos, por todos os participantes de uma reunião (conforme estatuto da empresa), e pelo presidente ou secretário, sempre. Para sua lavratura, são observadas as seguintes normas:

- Lavrar a ata em livro próprio ou em folhas soltas. Deve ser lavrada de tal modo que impossibilite a introdução de modificações.
- Sintetizar de maneira clara e precisa as ocorrências verificadas.
- O texto será digitado, datilografado ou manuscrito, mas sem rasuras.

- O texto será compacto, sem parágrafos ou com parágrafos numerados, mas não se fará uso de alíneas.
- Na ata do dia, são consignadas as retificações feitas à anterior.
- Nos casos de erros constatados no momento de redigi-la, emprega-se a partícula corretiva "digo".
- Quando o erro for notado após a redação de toda a ata, recorre-se à expressão "em tempo", que é colocada após todo o escrito, seguindo-se então o texto emendado: *Em tempo: na linha onde se lê "bata", leia-se "pata"*.
- Quando ocorrem emendas à ata ou alguma contestação oportuna, a ata só será assinada após aprovadas as correções.
- Os números são grafados por extenso.
- Há um tipo de ata que se refere a atos rotineiros e cuja redação tem procedimento padronizado. Nesse caso, há um formulário a ser preenchido.
- A ata é redigida por um secretário efetivo. No caso de sua ausência, nomeia-se outro secretário (*ad hoc*) designado para essa ocasião. A expressão *ad hoc* significa *para isso, para este caso, de propósito, designado para executar determinada função*.

São elementos constitutivos de uma ata:

- Dia, mês, ano e hora da reunião (por extenso).
- Local da reunião.
- Relação e identificação das pessoas presentes.
- Declaração do presidente e secretário.
- Ordem do dia.
- Fecho.

3.4.1 Modelo de abertura de ata

Após cabeçalho:

Ata da Assembleia Geral Ordinária (ou Extraordinária) de ..../..../....,

coloca-se:

Aos .... dias do mês de .... de 200X, ..., às ...... horas, na sede social da ......, na Rua.........,
nº ......, São Paulo, SP, reuniram-se ....

3.4.2 Fechos comuns em ata

Como o leitor pode observar, o gênero discursivo *ata* é constituído de fórmulas estáveis. Em geral, algumas de suas partes são repetidas de outras atas; são estereotípicas:

.... Nada mais havendo a tratar, o Sr. Presidente encerrou a sessão e convocou outra sessão para o dia ...., às .... horas e .... minutos, quando serão discutidos os recursos em pauta. E, para constar, lavrei a presente ata que subscrevo e vai assinada pelo Senhor Presidente depois de lida.

São Paulo, ... de .... de 200X.

a) Fulano de Tal,

  Presidente.

a) Fulano de Tal,

  Secretário.

.... Nada mais havendo a tratar, Fulano de Tal agradece a presença do Sr. Beltrano, do Sr. **XY**, das demais autoridades presentes e declara encerrada a reunião, da qual eu ...., Secretário em exercício, lavrei a presente ata, que vai assinada pelo Sr. Presidente e por mim.

São Paulo, ... de .... de 200X.

a) Fulano de Tal,

  Presidente.

a) Fulano de Tal,

  Secretário.

.........A sessão encerrou-se às .... horas. Eu .... , Secretário em exercício, lavrei, transcrevi e assino a presente ata.

São Paulo, ... de .... de 200X.

a) Fulano de Tal,

  Presidente.

a) Fulano de Tal,

  Secretário.

Capítulo 6

Exemplificando, temos:

Banco X

CNPJ nº 12.000.228/0001-30

ATA DA ASSEMBLEIA GERAL EXTRAORDINÁRIA

Realizada em 17 de julho de 200X.

Data, local e hora: *17 de julho de 200X, às 15h00, na sede social situada na Av. Paulista, nº x, 6º andar, São Paulo, Capital.* Convocação: *Em conformidade com os editais de convocação regularmente publicados em 10, 11 e 12 de julho de 200X no Diário Oficial do Estado de São Paulo e no jornal Gazeta Mercantil.* Presença: *acionistas representando a maioria do capital social conforme verificado no livro de presença de acionistas.* Mesa diretora: *Presidente: Fulano de Tal; Secretária: Fulana de Tal.* Deliberações: *Foram aprovadas por unanimidade dos presentes as seguintes matérias: 1. a proposta do acionista controlador de inclusão do parágrafo primeiro no artigo terceiro do Estatuto Social, cuja redação é a seguinte: "Artigo 3º . . . Parágrafo 1º O Banco faz parte do Grupo XYZ. Em tal qualidade, está sujeito à observância das disposições que a controladora, no exercício da atividade de direito e coordenação, emana para a execução das instruções da Banca D'Italia, no interesse da estabilidade do grupo, observada sempre a legislação brasileira. Os administradores fornecerão à controladora dados e informações para o cumprimento das referidas disposições" e a transformação do parágrafo único em parágrafo 2º; 2. a proposta da diretoria no sentido de alterar a nomenclatura do cargo do diretor para diretor executivo. Em consequência, o artigo 15 do Estatuto Social passa a vigorar com a seguinte redação: "Artigo 15. A diretoria, eleita com mandato de dois anos pelo Conselho de Administração, é composta de, no mínimo, dois e, no máximo, cinco membros, sendo um diretor superintendente e os demais designados diretores executivos." Nada mais havendo a tratar, foi encerrada a reunião, antes lavrando-se esta ata em forma de sumário, que lida, achada conforme e aprovada, vai por todos assinada. São Paulo, 17 de julho de 200X. (as.) Presidente: Fulano de Tal; Secretária: Fulana de Tal. Acionistas: .... A presente é cópia fiel da ata original lavrada no livro próprio. Fulana de Tal, Secretária.*

JALENTO INDUSTRIAL S.A.

Sociedade Anônima de Capital Aberto

CNPJ .... – ....

4 FUNÇÃO DE DAR CONHECIMENTO DE ALGO A ALGUÉM

Nesta seção, veremos aviso, bilhete e edital.

4.1 Aviso

O aviso se caracteriza como informação, comunicado de uma pessoa para outra. Burocraticamente, é um ofício de um ministro para outro. É utilizado no comércio, na indústria, no serviço público e na rede bancária. Serve para ordenar, cientificar, prevenir, noticiar, convidar. Uma forma conhecida de aviso é aquela em que o empregado ou empregador comunica a rescisão de contrato de trabalho e que se constitui no chamado *aviso prévio*.

Como uma das principais funções do aviso é comunicar com eficácia, advindo daí economia de tempo, favorecem a consecução desse objetivo o texto breve, o tratamento de um assunto apenas.

4.2 Bilhete

Bilhete é uma carta simples e breve, sem as fórmulas das cartas ordinárias. É um aviso escrito em que se anota algum fato para ser levado a conhecimento de outra pessoa, mas de modo apressado. As principais modalidades são:

- **Bilhete de visita:** cartão com nome impresso e com indicação da profissão e morada respectivas.
- **Bilhete à ordem:** nota promissória, usada no comércio.
- **Bilhete postal:** cartão selado para a correspondência postal sobre assuntos que não exigem segredos.

Em sentido jurídico, bilhete significa o papel escrito que contém a obrigação de pagar ou entregar algo a quem ele é dirigido, dentro de determinado tempo.

Em linguagem comercial, o bilhete tem função idêntica ao título de crédito, desde que se revista das formalidades legais. Recebe diversas designações: bilhete a domicílio, bilhete ao portador, bilhete à ordem, bilhete de banco, bilhete de câmbio, bilhete de carga, bilhete de crédito, bilhete de desembarque, bilhete de entrada, bilhete de loteria, bilhete de mercadorias, bilhete de passagem, bilhete em branco e outros.

4.3 Edital

É um gênero discursivo escrito que se caracteriza pela determinação de algo, aviso e comunicação de ordem oficial. Em geral, é publicado na imprensa periódica, ou afixado em lugares públicos, como é o caso do edital de proclamas expedido por cartórios, quando noivos dão entrada para a habilitação de casamento civil. Outros tipos de edital comuns na administração pública são: edital de concursos, edital de citação (aviso para convocar um réu de um processo), edital de convocação, edital de concorrência de obras púbicas etc. Exemplo:

> **EDITAL DE CONVOCAÇÃO**
>
> Pelo presente Edital, ficam convocados os senhores delegados dos Sindicatos filiados, membros do Conselho de Representantes desta Federação, que se encontram no gozo de seus direitos, observada a legislação vigente e as normas estatutárias aplicáveis, para se reunirem em Assembleia Geral Extraordinária, do dia ...... de .... de 200X, na sede da entidade, situada na Av. ...., conjuntos ...., São Paulo (SP), em observância aos termos do Edital de Convocação de eleições para...
>
> São Paulo, ... de .... de 200X.
>
> (a) ....

5 FUNÇÃO DE ESTABELECER CONCORDÂNCIA

Nesta seção, veremos acórdão, acordo, convênio, contrato, convenção.

Acórdão é decisão de órgão colegiado de um tribunal. Os acórdãos apresentam os principais pontos da discussão de determinado tema de uma representação, das conclusões a que se chegou o órgão colegiado.

Acordo é conciliação, o estabelecimento de um contrato de anuência. Os trabalhadores da iniciativa privada, por exemplo, segundo a Lei nº 13.467/2017, que inseriu o artigo 484 da Consolidação das Leis do Trabalho, podem firmar acordo de rescisão contratual trabalhista com seus empregadores, respeitando-se determinadas normas do dispositivo legal.

Convênio se define como forma de ajustamento entre pessoas para a realização de interesse comum, por meio de mútua colaboração. Na administração pública, pode haver acordos entre uma entidade da administração pública federal e uma entidade pública estadual, estadual ou municipal.

Contrato é um acordo firmado entre partes, que podem ser constituídas por pessoas físicas ou jurídicas. Como regulamenta interesse e relações entre os envolvidos, constitui um negócio jurídico que gera obrigações entre as partes, como é o caso de um contrato de compra e venda de um imóvel.

Por último, **convenção** também é um acordo, firmado entre partes, sobre determinada atividade, que estabelece normas a serem cumpridas. Citemos, para exemplificar, duas delas: convenção coletiva do trabalho e Convenção do Trabalho da Organização Internacional do Trabalho.

6 FUNÇÃO DE PEDIR, SOLICITAR (REQUERIMENTO)

Nesta seção, veremos requerimento.

Requerimento é gênero discursivo estabilizado, uma petição por escrito feita com as fórmulas legais, na qual se solicita algo que é permitido por lei, ou que como tal se supõe. É todo pedido que se remete a uma autoridade do Serviço Público, mas não só do serviço público, visto que também se pode encaminhar um requerimento a um estabelecimento de ensino particular.

Enquanto o requerimento é um veículo de solicitação sob o amparo da lei, a *petição* destina-se a pedido sem certeza legal, ou sem segurança quanto ao despacho favorável.

Os requerimentos seguem normas rigorosas: são apresentados em papel simples ou duplo; o formato é o almaço, com pauta (se manuscrito) ou sem pauta (se datilografado). Pode, ainda, ser manuscrito, datilografado ou mimeografado em papel tamanho ofício (215 × 315 mm). Evita-se o uso de impressão em tinta vermelha. Entre a invocação e o texto, deve haver espaço para o despacho: sete linhas (em caso de papel pautado) ou sete espaços interlineares duplos (se o papel não for pautado).

São componentes de um requerimento:

1. **Invocação:** forma de tratamento, cargo e órgão a que se dirige:

> Ilustríssimo Senhor:
>
> Diretor-Geral do Departamento de Pessoal do Ministério da
>
> Educação e Cultura:
>
> Não se menciona no vocativo o nome da autoridade. Não se coloca após o vocativo nenhuma fórmula de saudação.

2. **Texto:** nome do requerente, RG, CPF, sua filiação, sua naturalidade, seu estado civil, sua profissão e residência (cidade, estado, rua e nº). A essas informações se junta o conteúdo do que se deseja, a justificativa (fundamentada em citações legais e ouros documentos). Tornaram-se antiquadas as expressões *abaixo assinado, muito respeitosamente*.

3. **Fecho:** NESTES TERMOS PEDE DEFERIMENTO em letras maiúsculas, ou

> Nestes termos pede deferimento.
>
> Espera deferimento.
>
> Aguarda deferimento.
>
> Pede deferimento.
>
> Termos em que pede deferimento.

4. **Local e data.**

5. **Assinatura.**

Obs.: Evita-se o "pede e aguarda deferimento", pois ninguém pede e se recusa a aguardar.

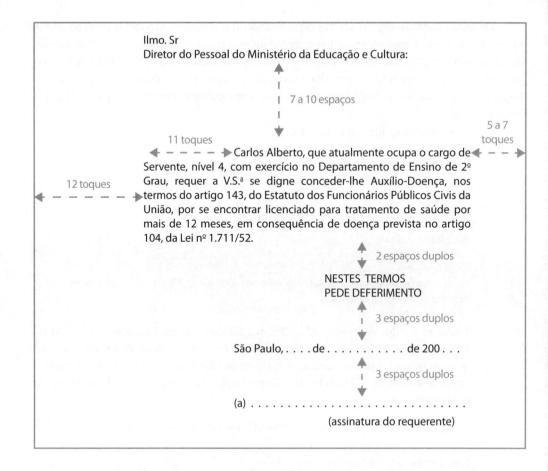

7 FUNÇÃO DE PERMITIR: ALVARÁ

Um dos gêneros discursivos que têm essa função de permitir é o alvará, que se define como documento ou declaração de autoridade pública em que se autoriza a prática de uma atividade, o funcionamento de uma empresa, a construção de uma obra, a realização de um evento. Gênero estabilizado; rigorosamente formal.

8 FUNÇÃO DE DAR FÉ DA VERDADE DE ALGO: ATESTADO E DECLARAÇÃO

Nesta seção, veremos atestado e declaração.

Atestado é um gênero discursivo em que se faz uma declaração; um documento firmado por uma *autoridade* em favor de alguém, ou algum fato de que se tenha conhecimento. É um documento oficial com que se certifica, afirma, assegura, demonstra algo que interessa a outrem. Exemplo:

> ATESTADO
> DE IDONEIDADE MORAL
>
> Eu, ..., ..., atesto para os
> *(nome)* *(profissão)*
> devidos fins que conheço .... há .... (........) anos e que é pessoa de alto conceito, digna de toda confiança e que nada existe que possa desaboná-la.
>
> Por ser expressão de verdade, firmo o presente atestado.
>
> ...., ... de .... de 20XX.
>
> (a) ....

Declaração, por sua vez, é prova escrita, é documento, é depoimento, é explicação. Nela se manifesta opinião, conceito, resolução ou observação. Exemplo:

> DECLARAÇÃO
>
> Declaramos para os devidos fins que o Sr. ...., portador da Carteira de Trabalho nº .... da série ...., foi nosso empregado no período de .... a .... exercendo a função de .... Informamos, ainda, que o referido empregado, durante o tempo em que aqui trabalhou, exerceu sua função a contento, não havendo nada que possa desaboná-lo.
>
> Por ser a expressão da verdade, firmamos a presente declaração.
>
> local e data
> (a) ....

9 FUNÇÃO DE DECIDIR, RESOLVER: ORDEM DE SERVIÇO

Nesta seção, veremos ordem de serviço.

Ordem de serviço pode ser entendida de duas maneiras: uma comunicação feita para que seja executada determinada tarefa; nesse caso, há orientação precisa e detalhada sobre a execução de serviços ou cumprimento de obrigações; em um segundo sentido, é um documento em que se formaliza a execução de um serviço, uma assistência técnica.

10 FUNÇÃO DE SOLICITAR A PRESENÇA: CONVOCAÇÃO

Entre os gêneros discursivos cuja função é solicitar a presença de uma pessoa, temos a **convocação**, que é uma forma de comunicação escrita em que se convida ou chama alguém para uma reunião. Na elaboração do texto, especificam-se local, data, finalidade. O objetivo da convocação deve ser reconhecido prontamente. Exemplo:

> EMPRESA JOTABÊ S.A.
>
> COMPANHIA ABERTA
>
> CNPJ MF nº .... /............................–............
>
> ASSEMBLEIA GERAL EXTRAORDINÁRIA
>
> CONVOCAÇÃO
>
> Convocamos os Senhores acionistas para se reunirem em Assembleia Geral Extraordinária em sua sede social, na Travessa das Sete Letras, nº 66, em São Paulo (SP), a realizar-se no dia 29 de janeiro de 200X, às 16 horas, a fim de deliberar sobre a seguinte ordem do dia:
>
> 1. Exame e apreciação da proposta para incorporação das empresas B.C.D. Ltda. e Galina Angolana S.A. a esta sociedade, consoante os termos e condições fixados nos instrumentos de "Justificação e protocolo de Incorporação", firmados entre as empresas citadas e esta sociedade.
>
> 2. Ratificação da nomeação dos peritos avaliadores do patrimônio líquido das empresas a serem incorporadas.
>
> 3. Exame e apreciação dos laudos de avaliação e demais deliberações necessárias às incorporações propostas.
>
> 4. Outros assuntos pertinentes.
>
> São Paulo, 7 de janeiro de 200X.
>
> Jacetir Branco,
>
> Presidente do Conselho de Administração.

11 FUNÇÃO DE OUTORGAR MANDADO, EXPLICITANDO PODERES

Entre os gêneros discursivos com a função de outorgar mandado, explicitando poderes, há a procuração, que é um documento que uma pessoa passa a outra pessoa, para que ela possa tratar de negócios em seu nome. É um documento em que se estabelece legalmente essa incumbência, em que se outorga o mandado e se explicitam os poderes conferidos. É um gênero altamente estabilizado. Exemplo.

PROCURAÇÃO

Texto-base para qualquer procuração particular	............................., ..., ... (*nome*)　　　(*nacionalidade*)　　　(*est. civil*) ...., residente na ...., ..., (*profissão*)　　　　　　(*cidade*)　　　　(*Estado*) portador do RG nº ...., CPF nº .... pelo presente instrumento de procuração constitui e nomeia seu bastante procurador ...., ..., 　　　　　　　　　　　　　(*nome*)　　　　　　(*nacionalidade*) ...., residente na ...., ... (*est. civil*) (*profissão*)　　　　　　　(*cidade*)　　　(*Estado*)
Texto específico	portador do RG nº ...., CPF nº ...., para representá-lo junto à ...., com a finalidade específica de 　　　　　(*nome da empresa*) ...., podendo, para tanto, assinar contrato respectivo carnê de pagamento, realizando todos os atos necessários a esse fim, dando tudo por firme e valioso, a bem deste mandado.
Fecho fixo de procurações particulares	........................, ..., ... de 200X. (*cidade*)　(*dia*)　(*mês*) (a)... (*assinatura com firma reconhecida*)

Exemplo de texto específico de procuração

.... para o fim de retirar do Banco .... agência ...., na cidade de .... Estado de ...., a quantia de R$ .... (................) de seu saldo em conta-corrente nesse banco (conta nº ....), de uma só vez ou parceladamente, assinando cheques, recibos, livros e o que for necessário para esse fim.

Exemplo de fecho fixo de procurações particulares

.... o que tudo dará por firme e valioso, a bem deste mandado.

　　　　　........................., ... de .... de 200X.
　　　　　　(*cidade*)　　　(*dia*)　　　(*mês*)

(a) ....
　　(*assinatura com firma reconhecida*)

Exemplo de procuração *ad judicia*:

	PROCURAÇÃO
Texto-base para qualquer procuração	........................., ..., ... (*nome*) (*nacionalidade*) (*est. civil*) ...., ..., ..., (*profissão*) (*cidade*) (*Estado*) portador do RG nº ...., CPF nº .... pelo presente instrumento de procuração constitui e nomeia seu bastante procurador ...., ..., ..., (*nome*) (*nacionalidade*) (*est. civil*) ...., com escritório na ...., ..., (*profissão*) (*cidade*) (*Estado*) inscrito na OAB, seção de ...., sob nº ....CPF nº .... representá-lo junto à ...., com a finalidade específica de ...
Texto específico	Para quem em seu nome, como se presente fosse, em qualquer juízo ou tribunal, possa requerer tudo o que em direito for permitido, usando os poderes AD JUDICIA, em toda sua extensão, podendo, também, acordar, transigir, receber e dar quitação, substabelecer, praticando, enfim, todos os atos permitidos em direito, por mais especiais que sejam, o que tudo dará por firme e valioso, a bem deste mandado. ...., ..., ... de 200X. (a)... (*assinatura com firma reconhecida*)

Aurélio Buarque de Holanda Ferreira (1975, p. 37), em seu *Novo dicionário da língua portuguesa*, no verbete "Ad judicia", explicita que se chama ad judicia o "mandato que se outorga aos advogados para procurarem em juízo os direitos do mandante, sem ser preciso mencionar especificamente os poderes, salvo para determinados atos expressos em lei".

EXERCÍCIOS

1. Despois de pesquisar na Internet textos oriundos da administração pública e privada e tê-los lido, escreva uma carta para seu professor, comentando enunciados em que aparece voz passiva sem agente, nominalizações, generalizações.

2. Segundo o conceito de ideologia visto na Seção 1, o sujeito é interpelado pela ideologia. O que você entende por *interpelado*? Ainda segundo o mesmo conceito: a linguagem é vista como transparente. O que acha disso? Que significa naturalização dentro dessa abordagem? Dê exemplos de fatos que são considerados naturais em nossa sociedade.

3. Você vê com naturalidade a existência de grandes diferenças salariais no mercado de trabalho brasileiro? É natural a diferença entre salários masculinos e salários femininos?

4. Volte ao primeiro texto apresentado na Seção 1 ("Modelos organizacionais e reformas da administração pública") e comente o princípio da administração de Taylor, em que a direção (os executivos) usa a mente e os operadores usam os músculos.

5. O texto da Seção 1 se refere também a McGregor. Pesquisar na Internet quem foi McGregor e sua teoria X e teoria Y. Comente a classificação da teoria X que vê o trabalhador comum, em situação comum, como alguém que evita quando possível o trabalho. Essa mesma teoria afirma que alguns trabalhadores só realizam as tarefas estabelecidas quando pressionados, forçados, controlados e, às vezes, até ameaçados com punições. O que você acha dessa classificação?

SUGESTÃO DE LEITURA

1. Leitura e discussão do texto de BARRERE, Luana Lisboa. Face e polidez linguística em reclamações online: uma análise sob o viés pragmático. *Entrepalavras,* Fortaleza, Universidade Federal do Ceará, v. 7, p. 383-405, jan./jun. 2017. Disponível em: http://www.entrepalavras.ufc.br/revista/index.php/Revista/article/view/840. Acesso em: 29 jun. 2020.

2. TRAVAGLIA, Luiz Carlos. Composição tipológica de textos como atividade de formulação textual. *Revista do GELNE,* Fortaleza, v. 4, n. 1/2, p. 29-34, 2002. Disponível em: http://www.ileel.ufu.br/travaglia/sistema/uploads/arquivos/artigo_composicao_tipologica_textos_atividade_formulacao.pdf. Acesso em: 20 abr. 2020.

3 Resumir o artigo de VIAN JR., Orlando. Estruturas potenciais de gêneros na análise textual e no ensino de línguas. Linguagem em (Dis)curso, Palhoça, Universidade do Sul de Santa Catarina, v. 9, n. 2, p. 387-410, maio/ago. 2009. Disponível em: http://www.scielo.br/pdf/ld/v9n2/08.pdf. Acesso em: 27 mar. 2020.

7

Gêneros jornalísticos

Todo texto pode ser considerado argumentativo (no sentido lato), na medida em que nenhum gênero surge sem nenhum propósito, sem exprimir nenhuma opinião ou juízo de valor (SVENTICKAS In: TRAVAGLIA; FINOTTI; MESQUITA, 2008, p. 305).

Como uma das características da linguagem, quando vista como ação, é ser dotada de uma orientação argumentativa, mesmo a notícia, vazada em linguagem ordinária, não impede a presença da subjetividade do autor, não impede que alguns vocábulos sejam empregados em detrimento de outros e, assim, marquem distinções significativas (FERREIRA, 2015, p. 27).

1 INTRODUÇÃO

Um mesmo jornal que veicula editorial, artigo de opinião, reportagens, entrevistas, carta ao leitor, carta do leitor, errata, textos do *ombudsman*, perfil de autoridades etc. publica também resenhas de livros, artigos culturais (sobre espetáculos teatrais, musicais, de dança, resumos de filmes, horóscopo, boletim meteorológico, propaganda, palavras cruzadas, receita culinária, charges, tiras ou quadrinhos, avisos, *recall*, editais etc., que não pertencem propriamente ao gênero jornalístico, mas a outra comunidade discursiva. Exemplificando: jornais publicam editais de concorrência e de concursos que pertencem à comunidade discursiva da administração pública ou comercial; a propaganda neles veiculada é elaborada pela comunidade discursiva dos publicitários. Publicam também crônicas, que é um gênero híbrido, produzidas que são tanto por jornalistas (que, muitas vezes, reunindo-as, as transforma posteriormente em livros, como ocorreu com Rubem Braga, Fernando Sabino, Paulo Mendes Campos), como por literatos, que as publicaram em jornais, como é o caso, no passado, de Machado de Assis, João do Rio, Lima Barreto, Cecília Meireles, Clarice Lispector, Moacyr Scliar e, nos tempos atuais, Luis Fernando Veríssimo, Cristovão Tezza.

Examinemos inicialmente um texto jornalístico.

OS PREJUÍZOS DO TAL "MINAS TRABALHA EM SILÊNCIO"

O que já foi sinônimo de esperteza, astúcia, e até inteligência como mecanismo para a solução de problemas, ao invés de confrontos, hoje pode ser constatado como algo extremamente prejudicial para um sustentado desenvolvimento econômico e social do Estado, nas últimas décadas.

A origem dessa expressão remonta a curiosidades históricas, conforme Celso Serqueira: "em 1714, as Minas Gerais faziam parte da Capitania de São Paulo e, após a descoberta de ouro, a região foi dividida em três comarcas. Dentre os marcos divisórios instalados, havia um cruzeiro – cruz de ferro – no alto do Monte Caxambu, na estância hidromineral de mesmo nome. Ele indicava a divisa entre as comarcas do Rio das Mortes, em São João Del Rei, e da Vila de Santo Antônio de Guaratinguetá, no Vale do Paraíba.

Em decorrência da Guerra dos Emboabas, em 1720, criou-se a capitania independente das Minas Gerais, que tinha como referência aquele cruzeiro colocado no Monte Caxambu. Para o Norte seria Minas, para o Sul seria São Paulo. O problema para os mineiros era que isso proporcionaria aos paulistas a posse de uma grande extensão de terra nas montanhas e as bacias dos rios Grande, Verde e Sapucay – território e mananciais do interesse de Minas.

O que fizeram os mineiros para reverter esta situação? Pegaram em armas para defender com sangue as terras disputadas? Conclamaram o povo para se insurgir contra o governo? Não, nada disso. Pacíficos e matreiros como são os mineiros, os membros da Câmara de São João Del Rei furtivamente mudaram a posição do marco, levando-o para o alto da Serra da Mantiqueira, cerca de 80 quilômetros adiante, já no lado do Vale do Paraíba, o que deu origem, mais tarde, à cidade paulista de Cruzeiro. Com esse artifício, Minas ganhou toda a região conhecida hoje como "Terras Altas da Mantiqueira".

Infelizmente, esta expressão de linguagem virou séculos e era considerada algo positivo, e alguns assim todavia o pensam, como se fosse meritória na brutal concorrência entre os estados da federação brasileira e até em âmbito internacional para atrair investimentos nas mais diversas áreas, sempre tendo como fim a pujança do Estado e dos mineiros. Foi até slogan utilizado por Magalhães Pinto, que governou o Estado de 1961 a 1966.

E, com isso, posicionamo-nos bem aquém de onde poderíamos estar, quando analisamos aspectos elementares de Minas como Estado síntese do Brasil. Com uma infraestrutura precária, vide rodovias e o metrô da capital, passando pelos investimentos federais e privados, tanto nacionais como internacionais, e citando o paradigma da completa desproporcionalidade de turistas que visitam o Estado, quando analisamos a riqueza do nosso patrimônio material e imaterial, nossas paisagens, montanhas, cachoeiras, nossa rica gastronomia, o talento do seu povo e sua capacidade de inovação.

Não, não é mais possível aceitar o tal "Minas trabalha em silêncio". Ainda mais neste período extremamente grave de pandemia, em que o pós-Covid indica duros momentos pela frente, mister é mais que a união, mas a interação, planejamento conjunto e atuação obstinada de setores públicos e privados em prol da recuperação econômica e social do Estado.

Tarefa irrenunciável e irrefutável principalmente para o governo do Estado, parlamentos, prefeituras, Fiemg, Sesc, Sebrae, sindicatos e inúmeras entidades da sociedade civil compromissadas com o futuro de Minas e dos mineiros. Esta nossa missão. Este será nosso legado!!
(CALDEIRA, 2020).

O que vemos nesse texto? Um artigo que foi publicado em *Hoje em Dia*, jornal diário de Belo Horizonte. O autor é doutor em Direito e foi nomeado Subsecretário de Cultura do Estado de Minas Gerais. Um texto, portanto, publicado em jornal que não foi produzido por um jornalista.

Quando tratamos de tipologia textual na Seção 2 do Capítulo 4, com base em Travaglia, verificamos que três são as naturezas dos textos: o tipo, o gênero e a espécie. Segundo a classificação de Travaglia, quatro seriam os tipos de texto: (1) Levando em consideração a perspectiva do enunciador em relação ao objeto de seu dizer, temos: descrever, narrar, dissertar e textos injuntivos. (2) Considerando a relação do enunciador com seu enunciatário, a imagem que o enunciador faz do seu leitor (é alguém que concorda ou não com o sentido exposto), temos: texto argumentativo *stricto sensu* ou argumentativo não *stricto sensu*, classificação que nos permite inferir que todo texto é argumentativo, com a diferença, porém, de que alguns o fazem e forma explícita e outros não. (3) Da perspectiva de quem se coloca antecipando fatos que ainda não ocorreram, temos texto preditivo ou não preditivo. (4) Da perspectiva do comprometimento ou do não comprometimento: os textos se dividem em textos do mundo narrado (não comprometimento do enunciador) e textos do mundo comentado (comprometimento do enunciador).

São tempos do **mundo comentado**: presente do indicativo (*amo*), pretérito perfeito composto (*tenho amado*), futuro do presente (*amarei*), futuro do presente composto (*terei amado*). A esses tempos verbais acrescentem-se as locuções formadas com esses tempos: *estou amando, vou amar*.

No **mundo narrado**, os tempos verbais são: pretérito perfeito simples (*amei*), pretérito imperfeito (*amava*), pretérito mais-que perfeito (*amara*), futuro do pretérito (*amaria*). A esses tempos verbais acrescentem-se as locuções verbais formadas com gerúndio e infinitivo: *estava amando, ia amar* etc. (cf. KOCH, 2017, p. 35).

O texto de Caldeira se encaixa na categoria de argumentativo *stricto sensu*. O que ele diz? Para defender tese contrária à expressão que se tornou comum no Brasil, segundo a qual "mineiro trabalha em silêncio", dialoga com fatos "históricos", recuperados do pesquisador Celso Serqueira. Caldeira propõe uma nova forma de ver Minas Gerais e os mineiros; o que já foi visto como astúcia do mineiro, é visto agora como prejudicial: "pode ser constatado como algo extremamente prejudicial para um sustentado desenvolvimento econômico e social do Estado, nas últimas décadas". Aqui, como em outras partes do texto, o enunciador apresenta explicitamente avaliação sobre o que diz, valendo-se de modalizadores, como *extremamente, infelizmente*, que produzem o efeito de sentido de subjetividade e de quem está interessado em persuadir o leitor.

Caldeira nos mostra então como se originou a expressão "mineiro trabalha em silêncio", apoiando-se em Serqueira, cujo objetivo é mais entreter e oferecer apoio à pesquisa (cf. http://www.serqueira.com.br/mapas/inf.htm. Acesso em: 30 out. 2020): "Pacíficos e matreiros como são os mineiros, os membros da Câmara de São João Del Rei furtivamente mudaram a posição do marco, levando-o para o alto da Serra da Mantiqueira, cerca de 80 quilômetros adiante, já no lado do Vale do Paraíba, o que deu origem, mais tarde, à cidade paulista de Cruzeiro. Com esse artifício, Minas ganhou toda a região conhecida hoje como 'Terras Altas da Mantiqueira'." A expressão, segundo seu ponto de vista, traz prejuízos a Minas: "*Infelizmente*, esta expressão de linguagem virou séculos e era considerada algo positivo, e alguns assim todavia o pensam, como se fosse meritória na brutal concorrência entre os estados da federação brasileira e até em âmbito internacional para atrair investimentos nas mais diversas áreas, sempre tendo como fim a pujança do Estado e dos mineiros." Infere-se então que, em vez de trabalhar em silêncio, há muito o que fazer e anunciar aos quatro ventos: "Tarefa *irrenunciável* e *irrefutável principalmente* para o governo do Estado, parlamentos, prefeituras, Fiemg, Sesc, Sebrae, sindicatos e inúmeras entidades da sociedade civil compromissadas com o futuro de Minas e dos mineiros." Destacamos os modalizadores, para que o leitor não deixe de perceber que a aproximação do enunciador de seu enunciatário tem em vista persuadi-lo, dar maior ênfase ao que diz.

2 PARA COMPREENDER GÊNEROS JORNALÍSTICOS

Considerando gêneros discursivos, afirma Sventickas (*In*: TRAVAGLIA; FINOTTI; MESQUITA, 2008, p. 307-308) que, para evitar que as pessoas não entendam o que dizemos ou escrevemos como desejaríamos, "torna-se necessário que nossos textos e, consequentemente, que nossas ações sejam *típicas*, facilitando assim o entendimento e a comunicação na visão social". Daí o surgimento dos gêneros discursivos, que são conceituados como "tipificação de textos e ações que atendem às exigências de comunicação entre os indivíduos". Tal definição parte do social, de objetivos extralinguísticos de comunicação, que se apoiam em como entender e se fazer entender. Os gêneros, além de fazerem parte do modo como as pessoas agem socialmente e tipificam suas atividades profissionais, "dão forma e organizam a vida social e são usados, principalmente, com o objetivo de promover e organizar atividades entre seres humanos".

Os textos produzidos por jornais e revistas pertencem à comunidade discursiva dos jornalistas. Recorremos então novamente a Sventickas, que se vale do conceito de *comunidade discursiva* de John Swales:

> (1) os indivíduos pertencentes a essa comunidade possuem um objetivo público comum, como, por exemplo, transmitir informações;
>
> (2) jornalistas possuem mecanismos de comunicação entre si, como os chamados *releases*, que são uma espécie de pauta escrita na assessoria de imprensa de um jornal, a fim de informar os repórteres sobre algo que esteja ocorrendo, possibilitando a ida destes ao local do acontecimento;
>
> (3) jornalistas utilizam seus mecanismos de participação (como reuniões) para fornecer informações e retorno (*feedback*);
>
> (4) a linguagem jornalística possui certas especificidades;
>
> (5) a comunidade jornalística é constituída por indivíduos especializados, com um grau adequado da área e capacidade discursiva (p. 311).

A esses critérios, Sventickas acrescenta, com base em Marcuschi, a noção de suporte: "um mesmo gênero pode ser constituído (conteúdo e estrutura interna) de forma diferente, dependendo do suporte em que ocorre" (p. 313). Dessa forma, são considerados do gênero jornalístico os textos que "fazem parte de uma comunidade discursiva jornalística e para os quais o jornal escrito e a revista funcionam essencialmente, como suporte e primeiro lugar de fixação e divulgação de seus conteúdos, e não como serviço ou canal" (p. 313). Conclui então o autor citado que constituem critérios de análise das categorias de textos veiculados em jornais e revistas:

> (1) o fato de pertencerem à comunidade discursiva jornalística, ou seja, de serem produzidos por um profissional especializado, que possui, juntamente com outros, um objetivo público comum (que no caso dos jornalistas é informar

a população sobre os mais variados acontecimentos) e que produz gêneros específicos para o alcance desse objetivo (como a notícia, que é produzida para fazer o leitor conhecer um determinado acontecimento);

(2) o fato do jornal ou revista funcionar como suporte e não como um serviço ou canal. Neste último caso podemos ter gêneros produzidos por profissionais de outras comunidades discursivas e que têm o jornal mais como meio de divulgação a mais do que fixação de seu conteúdo e reflexo de uma atividade profissional de um certo grupo social (p. 314).

Jornais e revistas selecionam o que noticiar segundo um conjunto complexo de critérios. Entre eles estão: frequência (eventos recentes são mais noticiáveis), intensidade, não ambiguidade, eventos significativos (proximidade cultural, relevância, predizibilidade), fatos inesperados (não predizibilidade, escassez), demanda, continuidade, referência a pessoas que se destacam na sociedade. Esses critérios "exercem o papel de 'guardiões', filtrando e restringindo a entrada das notícias".

O leitor, possivelmente, já ouviu alguma vez algum profissional de imprensa referir ao texto jornalístico como um texto de visão **imparcial**, ou que acredita na **neutralidade** do que se veicula nos mais variados meios de comunicação de massa. Um leitor não ingênuo reconhece, no entanto, a falácia desse tipo de argumentação. Evidentemente, há formas de dizer em que o enunciador se mantém mais distante do acontecimento e do enunciatário e outras em que mais se aproxima tanto de um quanto de outro. Todavia, por mais diferentes que sejam os modos de dizer, todos eles se filiam a uma *ideologia*. Nesse sentido, afirma Ikeda (*In*: MEURER; BONINI; MOTTA-ROTH, 2010, p. 48):

> Uma vez selecionada, a notícia é submetida a um processo de transformação ao ser codificada para a publicação; as propriedades técnicas da mídia – TV, imprensa, por exemplo – e os modos como são usados são fortemente efetivos nessa transformação. Tanto a "seleção" quanto a "transformação" são guiadas por referência, geralmente inconsciente, a ideias e crenças. [...] Assim, o jornal é uma *prática*: um discurso que, longe de refletir com neutralidade a realidade social e os fatos empíricos, intervém no que Berger e Luckmann [*The social construction of reality*, 1976] chamaram de "a construção social da realidade".

Para Andrade (*In*: TRAVAGLIA; FINOTTI; MESQUITA, 2008, p. 45-46), o que "julgamos ser a realidade é apenas um produto de nossa percepção cultural". Construímos a realidade, ou a mantemos ou a alteramos por meio da forma como nomeamos o mundo e sobretudo "pela forma como interagimos com ele, isto é, interpretamos e construímos nossos mundos por meio da interação com o contexto de situação e o contexto sócio-histórico-ideológico".

Mesmo um texto puramente informativo revela seleção do tema, escolha do vocabulário, elementos que indicam a presença de subjetividade. Mesmo quando o jornalista se vale de uma sequência descritiva, por mais objetiva que seja, não foge à regra. Escolhe um ângulo, um aspecto do objeto, fato ou fenômeno. Imaginemos a situação de um acidente de trânsito: do ponto de vista de um jornalista, teremos; o que ocorreu, nome das pessoas (quem), local (onde), indicadores temporais (quando), como se deu o acidente, por que ocorreu o acidente; da perspectiva do policial, outros elementos poderão ser necessários, como placa do automóvel, identidade do condutor, estado físico (alcoolizado, não alcoolizado), transgressão a algum sinal de trânsito etc.; do ponto de vista das testemunhas, outros; do ponto de vista de um juiz, outros; do ponto de vista de um engenheiro de tráfego, outros etc. É nesse sentido que Faria e Soares (*In*: DI FANTI; BRANDÃO, 2018, p. 192) sustentam que as "escolhas, feitas no processo da produção de uma notícia, tornam a notícia não apenas relato, mas também construção". E, com base em Charaudeau (2006), entendem que o discurso jornalístico vive a tensão entre "fazer saber" (visada da informação) e "fazer sentir" (visada de captação de atenção do leitor, consumidor do jornal): "Os alvos, portanto, são captar o leitor e fazê-lo acreditar que está recebendo informação de credibilidade."

Jornais buscam construir um *ethos* de credibilidade, de empresa jornalística que se ocupa de reproduzir com exatidão os fatos. É, por isso, que o enunciatário (leitor do jornal, ouvinte de emissora de rádio, telespectador) encontra nos mais variados textos jornalísticos a citação direta das pessoas envolvidas, o uso de aspas, a reprodução imagética de documentos que serviram de fonte etc. Todavia, paralelamente a essas estratégias para construir a imagem de alguém ou empresa em quem se possa confiar, os textos buscam captar a atenção do leitor, por meio de expedientes retóricos, que constroem uma encenação apropriada que satisfaça o enunciatário. Busca-se então seduzir, produzindo efeito de emoção, o que faz a notícia muitas vezes transformar-se em espetáculo. Quem nunca viu jornalistas correndo atrás de viaturas policiais, jornais mostrando fotos de acontecimentos dolorosos, radialistas entrevistando pessoas altamente emocionadas, a televisão mostrando cenas trágicas?

As comunicações não são, portanto, textos destituídos de persuasão. Todo texto é persuasivo, queremos que nosso enunciatário creia naquilo que estamos dizendo, ou escrevendo. Ao enunciatário cabe atentar para as escolhas que o enunciador faz, mantendo sempre vigilante seu espírito crítico.

Um texto jornalístico pode, mesmo dizendo a verdade sobre um fato, omitir muitas informações que poderiam levar a interpretação completamente contrária. Este o caso, por exemplo, que ocorreu no início de implantação do Novo Acordo Ortográfico. A escolha do entrevistado, a quem dar voz (se favorável ou não ao Novo Acordo) era determinativa da produção do texto. Jornalistas mais rigorosos tendem a salientar dois discursos, o favorável e o contrário, mas não é incomum a apresentação de uma única opinião, aquela mais conforme ao que pensa o jornalista ou a empresa jornalística. Contudo, mesmo quando se apresentam dois discursos que se polemizam, também não é incomum verificar a posição do enunciador, que pode permanecer ao lado de um deles, ou dar maior espaço aos discursos que vão ao encontro de seu ponto de vista. Daí a grande carga de perguntas que favoreçam um dos lados, de implícitos, de silenciamento de informações. O ouvinte de programas de rádio, de televisão ou leitor de textos jornalísticos pode perceber perguntas que funcionam como "levantar a bola" para o entrevistado acertar bom chute.

3 GÊNERO EDITORIAL

O editorial de um jornal, além de manifestar a opinião dos diretores da empresa jornalística, tem função simbólica, que é manifestada de saída pela disposição na página, tamanho da coluna e sua localização (à esquerda, no alto da página, enfim, lugar de alta visibilidade). Costuma ocorrer na segunda página ou na terceira do primeiro caderno. Também dispõe de características tipográficas próprias, como fonte (tamanho e família de caracteres), tipo utilizado na titulação, ausência de assinatura, visto que é a opinião de seus diretores, bem como manifesta a voz do jornal.

Parreira (*In*: TRAVAGLIA; FINOTTI; MESQUITA, 2008, p. 273) classifica o editorial de jornal como um texto argumentativo, "estruturado também por trechos descritivos, narrativos e injuntivos. Dessa forma, podemos afirmar que, além de expor ideias, o editorial de jornal procura formar opinião por meio da argumentação". Esse tipo de texto não se ocupa de apresentar exemplos e explicações apenas para expor uma opinião, mas constitui uma forma de argumentar, "na tentativa de buscar a adesão do interlocutor e fazer com que ele acate suas opiniões e juízos de valor".

Os editoriais são basicamente um gênero de dominância argumentativa. Daí o uso de operadores argumentativos, que servem para estruturar os enunciados, orientando o sentido deles em determinada direção.

São os operadores argumentativos do discurso os responsáveis pela orientação argumentativa do texto. Nesse sentido, temos operadores:

- De oposição: *mas, mas ainda, mas também, contudo, todavia, porém, entretanto, em vez de, ao contrário* etc. A esses elementos clássicos juntem-se os operadores também orientados para argumentação contrária, como: *embora, ainda que, apesar de que, não obstante*, com a diferença de que os argumentos introduzidos por operadores concessivos serão negados, enquanto os introduzidos por operadores adversativos constituem o argumento mais forte.
- De causa e consequência: *porque, visto que, uma vez que, consequentemente, por isso, portanto.*
- De conclusão: *portanto, por isso, em consequência, consequentemente, por conseguinte, logo, então, assim, de fato, de resto.*
- De condição: *se, caso, desde que, exceto se, salvo se, a menos que, a não ser que, sem que.*
- De juízos de conformidade: *conforme, segundo.*
- De consequência: *tal... que, tanto... que, de forma que, de modo que, de sorte que, de maneira que.*
- De finalidade: *para que, a fim de que;* ou *para* + um verbo no infinitivo.
- De proporcionalidade ou simultaneidade: *à medida que, à proporção que.*
- De alternância: *ou, ora... ora, seja... seja, quer... quer.*
- De explicação ou justificação para o que se diz: *porque, pois, porquanto.*
- De introdução de esclarecimento: *isto é, ou seja.*
- De estabelecimento de comparação: *mais "isso", que "aquilo", menos "isso" que "aquilo", tanto... quanto.*
- Operadores que evidenciam o argumento mais forte ou mais fraco para uma conclusão: *inclusive, até, até mesmo, mesmo, mesmo assim, pelo menos, ao menos, até porque, mesmo assim, mais importante.*
- Operadores que adicionam argumentos a favor de uma mesma conclusão: *e, também, não só..., mas também, ainda, tanto... como, além disso, ainda mais, aliás, nem mesmo, não apenas..., ademais, e ainda.*

Esses operadores "não são meros elementos usados apenas para relacionar os enunciados. São palavras selecionadas com a finalidade de levar o leitor a agir de forma diferente diante de temas polêmicos" (PARREIRA *In*: TRAVAGLIA; FINOTTI; MESQUITA, 2008, p. 282).

Além dos operadores argumentativos responsáveis pela orientação do sentido para determinada conclusão, temos **operadores de sequenciação**, de **organização do texto**, como os que estabelecem sequência temporal: *antes, depois, primeiro, segundo, por fim, finalmente.*

Outra característica dos editoriais é o uso de afirmações que se deseja que sejam tidas como verdadeiras, sem espaço ao enunciatário para contestá-las. Os principais recursos linguísticos são:

- **Modalizadores epistêmicos** (referem-se ao eixo do saber, das certezas), que podem ser **asseverativos afirmativos** (*é certo, é claro, é evidente, é lógico, sem dúvida, certamente, efetivamente, especialmente, evidentemente, exatamente, frequentemente, justamente, naturalmente, obviamente, principalmente, realmente, simplesmente*), ou **asseverativos negativos** (*de jeito nenhum, de nenhuma forma*). Podem ainda os modalizadores epistêmicos ser: **delimitadores** (*biologicamente, cientificamente, historicamente, matematicamente, psicologicamente, sociologicamente*), ou **quase asseverativos** (*talvez, possivelmente, provavelmente*). São comuns enunciados como: "É fundamental numa hora de crise política não precipitar acontecimentos."
- **Modalizadores deônticos** (referem-se à obrigatoriedade): nesse caso, temos enunciados com: *é preciso, deve, é necessário, obrigatoriamente, necessariamente*.
- **Modalizadores afetivos:** constituem o sentido de reação emotiva do enunciador diante de determinado conteúdo proposicional. Eles podem ser subjetivos: *absolutamente, felizmente, infelizmente, curiosamente, igualmente, surpreendentemente, espantosamente* etc., ou intersubjetivos: *sinceramente, francamente, lamentavelmente, estranhamente*. De modo geral, os editoriais, para produzir o efeito de sentido de imparcialidade e neutralidade, não se valem de modalizadores afetivos, o que não significa que o leitor não possa encontrar tais modalizadores nesse gênero discursivo.

Finalmente, nos editoriais é comum o uso de afirmações generalizadas, ou de valor universal, que são as que carregam o sentido de verdade incontestável, não discutível, tal como encontramos nos provérbios ou expressões populares (algo como: "se não queres que ninguém saiba, não o faças"; "não se vai tapar o Sol com a peneira"). Em geral, as afirmações de valor generalizado incluem expressões como: "a maioria do povo brasileiro...", "como é voz corrente..."

Outra estratégia que pode aparecer em um editorial é a pergunta retórica, ou seja, pergunta que não tem como objetivo obter uma resposta do enunciatário, mas estimular a reflexão, muitas vezes manipulando-o na direção da tese defendida pelo enunciador. E aqui cabe falar da relação que o editorialista estabelece com o leitor: pode usar linguagem impessoal (distanciando-se dele) ou aproximar-se dele, valendo-se de **nós inclusivo** (*eu + você*). No *nós exclusivo* (*eu + outras pessoas, mas não você*). Exemplo de nós exclusivo: *nós jornalistas, nós aqui na empresa*. Esses usos não se confundem com o chamado **plural majestático** (a pessoa usa *nós* no lugar de *eu*, que soaria antipático: "nós entendemos que..." no lugar de "eu entendo que..."). Um leitor não ingênuo, em geral, aciona seu espírito crítico quando se depara com enunciados como: "nossa empresa", "nossas riquezas minerais" etc.

Trataremos dos tempos verbais na próxima seção, ao falarmos de **mundo relatado** e **mundo comentado**. O primeiro pede uma atitude de relaxamento do leitor; o segundo, de atenção para os comentários, para a reflexão. No mundo relatado, são comuns verbos no passado. Se se usa o presente no lugar do passado (uma metáfora temporal), temos uma presentificação dos acontecimentos.

A leitura de qualquer gênero, se feita da perspectiva crítica em relação à linguagem e ao discurso, pressupõe que sejam desvendadas "as relações entre as representações que construímos do mundo em que vivemos, de quem somos e de como funcionamos em nosso grupo social e os sistemas de poder que autorizam determinadas representações e suprimem outras" (BALOCCO *In*: MEURER; BONINI; MOTTA-ROTH, 2010, p. 68).

Para nos familiarizarmos com um gênero discursivo, antes de tudo, precisamos ter acesso a um conjunto deles. No caso do gênero editorial, um começo é selecionar vários deles de diferentes jornais. Façamos a leitura atenta do texto, focalizando sobretudo o propósito do texto, a tese que defende, a argumentação utilizada, heterogeneidade discursiva (constitutiva e marcada; observemos se há citação de argumento de autoridade, citação de outras vozes constituidoras do texto), ideologia do texto, nexos coesivos, como se constitui a coerência e como se organiza a sua estrutura. A enunciação se aproxima ou e afasta do leitor? Discutamos em seguida o contexto cultural e situacional do texto. Não nos esqueçamos de analisar o registro em termos de Halliday (visto na Seção 2 do Capítulo 2), salientando *campo* (ou ação social; tipo de ato que está sendo realizado: crítica, elogio, prestação de informação), *relação* (papel do enunciador e enunciatário; as relações de poder são simétricas ou assimétricas?), *modo* (organização do texto, o que o enunciatário espera do texto). Em uma terceira etapa, podemos escrever um texto igualmente argumentativo, considerando o tema que escolhemos. Entre os temas podemos ter: violência doméstica, machismo, igualdade de salários para homens e mulheres, epidemia, vacinação, depreciação de colegas, o chamado *bullying*, que se define como humilhações, xingamentos etc., preconceitos existentes no meio, valorização de posturas democráticas, incluindo o respeito a posições contrárias e a construção da maturidade nas discussões, o que implica discutir ideia e jamais criar relações inamistosas (e, por isso, não usar argumento *ad hominem*). O texto deve ser construído pensando em um ou mais de um enunciatário específico; ter um objetivo. Finalmente, alguns cuidados com relação à linguagem: um texto requer mais de uma versão, reescritura de enunciados, substituição de estruturas, de palavras. Não esquecer de conferir se o texto contempla os elementos estruturais do gênero (você está escrevendo um "editorial", suponhamos, para um jornal de sua faculdade, ou colégio: defende uma tese, busca solucionar um problema e persuadir o enunciatário por meio de argumentos). Terminado o texto, localize na Internet textos que tratam do gênero editorial e verifique se o seu leitor reconheceria no seu texto o gênero editorial. Também não deve ser marginalizada jamais a postura crítica tanto ao ler textos editoriais, como em produzi-los. O leitor também poderia buscar informações diretamente com jornalistas ou visitar uma redação de jornal, observando o ambiente e como se dá a construção de notícias, seleção das pautas etc.

Vejamos um texto de editorial:

> Para Meurer (*In*: MEURER; BONINI; MOTTA-ROTH, 2010, p. 87), "todo discurso é investido de ideologias, isto é, maneiras específicas de conhecer a realidade. Além disso, todo discurso é também reflexo de uma certa hegemonia, isto é, exercício de poder e domínio de uns sobre outros. A partir dessas características, o discurso organiza o texto e até mesmo estabelece como o texto poderá ser, quais tópicos, objetos ou processos serão abordados e de que maneira o texto deverá ser organizado. Assim, por exemplo, serão muito diferentes os textos criados dentro do discurso da igreja, da escola, da indústria, da ciência, dos diferentes partidos políticos, da prostituição etc. Cada instituição tem seus discursos, sempre investidos de determinadas ideologias, determinadas maneiras de ver, definir e lidar com a 'realidade'. Isso se reflete nos textos, com os quais nos comunicamos e executamos ações sociais".

EDITORIAL

Normalmente, em muitos países, momentos de grandes mudanças institucionais costumam ser acompanhados da redação de uma nova Constituição, **já que** o texto anterior costuma ser **profundamente** vinculado ao regime ora extinto. Foi assim, por exemplo, no Brasil, quando, em 1946, uma nova carta substituiu aquela do Estado Novo ditatorial de Getúlio Vargas; e, em 1988, a atual Constituição foi um marco da redemocratização, processo iniciado em 1985, com o fim da ditadura militar, e que se concluiria em 1989, com a primeira eleição direta para presidente em quase 30 anos.

O Chile, **no entanto,** não concluíra esse trajeto: o ditador Augusto Pinochet deixou o poder em 1990, **mas** a Constituição promulgada durante seu regime continuou valendo, tendo sido bastante emendada **para acomodar** o retorno à democracia. Agora, o país sul-americano fechará o ciclo: em um plebiscito realizado no domingo, dia 25, com participação de pouco mais de 50% dos eleitores (o voto no Chile é facultativo), a população decidiu pela redação de uma nova Constituição, que será elaborada por uma Assembleia Constituinte **especificamente** eleita para essa tarefa.

É bem verdade que as circunstâncias nas quais o plebiscito de domingo foi anunciado, em novembro de 2019, estavam longe das ideais. A decisão de convocar a consulta popular não resultou de um consenso sereno entre grupos políticos e sociedade civil a respeito da necessidade de uma nova carta, que obviamente padecia do chamado "vício de origem"; o plebiscito foi a resposta do presidente Sebastián Piñera a uma série de protestos realizados entre outubro de 2019 e fevereiro de 2020 e que, **apesar de** seu início pacífico, logo degeneraram em saques, depredação, vandalismo e mortes – um roteiro, aliás, muito parecido com o das "jornadas de junho" de 2013 no Brasil, às quais a então presidente Dilma Rousseff também quis responder com uma "Constituinte exclusiva" **para realizar** a reforma política. No caso chileno, **ao menos,** o risco derivado de se propor uma nova Constituição a reboque do calor dos acontecimentos será amenizado pela ampla aceitação da proposta, **já que** o "sim" teve 78% dos votos, perdendo apenas em 5 das 346 comunas do país.

O desafio chileno, agora, vai além de livrar-se dos resquícios autoritários que porventura ainda estejam presentes na atual carta e que não tenham sido já eliminados nas emendas realizadas desde 1990. Trata-se de aperfeiçoar, em vez de rechaçar o modelo que fez do Chile a nação mais desenvolvida do continente sul-americano, a única da região a fazer parte da Organização para a Cooperação e Desenvolvimento Econômico, líder na América Latina em liberdade econômica e facilidade para se fazer negócios segundo os *rankings* da Heritage Foundation e Doing Business, respectivamente. **Apesar** dos bons resultados econômicos, **no entanto**, restam questões relativas à desigualdade social e ao que é visto como uma ausência completa do Estado em setores importantes, deixando de lado até mesmo a possibilidade de atuação subsidiária.

A chave para saber se o Chile seguirá no caminho do desenvolvimento econômico **ou** se cairá no caminho fácil do populismo que promete demais e entrega pouco está na composição da Assembleia Constituinte que será eleita em abril de 2021. Se a maioria estiver alinhada com Piñera, de centro-direita, é de se esperar que a orientação atual seja mantida; **no entanto**, **se** a esquerda conseguir dominar o colegiado que redigirá a nova carta, muitos se lembrarão do *tweet* do ditador venezuelano, Nicolás Maduro, elogiando o resultado do plebiscito, como um presságio de dias piores para os chilenos (*Gazeta do Povo,* Curitiba 27 out. 2020. Disponível em: https://www.gazetadopovo.com.br/opiniao/editoriais/o-chile-e-sua-nova-constituicao/. Acesso em: 31 out. 2020).

Em geral, os manuais, sejam de estudos de gêneros discursivos, sejam jornalísticos, caracterizam o gênero editorial como predominantemente argumentativo, manifestam a opinião da instituição (a empresa jornalística) e buscam passar ao largo da subjetividade, constituindo seus enunciados de forma imparcial e neutra. Verifiquemos então se isso se dá no texto que nos serve de apoio.

O editorial que acabamos de ver foi escrito num momento em que os chilenos, por meio de plebiscito, se propunham decidir sobre a constituição de uma Assembleia Constituinte para a elaboração de uma nova Carta Constitucional; na mesma ocasião (outubro de 2020), por aqui um deputado federal sugeriu também plebiscito para a eleição de Assembleia Constituinte que escreveria uma nova Constituição brasileira.

Ao tratar do tema de elaboração de uma nova Constituição no Chile, o texto sob foco se inicia com um modalizador epistêmico asseverativo afirmativo (*normalmente*), ou seja, busca constituir o sentido de verdade, de certeza. Há um comprometimento do enunciador com relação ao enunciado, com o *status* factual do que afirma. O uso desse modalizador também serve para aproximar enunciador e enunciatário: dizer que algo é normal é dizer algo que é do conhecimento do leitor. Negar a afirmação seria pôr-se à parte, dizer-se não informado. Modalizações discursivas formadas com advérbios e adjetivos e as seguidas avaliações conduzem o leitor à persuasão. Se se tratar de leitor desavisado, a suspensão de seus juízos críticos o conduzirá à aceitação de tudo que ler ao longo do texto, como é o caso, por exemplo, de uma afirmação generalizada que o leitor encontra ao final do texto: "A chave para saber se o Chile seguirá no caminho do desenvolvimento econômico ou se cairá no caminho fácil do populismo que promete demais e entrega pouco está na composição da Assembleia Constituinte que será eleita em abril de 2021." Afirmação que tem valor de verdade incontestável e que, por isso, pode ser vista como autoritária. Aos modalizadores adverbiais e adjetivais acrescente-se o tempo presente do indicativo (*costumam*, costuma) constante dos enunciados que, em geral, também podem produzir o sentido de verdade universal. Ainda no primeiro parágrafo, o leitor encontra um pretérito perfeito (*foi, substituiu*), com valor de algo acabado, concluído; e um futuro do pretérito (*concluiria*), tempo que possui muitos sentidos, como ação que poderia vir a acontecer em relação a uma ação anterior, uma ação que é consequência de outra e polidez, surpresa, indignação, dúvida, incerteza. No texto sob foco, indica afastamento do enunciador daquilo que está dizendo; algo como: "dizem que se concluiu, mas não me responsabilizo por isso".

Voltemos ao primeiro parágrafo. Depois de familiarizar o leitor com o assunto de que vai tratar, valendo-se do modalizador discursivo *provavelmente,* o editorialista atenua seu enunciado: "momentos de grandes mudanças institucionais *costumam ser* acompanhados da redação de uma nova Constituição". Estrategicamente, para manter sua face positiva, mostrar-se simpático e passar ao largo de uma avaliação de dono da verdade, substitui a certeza absoluta pela probabilidade (*costumam ser*). Contribui também para essa estratégia o uso de um modalizador delimitador do sentido (*em muitos países*), que introduz no enunciado os limites de sua validade: o que o editorialista afirma é válido para muitos países, mas não para todos. No enunciado "momentos de grandes mudanças institucionais costumam ser acompanhados da redação de uma nova Constituição, *já que* o texto anterior costuma ser profundamente vinculado ao regime ora extinto", temos uma relação de causa e consequência: "momentos de grandes mudanças institucionais" levam à redação de uma nova Constituição. Aqui, o editorialista contrapõe-se à voz dos que são favoráveis a uma nova Constituição, mesmo quando não há mudança institucional, como foi o caso do deputado federal Ricardo Barros que defendeu uma nova Assembleia Nacional Constituinte (em outubro de 2020) para o Brasil. Todos os textos dialogam com outros textos; em todos os textos estão presentes outras vozes, às vezes de forma explícita, às vezes de forma implícita. Ao final da oração causal, temos novamente um modalizador epistêmico (*profundamente*) que constitui o sentido de envolvimento do enunciador com seu enunciado; ele garante para o enunciatário que a substituição de Constituição é devida porque o "texto anterior costuma ser *profundamente* vinculado ao regime ora extinto". Para dar força a seu argumento, o enunciador utiliza então o que a retórica chama de *argumento por exemplificação*:

> Foi assim, por exemplo, no Brasil, quando, em 1946, uma nova carta substituiu aquela do Estado Novo ditatorial de Getúlio Vargas; e, em 1988, a atual Constituição foi um marco da redemocratização, processo iniciado em 1985, com o fim da ditadura militar, e que se concluiria em 1989, com a primeira eleição direta para presidente em quase 30 anos.

No segundo parágrafo, Chile é posto como informação já conhecida; daí o uso do artigo definido. O editorialista supõe que o leitor, pelo conhecimento enciclopédico, está informado sobre os acontecimentos que vêm em terras chilenas, o movimento de rua, pressões que o Presidente Piñera vem sofrendo, convocação de plebiscito para a formação de uma Assembleia Constituinte e realização de uma futura Carta Constitucional. Dois articuladores de sentido de oposição (*no entanto* e *mas*) esclarecem a tese defendida pelo editorialista, a de que só se justifica uma nova Constituição quando há mudanças institucionais: "O Chile, *no entanto*, não concluíra esse trajeto: o ditador Augusto Pinochet deixou o poder em 1990, *mas* a Constituição promulgada durante seu regime continuou valendo, tendo sido bastante emendada para acomodar o retorno à democracia." Já dissemos anteriormente: os enunciados introduzidos por um articulador opositivo adversativo têm maior força argumentativa que aqueles a que eles se opõem. Infere-se daí que: o Chile é atualmente uma democracia, *mas* continua se orientando por uma Constituição escrita ainda no tempo do ditador Pinochet, ainda que alguns dos seus artigos tenham sido ajustados ao novo regime por meio de emenda constitucional. Novamente, o editorialista se contrapõe argumentativamente à voz que ressoa no Brasil de que nossa Constituição deva ser mudada. Finaliza o parágrafo com um modalizador epistêmico delimitador: não se trata de eleger deputados como se faz normalmente em outras eleições, mas de elegê-los para a função específica de redigir uma nova Constituição para o Chile: será "elaborada por uma Assembleia Constituinte *especificamente* eleita para essa tarefa". Nesse parágrafo ainda temos uma oração reduzida de infinitivo com valor de finalidade: "tendo sido bastante emendada **para acomodar** o retorno à democracia".

Em relação aos tempos verbais, verificamos a existência de um pretérito mais-que-perfeito (*concluíra*), que indica que uma ação ocorreu antes de outra. Comparativamente, se no Brasil à ditadura seguiu-se uma nova Constituição, no Chile isso ainda não ocorrera. Em seguida, um pretérito perfeito (*deixou, decidiu*), com valor de ação acabada; uma locução verbal com sentido durativo (*continuou valendo*); um gerúndio acompanhado de um particípio (*tendo sido*) que constitui o sentido de que ação prolongada e que "a Constituição promulgada durante o regime [ditatorial]" é um fato anterior às emendas constitucionais; um futuro do presente (*fechará, será*), informando que a ação ocorrerá em tempo posterior ao da enunciação.

O terceiro parágrafo começa com um modalizador epistêmico asseverativo afirmativo, que não deixa dúvida para o leitor: "*É bem verdade* que as circunstâncias nas quais o plebiscito de domingo foi anunciado, em novembro de 2019, estavam longe das ideais." É uma afirmação que não admite contestação. Infere-se do texto que o editorialista acredita na existência de um modelo ideal para a realização de plebiscito, que não estaria presente na atual circunstância chilena, mas que, mesmo assim, Sebastián Piñera, Presidente do Chile, via no plebiscito uma resposta que poderia fazer cessar os movimentos de rua no país. O enunciador esclarece então o leitor sobre o que entende por circunstâncias ideais: convocar consulta popular que fosse resultado de "consenso sereno entre grupos políticos e sociedade civil". Segue o modalizador epistêmico *obviamente* que constitui o sentido de certeza absoluta por parte do enunciador sobre aquilo que afirma. Também chama a atenção no texto o uso do pretérito imperfeito *padecia*, que, além de produzir o sentido de duratividade da antiga carta constitucional, manifesta a concordância do enunciador com a voz dos que veem a antiga Constituição como carregada de vícios e que, por isso, precisa ser substituída. Ainda no mesmo parágrafo há a existência de um articulador de concessão e um de conclusão: (*apesar de*, logo): "apesar de seu início pacífico, logo degeneraram em saques, depredação, vandalismo e mortes", isto é, os protestos de descontentamento com a atual situação no Chile foram inicialmente pacíficos, mas "logo degeneraram em saques...". O traço no enunciado serve para destacar o argumento do editorialista, constituído novamente pelo recurso do argumento por exemplificação. Se o leitor acompanha com atenção a progressão textual, pode verificar que não é sem motivação que o editorialista, recorre a fatos que se deram recentemente na história política do Brasil. O caso chileno serve-lhe como pano de fundo para o cenário montado para persuadir o leitor: não há por que propor nova Assembleia Constituinte no Brasil, como, aliás, fica claro no final do parágrafo quando utiliza do articulador argumentativo de causa (*já que*): "No caso chileno, *ao menos*, o risco derivado de se propor uma nova Constituição a reboque do calor dos acontecimentos será amenizado pela ampla aceitação da proposta, *já que* o 'sim' teve 78% dos votos, perdendo apenas em 5 das 346 comunas do país" O uso de *ao menos* evidencia a participação subjetiva do editorialista: diferentemente do Brasil, existem condições no Chile que justificam uma nova Assembleia. Dessa forma, o leitor pode verificar como definições de textos jornalísticos, quando falam em imparcialidade e neutralidade, o fazem como uma forma ideal a atingir; todavia, todo texto é argumentativo, todo texto é persuasivo. Há marcas de subjetividade que são camufladas; outras que são explícitas. As marcas subjetivas podem ser verificadas não só pelo uso de modalizadores discursivos, como também pela adjetivação, pela constante avaliação que o enunciador promove em todo o texto, como em:

> O desafio chileno, agora, vai além de livrar-se dos resquícios autoritários que porventura ainda estejam presentes na atual carta e que não tenham sido já eliminados nas emendas realizadas desde 1990. Trata-se de aperfeiçoar, em vez de rechaçar o modelo que fez do Chile a nação mais desenvolvida do continente sul-americano, a única da região a fazer parte da Organização para a Cooperação e Desenvolvimento Econômico, líder na América Latina em liberdade econômica e facilidade para se fazer negócios segundo os *rankings* da Heritage Foundation e Doing Business, respectivamente.

Ainda nesse parágrafo, encontramos uma oração reduzida de infinitivo com valor de finalidade: "Dilma Rousseff também quis responder com uma 'Constituinte exclusiva' *para realizar a reforma política.*"

Em relação aos verbos, temos: locução verbal (*foi anunciado*), que produz o efeito de sentido de ação consumada; pretérito imperfeito (*estavam, padecia*), que indica ação do passado ainda não concluída e, portanto, expressa sentido de continuidade, duratividade; um pretérito perfeito (*resultou, foi, degeneraram, quis, teve*) formador do sentido de ação acabada; futuro do presente (*será*), que produz o sentido de que o fato indicado é posterior ao temo da enunciação.

O quarto parágrafo termina com dois articuladores: um concessivo (apesar de) e outro adversativo (no entanto). "*Apesar dos* bons resultados econômicos, *no entanto*, restam questões relativas à desigualdade social e ao que é visto como uma ausência completa do Estado em setores importantes, deixando de lado até mesmo a possibilidade de atuação subsidiária." Menos que um pleonasmo, a dupla oposição desse enunciado funciona como busca de um sentido enfático: o Chile apresenta "bons resultados econômicos", *mas* isso não é tudo: há desigualdade social e ausência do Estado em setores importantes. Outra vez, o leitor pode recuperar a oposição ao argumento contrário daqueles que entendem que o Estado tenha apenas de se ocupar da economia.

Em relação aos verbos, temos: presente do indicativo (*vai, restam*), indicativo de certeza, de verdade; presente do subjuntivo (*estejam*), constituidor do sentido de desejo, hipótese, suposição; pretérito composto do subjuntivo (*tenham sido*), indicativo de ação anterior já concluída (no caso, o enunciador restringe sua afirmação: "que *não* tenham sido eliminados nas emenda realizadas desde 1990"); pretérito perfeito (*fez*), produtor do sentido de ação concluída; uma voz passiva (*é visto*), que produz o sentido de generalização.

No quinto parágrafo, valendo-se de um articulador alternativo (desenvolvimento econômico *ou* populismo), ou enunciador se apresenta como conselheiro (em certo sentido, o tom é autoritário, de quem conhece a verdade e sabe o que é melhor para os chilenos), afirmando sobre o perigo de os chilenos se deixarem levar mais pelas emoções que pela razão. Trata-se de um *ou* exclusivo, ou seja, não há como juntar ambas as coisas: se os novos constituintes optarem pelo desenvolvimento econômico, a nova Carta terá tal feição, se optar pelo populismo, a feição será completamente diferente. Não é demais falar que o editorialista se posiciona contrário ao populismo, fazendo inclusive previsão de fatos nada alvissareiros a que se opõe (presença de um articulador de oposição, *no entanto*, e de um de condição, *se*): "*no entanto, se* a esquerda conseguir dominar o colegiado que redigirá a nova carta, muitos se lembrarão do *tweet* do ditador venezuelano, Nicolás Maduro, elogiando o resultado do plebiscito, como um presságio de dias piores para os chilenos". Aqui, ao criar um inimigo imaginário (esquerda ⟶ comunismo), a persuasão vai pelo caminho da intimidação, comum nos tempos modernos também na política brasileira.

Os editorialistas dos jornais, já o dissemos, manifestam a voz da instituição. Quem escreve um editorial diz o que pode ser dito dentro de sua formação discursiva, que, no texto sob foco, revela ser econômica, orientada pela ideologia do Liberalismo, em que ao Estado cabe antes de tudo privilegiar a preocupação com a economia, o livre funcionamento do mercado, o controle fiscal. Qualquer desvio de rota soa populismo.

4   GÊNERO ARTIGO DE OPINIÃO

Diferentemente do editorial, que se caracteriza por expressar a opinião da instituição sobre determinados acontecimentos, o artigo de opinião manifesta a opinião do articulista sobre fatos que ele pressupõe sejam de interesse de seu público leitor.

Definido como texto argumentativo, cuja função é apresentar e defender um ponto de vista sobre um assunto atual e relevante para a sociedade, o artigo de opinião tem como características sua temporalidade breve: seu interesse pode reduzir-se de um dia para o outro. O artigo de opinião é, portanto, orientado pela atualidade e é dirigido a enunciatários que compartilham temas do mundo sociocultural e temporal. O que é relevante hoje, pode amanhã, devido a novos acontecimentos, tornar-se menos interessante. Trata-se de um texto que "se situa entre os gêneros que historicamente têm seu horizonte temático e axiológico orientado para a manifestação da expressão valorativa a respeito de acontecimentos sociais que são notícia jornalística" (RODIGUES *In*: MEURER; BONINI; MOTTA-ROTH, 2010, p. 171).

O artigo de opinião é um dos gêneros em que os enunciatários reconhecem e assumem o trabalho avaliativo do seu enunciador. Os enunciatários são constituídos, particularmente, pelo público a que o jornal se dirige: enunciatário das classes A, B, C. Assim é que há um público consumidor de notícias da *Folha de S.Paulo*, com determinadas características de classe social e de linha ideológica; há um público que se ajusta à linha ideológica de *O Estado de S. Paulo*; um público que se ajusta à linha de *O Globo* etc. Entende ainda Rodrigues que, nos jornais dirigidos "exclusivamente" a classes populares, "não se encontra a presença do artigo" [de opinião]. Conclui: "Nessa diferenciação, percebe-se como o trabalho da ideologia e os índices sociais de valor se manifestam não só nos 'conteúdos' dos enunciados, mas nos gêneros e na sua circulação social diferenciada, demonstrando a existência de diferentes condições sociais de investimentos dos gêneros" (p. 171). Rodrigues conclui ainda que, no gênero artigo de opinião, são menos relevantes os acontecimentos que apresenta que a sua análise e o ponto de vista. É de lembrar, porém, que o articulista se apoia em outros dizeres, num já dito, inter-relaciona-se com outros textos. Ele diz o que diz segundo sua formação discursiva: se é economista, por exemplo, e segue o liberalismo, dirá o que pode ser dito dentro do liberalismo, inter-relacionando-se com outros autores da área. Diferentes vozes participam de seu texto e são por ele avaliadas positiva ou negativamente, em dois movimentos: movimento dialógico de assimilação de vozes com as quais concorda, que são avaliadas positivamente, e movimento dialógico de distanciamento, de apagamento, de isolamento e desqualificação das vozes a que se opõe.

Os movimentos dialógicos de distanciamento podem se dar por meio de juízos avaliativos negativos sobre a fala do outro, ou por meio de outras estratégias, como: uso de aspas em alguma expressão, para indicar que é fala do outro, a ironia e até a introdução de terceira pessoa para desqualificar determinado enunciado, ou o uso de pronomes demonstrativos de valor negativo (*"quando queremos mudar alguma coisa, vêm sempre **aqueles** que são do contra"*). O distanciamento ainda pode se dar por meio de operadores argumentativos de oposição, como é o caso de *mas, porém, contudo, todavia, entretanto*. Mediante o movimento de distanciamento ou de assimilação (que constituem estratégias de enquadramento do discurso alheio), o enunciador vai produzindo diferentes efeitos de sentido, "construindo o horizonte axiológico do artigo diante dos demais enunciados já ditos. Por meio dessas estratégias, o autor 'lapida' o discurso do outro introduzido no seu discurso" (RODRIGUES *In*: MEURER; BONINI; MOTTA-ROTH, 2010, p. 176). Observar também que, ao usar um operador argumentativo de oposição, introduz-se outra voz no enunciado. Suponhamos: "fulano foi ao cinema, *mas* voltou cedo"; na oração coordenada adversativa é possível depreender que a argumentação se opõe a uma voz que "reclama da ida de fulano ao cinema".

As vozes com as quais o enunciador dialoga podem ser as mais diversas: vão desde máximas populares, enunciados da esfera do cotidiano, da ciência, das artes, da religião e até do senso comum. Lembramos aqui que o que é considerado senso comum em uma cultura, em um contexto histórico, "reflete e constrói os valores de grupos sociais dominantes". Daí, a necessidade de

> atitude de permanente disposição para inspecionar os valores sociais investidos em representações hegemônicas em vários tipos de discursos públicos (o discurso da mídia, da propaganda política, da academia, dentre outros), de forma a alterar as práticas discursivas de determinados grupos sociais (BALOCCO *In*: MEURER; BONINI; MOTTA-ROTH, 2010, p. 68).

As vozes podem ser de pessoas físicas ou jurídicas (OCDE, ONU, OMS, a Secretaria da Saúde). Além disso, a referência pode ser genérica: "afirmam autores da área...", "o governo federal...", "o senso comum...", "a experiência dos últimos anos..." etc. Quando quer distanciar-se de alguma posição, às vezes, o articulista se vale de enunciados genéricos, como "alguns autores...", "algumas pessoas...". Para apresentar outras vozes, pode fazê-lo de forma direta (transcrição literal do discurso do outro), ou indireta, parafraseando o texto alheio, ou seja, reproduzindo apenas o conteúdo dos enunciados alheios.

Além da relação dialógica com o já dito por terceiros, o enunciador também estabelece relação dialógica com o enunciatário, por meio do movimento de engajamento do leitor aos argumentos apresentados, buscando fazer do enunciatário um aliado seu. Como resultado, temos um discurso em que se simula uma mesma posição valorativa, uma relação de concordância entre enunciador e enunciatário. Assim é que o leitor pode encontrar textos em que há um *nós* inclusivo, ou de movimento de interpelação do enunciatário. No movimento dialógico de interpelação, o enunciador apresenta "verdades" não discutíveis; ou o leitor é "obrigado" a aderir ao enunciador, porque se trata de "a verdade". Há aqui uma relação de imposição. Sobejam então modalizações deônticas: "é preciso", "é necessário", "isso é fundamental", "isso deve ser entendido", "o leitor vai chegar às mesmas conclusões a que cheguei" etc.

E há, ainda, um terceiro movimento dialógico: o de refutação, em que o enunciador se antecipa a possíveis questionamentos do enunciatário, "abafando-os", como nos afirma Rodrigues (*In*: MEURER; BONINI; MOTTA-ROTH, 2010, p. 179).

Ainda em relação à intertextualidade, ao introduzir outras vozes no texto é de observar os verbos utilizados: *afirmar, declarar, dizer, comentar, sustentar, ponderar, propor, explicar, questionar, refletir, definir, perguntar, responder, replicar, repetir, ordenar, concordar, negar, queixar, desabafar, exclamar, justificar, desculpar*. Esses verbos não só introduzem a fala do outro, mas também lhe dão orientação avaliativa. Paralelamente a esses verbos, há expressões (adjetivos, advérbios) que avaliam positiva ou negativamente a fala do outro, ou algo do discurso do outro. As modalizações, como já dissemos na Seção 3, podem ser epistêmicas, deônticas, atitudinais. Na modalização deôntica, temos uma relação assimétrica entre enunciador e enunciatário.

Para Rodrigues (*In*: MEURER; BONINI; MOTTA-ROTH, 2010, p. 180), "a modalização funciona ou como um modo de introdução e refutação do discurso do outro, ou como uma estratégia de impor determinado ponto de vista (uma opinião) como verdade, como norma a ser seguida (movimento dialógico de interpelação)". Todavia, o enunciatário não ingênuo reconhece não só avaliações explícitas no texto, como também as implícitas. Há avaliação tanto em "felizmente, o Ministro da Saúde tem competência científica para se contrapor ao discurso de autoridades governamentais irresponsáveis", ou "infelizmente, o ministro da Justiça deu declaração irresponsável", como em "a declaração do Ministro da Justiça destoa da do Ministro da Saúde". Nossos enunciados envolvem julgamento de valor.

Observa-se ainda nos artigos de opinião a existência de dois tipos de tempos verbais: os utilizados em relação ao mundo relatado e os relativos ao mundo comentado.

No **mundo narrado**, temos o uso do pretérito perfeito, que produz efeito de ação consumada e mostra distanciamento do enunciador; no **mundo comentado**, que é falar de forma comprometida, utilizamos o presente do indicativo. O pretérito perfeito nos serve para relatar acontecimentos, histórias; o presente é utilizado para expor opiniões, visões de mundo, explicitar fatos. Quando faz uso do presente, por exemplo, o enunciador objetiva "retratar" a situação, levar o enunciatário a participar da produção do sentido, reconstruindo no momento presente o que se deu no passado. O enunciatário é convocado a construir o sentido de modo simultâneo, intemporal. E, no seu ato de persuadir o enunciatário, o enunciador produz um efeito de sentido de subjetividade. Assim é que o uso de tempos verbais do mundo comentado introduz um alerta para o enunciatário. Como já dissemos na Seção 1 deste capítulo, pertencem ao mundo comentado os tempos verbais: presente do indicativo (*eu escrevo*), pretérito perfeito composto (*eu tenho escrito*), futuro do presente (*escreverei*; no Brasil, é mais comum o uso de locução verbal: *eu vou escrever*), futuro do presente composto (amanhã, a estas horas, eu já *terei escrito*). E, ainda, as locuções verbais: *estou escrevendo, vou escrever*. No mundo narrado, os tempos verbais são: pretérito perfeito simples (*escrevi*), pretérito imperfeito (*escrevia*), pretérito mais-que-perfeito (*escrevera*; no Brasil, raramente usamos o mais-que-perfeito; substituímo-lo pelo mais-que-perfeito composto: *tinha escrito*), futuro do pretérito (*amaria*). E, ainda, as locuções verbais formadas com gerúndio e infinitivo: *estava amando, ia amar* etc.

Relativamente a traços comuns do artigo de opinião com outros gêneros jornalísticos, Rodrigues (In: MEURER; BONINI; MOTTA-ROTH, 2010, p. 170), após salientar que a interação do jornalista com seu leitor não ocorre no mesmo espaço e tempo físicos, mas mediada pela esfera do jornalismo, afirma haver, entre o espaço da produção e o da interpretação, o "trabalho da mediação da esfera jornalística, que 'regulamenta' as diferentes interações nesse espaço, 'filtra', 'interpreta' (impõe um acento de valor) e põe em evidência os fatos, acontecimentos, saberes, opiniões etc. que farão parte do universo temático-discursivo jornalístico". Diferentes editorias selecionam e distribuem os artigos nos mais diversos cadernos do jornal. Para Rodrigues, esse trabalho de seleção e divisão (distribuição) "já é um ato temático, estilístico e composicional, pois esse ato de segmentação, além de selecionar e 'rotular' o que pode fazer parte de cada caderno, seção, é um índice de produção e interpretação indispensável dos enunciados individuais e dos gêneros".

Dois são os tipos de artigos de opinião: (1) o que ocupa espaço fixo no jornal (em geral, ao lado do editorial) e é escrito por jornalistas da empresa; (2) o que é escrito por uma pessoa de prestígio social. Em geral, esses artigos manifestam muitas vezes diferentes linhas ideológicas, visando sobretudo apresentar-se o jornal como um veículo de manifestação de variadas posições ideológicas: publicam-se então artigos de autores de espectro político-ideológico diverso. Como, porém, publicam artigos de opinião apenas pessoas que gozam de prestígio social, o leitor pode aí perceber uma relação assimétrica. Quem enuncia é alguém que pertence a determinada esfera social; alguém "selecionado e autorizado pela empresa jornalística para assumir a palavra; está, portanto, em uma relação de superioridade, em uma situação de interação vertical", sustenta Rodrigues (p. 172). É alguém que tem autoridade para dizer o que diz. O conjunto desses textos constitui o *ethos* do jornal, produz uma imagem que a empresa jornalística quer fixar no público consumidor de seus produtos. Além do *ethos* do jornal, também o articulista constrói no texto uma imagem de si, seu próprio *ethos*: liberal ou conservador (quer politicamente quer moralmente), mais ou menos aguerrido na defesa de direitos humanos e sociais, contemporizador ou intransigente, *ethos* de competência, de erudição, de populista etc.

A análise de um artigo de opinião, se feita desconsiderando o jornal, as circunstâncias em que foi publicado, a companhia que faz a outros artigos publicados no mesmo dia, ou seja, fora da situação social de interação, corre o risco de falseamento, de não considerar elementos relevantes para a constituição de seu sentido. Além disso, não se deveria tomar o texto como modelo do gênero, se se considera a teoria de Bakhtin (cf. RODRIGUES In: MEURER; BONINI; MOTTA-ROTH, 2010, p. 170). O ideal seria abrir um jornal e ler um artigo de opinião. Transcrito em um livro, evidentemente, ele perde algumas de suas características fundamentais. Todavia, considerando esses limites, a título de exemplificação da metodologia de análise, talvez, seja útil na apresentação do gênero, sempre lembrando que um gênero discursivo, embora apresente regularidades, é dinâmico, não é fixo; é apenas relativamente estável.

Em primeiro lugar, localizemos o texto: ele é publicado ao lado do editorial, na página nobre do jornal? Na *Folha de S.Paulo*, artigos de opinião do corpo de seus jornalistas aparecem na página A3; em *O Estado de S. Paulo*, na página A2. Artigos de opinião de juristas, economistas, filósofos, psicólogos, sociólogos são publicados em outras páginas do primeiro caderno ou de outros cadernos, como, por exemplo, Caderno de Cultura. Há artigos que são publicados no alto da página e artigos publicados no pé da página. Uns à esquerda, outros à direita da página do jornal. Alguns acompanhados de foto ou desenho etc. Artigos de opinião não são exclusivos de jornais; eles são frequentes também em revistas, jornais de emissoras de rádio e de canais de televisão, programas de televisão (veja, por exemplo, editorial do Grupo Bandeirantes de Comunicação sobre o veto à desoneração da folha de pagamentos. Disponível em: https://www.band.uol.com.br/noticias/editorial-do-grupo-bandeirantes-sobre-o-veto-a-desoneracao-da-folha-16314626. Acesso em: 4 nov. 2020) e o editorial "O que está em jogo na disputa entre Biden e Trump", de *O Globo*. Disponível em: https://oglobo.globo.com/opiniao/o-que-esta-em-jogo-na-disputa-entre-biden-trump-1-24723802. Acesso em: 4 nov. 2020).

O segundo passo é verificar a relação do artigo com outros artigos do dia. Com quem ele dialoga ou com que texto dialoga? Ele foi provocado por um texto anterior? Qual sua relação intertextual? Em terceiro lugar, qual posição social o autor ocupa? É um especialista na área? Professor de alguma uma universidade? (Modernamente, o leitor pode observar, sobretudo nos programas de televisão, a valorização da voz de cientistas sociais, economistas, juristas, enfim a voz de pessoas que gozam de prestígio social. Funcionam como voz de autoridade.) Que tese defende? Qual seu posicionamento diante do que diz? Seu texto se apoia em outros autores? Como se posiciona em relação ao leitor? Distancia-se dele ou dele se aproxima? Sua fala funciona como um diálogo, de quem está aberto à participação do enunciatário, ou é fechada em si mesma? O artigo é polêmico ou autoritário?

Como temos visto ao longo deste livro, um texto não é produto pronto, acabado; tal como a língua que se constitui na interação, ele também é visto como processo. Dele participa o contexto, que abrange toda a situação comunicativa, bem como o entorno sócio-histórico-cultural. Daí a grande relevância dos estudos dos gêneros discursivos, segundo a perspectiva bakhtiniana, que os vê como constituído de um conteúdo temático, uma organização composicional e um estilo. No caso dos artigos de opinião publicados em jornais, revistas e outros meios de comunicação, o conteúdo é constituído por fatos de interesse de seu público e o estilo compreende vocabulário médio, cujo significado pode ser recuperado sem grande esforço intelectual, enunciados curtos, "clareza" de linguagem e objetividade, o que leva o jornalista a podar, sempre que possível e for de seu interesse, excessos de adjetivos e advérbios. Enquanto nos editoriais o enunciador, em geral, se orienta pela neutralidade, nos artigos de opinião, ao contrário, o articulista se orienta pela manifestação de um ponto de vista; daí, sua maior aproximação do enunciatário. Em relação à composição, Uber (2007, p. 6-7), com base em Alba Maria Perfeito, depois de salientar a existência de "várias possibilidades de organizar a estrutura de um artigo de opinião", entende que são comuns os seguintes elementos:

1. Contextualização e/ou apresentação da questão que está sendo discutida.
2. Explicitação do posicionamento assumido.
3. Utilização de argumentos para sustentar a posição assumida.
4. Consideração de posição contrária e antecipação de possíveis argumentos contrários à posição assumida.
5. Utilização de argumentos que refutam a posição contrária.
6. Retomada da posição assumida.
7. Possibilidades de negociação.
8. Conclusão (ênfase ou retomada da tese ou posicionamento defendido).

Um esquema simplificado das sequências argumentativas, conforme vimos na Seção 3 do Capítulo 4, compreende:

Tese ⟶ argumentos ⟶ contra-argumentos ⟶ conclusão (ou nova tese)

O artigo de opinião que nos serve para estudo do gênero foi selecionado de *Veja*, revista semanal veiculada por todo o país, em cujas páginas encontramos: entrevistas, artigos de economia, política, educação, cultura etc. O texto que vamos ler trata de educação.

UMA NAÇÃO DE BACHARÉIS

O país deveria investir mais na formação de tecnólogos

Por muito que a esquerda torça o nariz para o americano Frederick Winslow Taylor, o pai da administração científica, como discordar de sua afirmação de que há uma maneira melhor de fazer cada coisa e que todos devem dominá-la? Se isso acontece nos países bem-sucedidos, vacila nas terras tupiniquins. Nas profissões manuais qualificadas, Senai e Senac fazem um bom trabalho. Contudo, nos últimos tempos, muitos desses ofícios perderam o prestígio e, portanto, o apelo para quem teria o perfil para exercê-los. Há cura para essa rejeição, mas não é fácil.

Um degrau acima, os cursos técnicos eram uma opção pouco atraente, dada a legislação que vigeu por mais de trinta anos. Isso porque adicionavam mil horas de profissionalização ao currículo já abarrotado do ensino médio. Jovens impacientes por chegar ao mercado tinham de fazer um curso pesadíssimo. Espontaneamente, predominou a alternativa de completar o médio e depois cursar um ano profissionalizante. Era, porém, uma solução capenga. A nova legislação promete sanar o problema, mas ainda é cedo para excessivo otimismo. No mundo desenvolvido, há mais graduados que equivalem aos nossos tecnólogos do que bacharelados de quatro anos. Aqui, a proporção de tecnólogos é cerca de 10%. Nunca houve investimentos sérios para criar o casamento apropriado da teoria com a prática – voltada aos cursos curtos e que requerem ampla experiência de botar a mão na massa. Ademais, as associações de engenheiros protegem suas reservas de mercado. Por exemplo, a Petrobrás não contrata tecnólogos em petróleo.

Do duplo ponto de vista da produtividade e da equidade, o Prouni e o Fies deveriam financiar apenas os tecnólogos e não os bacharelados. Considerando o que é necessário para o mercado de trabalho e o fraco nível com que se formam nossos alunos, faria muito mais sentido estimular a matrícula de tecnólogos, próximos dos mercados e com currículos mais concretos. Nossos cursos superiores têm programas difíceis e ambiciosos, copiados das universidades de elite dos grandes centros. Mas, naqueles países, a maioria dos cursos superiores oferece uma formação bem mais prática e aplicada. Nosso ensino é de quadro-negro. Máquina? Só na fotografia do livro.

Nos Estados Unidos, modelo para nossa pós-graduação, o mestrado forma para as profissões. O nosso é acadêmico. A versão profissionalizante não passa de uma contrafação. E mais: o uso desleixado das palavras cria debates infrutíferos. "Ensino superior" é tudo o que vem depois do médio. "Universidade" denomina tanto "ensino superior" quanto aquele, necessariamente, restrito às poucas instituições capazes de gerar pesquisas sérias. No país que produz a maioria dos prêmios Nobel do mundo, os Estados Unidos, há quase 5.000 instituições de nível superior e apenas 120 universidades de pesquisa. Se falta clareza nas palavras, quantos devem estudar aqui ou acolá vira um diálogo de surdos.

Infelizmente, não seguimos o conselho de Taylor. Falhamos em todos os degraus. Somos uma nação de bacharéis (CASTRO, 2019, p. 91).

Na análise que fazemos do texto, o leitor encontra conceitos de dialogismo (intertextualidade, na expressão de Julia Kristeva), de operadores argumentativos (da semântica argumentativa), da teoria da retórica (Aristóteles) e da teoria da manipulação persuasiva (Greimas).

O texto que acabamos de ver é de Claudio de Moura Castro, economista; trabalhou no Banco Mundial e no Banco de Desenvolvimento Interamericano, bem como presidiu a CAPEs de 1979 a 1982. A CAPEs é uma instituição que se ocupa de avaliar cursos de pós-graduação *stricto sensu* (mestrado, doutorado), bem do como do acesso e divulgação da produção científica (fomentando pesquisas científicas, concedendo bolsas de estudo para pesquisadores em nível de mestrado, doutorado, pós-doutorado), enfim, investindo na formação de especialistas de alto nível e promovendo a cooperação científica internacional. Castro também é autor de livros como: *A prática da pesquisa; As trapalhadas da educação brasileira; Você sabe estudar?* A Wikipédia traz ainda as seguintes informações: "Conhecido como conservador, tem uma coluna quinzenal na revista *Veja* desde setembro de 1996, e escreve sobre educação no Brasil" (Disponível em: https://pt.wikipedia.org/wiki/Claudio_de_Moura_Castro. Acesso em: 24 jul. 2020). É, pois, do lugar de um economista e de um ex-presidente da CAPEs que escreve sobre educação, com uma visão administrativa.

Focalizemos o título do artigo: "Uma nação de bacharéis". Essa afirmação de que somos "uma nação de bacharéis" tornou-se tão comum entre nós, que já não percebemos a intertextualidade. Em Manuel Antônio de Almeida, *Memórias de um sargento de Milícias,* de cujo capítulo inicial consta:

> Era no tempo do rei.
> Uma das quatro esquinas que formam as ruas do Ouvidor e da Quitanda, cortando-se mutuamente, chamava-se nesse tempo — O canto dos meirinhos —; e bem lhe assentava o nome, porque era aí o lugar de encontro favorito de todos os indivíduos dessa classe (que gozava então de não pequena consideração). Os meirinhos de hoje não são mais do que a sombra caricata dos meirinhos do tempo do rei; esses eram gente temível e temida, respeitável e respeitada; formavam um dos extremos da formidável cadeia judiciária que envolvia todo o Rio de Janeiro no tempo em que a demanda era entre nós um elemento de vida: o extremo oposto eram os desembargadores (Disponível em: http://www.dominiopublico.gov.br/download/texto/ua000235.pdf. Acesso em: 24 jul. 2020).

Lima Barreto, descendente de escravos e grande observador da realidade nacional, em *O homem que sabia javanês*, é outro dos nossos autores que também criticavam a postura cultural comum a alguns brasileiros, cuja ascensão social se faz às vezes às custas de nossa valorização pelos que ostentam anéis nos dedos, uso que nos últimos tempos tem perdido o *glamour*. No passado, no entanto, eram comuns os de rubi (área de humanas); de safira, azul (nas ciências exatas); e de esmeralda (nas ciências biológicas) etc.

Não falo aqui de Sérgio Buarque de Holanda que, com seu *Raízes do Brasil*, também faz relevante análise do comportamento do brasileiro, mas remeto o leitor ao texto de Cruz e Martins (2006) (ver referências em sugestão de leitura).

Além da intertextualidade presente no título, há outras vozes distribuídas ao longo do texto, como, por exemplo, a de Taylor, no início do primeiro parágrafo. Para Frederick Winslow Taylor, "pai da administração científica", a ênfase do administrador deveria focalizar prioritariamente a execução das tarefas, "objetivando o aumento da eficiência operacional" (cf. Wikipédia. Disponível em: https://pt.wikipedia.org/wiki/Taylorismo. Acesso em: 24 jul. 2020). Os livros de iniciação à administração, em geral, contemplam o *Taylorismo*; ou, se o leitor preferir, pode pesquisar o próprio livro de Taylor (*Princípios de administração científica*), em que trata da racionalização do trabalho (economia de esforço, com seu estudo dos tempos e movimentos do trabalhador na execução das tarefas, eliminando, consequentemente, movimentos inúteis), o que envolve a divisão dos trabalhadores por funções, bem como exigia treinamento do trabalhador para a função que viesse a desempenhar. O taylorismo recebeu críticas por se considerar que levava à desumanização do trabalho, transformava o operário em autômato, visto que em sua teoria predominava o comportamento passivo do operário a quem cabia executar ordens e não contestá-las, fazendo o que lhe mandavam fazer. O texto dialoga também com a visão de mundo dos que contestam Taylor, pelos que o entendem como criador de uma teoria que visava explorar a mão de obra, cuja história do uso da pá (de Taylor) o leitor pode recuperar em: https://www.trabalhosfeitos.com/ensaios/Taylor-e-As-Investiga%C3%A7%C3%B5es-Sobreo/186410.html. Castro identifica as vozes contrárias como procedentes da esquerda ("Por muito que a esquerda torça o nariz"). O leitor não desavisado pode retrucar, considerando que a contestação à teoria taylorista é de outros estudiosos da administração, não de movimentos políticos. Bakhtin afirma que nossos enunciados são responsivos, no sentido de que ou respondem a outros enunciados, ou provocam novos enunciados.

Além da intertextualidade a que recorre como argumento de autoridade, o enunciador se vale da estratégia de pergunta retórica, que não permite ao leitor rejeitar sua afirmação; conduz o leitor a um beco sem saída: "como discordar de sua afirmação de que há uma maneira melhor de fazer cada coisa e que todos devem dominá-la?". O que se tem aqui é uma modalização deôntica: para o enunciador, o que Taylor disse é uma "verdade estabelecida" e, portanto, *não deve* ser objeto de polêmica, mas ser assimilada.

Continua o texto com um operador argumentativo condicional: "**Se** isso acontece nos países bem-sucedidos, vacila nas terras tupiniquins". A antítese "países bem-sucedidos" × "terras tupiniquins" orienta o leitor para a conclusão que o enunciador tem em vista, a sua tese de que, em termos de educação, precisamos aprender com os "países bem-sucedidos". Seguem-se dois operadores argumentativos de oposição: "Nas profissões manuais qualificadas, Senai e Senac fazem um bom trabalho. **Contudo**, nos últimos tempos, muitos desses ofícios perderam o prestígio e, portanto, o apelo para quem teria o perfil para exercê-los. Há cura para essa rejeição, **mas** não é fácil." Nesse tipo de construção, o argumento mais forte é sempre o que é introduzido pelo operador: reconhece o enunciador que alguns cursos do Senai e Senac "perderam o prestígio". Esses operadores têm a função de contrapor argumentos, orientando o leitor para a conclusão contrária. Trata-se de uma estratégia de suspense: "Nela, o locutor introduz um argumento possível para uma conclusão, então o que vem primeiro à mente do leitor é a conclusão *R*. Em seguida, é introduzido o argumento (ou conjunto de argumentos) decisivo que levará o leitor à conclusão *não R*. É o que Ducrot (1987) chama de metáfora da balança": o enunciador coloca no prato A um argumento e no B um argumento contrário, "ao qual [o enunciador] adere, fazendo com que a balança fique inclinada nessa direção" (PARREIRA *In*: TRAVAGLIA; FINOTTI; MESQUITA, 2008, p. 283). Daí o operador conclusivo tornar-se uma "necessidade": **portanto**, como já não atende ao "apelo" de "quem teria o perfil para exercê-lo", seriam necessários outros cursos que não os que normalmente essas instituições oferecem. O leitor também pôde perceber que o autor considera a "rejeição" do que afirma Taylor ("há uma maneira melhor de fazer cada coisa e que todos devem dominá-la") como uma doença, cuja "cura" (a metáfora é do articulista) "não é fácil". O enunciador propõe então prescrever o remédio. Implicitamente, o desabafo "não é fácil" parece referir-se às posturas que são contrárias a determinados direcionamentos da educação brasileira. A exteriorização da irritação é uma forma de interagir com o leitor, de se mostrar incompreendido e, portanto, convidá-lo a aceitar seus argumentos. Países desenvolvidos são mais "racionais", seguem os princípios da administração taylorista, mas "nas terras tupiniquins" (a metonímia visa estrategicamente persuadir por **provocação**) há resistências, talvez porque, segundo o conceito cristalizado, somos mais emotivos, mais sentimentais que racionais. Essa uma das intertextualizações possíveis do texto. Adiante, o enunciador faz referência a "debates infrutíferos".

O segundo parágrafo abre com um diálogo com a legislação dos anos de 1990, que tornava obrigatória aos currículos a realização de mil horas de profissionalização. Salienta que esses cursos técnicos eram "pesadíssimos", o que, subentende-se, desestimulava os jovens "impacientes por chegar ao mercado de trabalho". Segue uma modalização atitudinal, que avalia o que vai enunciar: "**Espontaneamente**, predominou a alternativa de completar o médio e depois cursar um ano profissionalizante." Um leitor não ingênuo pode se perguntar que jovens serão esses que o autor silencia, classe social a que pertencem, distância da moradia das instituições que oferecem esses cursos etc. Daí afirmar que essa solução era claudicante, coxa, cambaleante, ou, para usar a própria expressão do autor, "capenga". Entende ainda que a realização de dois cursos não era satisfatória. Por isso, o argumento mais forte é introduzido por um operador de oposição: "Era, **porém**, uma solução capenga." Faz então referência a uma nova legislação, provavelmente à Lei nº 13.415, de

16 de fevereiro de 2017, e à Resolução nº 3, de 21 de novembro de 2018, que atualiza as Diretrizes Curriculares Nacionais para o Ensino Médio. O enunciado orienta, entretanto, o leitor para o ponto de vista que o autor defende: "A nova legislação promete sanar o problema, **mas** ainda é cedo para excessivo otimismo." Além do operador argumentativo de oposição, saliente-se a avaliação do enunciador: "*é cedo* para *excessivo* otimismo".

Feitas essas considerações, o autor parte para a defesa direta de sua tese (a de educação para a formação de tecnólogos, não a profissionalizante qualquer), valendo-se de uma modalização epistêmica delimitadora (*hedge*): "**No mundo desenvolvido**, há mais graduados que equivalem aos nossos tecnólogos do que bacharelados de quatro anos", que funciona como estratégia de persuasão do leitor; algo como: "se queremos nos desenvolver economicamente, vejamos o que ocorre 'no mundo desenvolvido'". Ou seja, o enunciador estabelece uma moldura de validade para o que afirma. A retórica aristotélica chama esse tipo de argumentação de *ilustração*; constitui *um topos*, *um lugar* a que se pode recorrer para tornar a argumentação mais consistente. Esse enunciado se junta ao título do artigo: substituição de cursos que produzem uma "nação de bacharéis" por cursos que produzam mais tecnólogos. O artigo é polêmico, suscita reflexões sobre o papel da educação na vida do indivíduo. Adiante o autor voltará a utilizar o argumento por ilustração: "No país que produz a maioria dos prêmios Nobel". Verifica-se aqui o que os semioticistas da linha greimasiana chamam de estratégia de argumentação por **sedução** (fazer querer; o enunciador visa "encantar" com um juízo positivo). Inferimos do enunciado: se quisermos produzir ganhadores de Prêmio Nobel, precisamos alterar a educação, seguindo o modelo dos países desenvolvidos, particularmente dos EUA.

Adiante, vale-se do operador argumentativo *ademais*, que adiciona argumento a favor de uma mesma conclusão: "Nunca houve investimentos sérios para criar o casamento apropriado da teoria com a prática – voltada aos cursos curtos e que requerem ampla experiência de botar a mão na massa. Ademais, as associações de engenheiros protegem suas reservas de mercado. Por exemplo, a Petrobrás não contrata tecnólogos em petróleo." Ou seja, além de não haver "investimentos sérios" para uma educação que junta teoria e prática (educação técnica, profissionalizante), há o obstáculo da reserva de mercado, que desestimula o interesse por determinados cursos técnicos. Vale a pena refletir, ainda, sobre a metáfora do casamento, que o autor utiliza do ponto de vista da idealização, como se duas pessoas se juntassem e fossem felizes para sempre.

> **Educar não é só transmitir conhecimento, embora essa transmissão faça parte da educação, mas é também desenvolver a consciência crítica da criança [ou do adulto], e a sua capacidade para contribuir para a formação e reformulação do seu mundo social (FAIRCLOUGH citado por JORGE; HEBERLE *In*: MEURER; MOTTA-ROTH, 2002, p. 1810).**

Há divergências entre os educadores quando se trata desse tema, e não é de hoje. Em 1971, a Lei nº 5.692, que estabelecia que o segundo grau (hoje, ensino médio) seria profissionalizante, provocou uma enxurrada de discussões. Os discursos, afirma Bakhtin, constituem uma arena, onde enunciador e coenunciador travam uma luta; às vezes, há entendimento, às vezes desentendimento. Todavia, ao juntar idealizadamente teoria e prática o autor seduz, manipulando o leitor por **tentação**, oferecendo-lhe um objeto de valor positivo em troca: se conseguirmos alterar a postura educacional, adotar a educação tecnológica, os brasileiros vão alcançar o sucesso das nações desenvolvidas.

Segue, mais uma vez, uma modalização deôntica, a que estabelece algo como obrigatório, como uma necessidade, que se "deve" sanar: "Do ponto de vista da produtividade e da equidade, o Prouni e o Fies **deveriam** financiar apenas tecnólogos e não os bacharelados." Como o leitor pode perceber, o artigo é polêmico do começo ao seu final. Se não desavisado, poderia perguntar: por que privilegiar só um tipo de educação? Uma sociedade se faz apenas com tecnólogos? Considere-se, porém, que o enunciador faz afirmações orientado por sua formação discursiva: daí o racionalismo de Taylor, a visão econômica e administrativa da educação. Nossos enunciados são orientados por nossa formação discursiva: ela estabelece o que pode ou não ser dito.

A defesa da tese do autor modalizada pelo uso do futuro do pretérito constitui uma estratégia para manter a face positiva do enunciador: "Considerando o que é necessário para o mercado de trabalho e o fraco nível com que se formam nossos alunos, **faria** muito mais sentido estimular a matrícula de tecnólogos, próximos dos mercados e com currículos mais concretos."

Avança então o enunciador para a crítica sobre as condições em que se dá a educação brasileira, que, segundo o autor, é ainda de quadro de giz. Sobressaem no texto o operador argumentativo de oposição, bem como a pergunta retórica, ambas as estratégias utilizadas para persuadir o leitor: "Nossos cursos superiores têm programas difíceis e ambiciosos, copiados das universidades de elite dos grandes centros. **Mas**, naqueles países, a maioria dos cursos superiores oferece uma formação bem mais prática e aplicada. Nosso ensino é de quadro-negro. **Máquina?** Só na fotografia do livro." Ouve-se na pergunta retórica a voz de um possível leitor, interrogando o autor sobre as condições estruturais da escola brasileira (computadores, robôs, laboratório etc.); em seguida, a resposta que recupera uma fala coloquial, comum em nosso meio. Estrategicamente, o enunciador envolve o enunciatário; aproxima-se dele, interage com ele, como se estivesse à sua frente.

No penúltimo parágrafo, o autor remete diretamente aos Estados Unidos (argumento por ilustração), cujos cursos de mestrado se ocupam de formar "para as profissões". No Brasil, temos mestrado em cursos de pós-graduação *lato sensu* (para os que querem dar seguimento a sua carreira acadêmica, de pesquisador e professor) e o mestrado profissional, que visa capacitar o estudante para a prática de uma profissão: "Nos Estados Unidos, modelo para nossa pós-graduação, o mestrado forma para as profissões. O nosso é acadêmico. A versão profissionalizante não passa de uma contrafação." Se o leitor procurar o sentido de *contrafação* em um dicionário, encontra: *fingimento, disfarce, imitação, falsificação*. Embora o texto se oriente por uma discussão racional do tema, o leitor nota o tom inflamado, irritadiço do articulista, com suas emoções à flor da pele. Entende então que os debates são "infrutíferos", produto do uso de palavras sem sentido preciso: "**E mais**: o uso desleixado das palavras cria debates infrutíferos. 'Ensino superior' é tudo o que vem depois do médio. 'Universidade' denomina tanto 'ensino superior' quanto aquele, necessariamente, restrito às poucas instituições capazes de gerar pesquisas sérias." Observar o uso do operador argumentativo "e mais", que orienta o leitor para o argumento decisivo, mais forte do que os apresentados antes. Entende Parreira (*In*: TRAVAGLIA; FINOTTI; MESQUITA, 2008, p. 283) que os operadores de adição induzem o leitor "a aderir à tese proposta" e que "a intenção, ao introduzir um argumento [decisivo], não é convencer o leitor do fato apresentado, mas da verdade da tese (a ideia defendida)". Antes, vinha tratando de forma generalizada dos problemas da educação brasileira, que produz muitos bacharéis e não oferece cursos para tecnólogos; agora, focaliza o comportamento verbal dos que debatem o assunto. Novamente, infere-se que o articulista fala de uma posição superior semelhante à de quem, numa banca de arguição, reclama do mestrando ou doutorando sobre o uso indevido de determinada expressão. Caracteristicamente, além de polêmico, o texto manifesta clara relação assimétrica com relação ao seu leitor. Em seguida, vale-se então de um argumento quantitativo: "No país que produz a maioria dos prêmios Nobel do mundo, os Estados Unidos, há quase 5.000 instituições de nível superior e apenas 120 universidades de pesquisa. Se falta clareza nas palavras, quantos devem estudar aqui ou acolá vira um diálogo de surdos." Na última oração do parágrafo, um operador argumentativo de condicionalidade: "Se...", convocando a participação do leitor, envolvendo-o retoricamente para persuadi-lo.

Finaliza o texto com uma modalização afetiva negativa: "**Infelizmente**, não seguimos o conselho de Taylor. Falhamos em todos os degraus. Somos uma nação de bacharéis." Além da modalização, o enunciado se constitui em estratégia argumentativa por **provocação** (fazer poder, fazer dever; o enunciador provoca o enunciatário com um juízo negativo), em que o enunciador espera uma reação positiva das autoridades responsáveis pela educação brasileira, ou seja, apresenta um juízo negativo da situação para que se tenha vontade de provar o contrário.

Em relação à linguagem, o leitor também nota que há certa preocupação com o diálogo com o leitor, abordando o tema de forma menos informal, adicionando inclusive certas expressões coloquiais: "torça o nariz", "vacila", "terras tupiniquins", "não é fácil", "solução capenga", "botar a mão na massa".

Fazendo um balanço, verificamos que o enunciador se vale de variados tipos de argumentação: argumento de autoridade, de quantidade e de ilustração/comparação para defender sua tese e persuadir o enunciatário. E o faz baseado em determinada formação discursiva, afirma a ideologia pragmática dos tempos atuais: tudo é feito com finalidade imediata, suprir o mercado com mão de obra competente, dar continuidade a um sistema que se caracteriza pela produção e consumo. Produzir estudantes para o mercado de trabalho que, consequentemente, venham a se tornar consumidores. Como o leitor pode perceber no texto: a preocupação do início ao fim é com valores do mundo capitalista; nenhuma observação sobre educação como amadurecimento humano, cidadão capaz de se posicionar em relação à realidade, embora se deva reconhecer que os limites de um texto publicado em uma revista nem sempre permitem reflexão mais abrangente.

A persuasão é intrínseca aos discursos. Quando falamos ou escrevemos, sempre temos em vista influenciar o outro a fazer alguma coisa, ainda que seja apenas aceitar o que dizemos. Nesse sentido, todos os discursos são retóricos. Afirma Ferreira (2015, p. 13):

> Agimos retoricamente quando nos valemos do discurso para descrever, explicar e justificar nossa opinião com o objetivo de levar o outro a aceitar nossa opinião. Como oradores, somos influenciadores e demonstramos a realidade sob certos ângulos, justificamos nossa posição em termos aceitáveis para conquistar a adesão de nosso interlocutor, para propor uma nova visão da realidade, para ajustar nossos interesses à sensibilidade e interesses de quem nos ouve. Como auditório, aceitamos ou não a visão de realidade exposta pelo orador, verificamos se a construção retórica é ou não interessante, justa, bela, útil ou agradável suficientemente para que concordemos com o que nos foi exposto.

Com base nos três elementos retóricos (*logos*, *pathos* e *ethos*), façamos ainda algumas considerações sobre o texto "Uma nação de bacharéis".

Considerando o *logos*, da teoria da argumentação em Aristóteles, verificamos que a argumentação de Claudio de Moura Castro é construída com base em argumento de autoridade, que é muito comum nas sequências argumentativas, no gênero artigo de opinião. Afirma então:

"Por muito que a esquerda torça o nariz para o americano Frederick Winslow Taylor, o pai da administração científica, como discordar de sua afirmação de que há uma maneira melhor de fazer cada coisa e que todos devem dominá-la?" Taylor entendia haver sempre um método mais rápido e um instrumento mais adequado para fazer as coisas; métodos e instrumentos poderiam ser encontrados e aperfeiçoados por análise científica e detido estudo de tempos e movimentos. Antevendo, pois, oposição às suas opiniões, contestações provenientes de "discursos da esquerda", Castro recorre então a um renomado autor da área de administração, para dar maior peso a seus argumentos e repartir a responsabilidade pelo que diz.

No artigo, encontramos ainda argumento quantitativo e de ilustração (referência estatística ao que ocorre em países desenvolvidos e EUA), uso de operadores discursivos de adição, de oposição. Enfim, temos às mãos um texto coeso que forma um sentido.

O *logos* utilizado na argumentação se ocupa do raciocínio, seja ele indutivo, seja dedutivo. O leitor pode então formar o seguinte silogismo: "Todos os países desenvolvidos economicamente priorizam a educação tecnológica. O Brasil é um país que quer desenvolver-se economicamente. Logo, a adoção da educação tecnológica é a solução"; "Ensino de quadro de giz, ou seja, que se reduz à sala de aula e não fornece formação prática e aplicada, não forma profissionais competentes. O Brasil oferece uma educação de quadro de giz e sem formação prática e aplicada. Logo, não conseguirá formar profissionais competentes." Os exemplos apresentados no texto, como referência aos EUA e países desenvolvidos funcionam como raciocínio indutivo: "O país X se desenvolveu economicamente, oferecendo educação prática e aplicada. O país Y se desenvolveu economicamente, oferecendo educação prática e aplicada. Logo, o Brasil, para se desenvolver economicamente, precisa substituir a educação de quadro de giz, por uma educação prática e aplicada."

Considerando o **pathos**, verificamos que desde o início do texto há a preocupação do enunciador em relacionar-se com o enunciatário, seja propondo questões (uma delas deixa o leitor num beco sem saída: "como discordar de sua afirmação [de Taylor] de que há uma maneira melhor de fazer cada coisa e que todos devem dominá-la?"), seja no uso de adjetivos reveladores de avaliação, seja valendo-se de aspas para chamar a atenção, seja exteriorizando emoções, que têm em vista justamente mostrar-se como pessoa que tem sentimentos, que reage emocionalmente diante de determinados fatos, seja utilizando metáforas (a da escada é uma delas). As constantes ilustrações, referência a outros países, tem em vista justamente estimular a atenção do enunciatário. Notará ainda o leitor que os enunciados iniciais mantêm distanciamento do enunciatário, valendo-se da terceira pessoa; do meio para o fim, o enunciador se aproxima do leitor: "equivalem aos *nossos* tecnólogos", "fraco nível com que se formam *nossos* alunos", "*nossos* cursos superiores", "*nosso* ensino", "o *nosso* é acadêmico", "não *seguimos* o conselho de Taylor". Ainda dentro do *pathos*, o enunciador forma uma imagem de um leitor que tem interesse pelo tema da *educação no Brasil*, que dispõe de informações sobre siglas, como Prouni e Fies, que é capaz de decodificar a metáfora da escada etc.

Agora, vejamos rapidamente o **ethos** do enunciador, a imagem que ele busca formar no enunciatário: a imagem de si no texto, de alguém que tem conhecimento de teoria administrativa, particularmente dos princípios de Taylor, tem conhecimento sobre variados níveis da educação brasileira, tem conhecimento da educação praticada em países desenvolvidos, particularmente nos EUA, tem conhecimento sobre associações de engenheiros, bem como sobre o que ocorre na Petrobrás, de alguém que valoriza a racionalidade etc. Tudo isso contribui para que o leitor forme um juízo do enunciador competente, que tem autoridade para dizer o que diz e, portanto, inspira confiança.[1] Constitui também um *ethos* de racionalidade não só em relação ao que diz, mas também como diz, como é o caso das atenuações no uso do futuro do pretérito. Além disso, ao valer-se da metáfora dos degraus de uma escada, constitui também o *ethos* de quem está interessado em ser didático para que o enunciatário possa entender com clareza o que o texto propõe. Finalmente, temos um *ethos* de especialista (conselheiro), que aparece como alguém experiente que orienta sobre o que se deve fazer. Sob o conselho de Taylor, o conselho do autor de "Uma nação de bacharéis", que sugere outra forma de educar que não a de quadro de giz.

Como o leitor pôde observar, o autor, para a defesa de sua tese de que "o país deveria investir mais na formação de tecnólogos" (observar que o autor se refere à educação de tecnólogos e não à profissionalizante oferecida por Senai e Senac que se ocupam propriamente de "profissões manuais qualificadas"), faz uso da metáfora da escada, que é, como todos sabemos, composta de degraus. Apoiado no argumento de autoridade do "pai da administração científica" (Taylor), segundo o qual "há uma maneira melhor de fazer cada coisa e que todos devem dominá-la", se propõe considerar vários degraus, metáfora que se intertextualiza com Descartes, que, em seu *Discurso sobre o método*, propunha: enxergar de forma analítica os problemas que se quer resolver: o que compreende não acolher nada como verdade antes de conhecê-la em profundidade; dividir o problema em partes para melhor resolvê-lo; conduzir ordenadamente o pensamento, iniciando pelo que é mais simples e fácil de conhecer até alcançar *degraus* mais complexos; realizar revisões do que já foi realizado, para que nada seja omitido. No primeiro degrau, Castro considera os cursos técnicos de Senai e Senac, ressaltando que, embora realizem "bom trabalho", muitos dos ofícios de sua grade curricular "perderam o prestígio e, portanto, o apelo para quem teria o perfil para exercê-los". No segundo degrau, focaliza a legislação: os cursos profissionalizantes da década de 90 do século XX, segundo o autor, tinham o defeito de se constituírem em "opção pouco atraente", "porque adicionavam mil horas de profissionalização ao currículo já abarrotado do ensino médio". E, mais, contrapõe a antiga legislação à nova, que "promete sanar o problema". Ainda nesse degrau, salienta que "nunca houve investimentos sérios para o casamento apropriado da teoria com a prática", ou seja, o Brasil pouco investe na formação de tecnólogos. No terceiro degrau, aborda os financiamentos estudantis: Programa Universidade para Todos (Prouni) e Financiamento Estudantil (Fies), que, segundo o autor, "deveriam financiar apenas os tecnólogos e não os bacharelados". No quarto degrau, concentra-se na análise da pós-graduação que se pratica no Brasil, entendendo que "o nosso modelo é acadêmico" e que a versão profissionalizante (cursos de mestrado profissional que algumas universidades oferecem) "não passa de uma contrafação". Finalmente, defende que, no Brasil, há confusão com relação ao uso das palavras *ensino superior* e *universidade*, o que dificulta ainda mais a solução do problema: "Se falta clareza nas palavras, quantos devem estudar aqui ou acolá vira um diálogo de surdos." Se o leitor juntar o primeiro parágrafo do texto com o penúltimo, em que o enunciador trata da "impropriedade" no uso de determinadas palavras ou expressões, poderá interrogar: não será estranha e estreita a classificação estabelecida? Para os estudiosos de administração, rejeitar o taylorismo é marca de posição política? O conceito utilizado não será fruto de cristalização?

Estamos diante de um texto que os estudiosos da área chamam de **discurso comentado** (que busca a persuasão; é argumentativo; temos um enunciador comprometido com o que afirma),

---

1 O leitor pode até não concordar com o que o enunciador diz, mas no texto *ele busca criar a imagem de enunciador racional*, competente, que tem autoridade para dizer o que diz e merece confiança.

que se caracteriza pelo uso do presente do indicativo. Quem comenta não utiliza dos mesmos recursos de quem relata um fato.

Quem relata (**discurso relatado**) faz uso do pretérito. Como já foi dito anteriormente, são tempos do discurso comentado: presente do indicativo, pretérito perfeito composto, futuro do presente, futuro do presente composto, locuções formadas com gerúndio e infinitivo. São tempos do discurso relatado (narrado): pretérito perfeito simples, pretérito imperfeito, pretérito mais-que-perfeito, futuro do pretérito e locuções verbais formadas com gerúndio e infinitivo. Como no texto de Castro aparece também futuro do pretérito (um tempo do discurso relatado), o leitor poderia perguntar: por que esse uso? Para criar um efeito de sentido especial, mostrando para o leitor que se trata de uma sugestão, não uma verdade absoluta.

No **discurso comentado**, temos um enunciador em tensão constante; ele trata "de coisas que o afetam diretamente. [...] Comentar é falar comprometidamente. O emprego dos tempos 'comentadores' constitui um sinal de alerta para advertir o ouvinte [ou leitor] de que se trata de algo que o afeta diretamente e de que o discurso exige a sua resposta" (KOCH, 2017, p. 35-36). Caracteriza-se, pois, o discurso comentado pelo compromisso, seriedade e tensão, pela insistência do enunciador sobre a validade de suas afirmações. No discurso relatado, o leitor é convidado a um papel menos ativo, que é transformado em "simples ouvinte" (ou leitor). Finalmente, um tempo de um tipo de discurso pode penetrar no outro, como é o caso do uso do futuro do pretérito, ao qual recorreu Castro para exprimir hipótese, sugestão.

5 GÊNEROS NOTÍCIA E REPORTAGEM

Enquanto a notícia apresenta o fato, seus efeitos e consequência, a reportagem exige maior aprofundamento dos fatos noticiados e investigação, apurando suas origens, razões e efeitos. Ambos os gêneros contêm relato de acontecimentos relevantes e de interesse social, caracterizando-se, portanto, como tipo textual narrativo, diferentemente, pois, dos gêneros *editorial* e *artigo de opinião*, que são textos argumentativos. Na literatura da área, notícia e reportagem nem sempre são consideradas textos distintos, mas equivalentes. Caracterizam-se por sua superestrutura: (1) uma manchete (*headline*), que às vezes é acompanhada de uma *linha fina* (um subtítulo); (2) um *lead*, que é constituído pelas primeiras sentenças do texto e responde às questões: Quem? O quê? Onde? Quando? Como?; (3) descrição do evento ou eventos; (4) informações relevantes para a compreensão dos fatos relatados (*background*): contexto e circunstâncias anteriores; (5) consequências do evento e apresentação de citação direta de enunciados de terceiros; (6) comentários. Nos textos de cultura, comentários podem preceder outras informações, visto que são aqueles e não estes que motivam a leitura, ou seja, o leitor busca primeiramente a opinião do jornalista.

Segundo Sventikas (*In*: TRAVAGLIA; FINOTTI; MESQUITA, 2008, p. 326), que reconhece que, em temas culturais, é menor a ocorrência de consequências e *background,* são características da notícia:

> (1) pertencer à comunidade discursiva jornalística, ou seja, ser produzida, sem quaisquer dúvidas, por um jornalista, que possui um conhecimento especializado e produz gêneros específicos para a comunicação interna entre seus parceiros e com seus leitores;

(2) ter o jornal ou a revista como suporte e não como serviço ou canal, na medida em que ambos os meios de comunicação funcionam como fixadores e não como meros divulgadores circunstanciais do gênero;

(3) exercer a função sociocomunicativa de estabelecer a comunicação entre os membros da comunidade discursiva jornalística e os leitores do jornal/revista, informando a população sobre fatos e acontecimentos atuais ou remotos, importantes ou "fúteis";

(4) ter como conteúdo o relato de um fato/acontecimento, seja no presente, passado ou futuro;

(5) apresentar uma estrutura composicional que realize no mínimo a categoria de evento principal, que é predominantemente do tipo narrativo.

Sublinhe-se: serem as notícias predominantemente narrativas não significa que excluam outras sequências textuais, como a descritiva, a expositiva, a argumentativa.

Examinemos a seguinte notícia:

> DAVOS COMEÇA COM GRETA, TRUMP E PREOCUPAÇÃO
> COM O TRABALHO E AMBIENTE
>
> O Fórum Econômico Mundial em Davos sucumbiu à pirralha. É da ativista ambiental sueca Greta Thunberg, 17, a voz mais esperada no encontro desta segunda (20), nos Alpes Suíços, da elite financeira e política global.
>
> Ao celebrar sua 50ª edição neste ano, o evento criado por Kauss Schwab em 1971 consolida a forma que vinha tomando nos últimos anos, com líderes nacionais e empresariais de cinco continentes circulando entre ativistas, artistas, acadêmicos e outros representantes da sociedade civil.
>
> A participação de Greta em três sessões do evento sela essa transformação.
>
> Depois de dois anos de estreia presidencial no evento, [...] o Brasil baixou a graduação de sua comitiva, que será chefiada pelos ministros Paulo Guedes (Economia) e Luiz Henrique Mandetta (Saúde), ladeados por parte da equipe econômica.
>
> A missão de Guedes será apresentar aos investidores dados que possam convencê-los de que o Brasil engrenou um novo ciclo de crescimento.
>
> Gustavo Montezano, presidente do BNDES, que tem destacado a importância das parcerias internacionais, faz sua estreia em Davos. Também acompanha a comitiva Wilson Ferreira Júnior, presidente da Eletrobras, a estatal que encabeça a lista de privatizações do governo.
>
> Dois aspirantes ao Planalto, porém, comparecerão – o governador de São Paulo, João Doria (PSDB), e o apresentador Luciano Huck falarão ao público na quinta (23), o primeiro sobre cidades do futuro e o último sobre a ebulição das ruas da América Latina.
>
> Sem o presidente, a lista de empresários e executivos brasileiros também minguou, resumindo-se quase que a presidentes de bancos. A comitiva da área financeira brasileira conta com Itaú Unibanco, Bradesco, BTG Pactual e Safra. [...]
>
> A lista de chefes de Estado e de governo neste ano está bem mais magra do que em seu auge, 2018, quando as calçadas escorregadias do *resort* de esqui de 11 mil habitantes que inspirou

Thomas Mann a escrever "A Montanha Mágica" (1924) foram tomadas por mais de 70 comitivas de presidentes, premiês e monarcas.

Desta vez, serão 43, sendo 25 delas europeias.

Com a adesão de última hora do americano Donald Trump, aumentaram as expectativas e o quórum. Sua ida, anunciada no início da semana, permanecia nos planos da Casa Branca e da organização até o início deste sábado (18). Mas estando Trump em pleno processo de *impeachment*, não se pode ter certeza.

A viagem ao exterior neste momento é talhada para ser lida como sinal de confiança de que o processo naufragará em um Senado de maioria republicana, o que é mesmo mais provável. Concretizada, porém, sua presença em Davos pode causar saias-justas.

Nos corredores acarpetados do centro de convenções o americano deve cruzar com (1) Greta, com que mantém uma guerra verbal; (2) o vice-premiê chinês Han Zheng, com cujo governo trava uma guerra comercial em incipiente armistício; (3) o presidente iraquiano Barham Salih, cujo país foi usado pelos EUA como trampolim para uma quase guerra com o Irã.

E (4) com o presidente da Ucrânia, Volodimir Zelenski, pivô da guerra política que Trump enfrenta em casa após virem à tona telefonemas em que exigia do europeu a cabeça de inimigos políticos para manter os aportes financeiros americanos a Kiev. [...]

Com as queimadas na Amazônia e os incêndios em curso na Austrália para mantê-las vivas no debate, o brasileiro seria inevitavelmente cobrado por sua inação ambiental, já que, sob o tema "Interessados em um mundo sustentável e coeso", a ecologia e a sustentabilidade são o trilho principal do encontro neste ano (com saúde, trabalho, desigualdade social e os de praxe: negócios, tecnologia, geopolítica).

E ainda poderia ter que ouvir [o presidente brasileiro] um sermão de Greta, a quem definiu como "pirralha".

É sintomático e estratégico, portanto, que esteja na delegação o cientista Carlos Nobre, presidente da Academia Brasileira de Ciência e respeitado pesquisador do aquecimento global, mas não o ministro do Ambiente. [...]

O governo parece já ter suficientes escândalos com os quais lidar, e expor Salles a perguntas sobre a Amazônia de gente como Greta, Al Gore e o príncipe Charles não ajuda.

Nobre, por sua vez, foi escalado para três sessões oficiais sobre clima e ambiente. É o mesmo número [três sessões] da estrela da equipe, Paulo Guedes, que falará sobre indústria na terça, crescimento e inclusão social na quarta e dólar na quinta.

O que faz Davos ter o peso que tem para definir a agenda política e negócios do ano que começa, entretanto, é menos os palcos e mais seus corredores, que fervilham com encontros bilaterais.

O governador de São Paulo não ficou muito atrás. A agenda preliminar de Doria somava 17 encontros bilaterais com executivos e representantes de governo, além de almoços e jantares de negócios. [...]

No vídeo para convencer investidores estrangeiros a colocarem dinheiro em São Paulo, nova cutucada: a produção elétrica que descreve o estado como ponto de convergência global mostra São Paulo praticamente independente do Brasil e seus problemas, e enfatiza o respeito ao Acordo de Paris sobre o Clima [...].

> O palco principal do evento, porém, não deve apresentar maiores emoções. Além de Trump e do vice-premiê chinês, os demais líderes a discursar ali serão o iraquiano Salih, a alemã Angela Merkel, que deixa a política no ano que vem, o espanhol Pedro Sánchez, que acaba de sobreviver a uma crise doméstica, o italiano Giuseppe Conte, o paquistanês Imran Khan e o príncipe Charles, num furacão familiar após seu filho caçula se afastar da realeza.
> Greta ainda não pisa ali – por ora (COELHO; SALOMÃO, 2020, p. A13).

O texto de Luciana Coelho e Alexa Salomão, publicado na *Folha de S. Paulo*, relata fatos do Fórum Econômico Mundial em Davos, que ocorreu em janeiro de 2020. Para explicitar o que é o evento, as enunciadoras recuperam a informação de quem o criou (Kauss Schwab) e o número de sua edição (51ª edição), onde fica Davos (Alpes Suíços), bem como de que se trata de uma reunião da elite financeira de todo o mundo. Dizer que o primeiro evento ocorreu em 1971 produz o sentido de algo duradouro, consistente. Não se trata de uma reunião qualquer.

Os textos jornalísticos se caracterizam pela precisão. Temos então acesso ao nome das pessoas que participaram do evento, de onde vieram, de que lugar falam (falam do lugar de presidente, falam do lugar de governador, falam do lugar de empresário etc.). Além da participação de grandes líderes mundiais, as jornalistas chamam a atenção para a presença de uma garota de 17 anos, Greta Thunberg, ativista ambiental, e estabelecem um juízo avaliativo, segundo o qual ela é "a voz mais esperada no encontro desta segunda (20), nos Alpes Suíços, da elite financeira e política global".

Ao interagirem com outras vozes, com as quais constituem seus enunciados, as enunciadoras interagem também com seu enunciatário, aproximando-se dele com inúmeras avaliações, algumas delas irônicas, como é o caso da oposição entre *pirralha* (cujo significado, além de *garota, menina*, tem sentido pejorativo de *criança* ou *jovem atrevido, que pretende passar por adulto*) e o verbo *sucumbir*, que significa *dobrar-se*. Entre tantas autoridades, é a uma garota ativista que o Fórum Econômico de Davos se dobrou, sucumbiu. Outras avaliações podem ainda ser observadas em: "o Brasil baixou a graduação de sua comitiva"; "a lista de empresários e executivos brasileiros também minguou, resumindo-se quase que a presidentes de bancos"; "a lista de chefes de Estado e de governo neste ano está bem mais magra do que em seu auge, 2018". No texto, porém, não há apenas a voz das jornalistas; ouvimos também outras vozes, que se apresentam com o uso de aspas, recurso utilizado pelas autoras para se manterem distanciadas dos enunciados.

Salientado o que (o evento) e quem (os participantes), o local (onde), resgatam uma informação que o leitor comum de jornais provavelmente desconhece: "as calçadas escorregadias do *resort* de esqui de 11 mil habitantes que inspirou Thomas Mann a escrever 'A Montanha Mágica' (1924) foram tomadas por mais de 70 comitivas de presidentes, premiês e monarcas". Como se vê, as jornalistas distribuem pelo texto várias informações sobre o local; não o fazem à maneira de uma descrição colegial em que todos os elementos descritivos aparecem juntos. Além disso, relaciona o local com um escritor renomado (Thomas Mann), o que dá ao texto certo requinte cultural. Pouco adiante, referência ao luxo do ambiente: "Nos corredores acarpetados do centro de convenções o americano deve cruzar com Greta, com que mantém uma guerra verbal." Além da ativista, o presidente americano teria ainda de ver autoridades com as quais provavelmente não gostaria de cruzar.

Assim é que, embora pertença ao gênero discursivo *notícia*, o texto está impregnado de avaliações, de subjetividade, de crítica ao presidente americano e, de quebra, constroem as autoras um enunciado que vê com ironia o enunciado em que Greta Thunberg é chamada de "pirralha". Se o leitor retomar o texto e for diretamente ao parágrafo final, verificará que o uso do verbo *pisar* não é aleatório. Além do sentido de que Greta ainda não falou, não participou da reunião, tem também o sentido de uma voz que, embora ainda adolescente, se contrapõe com altivez e contundência (*pisa*) aos adversários do meio ambiente: ela vai *pisar* todos eles, "esmagá-los", "destruir" os argumentos contrários. Para usar uma expressão coloquial: Greta sabe onde pisa.

Os textos jornalísticos optam pela variedade linguística chamada "culta" (não a padrão, que é uma idealização gramatical). Como o objetivo das jornalistas é a comunicação e atingir o maior número possível de leitores, a variedade "culta", que é a de domínio de pessoas urbanas escolarizadas com nível superior, que não é muito diferente da usada por quem concluiu o nível médio, é a mais apropriada. Ajustam, então, o discurso à concordância verbal e nominal; valem-se de sentenças em que se identificam imediatamente o sujeito e o predicado; utilizam vocabulário sem grandes problemas de entendimento; servem-se da pontuação prescrita pela gramática etc.

Em relação aos verbos, diferentemente do uso nos gêneros *editorial* e *opinativo*, que pedem maior participação do leitor e, por isso, para manter uma atitude tensa, utilizam, sobretudo, o presente do indicativo, o pretérito perfeito composto e o futuro do presente, no gênero *notícia*, que é um relato de acontecimentos (portanto, **mundo narrado**), são comuns os seguintes tempos:

- Pretérito perfeito simples: *sucumbiu, baixou, engrenou, minguou, inspirou, foram, aumentaram, foi, definiu, foi, ficou*; esses verbos indicam que a ação está acabada, chegou ao fim.
- Pretérito imperfeito: *permanecia, exigia, somava*; esse tempo verbal indica ação continuada, duradoura.
- Pretérito mais-que-perfeito:
- Futuro do pretérito: *seria, poderia,*
- Futuro do presente: *será, comparecerão, falarão, serão, naufragará, falará, serão*; tempo verbal que constitui o sentido de algo que ainda não se realizou.
- Locuções verbais: *vinha tomando*; essas locuções produzem sentido de continuidade, de duração.

Todos esses tempos verbais pertencem ao mundo narrado. Acrescente-se, no entanto, que o propósito de manter o leitor atento ao enunciado leva o enunciador a se servir de um tempo do mundo comentado. Daí a presentificação dos fatos: *é, consolida, sela, está, faz, acompanha, encabeça, conta, está, pode, é, pode, deve, mantém, trava, enfrenta, são, é, parece, ajuda, faz, tem, começa, é, fervilham, descreve, mostra, enfatiza, deve, deixa* ("a alemã Angela Merkel, que *deixa* a política no ano que vem" = o verbo foi usado no presente, mas a ação se dará no futuro), *acaba, pisa*; o presente do indicativo é um tempo do mundo comentado. Por que então foram usados verbos nesse tempo? Porque raramente os enunciados jornalísticos são compostos de uma única sequência textual (que também não é muito diferente do que ocorre em outros gêneros). Paralelamente à notícia, o jornalista faz comentários, estabelece juízos avaliativos, emociona-se, critica, ironiza, levanta dúvidas etc.

Para Koch (2017, p. 35-36),

> é graças aos tempos verbais que emprega que o falante apesenta o mundo [...] e o ouvinte o entende, ou como mundo comentado ou como mundo narrado. Ao mundo narrado pertencem todos os tipos de relato, literários ou não; tratando-se de

eventos relativamente distantes, que, ao passarem pelo filtro do relato, perdem muito de sua força, permite-se uma atitude mais "relaxada".

6 GÊNERO ARTIGO JORNALÍSTICO SOBRE CULTURA

Apoiando-se em Adam, afirma Bonini (*In*: MEURER; BONINI; MOTTA-ROTH, 2010, p. 225) que ele parte das sequências textuais para fazer considerações sobre o gênero em que elas estão inseridas; examina primeiramente o intertexto (as condições de produção), para, em seguida, abordar o processo de esquematização, o que inclui a planificação do gênero e sua estruturação (sequências textuais e mecanismos textuais). Além desses elementos, constituem objeto de seu interesse o *ethos*, o *logos* e o *pathos*, constantes do texto sob foco.

Bonini declara então a existência de poucos trabalhos sobre *crítica de cinema* e, por isso, recorre a descrições de gêneros próximos, como a resenha, para explicitar os gêneros culturais que são publicados em jornais. O gênero resenha é objeto de estudo de Motta-Roth (2002, p. 77-116), que aborda os gêneros discursivos segundo a perspectiva da ação social, perspectiva de *estudos retóricos dos gêneros*, de Carolyn Miller (1984, p. 151): "Compreender os gêneros socialmente pode nos ajudar a explicar como encontramos, interpretamos, reagimos a e criamos certos textos." Na situação retórica, podemos perceber não apenas características do contexto, mas também a motivação dos participantes do discurso, bem como os efeitos que eles pretendem obter com seu discurso.

Segundo Motta-Roth (*In*: MEURER; MOTTA-ROTH, 2002, p. 77-78),

> diferentes gêneros textuais são usados para realizar ações tipificadas com base em situações recorrentes [...]. Reconhecemos similaridades entre situações recorrentes e assim elaboramos representações de ações típicas. Essa representação é um construto social, intersubjetivo baseado nos esquemas de situações que construímos a partir de nossa experiência social, em termos de eventos, participantes e linguagem pertinentes. Essa tipificação de situações pede respostas retóricas tipificadas que assim se tornam o que se pode chamar de gênero.

Utilizamos os gêneros textuais para realizar ações que se tornaram típicas. Situações típicas; logo, textos com as mesmas características de textos anteriores que foram utilizados nessas situações. Elaboramos então um constructo ideal (esquema) e por ele nos orientamos nas novas situações.

Além de Miller, Motta-Roth faz referência também a Bakhtin, que considera o gênero como "evento recorrente de comunicação em que uma determinada atividade humana, envolvendo papéis e relações sociais, é mediada pela linguagem" (p. 78). Esse conceito de gênero pressupõe interconexão de fatores sociais da linguagem com fatores contextuais, ou seja, das relações sociais envolvidas. Finalmente, avisa o leitor que focalizará as práticas discursivas, sob a perspectiva de Fairclough (2001), que considera em suas análises dos textos os processos de produção, o consumo e a distribuição dos textos.

Duas visões confluentes da linguagem são utilizadas:

- A **socioconstrutivista**, cuja ênfase recai na construção do sujeito como "resultado de forças de relações que se estabelecem na comunidade em que se insere" (nesse sentido, uma resenha acadêmica é orienta-se por "normas e convenções, valores e

práticas sócio-historicamente produzidos por um grupo de pessoas que se definem, entre outras coisas, por suas práticas discursivas" [p. 79]).
- A **sociointeracionista**, que focaliza as trocas simbólicas da comunicação em tempo real em um evento discursivo. Nesse sentido, em um texto acadêmico, como uma resenha, o enunciador constrói seu texto, projetando um enunciatário (ou mais de um de sua comunidade).

Motta-Roth afirma ainda se situar "no entremeio dessas duas visões", tentando focalizar a interação entre subjetividades e as 'normas da cultura' em que operam, entendendo o conceito de 'gênero' como formas estáveis de uso da linguagem que estão intimamente associadas com formas particulares de atividade humana. Com base em Bazerman (*Shaping written knowledge*), afirma que não se pode entender o que constitui um texto se não se leva em consideração a atividade social da qual o texto faz parte.

Machado (1996, p. 148), autora em que Motta-Roth se apoia, entende que os gêneros filiados ao gênero *resenha* (como, por exemplo, a crítica cinematográfica, de espetáculos teatrais, musicais) "sejam considerados como basicamente organizados em sequência(s) descritiva(s). Tais sequências seriam um subtipo da sequência descritiva, pois apresentariam não só uma diferenciação quanto à estrutura geral, mas também quanto aos objetivos discursivos".

Um pouco antes, Machado já havia declarado que

> a argumentação mais consistente que desenvolvemos para defender a tese de que esse tipo de texto é constituído basicamente por sequência(s) descritiva(s), baseia-se no estabelecimento de relações de comparação entre dois conjuntos de pressupostos: a análise proposta por Beacco e Darot (1984) para resumos ou comentários críticos de filmes e de textos científicos e a noção de sequência descritiva proposta por Adam (1992) das proposições que se referem à forma (p. 142).

Com base em Beacco e Darot, três seriam os tipos de operações discursivas realizadas pelo enunciador ao realizar uma crítica cinematográfica: descrever, apreciar e interpretar.

Em relação à descrição de um filme, afirma Machado (1996, p. 142) que ela focaliza o assunto, o conteúdo, e pode conservar ou reorganizar sua estrutura básica. Linguisticamente, caracteriza-se pelo

> predomínio da asserção, de marcas da terceira pessoa, sem que haja implicação dos parâmetros da situação de comunicação, e, portanto, sem marcas do sujeito enunciador ou do destinatário e sem a utilização de tempos verbais relacionados ao momento da enunciação.

Como se verifica, nesse passo a crítica cinematográfica se vale de enunciados sem marcas do sujeito enunciador e nos quais predomina a asserção. Tal como nos resumos, Machado verificou que, também na crítica de cinema, há a existência de uma *operação de ancoragem*, que é a designação, o título do objeto descrito e uma *operação de aspectualização* (listar propriedades, especificar partes), em que se explicitam as partes que compõem esse objeto e/ou sua forma. Essas partes podem ser *tematizadas*, ou seja, fazer delas um objeto de reflexão.

Marquesi e Elias (2011, p. 199) sugerem o seguinte diagrama para as sequências descritivas (vamos retomar um exemplo já apresentado no Capítulo 4 deste livro):

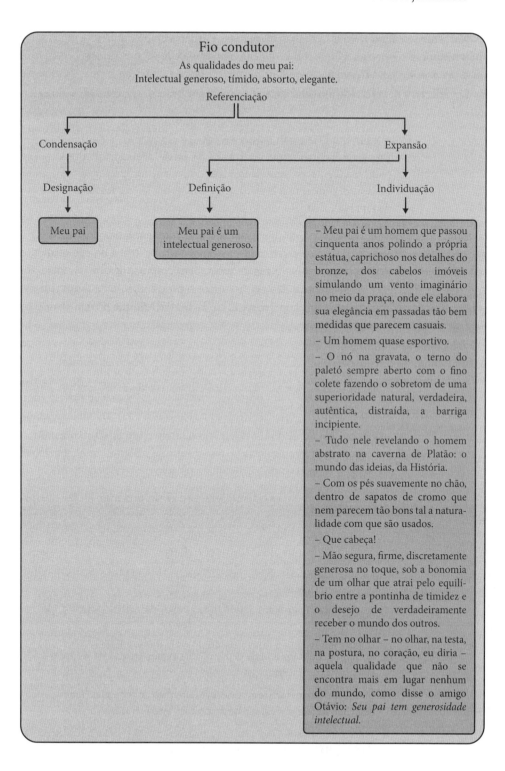

Nos gêneros *resumo, resenhas, crítica de cinema* etc., são normalmente utilizados organizadores textuais temporais e espaciais, como: *primeiramente, em segundo lugar, em seguida, depois, a princípio, anteriormente, posteriormente, simultaneamente, ao mesmo tempo, na cena X, na cena Y* etc.

Em relação à operação de **apreciação**, apoiando-se em Beacco e Darot, Machado entende que ela é

> considerada como o julgamento pessoal que se efetua sobre um determinado objeto, levando-se em conta um sistema de valores hierarquizados. Essa operação pode aparecer, ou concomitantemente aos elementos descritivos, ou após esses elementos, podendo ser ela facilmente isolável ou não da descrição propriamente dita (p. 143).

Nesse momento da constituição do texto da "resenha cinematográfica", ou crítica cinematográfica, diferentemente da parte descritiva, temos marcas da presença do enunciador, que avalia positiva ou negativamente, expõe juízos de valor, bem como apresenta comparações e quantificações. Tal como nas sequências descritivas, temos o procedimento da assimilação, que envolve relacionar, comparar um filme com outro. E, ainda, avaliações, que podem ser positivas ou negativas. Afirma Machado:

> Nos informativos mais curtos, a avaliação poderia aparecer sem qualquer tipo de justificação, enquanto que nos textos críticos, a justificativa estaria sempre presente, estabelecendo-se, assim, uma relação entre os dados e o julgamento. Ainda em referência aos textos críticos, os autores [Beacco e Darot] observam que seu desenvolvimento discursivo se articula por um efeito de acumulação: um mesmo julgamento de valor vai recebendo diversas formulações mais ou menos parafrásticas e em relação paratática, ou então avaliações relativas a objetos diferentes vão sendo encadeadas umas às outras, conduzindo a um julgamento global (p. 144).

A terceira operação que ocorre na crítica cinematográfica é a **interpretação**. Ela busca explicar o significado do filme, o propósito do diretor, a lógica do enredo, a coerência das personagens: A interpretação "seria basicamente constituída por elementos descritivos que se deixam ler ou que se colocam como procedendo de uma atividade interpretativa" (p. 145).

Como se verifica, a interpretação, em geral, não aparece isoladamente no texto, mas imbricada, encaixada nas passagens descritivas.

Entre as estratégias utilizadas pelo enunciador nesse passo da crítica, salienta Machado, ainda com base em Beacco e Darot:

- atribuir ao diretor do filme determinadas intenções que, na verdade, são o resultado de sua interpretação;
- mostrar a interpretação em curso, pelo emprego de perguntas (retóricas ou não) que colocam em evidência a construção da interpretação;
- utilizar modalidades que marcam a incerteza possível sobre a significação produzida pela atividade do sujeito cognitivo (p. 145).

As operações de interpretação podem aparecer espalhadas pelo texto e não, propriamente, ocupar um lugar específico no texto. Diferentes atividades intelectuais são envolvidas, como:

operações cognitivas, como *examinar, classificar*; operações retóricas, como *afirmar, dizer*; considerações pragmáticas, como *propor, sugerir*. Daí serem comuns enunciados com: "fulano examina"; "fulano afirma"; "fulano propõe".

Para Bonini (*In*: MEURER; BONINI; MOTTA-ROTH, p. 227), no jornalismo um conjunto variado de textos recebe o nome de *crítica* (literária, teatral, cinematográfica etc.) e,

> embora haja similaridades claras entre resenha e crítica, existe pelo menos uma diferença marcante. Enquanto a resenha traz um relato pormenorizado da obra, avaliando sua pertinência para um campo de debates (campo das ideias), a crítica se atém ao plano da construção da obra (campo da forma), avaliando suas qualidades estéticas e/ou de entretenimento

Em segundo lugar, esse autor entende que o "gênero crítica cinematográfica" se enquadra mais na descrição de Motta-Roth (2002, p. 93), cuja descrição da organização das resenhas acadêmicas compreende quatro movimentos e dez passos:

Movimento 1: Apresentando o livro		
Passo 1	Definindo o tópico do livro	e/ou
Passo 2	Informando sobre a virtual audiência	e/ou
Passo 3	Informando sobre o/a autor/a	e/ou
Passo 4	Fazendo generalizações	e/ou
Passo 5	Inserindo o livro na área	
Movimento 2: Esquematizando o livro		
Passo 6	Delineando a organização do livro	e/ou
Passo 7	Definindo o tópico de cada capítulo	e/ou
Passo 8	Citando material extratexto	
Movimento 3: Ressaltando parte do livro		
Passo 9	Avaliando partes específicas	
Movimento 4: Fornecendo avaliação final do livro		
Passo10A	Recomendando/desqualificando o livro	ou
Passo 10B	Recomendando o livro apesar das falhas	

Sustenta Bonini que nas críticas cinematográficas não se pode verificar com clareza ("visualizar mais facilmente") "categorias textuais como a descrição, a apreciação e a interpretação" de Beacco e Darot, visto que "são termos relativamente vagos" (p. 228). Afirma então que os textos de crítica cinematográficas compreendem:

- Ficha técnica.
- Apresentação do conteúdo do filme (tema, dados relativos a diretor, atrizes, atores, roteirista etc.).
- Resumo do filme, destacando cenas de interesse, segundo o ponto de vista do resenhista.
- Avaliação crítica do enunciador (explícita ou implícita).

Conclui que a avaliação do filme "desencadeia no leitor o interesse ou o desinteresse pelo filme". Diferentemente da resenha acadêmica, não se dirige a crítica de cinema a produzir "um *feedback* aos idealizadores da obra e à audiência especializada". Finalmente, entende Bonini que o resumo em uma crítica cinematográfica é a menor parte, "a menos significativa" (p. 228). Distingue então nos textos de crítica cinematográfica: uma apresentação do filme, uma esquematização do filme e uma avaliação final do filme.

Vejamos uma crítica cinematográfica de Tuio Becker (*Apud* SILVA JR., 2004, p. 83-84):

> BECKER, Tuio. Uma viagem sentimental pelo Brasil: "Central do Brasil, que estreia hoje em três salas da capital, mostra o cinema brasileiro em sua melhor forma.
>
> Um dos mais esperados filmes brasileiros desta temporada, *Central do Brasil*, estreia hoje em 11 capitais brasileiras. O filme levou o urso de prata de Berlim de 1998, em que também foi premiada a atriz Fernanda Montenegro. Guion 1, Iguatemi 8 e sala Paulo Amorim são os cinemas porto-alegrenses que exibem o terceiro filme de Salles – os anteriores são *A grande arte* (1991) e *Terra estrangeira* (1995), realizado em parceria com Daniella Thomas. Em todos, um tema comum: a viagem iniciática.
>
> Se em *A grande arte* o personagem central era um fotógrafo norte-americano que se embrenha pelo Brasil Central em busca de um assassino, e em *Terra estrangeira* eram jovens brasileiros que buscavam na Europa uma alternativa para o beco sem saída em que se transformava o país dos anos Collor, *Central do Brasil* coloca na estrada do Brasil dos tempos do Real uma mulher que ajuda um menino órfão a encontrar suas origens. Se o impasse final dos outros personagens dos filmes de Salles era desesperador, o sentimento de perda também não está ausente nesta sua nova odisseia. Mas, em meio à miséria em que vivem seus personagens, existe uma força da alma que os leva a sobreviver a tudo e a todos.
>
> As pequenas vilanias praticadas por Dora, a ex-professora que vive de escrever cartas para analfabetos na Central do Brasil, no Rio, deixam ver alguns males do Brasil de hoje, do tráfico de crianças e órgãos ao assassinato de pequenos marginais. A viagem compreendida por Dora em companhia do pequeno Josué leva o espectador ao reencontro com um Brasil que só é encontrado em documentários de tevê. A maestria da fotografia em tela ampla e o acerto da trilha sonora são alguns dos muitos méritos desse filme cheio de beleza e sensibilidade (*Zero Hora*, Porto Alegre, 3 abr. 1998. Segundo Caderno).

O primeiro parágrafo é informativo e avaliativo: identifica o título do filme e afirma que a estreia, em três salas de Porto Alegre, é uma mostra do cinema brasileiro "em sua melhor forma".

A crítica cinematográfica de Tuio Becker ainda focaliza o nome do diretor [Walter] Salles, o conjunto da obra do diretor, prêmio que ganhou com o filme, as personagens que aparecem da história. Talvez, pelo espaço que o jornal dispõe para a crítica de cinema, o resenhista faz referência apenas a Dora (Fernanda Montenegro) e Josué (Vinícius de Oliveira); os outros atores são: Marília Pera (Irene), Mateus Nachtergaele (Isaías), Othon Bastos (César), Otávio Augusto (Pedrão), Soia Lira (Ana), Caio Junqueira (Moisés).

Todo texto, para usar uma expressão comum na área, é como um *iceberg*: mais esconde que revela, ou, valendo-nos de outra metáfora, todo texto é poroso (como um queijo suíço?): ao leitor cabe estabelecer hipóteses, deduzir, inferir, preencher os vazios.

Os parágrafos seguintes, da mesma forma, entremeados de informação e avaliação, produzem o *ethos* de um enunciador especialista em cinema. Alguém que conhece em profundidade a carreira do diretor, o que já fez antes de *Central do Brasil*. Daí reconhecer uma linha de coerência temática nos vários filmes que Salles dirigiu: "*A grande arte* (1991) e *Terra estrangeira* (1995), realizado em parceria com Daniella Thomas. Em todos, um tema comum: a viagem iniciática."

Chamam ainda a atenção os enunciados avaliativos distribuídos pelo texto e que o caracterizam como persuasivo. É possível que quem leu a coluna na época (1998) talvez tenha se sentido atraído por ver o filme, tal a competência com que o crítico o aborda. Vejamos suas avaliações:

- "Um dos mais esperados filmes brasileiros desta temporada."
- "Em *Terra estrangeira* eram jovens brasileiros que buscavam na Europa uma alternativa para o beco sem saída em que se transformava o país dos anos Collor."
- "*Central do Brasil* coloca na estrada do Brasil dos tempos do Real uma mulher que ajuda um menino órfão a encontrar suas origens."
- "Se o impasse final dos outros personagens dos filmes de Salles era desesperador, o sentimento de perda também não está ausente nesta sua nova odisseia."
- "Em meio à miséria em que vivem seus personagens, existe uma força da alma que os leva a sobreviver a tudo e a todos."
- "As pequenas vilanias praticadas por Dora, a ex-professora que vive de escrever cartas para analfabetos na Central do Brasil, no Rio, deixam ver alguns males do Brasil de hoje, do tráfico de crianças e órgãos ao assassinato de pequenos marginais."
- "A viagem compreendida por Dora em companhia do pequeno Josué leva o espectador ao reencontro com um Brasil que só é encontrado em documentários de tevê."
- "A maestria da fotografia em tela ampla e o acerto da trilha sonora são alguns dos muitos méritos desse filme cheio de beleza e sensibilidade."

O leitor, no entanto, não ouve no texto apenas a voz de Tuio Becker. Citemos apenas uma delas, por sua importância na história da literatura, da cultura humana: a referência a viagem iniciática. Ulisses, de *A Odisseia*, de Homero, é um dos grandes representantes desse *topos*. A crítica de Becker o cita explicitamente: "Se o impasse final dos outros personagens dos filmes de Salles era desesperador, o sentimento de perda também não está ausente nesta sua nova odisseia."

Se examinarmos outras resenhas de filme, vamos encontrar a mesma estrutura: uma ficha técnica que compreende título do filme, diretor, atores, atrizes. Comumente, recuperam informação sobre festivais de que o filme tenha participado ou prêmios que tenha ganhado, que são elementos caracteristicamente persuasivos. Trazem ainda um resumo da história e avaliações distribuídas pelo texto.

7 GÊNERO ENSAIO

O ensaio tanto pode ser uma modalidade comum aos gêneros acadêmicos, como pode aparecer nos gêneros jornalísticos. Ao ocupar-se da análise do texto "Dois clássicos da dissimulação: o choque entre Zidane e Materazzi lembra um outro, que ocorre na política deste país tropical", de Roberto Pompeu de Toledo, publicado na *Veja*, p. 114, 19 jul. 2006, Andrade (*In*: TRAVAGLIA; FINOTTI; MESQUITA, 2008, p. 48) afirma que o ensaio jornalístico "está relacionado aos fatos, aos eventos do cotidiano e que ele apresenta caráter informal, exprimindo, geralmente, as ideias do enunciador relativas à suas relações diante dos acontecimentos observados ao seu redor. [...] O ensaio manifesta articulação lógica e coerência de argumentação, exigindo conhecimento cultural e certa maturidade intelectual não só por parte de seu enunciador (escritor), mas também do coenunciador (leitor), ainda que este texto seja publicado em revista de grande circulação nacional. Em uma perspectiva interacionista, o texto é fruto de um processo que se define no próprio percurso argumentativo. Isso pode explicar a presença de índices de interatividade presentes no texto sob análise: no conhecimento partilhado entre enunciador e coenunciador e revelado na relação intertextual [...] ou na indagação direcionada ao interlocutor [...], no uso de operadores discursivos.

Entende ainda a autora citada, apoiando-se em Peter Burke ("Um ensaio sobre ensaios". Disponível em: https://www1.folha.uol.com.br/fsp/mais/fs1305200113.htm. Acesso em: 21 jul. 2020), que

> o ensaio, tal como é praticado pela mídia brasileira, não se baseia em "pensamento rigoroso nem em pesquisa extensiva", mas busca a adesão do interlocutor para as ponderações apresentadas. O ensaísta visa mais à empatia do que à erudição com o objeto em foco, para poder assim conseguir a adesão do leitor (p. 49).

Com base em diversos textos de van Dijk, Andrade se ocupa de verificar "em que medida o uso da linguagem – como prática social – é marcado, expressa opiniões com fundamentos ideológicos e como esses fundamentos se reproduzem em nossa sociedade, instaurando um conhecimento partilhado entre os leitores". Cita então, diretamente, van Dijk: "as ideologias são consideradas crenças básicas compartilhadas por grupos e é preciso localizá-las no que se define como memória social, juntamente com o conhecimento e atitudes sociais dos membros de determinado grupo" (p. 46).

Um dos ensaios que se tornaram célebres na história da cultura ocidental é o do humanista Montaigne (*Ensaios*), publicado no final século XVI. Embora partisse da observação e si mesmo, o texto é também um conjunto de reflexões sobre temas humanos relevantes.

Os ensaios se caracterizam como textos opinativos, em que se propõe discussão e reflexão sobre determinado tema. Diferentemente do artigo científico, regulado por convenções estabelecidas nas universidades e periódicos que o publicam, bem como por rigorosa metodologia, os ensaios desfrutam de relativa liberdade. Em alguns se percebe a preocupação com a consistência da argumentação; outros são menos profundos, mais rasos. O objetivo, o público leitor, o veículo utilizado (jornal, revista de variedades, periódico de ensaios), o tema são fatores determinantes para maior ou menor aprofundamento das argumentações apresentadas.

EXERCÍCIOS

1. Localize e leia artigos de opinião publicados em jornal de sua cidade ou de outras (*Folha de S. Paulo, O Estado de S. Paulo, O Globo, Zero Hora, Diário de Pernambuco, Tribuna da Bahia, Estado de Minas, Correio Braziliense* etc.). Quais são as características estruturais desses textos? Qual a tese que defendem? Qual a ideologia que está por trás das opiniões exaradas? Quais gêneros discursivos são mais bem avaliados em nossa sociedade? Em se tratando de jornal, quais gêneros são mais bem avaliados? Por que determinados gêneros discursivos são marginalizados? (Na música popular, facilmente você encontra alguns deles; na literatura, o romance policial às vezes é marginalizado; no teatro, a comédia, em comparação à tragédia e ao drama etc.) Em seguida, localize o texto de MARINHO, Fernando. Artigo de opinião. *Português: o Sítio da Língua Portuguesa*. Disponível em: https://www.portugues.com.br/redacao/artigo-opiniao-.html. Acesso em: 25 abr. 2020. Leia também o texto de CASTRO, Sara de. Artigo de opinião. *Mundo Educação*. Disponível em: https://mundoeducacao.bol.uol.com.br/redacao/artigo-opiniao.htm. Acesso em: 25 abr. 2020.

2. Localizar na Internet o texto de DIMENSTEIN, Gilberto. Estamos deixando de ser idiotas? *Folha Online*, São Paulo, 28 maio 2009. Disponível em: https://www1.folha.uol.com.br/folha/pensata/gilbertodimenstein/ult508u572999.shtml. Acesso em: 5 ago. 2020. Ler e reler o artigo e escrever outro texto, manifestando sua opinião sobre o tema focalizado em Dimenstein.

3. Comentar a resenha crítica do filme Três Verões, de Matheus Macedo. Disponível em: https://cinemacao.com/2019/10/22/critica-tres-veroes-43o-mostra-de-sao-paulo/. Acesso em: 28 maio 2020.

CRÍTICA: TRÊS VERÕES – 43ª MOSTRA DE SÃO PAULO

A atriz Regina Casé está de volta aos cinemas, desta vez estrelando o longa-metragem *Três Verões*, da diretora Sandra Kogut. O filme que teve sua estreia no *Festival de Toronto* desembarcou em terras brasileiras indo direto para a 43ª Mostra Internacional de Cinema de São Paulo, em meio a grande expectativa, já que, o último filme de Regina Casé, *Que horas ela volta?* (2015), foi muito bem recebido pela crítica internacional, inclusive rendendo indicações e prêmios em festivais importantes como *Sundance* e *Berlim*.

Em *Três Verões* Regina interpreta a caseira Madalena, mais conhecida como Madá. A história se passa ao longo do mês de dezembro dos anos de 2015 a 2017, em uma mansão à beira-mar do casal Edgar (*Otávio Muller*) e Marta (*Gisele Fróes*) e acompanha as preparações para o Natal e o Ano-Novo da família e as mudanças que ocorrem ao longo dos três verões dentro da casa.

O longa tem como plano de fundo a crise política enfrentada pelo país, mas sem grande influência na construção da história. Os problemas políticos se tornam mero detalhe e muitas vezes são tratados com muito humor e ironia. Regina Casé está muito bem no papel, sempre rendendo muitas risadas.

Diferente da empregada Val (*Que horas ela volta?*), a caseira Madá tem praticamente total controle sobre a mansão, organizando a casa e gerenciando os empregados. O temor que havia de que a personagem de Regina Casé fosse mais do mesmo cai por terra com pouco tempo de tela. *Três Verões* entrega uma personagem completamente diferente e marcante,

> cheia de alegria, mas que também sofre devido a ingenuidade e abuso dos patrões. Porém Madá é uma mulher determinada e empreendedora, que não fica por baixo, sempre dando um jeitinho brasileiro pra sobreviver.
>
> *Três Verões* é pontual nas críticas sociais. Vale lembrar que não se trata de documentário, mas uma obra ficcional inspirada nos problemas envoltos a Lava-Jato e a corrupção. Um filme leve, sem deixar de ser político, mas capaz de agradar os mais diversos públicos (MACEDO, 2019).

SUGESTÃO DE LEITURA

1. Leitura e resumo do texto de MEDINA, Jorge Lellis Bomfim. Gêneros jornalísticos: repensando a questão. *Symposium*, Universidade Católica de Pernambuco, ano 5, n. 1, p. 45-55, jan./jun. 2001. Disponível em: https://www.maxwell.vrac.puc-rio.br/3196/3196.PDF. Acesso em: 23 abr. 2020.
2. Leitura e discussão do texto de CRUZ, Breno de Paula Andrade; MARTINS, Paulo Emílio Matos. O poder do bacharel no espaço organizacional brasileiro: relendo *Raízes do Brasil* e *Sobrados e mucambos*. *Cadernos EBAPE.BR*, Rio de Janeiro, Fundação Getulio Vargas, v. 4, n. 3, out. 2006. Disponível em: https://www.scielo.br/scielo.php?pid=S1679-39512006000300005&script=sci_arttext. Acesso em: 24 jul. 2020.
3. Leitura do conto de BARRETO, Lima. O homem que sabia javanês. Belém: Universidade da Amazônia, Núcleo de Educação a Distância. Disponível em: http://www.dominiopublico.gov.br/download/texto/ua000165.pdf. Acesso em: 24 jul. 2020.
4. Leitura dos Capítulos 2 e 3 (p. 68-252) de RODRIGUES, Rosângela Hammes. *A constituição e o funcionamento do gênero jornalístico artigo*: cronotopo e dialogismo. 2001. 347 f. Tese (Doutorado em Linguística Aplicada) – Pontifícia Universidade Católica de São Paulo, São Paulo, 2001. Disponível em: http://www.leffa.pro.br/tela4/Textos/Textos/Teses/rosangela_rodrigues.pdf. Acesso em: 5 maio 2020.
5. Leitura e discussão do artigo de BOFF, Odete Maria Benetti; KÖCHE, Vanilda Salton; MARINELLO, Adiane Fogali. O gênero textual artigo de opinião: um meio de interação. *REVELL – Revista Virtual de Estudos da Linguagem*, Mato Grosso do Sul, Universidade Estadual de Mato Grosso do Sul, v. 7, n. 13, p. 1-12, 2009. Disponível em: http://www.revel.inf.br/files/artigos/revel_13_o_genero_textual_artigo_de_opiniao.pdf. Acesso em: 7 maio 2020.
6. Leitura dos ensaios publicados em *Época*, *Istoé*, *Veja*, comparando-os com os publicados na revista *Serrote*.
7. Leitura do ensaio de GUINZBURG, Carlo. O vínculo da vergonha, *Revista Serrote*, São Paulo, 2020. Disponível em: https://www.revistaserrote.com.br/wp-content/uploads/2020/07/serrote-especial-em-quarentena.pdf. Acesso em: 7 nov. 2020

8

Gênero propaganda

Um texto pode ser lido tanto de uma forma crítica como de uma forma não crítica. Ler um texto de uma forma não crítica consiste em extrair a informação que o mesmo fornece sem uma reflexão sobre ela. Contudo, ler um texto de uma forma crítica implica uma conscientização por parte do leitor de que as ideologias nas quais um texto é baseado podem vir a moldar o comportamento das pessoas (JORGE; HEBERLE *In*: MEURER; MOTTA-ROTH, 2002, p. 178).

1 INTRODUÇÃO

Neste capítulo, além de focalizarmos o gênero *propaganda*, responsável por representar determinada realidade, estabelecer relações sociais e atribuir identidade aos participantes, tratamos também da retórica, amplamente utilizada tanto na produção dos textos, como em sua análise. Nesse sentido, de acordo com a epígrafe deste capítulo, é relevante o desenvolvimento de habilidades críticas em relação aos textos com os quais nos deparamos no dia a dia, em que a propaganda é um deles. Jorge e Heberle, com base em *Language and power*, de Fairclough, destacam a importância de "não efetuarmos uma leitura acrítica dos textos que circulam na sociedade" e que "a conscientização é o primeiro passo para se alcançar emancipação" (p. 181).

Na Seção 2 do Capítulo 2 deste livro, com base em Halliday, afirmamos que, para a gramática sistêmico-funcional, é por meio de textos que nos comunicamos e que o texto se caracteriza como a língua funcionando dentro de determinado contexto. Para Jorge e Heberle, também apoiados em Halliday, "o texto e o contexto são vistos como responsáveis pela organização e desenvolvimento da experiência humana". E mais: afirmam que a gramática sistêmico-funcional de Halliday "é um dos recursos instrumentais linguísticos mais adequados para se desenvolver uma análise crítica do discurso" (p. 181), porque nela encontramos subsídios apropriados para uma análise de textos em relação ao contexto, às funções e aos significados constantes das interações verbais. Ainda na seção citada do Capítulo 2, o leitor encontrará as metafunções da língua: ideacional, interpessoal e textual.

A metafunção ideacional refere-se à forma como o ser humano expressa sua experiência. Nesse caso, focalizam-se os verbos, bem como os participantes envolvidos na interação. Os processos verbais são responsáveis pela transitividade. Com base na transitividade, escolhemos os processos verbais, bem como os argumentos apropriados (os complementos dos verbos) ao que temos em vista comunicar. Aqui, focalizamos quem faz o quê e em que circunstância o faz, ou seja, verificamos como os fenômenos do mundo são representados pela linguagem. Relativamente aos processos, eles podem ser: material, mental, relacional, existencial, verbal, comportamental. Processos materiais são processos de ação (*reutilizar, reusar, reciclar,* verbos da propaganda que veremos adiante). Os mentais implicam eventos psicológicos, reflexões, sentimentos, percepções (*repensar, recusar*). Os relacionais identificam estados de identidade, de posse (*ser, estar*; na propaganda "Repense", que veremos adiante, aparece em "menos *é* mais"), bem como caracterizam a relação do enunciador com seu enunciatário, por meio de diversos imperativos. Os processos existenciais representam a existência de algo (*haver*; na propaganda sob foco ele aparece elipticamente: "[se há] menos lixo, [há] mais saúde // [se há] menos lixo, [há] mais tudo").

Participam da propaganda um enunciador, cujo propósito é persuadir o destinatário a reduzir a produção de lixo e levá-lo a compreender que a reciclagem é uma saída para melhor qualidade de vida, e um enunciatário (leitor, telespectador), identificado como *você*. A metafunção interpessoal ocupa-se da interação entre interlocutores. Na propaganda, temos uma voz institucional que fala com o interlocutor, chama-o de *você*, que é a forma comum em nosso meio e serve para reduzir a distância entre enunciador e enunciatário, bem como constituir o sentido de informalidade. Essa voz se vale do modo indicativo e do imperativo: "Se você não reutiliza, recuse..." Apoiando-se em Halliday, afirmam Jorge e Hebele (*In*: MEURER; MOTTA-ROTH, 2002, p. 183) que quatro são as funções básicas da fala: "oferecer ou exigir informações ou oferecer e exigir bens e serviços". Damos ou recebemos informações ou produtos e serviços por meio de perguntas, respostas, afirmações, ordens, pedidos e outros atos de fala. Nesse sentido, a propaganda "Repense" é constituída por uma série de ordens. Como, porém, se trata de um objeto (saúde, vida), um bem desejável por todos, o telespectador (ou leitor) vê no uso do imperativo não propriamente como uma ordem, mas como uma sugestão, um lembrete sobre a responsabilidade social e ética. Afinal, saúde e vida são valores fundamentais, constituidores do mais alto grau da escala valorativa de bens a serem fruídos pelo homem. Os enunciados funcionam como um lembrete. A atenuação da expressão de ordem provém igualmente do uso da hipótese: não afirma que o cidadão não reutiliza, mas que, se ele é dos que não reutilizam, então... O articulador argumentativo leva-o a receber o texto como mais propriamente como um pedido.

Os autores citados entendem que "através da análise de transitividade e de modo [indicativo, subjuntivo, imperativo], podemos investigar o que está sendo dito e como o autor representa os fatos ou a realidade a que se refere" (p. 187). No caso da propaganda que veremos a seguir, ela constitui o que modernamente é objeto das comunicações empresariais: mostrar que a empresa tem responsabilidade social, merece crédito, é confiável e cooperativa; é uma empresa que envida esforços para preservar o meio ambiente. Dessa forma, constrói uma imagem positiva de si, o que favorece o consumo de seus produtos. Esse tipo de texto, que funciona como propaganda institucional, é veiculado na imprensa escrita, falada, televisada. É comum em propaganda de empresas fabricantes de papel, petrolíferas, mineradoras etc. Também é de observar como o telespectador (ou leitor) se vê envolvido na parte final do texto: a campanha é da Globo, mas a atitude de refletir sobre a responsabilidade pelo meio ambiente é de *todos*. A empresa busca estabelecer uma relação social com o consumidor de seus produtos: uma relação de compromisso com o bem-estar geral, uma relação de igualdade com o cidadão. Põe-se a falar como se fosse uma pessoa física que também está preocupada com a poluição de rios, mares, atmosfera. Reduz-se então a relação assimétrica de poder: empresa × indivíduo, embora ela continue presente, visto que é a empresa que diz o que deve ser feito.

Produz, pois, a propaganda sob foco uma identidade social da empresa (esse é seu propósito): construir a imagem de uma organização preocupada não apenas com o lucro, com a venda de espaços publicitários, mas também preocupada com o bem-estar social, uma empresa que tem responsabilidade social, como manda a ideologia dos tempos modernos. Mostra então, por meio de um filmete que não lhe reverte benefício pecuniário, como suas ações não são todas movidas exclusivamente por interesse. Já em relação à identidade social do público, o texto não constrói sua imagem como poluidor e irresponsável; apenas diz que "se você..." É a própria pessoa que vai se classificar ou não nessas categorias.

Vejamos o texto:

REPENSE: RECICLAGEM

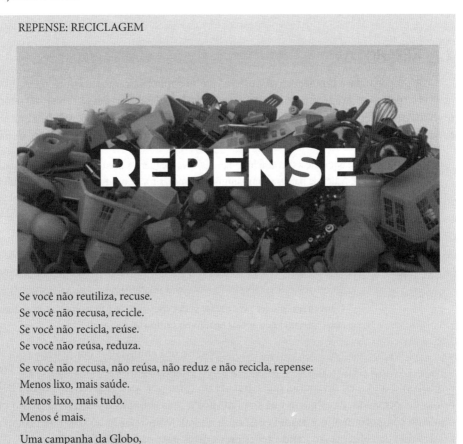

Se você não reutiliza, recuse.
Se você não recusa, recicle.
Se você não recicla, reúse.
Se você não reúsa, reduza.

Se você não recusa, não reúsa, não reduz e não recicla, repense:
Menos lixo, mais saúde.
Menos lixo, mais tudo.
Menos é mais.

Uma campanha da Globo,
uma atitude de todos.

(Disponível em: https://www.youtube.com/watch?v=HzcJBL-sas4. Acesso em: 31 jul. 2020.)

Tomando como base os 5Rs da sustentabilidade (*repensar, recusar, reduzir, reutilizar* e *reciclar*), no Dia Mundial do Meio Ambiente (5 de junho de 2020), a Rede Globo, em parceria com o Instituto Akatu e a Conservação Internacional, veiculou a propaganda "Menos é mais".

Em virtude da restrição do espaço e objetivos, focalizaremos particularmente o texto verbal, embora estejamos conscientes de que uma abordagem do dinamismo das imagens, das transformações de objetos descartados (plásticos, papelões) em outros objetos úteis seja relevante. Por um lado, essas imagens, talvez ainda mais que as palavras, são responsáveis por produzir um efeito emocional positivo. Por outro, a montanha de plásticos descartados produz uma imagem chocante de irresponsabilidade, caracterizando ambas o que a Retórica chama de *pathos*). Essas primeiras considerações têm em vista o *persuadir* (cujo significado o leitor pode recuperar na exposição que abre esta seção). Focalizando, porém, o articulador condicional lógico *se*, repetido enfaticamente nos vários versos, temos o que a retórica chama de *convencer*.

O Instituto Akatu é uma organização não governamental sem fins lucrativos que tem por finalidade conscientizar e mobilizar a sociedade para o consumo consciente. A Conservação Internacional é uma organização brasileira sem fins lucrativos, cujo objetivo é conservar a natureza e promover a sustentabilidade e o bem-estar humano.

2 RETÓRICA

A propaganda é um gênero discursivo que se apoia basicamente em técnicas discursivas que visam provocar ou aumentar a adesão do enunciatário. Essas técnicas são objeto da retórica, que tem em Aristóteles um de seus primeiros estudiosos. Ferreira (2015, p. 15) esclarece que *persuadir* se originou se *persuadere* (*per* + *suadere*), em que *per* significa "de modo completo" e *suadere*

> equivale a "aconselhar". É, pois, levar alguém a aceitar um ponto de vista, é não se valer da palavra como imposição, mas, sim, de modo habilidoso. Persuadir contém em si o convencer (*cum* + *vincere*), que equivale a vencer o opositor com sua participação, persuadir o outro por meio de provas lógicas, indutivas ou dedutivas.

Conclui então o autor citado, distinguindo ambos os verbos:

> **Persuadir:** mover pelo coração, pela exploração do lado emocional, coordenar o discurso por meio de apelos às paixões do outro.
>
> **Convencer:** mover pela razão, pela exposição de provas lógicas, coordenar o discurso por meio de apelos ligados ao campo da racionalidade.

A propaganda sob foco ("Repense") apresenta um enunciador em diálogo com o enunciatário. Diálogo franco, sincero. Um enunciador, preocupado com o consumismo e o lixo, fala diretamente com o enunciatário, que é tratado no texto por *você*. Relação de proximidade, sem firulas de formalidades. Alguém que se predispõe a "quase implorar" ao enunciatário para que mude de comportamento e assuma responsabilidade com relação ao lixo que produz, com a preservação da natureza, adotando ações preventivas para não destruí-la.

O texto distribui os primeiros quatro argumentos condicionais de forma paralela e tensa, características do texto poético. Além disso, a iteração sonora dos verbos que se iniciam com *re* reforça, enfatiza, chama a atenção do enunciatário, busca mantê-lo atento. Outras características do texto são terminar com um verbo que é retomado no argumento seguinte, formando um quiasmo (disposição cruzada), produzindo rimas assonantes (repetição de sons vogais: *e, u, i, i, a, e, u, e; e, u, a, e, i, e; e, i, a, e, u, e; e, u, a, e, u, a*).

Terminada a primeira quadrinha, em que os quatro "versinhos" fluem sob a tensão da condicionalidade e da oposição ("se fizer isso, não faça aquilo"), o texto junta todos os verbos utilizados em um só enunciado (*se você não recusa, não reúsa, não reduz e não recicla*), mas acrescenta um novo, convidando o leitor a *repensar*. Ao usar um verbo que não aparecia anteriormente, rompe com o esperado e torna o texto ainda mais incisivo. Ao propor como objeto da reflexão do enunciatário a produção de menos lixo, deixa subentendido que se deve evitar o consumismo. Todo texto é cheio de poros; ao leitor cabe preenchê-los, ocupá-los de sentidos. Evidentemente, alguns textos são menos porosos, outros mais. Gêneros altamente formais, como uma procuração, apresentam menos buracos; textos literários, objetos de arte (uma tela, uma escultura), textos teatrais e cinematográficos, propaganda tendem a ser mais permeáveis; são cheios de fissuras, de frestas.

As primeiras imagens vão construindo uma sensação de bem-estar, de seguidas transformações que conduzem a vasos com uma planta, constituindo o efeito de que o respeito à natureza produz beleza, em vez de um monturo de lixo. Repetindo: esse o *pathos* da propaganda; o elemento que tem em vista comover, provocar emoção no enunciatário. O texto faz aflorar no leitor (ou espectador) desejo de não danificar a natureza; produz paixões positivas, desejos e aspirações de um mundo livre dos lixões e de águas poluídas. Observemos ainda que o aproveitamento de partes das palavras, em seguidas repetições sonoras, vai produzindo um efeito de *reciclagem das próprias palavras*. Para usar uma expressão comum nos estudos poéticos, temos aqui uma projeção do eixo do paradigma (seleção) no eixo do sintagma (combinação), o que se configura poético. A propaganda, de modo geral, além de apoiar-se na retórica, para se tornar mais agradável e persuadir, busca às vezes criar efeitos poéticos: rimas, aliterações, paralelismos, ironias etc. Nos enunciados sob foco, o uso da rima assonante, bem como da aliteração, contribui para o enunciatário manter vivo na memória seu texto e levá-lo à ação. Para compreendermos o que é aliteração, tomemos outra propaganda: nela deparamos com a aliteração do fonema /s/, que é uma consoante linguodental *surda*. Para transmitir um conteúdo agradável, envolvente, sedutor, o enunciador escolheu um som surdo, não vozeado, que não fere, suave, macio, menos sonoro. Já na propaganda objeto de nosso estudo ("Menos é mais"), a escolha foi pela aliteração do fonema /r/, que é uma consoante alveolar vibrante *sonora*. A seleção não é sem propósito, porque o contexto pede sonoridade, ênfase; algo que fira o ouvido e chame a atenção do enunciatário com maior força.

(Disponível em: https://www.google.com/search?q=propagandas+com+alitera%C3%A7%C3%A3o&tbm=isch&chips=q:propagandas+com+alitera%C3%A7%C3%A3o,online_chips:ironia&hl=pt-BR&sa=X&ved=2ahUKEwi88-qf_vnqAhUTCrkGHZJICo0Q4lYoAnoECAEQFw&biw=1034&bih=449#imgrc=iJ5ORbFLsiDEsM. Acesso em: 1 ago. 2020. Nesse mesmo endereço, o leitor localizará outros efeitos poéticos utilizados em propagandas.)

Como o leitor pode verificar, os enunciados em "Repense" são compostos negativamente na primeira parte do período, terminando com um imperativo. Em seguida, a contraposição de lixo a saúde e a "mais tudo". No final do texto, temos uma antítese, um paradoxo, outra figura de linguagem comum nos manuais de retórica: "Menos é mais". Segue a assinatura do enunciador em que fica implícito o uso de um argumento opositivo: "a campanha é da Globo, mas a atitude de mudar de comportamento, assumindo a responsabilidade de preservação do ambiente, é de todos. Envolve o leitor em uma tomada de posição sobre a sustentabilidade do meio ambiente. Esse conjunto da organização da composição a retórica chama de *logos*, que é a marca racional do texto. Enquanto o *pathos* busca emocionar (persuadir), o *logos* objetiva convencer pelas razões que apresenta. Observar que o texto encaminha o leitor para um beco sem saída: não há muita escolha a fazer: ou opta por um mundo belo, sem consumo exagerado, que preserva a natureza e a vida, ou opta por um mundo feio, repleto de lixões, de rios e mares poluídos, mundo da morte da natureza e da vida. Para Ferreira (2015, p. 109):

> Quando terminamos uma leitura [ou vemos uma novela, um filme, uma propaganda, uma entrevista] e sentimos raiva, ódio, simpatia, amor, compreensão, solidariedade, ciúme, desprezo etc. significa que fomos captados pelo *pathos*. Mérito do orador, pois, se o mesmo assunto tivesse sido dito por um oponente retoricamente competente, com certeza experimentaríamos outros sentimentos ao final da explanação desse segundo orador.

Como já dissemos em outras partes deste livro, a intertextualidade é uma característica do texto. Ao falar que menos é mais, vale-se da frase *less is more*, de Ludwig Mies van der Rohe, um arquiteto alemão que se naturalizou americano. É considerado mestre do minimalismo e um dos maiores arquitetos do século XX, um dos maiores da arquitetura moderna. Também foi professor da Bauhaus, escola alemã de arte de vanguarda e criador igualmente de outra frase que ficou famosa e é também vastamente usada: *Deus está nos detalhes*. Mies van der Rohe defendia a necessidade de depuração da linguagem, a clareza, a quase ausência do ornamental, o que implicava traduzir a linguagem da arquitetura em formas geométricas elementares. Como se verifica, o texto de "Menos é mais" se intertextualiza com o que propunha o arquiteto citado, que também respondia a outros enunciados, dialogava com outros textos sobre arquitetura, bem como com os "textos" (prédios) arquitetônicos. E a propaganda sob análise o faz não de forma escondida, não marcada; faz de forma explícita, usando as palavras do próprio autor da frase ("Menos é mais"). Não transcreveu apenas suas palavras, mas observou no próprio texto e imagem a mesma simplicidade, a mesma clareza, a ausência de ornamentação: enunciados breves: sujeito (os quatro primeiros enunciados iniciam com *se você*), advérbio de negação, verbos; os três finais com *menos*. O último com o paradoxal "menos é mais", que retoma ser a beleza do mundo (da proposta do arquiteto citado) resultado não de mais ornamentação, mas simplesmente de deixar de produzir tanto lixo.

A intertextualidade é marcada (manifesta) quando nos valemos de citação direta, aspas ou informamos o autor do texto; é constitutiva, quando está implícita (gênero, tema, estilo). Muitas vezes, na formação de nossos textos, nos apoderamos inconscientemente do discurso alheio, ou seja, dizemos as coisas como se nós fôssemos a origem delas, mas não o somos. Segundo Bakhtin (2017, p. 61), já citado no Capítulo 1 deste livro: "O falante não é um Adão bíblico, só relacionado com objetos virgens ainda não nomeados, aos quais dá nome pela primeira vez."

Mais uma observação: o texto trata de reciclagem, de preservação da natureza, de respeito à vida. Reciclar é *transformação* do lixo em um novo produto útil. Agora, observemos o que ocorreu no enunciado: *menos* é uma palavra de variada classificação morfológica (serve para tudo: advérbio, pronome indefinido, preposição): é advérbio de intensidade em "produza *menos* lixo"; "consuma menos"; é adjetivo em "menos lixo", mas, tal como se fosse uma "reciclagem", aparece no texto como substantivo: "*Menos* é mais". A gramática chama a conversão de uma categoria gramatical em outra de *derivação imprópria*. Para nós aqui, a derivação da palavra *menos*, usada como substantivo, coaduna-se com o que o enunciador está falando, que é a transformação de um objeto em outro, ou, se quiser, a transformação de uma categoria gramatical em outra.

2.1 Teoria da argumentação

Nem sempre, quando se fala de retórica, se recupera o sentido primeiro constante da retórica aristotélica, o de teoria da argumentação. Atualizam-se sentidos negativos: de texto empolado, excessivamente burilado, repleto de figuras, eloquente, mas oco, vazio. Embora tenha nascido a retórica no berço da argumentatividade, ela ganhou através dos tempos o foco no uso das figuras de linguagem. Na atualidade, a retórica não só recuperou o sentido inicial, como também a ela tem sido creditadas características hermenêuticas, de estudos dos quais o leitor pode se valer para entender os textos que lê.

Segundo Ferreira (2015, p. 31), o discurso retórico se origina do contexto, em que se tem: um problema, que é composto de três elementos: uma questão que pede uma discussão que tem em vista uma solução; um auditório e um conjunto de limitações e restrições (interesses, emoções, crenças etc.), "que atuam tanto sobre a audiência quanto sobre o orador e dão especificidade à situação". Pouco adiante, depois de passar em revista os principais autores dedicados aos estudos retóricos (Górgias, Platão, Aristóteles, Cícero, Quintiliano), Ferreira assinala o declínio do interesse pela retórica, que só veio a renascer "vigorosa, na Europa, a partir dos anos de 1960, com o advento da nova retórica: a força da palavra saiu vitoriosa, ainda que menos embelezada com suas roupas de festa" (p. 45).

Uma das principais referências da nova retórica é o *Tratado da argumentação: a nova retórica* (cujos autores são Chaïm Perelman e Lucie Olbrechts-Tyteca). Afirma então Ferreira:

> A retórica contemporânea veio cheia de saúde: não mais pretende, especificamente, ensinar a produzir textos, mas, sobretudo, objetiva oferecer caminhos para interpretar os discursos. Alargou-se e não se limita aos três gêneros oratórios [deliberativo, judiciário e epidítico], pois incorpora todas as formas modernas de discurso persuasivo (a publicidade, por exemplo, e até a própria poesia, considerada tradicionalmente não persuasiva). Apodera-se, também, das produções não verbais e invade o cinema, o cartaz, a música, as artes, enfim. Por não serem normativas, as novas retóricas continuam suscitando comentários, discussões, argumentações (p. 46).

Três são os gêneros, segundo a retórica: o *deliberativo*, o *judiciário* e o *epidítico*.

O discurso **deliberativo** aconselha ou desaconselha sobre questões que nos atingem, como as relativas ao útil e ao prejudicial: trata do futuro, como no caso da propaganda sob análise ("Repense"). Observar nela que o uso do imperativo tem função de aconselhamento, de estímulo a uma mudança de comportamento. O enunciador propõe algo que é de interesse coletivo, útil, factível; propõe algo que está em harmonia com os valores sociais estimados, apreciados; enfim, propõe ações que trazem vantagens para o enunciatário; constrói um discurso de natureza política, visto que se trata de um bem comum: a natureza (a vida).

O discurso **judiciário** cuida de acusar ou defender, do justo e do injusto, ocupando-se de fatos relacionados ao passado.

O discurso **epidítico** elogia ou censura, cuida do belo e do feio; discurso reservado às artes, à estética; ocupa-se do presente. O discurso epidítico é considerado um gênero laudatório: ele tanto pode louvar, exaltar, glorificar, como censurar, injuriar, menosprezar, vilipendiar. Ao auditório cabe apreciar os juízos estabelecidos, visto que as questões já foram resolvidas. No caso da propaganda sob análise, temos também de considerar que, ao transformar o feio em belo, o discurso posto é também epidítico. Essa é uma característica dos discursos: eles não se apresentam de forma pura, mas normalmente de forma híbrida. O que temos é apenas predominância de um ou outro discurso. Evidentemente, o enunciatário não é passivo; ele participa do discurso, reage a ele; pode concordar ou discordar com o que é posto.

2.2 *Ethos, pathos* e *logos*

Não é difícil, do ponto de vista do contexto retórico, voltando à propaganda "Menos é mais", verificar que, ao falar de saúde, um elemento indispensável à vida, ela move o enunciatário a repensar seu comportamento em relação ao lixo que produz e em relação ao meio ambiente. Ela o move emocionalmente: lixo produz mazelas, doenças, pode levar à morte; falar em saúde é falar num dos valores mais fundamentais à existência. Se colocarmos em uma escala, a vida é posta como valor máximo. Não pensar no ambiente é agir contra a vida. Daí a força desse argumento emocional. Todavia, o texto, embora trate de um assunto grave, faz isso de forma leve, transformando objetos e embalagens descartados em atividade lúdica. Evidentemente, a reciclagem não se reduz a transformar objetos descartados em brinquedos; é uma atividade de reaproveitamento industrial, mas, ao transportá-la para o mundo da infância, esvazia o sentido de obrigatoriedade, de imposição, para construir o do prazer, da sensibilidade, da estesia, da vida.

Razão e emoção caminham lado a lado nos estudos retóricos. Acrescente-se que a retórica se apoia no verossímil e não no verdadeiro. Daí seu caráter polêmico. Três conceitos são primordiais para a retórica: o *ethos* de quem enuncia, o *pathos*, o auditório e o *logos*, o discurso.

O **ethos** se apoia no caráter de quem o diz, em sua credibilidade para dizer o que diz. O enunciador obtém credibilidade ao apresentar provas convincentes, quando comprova o que afirma. O *ethos* é constituído pelo próprio discurso do enunciador; compreende os traços de caráter que o orador apresenta ao auditório para dar uma boa impressão: suas atitudes, costumes, moralidade; a educação, a gentileza, as formas benevolentes com que trata o enunciatário; produzirá má impressão, no entanto, por meio de seu discurso, constituindo um *ethos* de autoritarismo, de grosseria, de rispidez, de dono da verdade. Ao falar do cuidado que se deve ter com a preservação do meio ambiente, por exemplo, o enunciador não contraria valores estabelecidos socialmente e, por isso, merece confiança. Tudo o que diz pertence ao bom senso; mostra-se um enunciador equilibrado, racional, responsável. Para Aristóteles, a confiança do orador (enunciador) advém da "prudência/sabedoria prática (*phrónesis*), virtude (*aretê*) e benevolência (*eunoia*)" (FERREIRA, 2015, p. 140).

Localiza-se o *ethos* do enunciador nas expressões avaliativas que faz sobre o que diz. De um enunciador, por exemplo, que avalia positivamente colegas de trabalho, colegas de estudo, amigos, parentes, que se recusa a falar mal de terceiros, diz-se que ele constrói um *ethos* de elegância no trato com as pessoas, de condescendência, amável. Já o de um enunciador excessivamente crítico, diz-se que constrói um *ethos* de intolerância, azedume. De pessoas que falam gritando, desrespeitosas, mandonas, dizemos que seu *ethos* é autoritário. A retórica, porém, não se pronuncia sobre os comportamentos; ela se ocupa da persuasão. Nesse sentido, apenas descreve o *ethos* constituído nos discursos, verificando se os argumentos são ou não eficazes. Assim é que há discursos autorizados, apoiados em instituições (igreja, estado, escola). Eles podem não ser competentes, mas têm *ethos* assegurado por essas instituições: o religioso quando fala de uma interpretação bíblica, o governador quando fala de uma campanha de vacinação, o cientista quando fala de uma pesquisa sobre um medicamento etc. Daí serem comuns em nosso cotidiano: "foi o padre que disse", "foi o pastor que disse", "foi o médico que prescreveu esse remédio", "foi o professor que falou" etc. Creditamos a muitas pessoas da sociedade a autoridade para dizerem determinadas coisas. É um discurso muitas vezes autoritário, que não admite réplica. Galileu, quando disse que era a Terra que girava em torno do Sol, conquistou enorme resistência de

> Ao tratar da preservação da face, apoiando-se no sociólogo Erving Goffman, afirma Recuero (2014, p. 118):
>
> "Goffman (1967) explica que para compreender esses rituais é preciso também compreender a noção de face. A face, para o autor, é constituída pelos "valores sociais positivos" que um determinado ator reivindica através de sua expressão, de sua participação em situações de interação com outros. [...]
>
> Entretanto, interagir também apresenta risco para a face. Esse risco é baseado na possibilidade de que atos de ameaça à face venham a surgir de situações de interação. Goffman (1967) argumenta que esse risco pode levar desde a tentativas de salvaguarda da face até mesmo o recolhimento do ator que não participa da interação para não sofrer essas ameaças. Em geral, as normas de interação pregam o respeito à face a alheia. Assim, atos de ameaça à face são aqueles que colocam em risco a face proposta, quebrando as normas de interação (por exemplo, falas ofensivas, descrédito e etc.). Assim, interagir é sempre um risco.
>
> Uma face positiva, desse modo, constitui-se quando a interação legitima a face apresentada, ou seja, quando as normas da interação são respeitadas, gera-se capital social para a relação entre os atores (fortalecendo, por exemplo, o laço social e criando maior confiança na relação e no ambiente da conversação, conforme Bertolini e Bravo, 2004). Quando há atos de ameaça à face, há também tentativas de salvaguarda da face na interação. Esses atos, entretanto, podem prejudicar a relação entre os envolvidos na conversação, quebrando as normas (COLEMAN, 1988) que governam a interação nos grupos sociais, gerando tensão e conflito."

outros cientistas da academia e também da Igreja, que, no caso, detinha o poder da interpretação bíblica. Outro discurso autoritário é o das leis. Elas não admitem, até que sejam revogadas, contrariedade, refutação. Por isso é que se diz: "sentenças (porque baseadas na lei) se cumprem, não se discutem". Distinga-se, porém, autoritarismo aceito, porque proveniente de um ato legal, do autoritarismo que leva à violência. Deste a retórica se afasta; nada tem de persuasivo. É puro abuso de poder. Uma coisa é *discurso autorizado*; outra, bem diferente, é *discurso autoritário*, no sentido especificado. O contrário também pode existir nos discursos retóricos: o *ethos* da servilidade, de quem aceita a superioridade de alguns seres humanos, ou do discurso dominante dos poderosos. O discurso dominante pode levar a crer na existência de uma única forma de viver, única forma de organização social, única forma política, única e certa prática religiosa. Evidentemente, como a retórica atua no interior do discurso polêmico, em que as pessoas enunciam discursos que se chocam, divergentes, podem-se desconstruir os discursos dominantes.

Outro ponto relevante no discurso retórico é a **preservação da face**. Ao constituir seu *ethos*, o enunciador pode fazer questão de preservar a própria face, ou a face do seu enunciatário. Se optar por preservar a chamada de face negativa, fará prevalecer suas opiniões, revelando no discurso prepotência, arrogância, superioridade cultural e moral etc. Se optar por preservar a face a face positiva, vai se ocupar de mostrar-se compreensivo, simpático, generoso, bem como adotar postura empática com o que o outro diz e sente, com seus valores morais e culturais. A escolha imprópria da face a ser preservada pode levar o enunciador a uma posição vexaminosa. Relembrem-se aqui declarações de políticos, autoridades do judiciário, dirigentes e técnicos de futebol, gerentes de lojas etc. Passado algum tempo, verificando o estrago na própria imagem e a ofensa ao enunciatário, empreendem então estratégias de reparação da face; daí as desculpas.

Um enunciador pode, então, buscar preservar a própria face, valorizando o que pensa, valorizando seu orgulho, seus conceitos etc, mas pode também agir em sentido contrário, objetivando preservar a face do outro, evitando constrangimentos, valorizando o que o enunciatário pensa, sua cultura, seus valores. Polidez é a palavra-chave nessas questões.

Exemplificando, o discurso de um indivíduo intransigente, inflexível, excessivamente crítico, para quem nada presta, pode ser um ataque à face do outro. Não se preocupa em preservar sua face negativa; é grosseiro, impõe suas ideias, humilha o outro, é insensível à preservação da face do outro. Incluem-se nesses atos de fala: perguntas indiscretas, conselhos inoportunos e não solicitados, ordens, cobranças, ameaças. Outras preocupações do enunciador dizem respeito ao conhecimento que tem de seu enunciatário: como será a reação do enunciatário se ele for evasivo, se for descomprometido (um sujeito que fica "em cima do muro"), se for excessivamente pessimista ou excessivamente otimista; se se valer de impessoalizações e de generalizações, de argumentos sofistas; se for incoerente, irônico, sarcástico; se introduzir piadas em momentos inoportunos etc. Segundo Ferreira (2015, p. 101),

> toda interação social sofre dois tipos de pressões: as comunicativas (para assegurar a boa transmissão da mensagem) e as rituais (que asseguram a mútua preservação da face do orador e o auditório). [...]
>
> O *ethos* possui pelo menos duas faces: uma *negativa*, que se refere à reserva do território pessoal (nosso corpo, nossa intimidade, nossos pontos fortes ou fracos). Outra *positiva*, referente à fachada social: uma imagem valorizante, que solicita ao auditório aprovação e reconhecimento. Em muitas esferas específicas de interação, as relações entre orador e auditório são extremamente sensíveis e ameaçadoras à face dos participantes. A distração durante o ato retórico pode contribuir para a não preservação da face e as consequências retóricas são imperativas: ineficácia.

Embora se reconheça que a eficácia de um discurso esteja vinculada à autoridade de quem o profere ou escreve, a eficácia do *ethos* é constituída no próprio discurso. Atributos do exterior se infiltram no enunciado, mas é no desenrolar do discurso que o auditório (enunciatário, ouvinte, leitor) forma a confiança ou desconfiança em que enuncia.[1] Ferreira, um pouco antes, esclarece:

> Alguns autores admitem um chamado *ethos prévio*, que se constituiria numa representação construída pela opinião pública e que, por ser prévio, condicionaria a construção, estereotipada, do *ethos* discursivo. Nesse sentido, então, os antece-

---

[1] Nesse sentido, retomando a propaganda "Repense", que apresentamos no início deste capítulo, observamos que, ainda que o leitor possa ter restrições com relação à programação do canal, aqui não se trata disso. A credibilidade examinada diz respeito a falar de reciclagem, de preservação do meio ambiente. Veja também que a empresa se associou a duas instituições não governamentais sem fins lucrativos: Akatu e Conservação Internacional. Embora o *ethos* seja um elemento criado no texto, pode-se acrescentar que a credibilidade do enunciador também advém de um fato externo: o recebimento do certificado de empresa carbono zero em 2018 ("A melhoria na eficiência energética da companhia reduziu em cerca de 30% o consumo de eletricidade nas cinco praças onde estão localizadas as emissoras próprias da Globo (Rio de Janeiro, São Paulo, Belo Horizonte, Recife e Brasília) nos três últimos anos. A Globo também diminuiu o consumo de água para essas operações em 18% entre 2016 e 2018" [Disponível em: https://cebds.org/globo-recebe-certificacao-de-empresa-carbono-zero/?gclid=EAIaIQobChMI2IGY6c_36gIVQQyRCh3AKA7oEAAYASAAEgJbsfD_BwE. Acesso em: 31 jul. 2020). Aristóteles, no livro *Retórica*, afirma que se obtém credibilidade pelo discurso, "sem que intervenha qualquer preconceito favorável ao caráter do orador".

dentes morais, éticos e as atribuições de caráter formariam uma imagem, antecipadamente construída pelo auditório, capaz de afetar e de condicionar aquela que o próprio enunciador constrói de si em seu discurso. Visto assim, o *ethos* pode tanto facilitar o acordo de um orador com o auditório quanto dificultar o contato (p. 91).

Todavia, o mesmo autor citado contesta esse posicionamento, ilustrando seu argumento com o exemplo da imagem da mulher na sociedade patriarcal, que "tem por trás de si toda uma existência ligada à submissão". Não obstante essa imagem negativa, é o *ethos* que ela produz em seu discurso que suplanta aquele. Moderna e emancipada, ela se projeta em seu discurso sem a carga do peso histórico desse *ethos* feminino.

O *ethos*, em retórica, pode ser de pessoas e de instituições. Nesse sentido, há um *ethos*, por exemplo, do jornal *Folha de S. Paulo*, que é diferente do *ethos* de *O Estado de S. Paulo*, que é diferente de *Zero Hora, que é diferente de O Globo*.

Voltemos à propaganda sob análise. Ao falar do cuidado que se deve ter com a preservação do meio ambiente, o enunciador não contraria valores estabelecidos socialmente e, por isso, merece confiança. Tudo o que diz pertence ao bom senso; mostra-se um enunciador equilibrado, racional, responsável. Ao falarmos de bom senso, podemos verificar que o texto da propaganda se relaciona com inúmeros outros; não é o primeiro a falar do tema; não está isolado. Constitui, como afirma Bakhtin, um elo de uma corrente. Responde a outros discursos, provoca respostas, outros discursos. Assim, o enunciatário da propaganda pode avaliar se o que o enunciador diz é justo, razoável, legal, ético etc. Ao enunciatário (leitor, interlocutor, telespectador) cabe tomar uma posição, concordar, discordar, polemizar; enfim, cabe-lhe verificar se o discurso é útil ou inútil, belo ou feio, proveitoso ou nocivo. Não tem o auditório, portanto, função passiva. Se competente o enunciador, ele age em consonância com seu enunciatário, levando em consideração seus valores (os do enunciatário), sua capacidade de compreensão, variedade linguística que utiliza, suas paixões. Se o enunciador não conhece o enunciatário, seu discurso (seu texto) corre o risco da ineficácia.

Ao tratar da preservação do meio ambiente, a propaganda que nos serve de apoio o faz considerando a saúde um valor socialmente estabelecido: fica então implícito que, se quisermos ter saúde, precisamos cuidar da saúde do meio ambiente. Os argumentos são fortes, persuadem, convencem. Todavia, o enunciador sabe que seu auditório não é passivo; reage, pensa; é capaz de refletir, de tomar posição, de estabelecer um juízo, de não aceitar o que ouve ou lê, de analisar e criticar. Nesse sentido, a retórica não tem função exclusiva de técnica de elaboração do discurso, mas também função hermenêutica: estudamos retórica para ampliar nossa capacidade de compreensão e interpretação dos textos que ouvimos ou lemos. Os estudos retóricos objetivam também levar o enunciatário a entender como o texto é constituído, como o enunciador apresenta a realidade, que recursos utiliza para persuadir, que argumentos utiliza para mover o enunciatário à ação.

O segundo elemento examinado pela retórica é o **pathos**: ele diz respeito aos argumentos que visam à afetividade do auditório. Quem enuncia, se quer mover o enunciatário (quem o escuta ou lê), ocupa-se de convencê-lo, com base em um acordo, em uma união de interesses, cujo centro são as crenças e paixões do enunciatário. O *pathos* visa despertar emoções, paixões, sentimentos no enunciatário. No caso do respeito ao meio ambiente e à vida, o acordo é tácito; pertence ao senso comum que a saúde, a vida, é um valor maior. Que ouvinte ou leitor estaria disposto a não admitir que saúde representa um valor a ser perseguido sobre todos os outros? Na propaganda, esse efeito é caracterizado pela beleza, pela harmonia das cores, provocando no enunciatário uma sensação de bem-estar, de vida saudável produzida por uma natureza limpa, não poluída pelo lixo. Há enunciadores que se valem da paixão do medo (prédicas religiosas, discursos de juristas, agentes de segurança, agentes econômicos, autoridades governamentais); outros, da paixão, do terror, do ódio, do desespero, da catástrofe; outros, ainda, do ciúme, do amor, da benquerença, da generosidade, da criação de atmosfera de paz, de tranquilidade etc. A preocupação com o *pathos* leva o enunciador a valer-se das estratégias do estímulo às paixões (admiração, simpatia, alegria, amor, generosidade, compaixão, mas sobretudo paixões que sua audiência cultiva), bem como de estratégias estéticas, fazendo uso de figuras de linguagem (metáfora, metonímia, hipérbole, eufemismo, antítese, paradoxo, oxímoro, quiasmo etc.).

Quando falamos de paixão, há situações, no entanto, em que ao enunciador, dependendo do que dele espera o enunciatário, cabem sentimentos de indignação, ira, cólera, frustração, desprezo, temor, medo etc.

O terceiro elemento que os estudos retóricos examinam é o ***logos*** (= palavra, razão), o discurso. Aqui, estamos no centro das estratégias da argumentação racional: o enunciador organiza seu discurso, distribui as informações, vale-se de operadores argumentativos. Ao enunciador, dependendo da situação, cabe optar por fazer predominar em seu discurso o *pathos* ou o *logos*. Todavia, *logos* e *pathos* não se separam no discurso retórico: para que haja comunicação, é necessário o envolvimento do auditório, do enunciatário; *comun*icação é tornar *comum*; daí a necessidade de sensibilizar o enunciatário, suscitar sentimentos, paixões. No primeiro caso, o auditório constituirá sua preocupação máxima; no segundo, estará preocupado com as provas retóricas e demonstração de seu raciocínio.

Como já vimos anteriormente, quatro são os tipos mais comuns de manipulação utilizados no discurso persuasivo:

- **Intimidação.** Propõe-se ao enunciatário uma pena, um ônus, uma ameaça, se não aceitar o que o enunciador afirma: "Se não aprovarem o novo imposto, retiraremos os incentivos fiscais e o número de desempregados vai levar ao caos."
- **Provocação:** Por meio de um juízo negativo sobre a competência do enunciatário, o enunciador busca estrategicamente que ele o contradiga: "Duvido que vocês tenham coragem de prejudicar os mais vulneráveis, não aprovando o novo imposto, que vai nos possibilitar atender a milhões de brasileiros que estão abaixo da linha da pobreza."
- **Sedução.** O enunciador apresenta um juízo positivo sobre a competência do enunciatário para fazer o que dele o enunciador espera: "Nós acreditamos na sua lucidez e patriotismo para que entenda a proposta de um novo imposto que nos dará o passaporte para o desenvolvimento, para milhões de investimentos e de empregos."
- **Tentação.** Promete-se ao enunciatário um prêmio, uma recompensa (um objeto de valor positivo), se aceitar fazer o que lhe é proposto: "Se aprovarem o novo imposto, vamos reduzir os impostos da folha de pagamento."

Além da manipulação e das provas lógicas (raciocínios dedutivos, indutivos, dialéticos), outros elementos constituidores do *logos* são os *topoi* (lugares). Trataremos adiante desse tema.

2.3 Invenção e lugares retóricos

Ao tratarmos do discurso retórico, o leitor pode perguntar: como se organiza o discurso retórico? Como ele se estrutura? É o que vamos ver em seguida.

Um dos primeiros pontos a salientar é que o enunciador precisa dominar o assunto, ter conhecimento sobre o contexto retórico, saber para quem fala (ou escreve); ter conhecimento de seu enunciatário; negociar com ele um contrato, um acordo, de tal forma que a distância entre um e outro seja encurtada, reduzida; precisa conquistar a confiança do leitor, bem como agradá-lo de alguma forma, suscitando emoções. Vai precisar ocupar-se do contexto, da invenção, da disposição, da elocução e da ação. Esse um ponto fundamental: sempre que temos de escrever sobre algo, precisamos antes nos preparar, ler sobre o tema, pesquisar, refletir. Se vamos falar de *consumismo*, que tal navegar pela Internet, buscando textos que tratam do assunto? Somente depois de estarmos abastecidos de informação é que podemos começar a escrever. Sem conhecimento do assunto, sem ter o que dizer, não há o que escrever.

Inventar é descobrir, é encontrar o que dizer, sempre, porém, lembrando da necessidade de juntar ao que diz provas, argumentos, que têm em vista persuadir. Ao conceito de invenção junte-se a preocupação com a argumentação (que se sustenta sobre raciocínios), com as provas que buscarão persuadir o enunciatário. A argumentação se apoia, segundo a retórica, em lugares (*topoi*). No caso do objeto de nossa análise, a propaganda "Menos é mais", temos um raciocínio silogístico: "O lixo é destruidor da natureza. O consumista é um produtor de lixo. Logo, o consumista é um destruidor da natureza." Adiante, veremos que se trata de um raciocínio apodítico.

Para usar uma expressão de Ferreira (2015, p. 69), os **lugares retóricos** são como "armazéns de argumentos, utilizados para estabelecer acordos com o auditório". Que lugar, que *topos*, teria o enunciador buscado no armazém das argumentações para persuadir o enunciatário a mudar de comportamento? Como se parte de uma montanha de lixo, o *topos* utilizado é o da *exemplificação* (que se dá por comparação). Ouvimos então uma voz que diz: "olha só o que você está produzindo; mude de comportamento". Outros lugares são: o *lugar do acidente, da definição, da divisão, da etimologia, do gênero, da espécie, da diferença, da propriedade, da causalidade, de termos contrários* etc. Resumindo, temos, propriamente, lugares que são da *qualidade* e outros que são da *quantidade*. O mesmo autor citado, pouco adiante, relaciona os lugares mais comuns no discurso retórico contemporâneo usados na publicidade: *lugar da juventude* (o que é jovem é mais valorizado, ou determinado produto proporciona o rejuvenescimento da pele; determinado remédio possibilita vigor juvenil); *lugar da beleza* (valorização do resultado beleza que determinados produtos "proporcionam"); *lugar da sedução* (argumento usado em propaganda de perfumes, roupas, calçados, automóveis etc.), *lugar da saúde* (usado nos textos de empreendimentos imobiliários, condomínios fechados com vasta área de lazer); *lugar do prazer* (explorado pelos anúncios turísticos, restaurantes, bebidas); *lugar do status* (explorado em textos sobre automóveis, empreendimentos imobiliários); *lugar do diferente* (valorização de determinados produtos porque são originários de determinadas regiões); *lugar da tradição* (textos que valorizam o antigo; *lugar da modernidade* (valorizam o atual, inovador); *lugar da autenticidade* (valoriza o sincero); *lugar da qualidade/preço* (valoriza juntamente menor preço e boa qualidade).

Um dos lugares comumente utilizados na propaganda é o *argumento de autoridade*: um esportista olímpico, um grande jogador de futebol, um renomado artista aparece anunciando determinado produto, o que traz implícito o argumento de que o que se anuncia é confiável: "confie na autoridade fulano". Em livros, artigos científicos, dissertações de mestrado, teses de doutorado, esse tipo de argumento é normalmente utilizado: "segundo fulano", "conforme fulano", "de acordo com fulano", "para fulano" etc.

São expressões comuns no *lugar da qualidade* (que o leitor pode encontrar em muitas propagandas): *único, melhor, superior, o número 1, excepcional, extraordinário, original* etc.

Pertencem ao *lugar da quantidade* expressões como propagandas que veiculam números, percentuais, estatística. Uma das propagandas de sabonete do passado dizia: "9 de cada 10 estrelas usam Lux".

Além desses dois tipos de lugar, há ainda os seguintes: *da ordem, do existente, da essência* e *da pessoa*.

O lugar da ordem assegura ser superior o anterior ao que vem depois. Em certo sentido, na propaganda vista, temos o argumento da ordem: à natureza limpa de lixo, repleta de vida segue-se a natureza destruída pelo lixo. Evidentemente, maior valor é o da natureza primeira. Nesse caso, o raciocínio utilizado na propaganda é **apodítico** (verdade inquestionável): é imperativo; não há saída para o enunciatário: ou admite que o enunciador está com a razão e passa a adotar um comportamento não consumista, ou renuncia à razão e passa a ser visto como "destruidor da natureza".

As provas lógicas se valem de raciocínios retóricos. Esses raciocínios podem ser dedutivos ou indutivos. No primeiro caso, partimos de uma verdade universal para chegar a um caso particular; no segundo, o inverso: partimos de um caso particular para chegar a uma verdade de validade universal. Temos nesse tipo de raciocínio três premissas: uma maior, de valor universal; outra menor e uma conclusão. Para o leitor rememorar: "Todo homem é mortal. Fulano é homem. Logo, fulano é mortal". O silogismo *apodítico* é o que é composto de verdades que conduzem a uma conclusão igualmente verdadeira, ou seja, as premissas não podem ser contestadas, refutadas, questionadas. As premissas nesse caso produzem efeito de verdade absoluta. Ora, se as premissas (maior e menor) são verdadeiras, só podem conduzir a uma conclusão verdadeira.

Outro tipo de raciocínio é o *dialético*: nesse caso, as premissas são tidas como prováveis, verossímeis. O raciocínio dialético é formado por tese, antítese e conclusão. De duas proposições que se contrapõem chega-se a uma terceira.

E há ainda o *silogismo sofista*: o que busca passar por verdadeiro o que é falso. O leitor pode ter ouvido alguma vez alguém dizer de determinado argumento: "isto é um sofisma", "você está sofismando". No raciocínio sofista, temos algo como: "Político bom não mente. Fulano não mente. Fulano é um bom político." O fato de não mentir não é suficiente para proclamá-lo bom político.

Argumentos falaciosos incluem o *argumento contra o homem*. Nesse caso, o enunciador, em vez de discutir ideias, contra-argumentar, opta por atacar não os argumentos do seu opositor, mas o próprio opositor. Não é incomum esse tipo de argumento entre políticos; assim como não o é nas comumente chamadas discussões de relação).

Outros recursos falaciosos incluem recorrer a *generalizações*, a terceiros não nomeados ou inventados: "dizem os religiosos", "dizem os do partido X", "afirmam os cientistas". Quem são esses religiosos? Quem são do partido X? Quais são esses cientistas?

Finalmente, foge-se do assunto abordado. Em vez de focalizar o argumento do adversário, sai-se pela tangente, fazendo mil considerações sobre o que não é o tema da discussão. Também não é incomum nas falácias apelar para a falta de espaço para uma discussão mais profunda, bem como para as consequências catastrofistas se o argumento não for aceito.

Os raciocínios que conduzem a verdades prováveis são chamados de **entimemas**. Nesse caso, temos a omissão de determinadas premissas e não há propriamente rigor técnico: "Meu refrigerante contém menos açúcar. Meu refrigerante é o melhor." Omitiu-se nesse caso a premissa maior: "Todo refrigerante que contém menos açúcar faz menos mal à saúde." Todavia, fazer menos mal à saúde não é garantia de que não contenha açúcar, de que não faça mal à saúde e de que seja o melhor. Observar também que os outros refrigerantes não são postos à mesma prova; são pacificamente tidos como possuidores de maior quantidade de açúcar e, portanto, inferiores. Em geral, esse tipo de raciocínio faz uso da figura de linguagem chamada *hipérbole*: exagera-se nas qualidades do produto. Corações apaixonados tendem a exagerar nas qualidades do ser amado: "Perto de você qualquer hipérbole é eufemismo" (o leitor ou leitora podem afirmar ser esse um argumento batido, sem originalidade, mas, no calor da paixão, pode funcionar... A pessoa que ouve o galanteio pode até reconhecer o exagero, que ela não é tudo isso, mas fica satisfeita de ser considerada merecedora do elogio; se sente ímpar). Dizer que uma palha de aço tem mil utilidades não significa que precisamos contar as utilidades no seu uso até chegar a mil e recusar o produto se não atingir essa cifra. O exagero indica apenas que se trata de um produto muito útil. Esse um tipo de raciocínio apodítico, de entimema.

Agora vejamos duas propagandas que exploram o lugar de quantidade:

(Disponível em: https://www.google.com/search?q=PROPAGANDA+DE+%C3%81GUA+MINALBA&tbm=isch&source=iu&ictx=1&fir=5GC-AqcSswRPdM%252CfsrKIj_PFaOfhM%252C_&vet=1&usg=AI4_-kT_g-pNheEwtUQ9GYaKcdDyaSarQQ&sa=X&ved=2ahUKEwjOvcqPu4HrAhWrGbkGHQW7CmUQ9QEwCXoECAkQGw&biw=1051&bih=448#imgrc=4q-BfBdJ_MKJWM. Acesso em: 4 ago. 2020).

(Disponível em: https://www.google.com/search?q=9+de+cada+dez+estrelas+usam+Lux&tbm=isch&source=iu&ictx=1&fir=SpjV542C01XAqM%252ClDRHX2LMBum2TM%252C_&vet=1&usg=AI4_-kTuJay-WQZrnLi7rPtygteINLfdDQ&sa=X&ved=2ahUKEwi_4qDltP_qAhXqIrkGHWmJASQQ9QEwAHoECAkQAw&biw=1051&bih=448#imgrc=SpjV542C01XAqM. Acesso em: 3 ago. 2020.)

Se alguém diz a você: "dirija com moderação, se quiser chegar mais rápido", essa pessoa utiliza um argumento de quantidade: menos velocidade, menos quilômetros por hora, para chegar vivo ao destino; o exagero na velocidade provoca acidentes e atrasos etc.

2.4 Argumentos

Perelman e Olbrechts-Tyteca, em seu *Tratado da argumentação*, classificam os argumentos em três classes: os quase lógicos, os fundados na estrutura do real e os que fundam a estrutura do real.

2.4.1 Argumentos quase lógicos

Os argumentos quase lógicos, embora não possuam o mesmo rigor que os argumentos lógicos da lógica formal (dedução e indução), são parecidos com eles. Um desses argumentos quase lógicos é o argumento que apela para o ridículo (em latim: *reductio ad absurdum*), que é um tipo de argumento em que se assume uma hipótese, para dela derivar uma consequência absurda. No argumento "Vocês destruíram suas florestas", além de se constituir em argumento contra a pessoa e não contra o que ela afirma, temos também argumento do absurdo, do ridículo. Vamos reconstituir o raciocínio utilizado: "Toda floresta precisa ser preservada. Ora, a Europa tinha florestas. Logo, suas florestas precisavam ser preservadas." Esse argumento se junta a esse outro: "Todo país que não preserva suas florestas não merece crédito em suas reivindicações de conservação da natureza. Ora, vocês destruíram suas florestas. Logo, vocês não merecem crédito no que dizem." Como o leitor pode perceber, a existência de um mal anterior não é critério pertinente para a sua continuidade. A conclusão revela-se inapropriada, incompatível com o bom senso, é ridícula. Não há compatibilidade entre as premissas e a conclusão. O fato de um ou outro país não ter preservado sua natureza (se é que é verdade) não é argumento consistente para que outros países sigam no mesmo comportamento destruidor. Para Ferreira (2015, p. 153), "a incompatibilidade, por sua vez, expõe ao ridículo aquele a quem é imputada".

Outro tipo de argumento quase lógico é o da *identidade* e da *definição*. Podemos verificar no Capítulo 7 deste livro, quando tratamos dos gêneros jornalísticos, que no penúltimo parágrafo do texto "Uma nação de bacharéis" o autor se valeu do argumento da identificação, ou da definição:

> E mais: o uso desleixado das palavras cria debates infrutíferos. "Ensino superior" é tudo o que vem depois do médio. "Universidade" denomina tanto "ensino superior" quanto aquele, necessariamente, restrito às poucas instituições capazes de gerar pesquisas sérias. [...] Se falta clareza nas palavras, quantos devem estudar aqui ou acolá vira um diálogo de surdos.

Segundo o argumento do autor, o termo *universidade,* usado em sentido impreciso, não permite discussão "séria" sobre educação tecnológica; universidades são "instituições capazes de gerar pesquisas sérias". Ora, como muitas das chamadas universidades brasileiras não produzem "pesquisa séria", elas não podem ser assim chamadas [de universidade]. Assim, o argumento do autor se mantém de pé apenas se o leitor concordar com o sentido que ele dá ao termo. Se aceitar sua definição de universidade, terá de concordar que muitos estudantes brasileiros de curso superior não são propriamente universitários. Fazem algum curso que vem depois do ensino médio a que chamam de universidade, mas não é universidade. Se o leitor se recusar a aceitar a definição de universidade proposta, cai por terra o argumento do autor, visto que restringiu o sentido do lexema segundo seu interesse.

Um terceiro tipo de argumento quase lógico é a *regra de justiça*, que se fundamenta em dedicar igual tratamento a seres e situações que são iguais. Esse o argumento justíssimo das mulheres quando reivindicam igual salário ao dos homens, quando elas exercem a mesma função nas empresas.

O *argumento da reciprocidade*, corolário do anterior, define-se como aquele que reivindica igual tratamento para situações idênticas: se a exigência de uso de máscara em determinados lugares vale para todos os cidadãos, não é justo que uma autoridade, nas mesmas situações, possa ser tratada de forma privilegiada quando dela não fizer uso.

Chama-se *argumento de transitividade*, outro argumento quase lógico, o que estabelece relação transitiva. Exemplificando: se uma pessoa afirma: "meu filho é universitário; ele acabou o ensino médio e faz agora um curso superior", ela entende haver transitividade entre *universidade* e qualquer curso que venha depois do ensino médio.

No caso de argumento que inclui a *parte no todo* (outro tipo de argumento quase lógico), temos a valorização do todo considerando apenas a parte destacada. Para efeito de exemplificação, retomemos o argumento exposto em "Uma nação de bacharéis": "No país que produz a maioria dos prêmios Nobel do mundo, os Estados Unidos, há quase 5.000 instituições de nível superior e apenas 120 universidades de pesquisa." No argumento do autor, interessa destacar uma parte da educação americana, que possui "5.000 instituições de nível superior", que não são consideradas universidades, mas são valorizadas até mesmo mais que as universidades (o número indica isso). O todo é formado por essa divisão (ensino tecnológico [ensino superior] × universidade, a que se dedica à pesquisa). É esse todo que é responsável pelas conquistas da "maioria dos Prêmio Nobel". Se o todo é vitorioso, é esse modelo que deve ser seguido e precisaríamos repetir aqui o mesmo modelo educacional, segundo a argumentação do autor. É possível ainda ver no argumento do autor a preocupação com o estereótipo e o preconceito em relação a cursos de formação de tecnólogos, em que estes seriam considerados inferiores aos universitários.

Finalmente, temos o *argumento por comparação*. Esse o caso, por exemplo, da parábola da dracma perdida (Lucas, capítulo 15, versículos 8-10):

> Ou qual é a mulher que, tendo dez dracmas e perdendo uma, não acende a candeia, não varre a casa e não a procura diligentemente até achá-la? Quando a tiver achado, reúne as suas amigas e vizinhas, dizendo: Regozijai-vos comigo, porque achei a dracma que eu tinha perdido.

Na fábula "A lebre e a tartaruga", de Esopo, faz-se uma comparação do comportamento da tartaruga com o da lebre:

> — Tenho pena de você —, disse uma vez a lebre à tartaruga: — obrigada a andar com a tua casa às costas, não podes passear, correr, brincar, e livrar-te de teus inimigos.
>
> — Guarda para ti a tua compaixão — disse a tartaruga — pesada como sou, e tu ligeira como te gabas de ser, apostemos que eu chego primeiro do que tu a qualquer meta que nos proponhamos a alcançar.
>
> — Vá feito, disse a lebre: só pela graça aceito a aposta.
>
> Ajustada a meta, pôs-se a tartaruga a caminho; a lebre que a via, pesada, ir remando em seco, ria-se como uma perdida; e pôs-se a saltar, a divertir-se; e a tartaruga ia-se adiantando.
>
> — Olá! camarada, disse-lhe a lebre, não te canses assim! Que galope é esse? Olha que eu vou dormir um pouquinho.
>
> E se bem o disse, melhor o fez; para escarnecer da tartaruga, deitou-se, e fingiu dormir, dizendo: sempre hei de chegar a tempo. De súbito olha; já era tarde; a tartaruga estava na meta, e vencedora lhe retribuía os seus debochos:
>
> — Que vergonha! Uma tartaruga venceu em ligeireza a uma lebre!
>
> MORAL DA HISTÓRIA: Nada vale correr; cumpre partir em tempo, e não se divertir pelo caminho. (Disponível em: https://www.culturagenial.com/fabulas-de-esopo/. Acesso em: 8 ago. 2020).

2.4.2 Argumentos baseados na estrutura do real

Além dos argumentos quase lógicos, há os argumentos baseados na estrutura do real, que são argumentos que não se apoiam na lógica, mas na experiência vivida, argumentos que se baseiam na relação entre elementos da realidade, como são os argumentos de causa e efeito (**argumento por sucessão**). Na vida cotidiana, tomamos muitas decisões com base nesse tipo de argumento: "O chuveiro X sempre funcionou por longo tempo lá em casa e nunca me deu problema. Como se estragou com o uso, vou comprar outro da mesma marca, porque sei que vai funcionar por longo tempo e não vai me dar problema." Há apenas probabilidade de que assim aconteça, mas não garantia absoluta.

Outro tipo de argumento baseado na estrutura do real é o **argumento pragmático**: "Como o uso da máscara previne infecção por coronavírus, não há por que não usá-la."

Um terceiro tipo desses argumentos baseados na estrutura do real é o do **desperdício**: "Usamos máscara no início da pandemia e fomos bem-sucedidos, agora que ela está declinando não é justo suspender o seu uso"; "não é justo que você, depois de concluir a duras penas os cursos de pós-graduação, dedicar-se à pesquisa durante dois anos e desistir agora, que falta só escrever a tese".

Semelhante a esse argumento é o de **superação**, que tem em vista a valorização da conclusão de uma ação começada: "cheguei até aqui com muito esforço, vou até o fim, não vou desistir".

Outro argumento baseado na estrutura do real é o **argumento de autoridade**: apoiamo-nos em terceiros para dar força aos nossos argumentos. Na propaganda de um exímio atleta, subentende-se: "Se o atleta X usa o tênis da marca Y e produz imagem de boa presença, moderna, vou fazer o mesmo; quero que as pessoas, olhando para meu tênis, também me vejam como uma pessoa de bom gosto, uma pessoa que se destaca."

2.4.3 Argumentos *ad hominem*

Nesse caso, o enunciador abandona a discussão para atacar o adversário. Esse é um procedimento comum entre políticos: "Não vou discutir com você. Você é capaz de passar por cima das pessoas como um trator, para vencer as eleições."

2.5 Disposição

Até aqui vimos o contexto retórico, a invenção. Agora, veremos outro pilar da retórica, a disposição, ou macroestrutura textual. Diz respeito à organização do discurso, à distribuição das informações, colocando-as estrategicamente nos lugares mais apropriados, de modo que possa conquistar o enunciatário a permanecer atento ao que ouve, ou ouve e vê, ou lê. Nesse ponto, a preocupação é com a coerência global do texto. A forma de disposição não é rígida, mas normalmente o que se vê é: (1) introdução, que os antigos chamavam de exórdio, preâmbulo; colocamos personagens e objetos no palco, onde vão atuar; exórdio porque exorta o enunciatário, estimula-o a prosseguir atento, persuade-o a seguir em frente na audição, ou na visualização, ou na leitura. Na propaganda do início do capítulo, os quatro primeiros enunciados são incisivos, provocam uma resposta do enunciatário; produzem nele a necessidade de tomada de posição; estamos diante de emoções fortes: preservação da natureza e da vida; da beleza e da saúde do planeta e das pessoas; da pureza (tema da infância) e do mundo que estamos "construindo" (destruindo propriamente) para as crianças e gerações futuras; daí a censura do comportamento irresponsável do consumismo provocador dos lixões que contaminam as águas do rios e do mar. Nesse exórdio, o leitor prossegue focalizado e vai até o final, escutando e vendo; segundo Ferreira (2015, p. 113), três são os objetivos do exórdio: (1) obter a benevolência do enunciatário; (2) obter a atenção do enunciatário; (3) tornar dócil o enunciatário. Entende ainda o autor citado que ao analista cabe "observar se as palavras do autor se adaptam aos desejos do auditório: o começo é simples e sem aparato ou é sofisticado? Como o orador demonstra autoridade para dizer o que diz?".

Ao exórdio segue a narrativa, que é avaliada pelo enunciatário em termos de objetividade, clareza, credibilidade. Em uma narrativa, se afirma a falta de alguma coisa e se põe em busca de sua superação.

O passo seguinte é a confirmação, em que se verifica a existência de provas que confirmam ou refutam argumentos.

Finalmente, a peroração, o fecho do texto.

Os textos retóricos, sobretudo na propaganda, podem deixar implícitas argumentações, provas, demonstrações dedutivas, indutivas, dialéticas; podem deixar de lado o exórdio e a narrativa, podem evitar grandes enunciados e deixar por conta do enunciatário a recomposição do texto, o preenchimento dos vazios. Parece até, nas duas propagandas seguintes, que o enunciador pulou as etapas iniciais de invenção e disposição e foi direto à **elocução** (a apresentação do discurso ao público). Tudo fica implícito e, mais que as palavras, a atenção vai direto para o folguedo infantil. Nesse sentido, ao sensibilizar o enunciatário (*pathos*), leva-o à reflexão: substitua o trabalho das crianças que vendem jornais pela atividade de brincarem com as folhas do jornal, fazendo seus próprios brinquedos.

Quando se fala em elocução, fala-se da superfície do texto, de determinadas qualidades, como brevidade, clareza, unidade, adequação, elegância, vivacidade. No Capítulo 3 deste livro, tratamos dos critérios de textualidade, mais comuns nos estudos de textos atuais: informatividade, coesão, coerência, intertextualidade, intencionalidade, aceitabilidade, situacionalidade.

Crianças com menos de 16 anos trabalhando na rua não é brincadeira. Se educação é um direito de toda criança, denunciar a exploração da mão de obra infantil é seu dever.

2.6 Figuras retóricas

Normalmente, os manuais de estilística e de retórica classificam as figuras em de palavras, de linguagem, de construção. As figuras são recursos linguísticos utilizados para dar maior expressividade à linguagem, quer na poesia, quer nas formas literárias em prosa, quer em nossa linguagem do dia a dia. Elas não são exclusivas dos textos literários. Metáforas, metonímias, sinédoques, eufemismos, hipérboles, antíteses, paradoxos etc. são comuns nos mais diversos gêneros discursivos.

Para Ferreira (2015, p. 130), "do ponto de vista retórico, as tradicionais figuras de linguagem deixam de ser interpretadas como mecanismos que tornam o discurso elegante ou bonito", visto que elas "exercem papel emotivo e argumentativo na medida em que impressionam e se colocam, também, como condensadoras de determinados valores em torno dos quais a argumentação se estabelece".

São consideradas *figuras de som* as que têm como objetivo produzir, por meio de recursos linguísticos, determinados sons imitativos. Entre elas, destacamos:

- **Aliteração:** repetição de um fonema consonantal no início das palavras. Modernamente, porém, tem-se entendido como aliteração a repetição de fonemas não apenas no início de palavras. Na propaganda "Menos é mais", vimos a repetição do fonema /r/, um fonema alveolar sonoro, que empresta ao texto expressividade.
- **Assonância:** repetição de um mesmo som vocálico. Esse o caso também da propaganda "Menos é mais", em que temos a repetição das vogais de timbre fechado *e* e *u*, proporcionando ao texto o sentido de cadência, ordem, harmonia, repetição.

- **Rima:** reiteração de sons similares, ao final dos versos de um poema, segundo determinados intervalos. Elas podem ser: (1) *alternadas* (também chamadas de *cruzadas*): o primeiro verso rima com o terceiro; o segundo com o quarto (ABAB); (2) *emparelhadas* (ou *paralelas*): o primeiro verso rima com o segundo; o terceiro com o quarto (AABB); (3) *intercaladas* (ou *interpoladas*): o primeiro verso rima com o quarto; o segundo com o terceiro (ABBA); (4) *encadeadas* (ou *internas*): rima de uma palavra ao final de um verso com uma palavra no início de outro verso ("De repente do riso fez-se o *pranto* /Silencioso e *branco* como a bruma"; "E da paixão fez-se o *pressentimento* / E do *momento* imóvel fez-se o drama" – Vinícius de Moraes (1986, p. 226), em "Soneto de separação").

São **figuras de construção** e **sintaxe** (figuras que evidenciam alguma estranheza na construção do enunciado: repetimos termos, ou omitimos termos, ou invertemos a ordem dos termos na oração (hipérbato e inversão; essas figuras são mais comuns na poesia e na prosa literária). Destacamos entre elas:

- **Anáfora:** repetição de uma mesma palavra no início de seguidas orações. Esse o caso da propaganda "Menos é mais", vista no início deste capítulo: "se você..., se você".
- **Elipse:** omissão de um termo que facilmente pode ser subentendido. A propaganda sobre a responsabilidade no trânsito dialoga com o leitor, mas o pronome *você* não é mencionado; é facilmente recuperado: "[Você] Bebeu e está dirigindo? Chique, hein! Se o carro pegar fogo, [você vai provocar um acidente fatal e você] vai ser cremado. Dirigir e beber é suicídio. Não brinque [você] no trânsito." O uso da elipse no caso dá velocidade ao enunciado, estabelecendo relação entre conteúdo (*velocidade*) e forma (eliminação de palavra para produzir o efeito de sentido de celeridade).
- **Hipérbato:** inversão dos termos no enunciado: "E nestes versos de angústia rouca / Assim dos lábios a vida corre / Deixando um acre sabor na boca. / – Eu faço versos como quem morre" (BANDEIRA, 1977, p. 120). Nos versos, há duas inversões: "Assim a vida corre dos lábios" e "sabor acre".
- **Zeugma:** omissão de um termo já exposto anteriormente: "Se você não recusa, [se você] não reúsa, [se você] não reduz e [se você] não recicla, repense".

São **figuras de palavras** aquelas que consistem no emprego de uma palavra em sentido conotativo:

- **Comparação:** diferentemente da metáfora em que a comparação está implícita, na comparação os termos comparados estão explícitos. Na propaganda de Tic-Tac (pastilha), temos: "Tão bom quanto brincadeira de criança." Numa propaganda da Malwee (moda), o leitor encontra: "Malwee, gostosa como um abraço."
- **Metonímia:** figura de linguagem que se caracteriza pelo emprego de uma palavra (ou imagem) que tenha relação de contiguidade com o conteúdo de outra. Na propaganda da cidade de Manoel Viana (RS), um galho de uma árvore representa uma mão estendida, identificando uma relação de contiguidade entre uma árvore (galho) e a natureza; a mão de um homem representa todos os homens:

Fonte: Disponível em: https://www.manoelviana.rs.gov.br/novoportal/secretarias-realizam-atividades-referentes-ao-dia-da-solidariedade-e-ao-meio-ambiente/. Acesso em: 6 ago. 2020.

Em razão de a metonímia abarcar o sentido de sinédoque, não distinguimos aqui metonímia e sinédoque.

- **Metáfora:** como dissemos, é uma comparação implícita, ou seja, em que se elidem as expressões *como, tão... quanto*; há uma aproximação de seres e objetos que têm algo em comum. Todavia, para Ferreira (2015, p. 131), "não se pode reduzir a metáfora ao seu papel de comparar ou de explorar criativamente as semelhanças entre duas entidades, qualidades ou relações. Mais do que isso, ela pode condensar a conclusão de um raciocínio, pode refletir um argumento e ao analista compete refazer a analogia que lhe deu origem ou que a subsidia para tentar encontrar características persuasivas". Exemplos: "Quem dera se todo homem fosse uma Brastemp" (compara-se, humoristicamente, no enunciado o marido ou namorado (visto como ser que deixa a desejar) com utensílios domésticos da Brastemp (máquina de lavar roupa, geladeira, micro-ondas), vistos como máquinas que satisfazem completamente. Fica implícito, além da referência erótica, que a empresa, interessada em vender seus produtos, defende uma causa justa das mulheres (são elas que normalmente se interessam por comprar aparelhos domésticos): a alteração de comportamento masculino, cuja má vontade e indisposição para trabalhos domésticos não é novidade; enquanto a máquina lava roupa sem reclamar e o faz rapidamente e bem, os homens em geral se recusam a fazer ou, quando o fazem, reclamam e executam mal esses trabalhos. É a imagem da perfeição da máquina que se contrapõe à da imperfeição ou à do limite da competência masculina. Outro exemplo: "Não deixe a dengue crescer" (propaganda da Prefeitura de Belo Horizonte para eliminar o mosquito transmissor da dengue: "crescer o mosquito = aumento da quantidade do mosquito da dengue = crescimento do número de pessoas infectadas"). A metáfora é procedimento linguístico comum no dia a dia, usado para persuadir. O discurso de políticos, economistas, psicólogos, sociólogos, professores, pais, mãe, amigos, para dar maior força a seus argumentos, se vale de metáforas, como a do namoro ("estou namorando um anel de brilhantes"), do casamento ("já namorei bastante aquela geladeira, agora vou me casar"), da saúde ("a inflação é uma doença que precisa ser tratada com antibióticos"), da velocidade ("na luta contra o coronavírus, não basta cavalgar um quarto de milha; é preciso pilotar um supersônico") etc., sempre buscando concretizar de forma didática um ou outro conceito abstrato, para que o argumento adquira mais força e convença o interlocutor, o enunciatário. Enfim, as figuras utilizadas no discurso carregam *ideologia*, que, "de forma bem simples [...] consiste em fazer passar parte de uma verdade como se fosse sinônimo de toda a verdade" (FERREIRA, 2015, p. 135), ou *contraideologia*. Nas empresas, por exemplo, é comum o uso da *metáfora máquina*, revelando uma visão de mundo em que "elas substituem o homem com vantagens", porque são destituídas de emoções e realizam melhor determinadas tarefas, além de não se cansarem, não adoecerem, não precisarem tirar férias, não promoverem reivindicações salariais. Na propaganda "Menos é mais", vemos a ideologia da competição, tão comum ao mundo moderno. Tudo é visto sob a perspectiva de uma competição olímpica: é preciso ser o melhor, chegar primeiro, ser campeão, ter corpo de atleta, consumir os "melhores" produtos (casas, apartamentos, automóveis, perfumes, roupas etc.), ser o primeiro no vestibular, a nota mais alta no Enem, vencer o debate político etc. Embora a propaganda faça com bom humor, deixa o rastro da competição do homem com a máquina, da perfeição *versus* imperfeição: não se desgasta, não se cansa, não reclama. Em relação à competição, convidamos o leitor a ler "Poema em linha reta", de Fernando Pessoa (sob o heterônimo de Álvaro de Campos) (Disponível em: http://www.releituras.com/fpessoa_linhareta.asp. Acesso em: 7 ago. 2020). Outra metáfora comum no mundo competitivo como o nosso é a que se faz com termos de guerra (vista da perspectiva da competição; vencer o inimigo). A todo momento, deparamos com palavras como: *luta, estopim, abriu fogo, estratégia, batalha, choque, conflito, escaramuça*. No esporte, na economia, no comércio, na indústria, em todos os lugares não faltam metáforas guerreiras para combater o "inimigo". A metáfora da guerra, pede o rigor da obediência dos quartéis, obediência aos comandantes hierárquicos, assim como identificação do "suposto" inimigo e a defesa do grupo ou sociedade. Para Ferreira (2015, p. 135), "essas metáforas [de guerra] podem ser, em sua maioria, desgastadas e pouco perceptíveis no cotidiano, mas concentram em si um simbolismo riquíssimo: se existe guerra, há inimigos a combater, há ameaças no ar, há necessidade de estratégias de defesa e ataque. Enfim, há uma *retórica da guerra* que infiltra uma visão de mundo centrada na concepção de vida como luta, como batalha. Não compete ao analista do texto retórico julgar se as expressões metafóricas ligadas à guerra são boas ou más, mas sim observar que são muito comuns em muitos textos públicos e que, de algum modo, denotam a assimilação da violência pelo discurso". Em tempos de pandemia do coronavírus, o leitor pode identificar comportamento de guerra em líderes políticos, como Donald Trump, que, além de querer chegar primeiro à conquista da vacina, manifestou desejo de comprar "todos os armamentos possíveis" (estoque de vacinas), "salvar" seu povo. Ética? Que é isso? Com relação à metáfora da guerra em tempos de pandemia do coronavírus, convido o leitor a ler o texto "Dilema ético, os idosos e a metáfora da guerra", de Guita Grin Debert, professora do Departamento de Antropologia da Unicamp, e de Jorge Félix, doutor em Ciências Sociais e professor de Gerontologia da USP. Reproduzimos o primeiro parágrafo do texto: "A metáfora da guerra tem sido utilizada para espelhar a luta que está sendo travada contra a Covid-19. Essa analogia é moralmente preocupante. Na situação de guerra, o desafio é curar os soldados e mandá-los de volta para a batalha. Numa epidemia é muito diferente. Precisamos salvar a vida dos civis preservando valores e sensibilidades da sociedade humana. As democracias enaltecem os princípios de igualdade e solidariedade. Sabemos que os determinantes da saúde são sociais e que é próprio dos Estados modernos procurarem reduzir desigualdades que marcam a vida social" (Disponível em: http://www.vivaavelhice.com.br/2020/04/dilema-etico-os-idosos-e-a-metafora-da-guerra.html. Acesso em: 7 ago. 2020). Finalmente, ainda com relação ao uso da metáfora, a similaridade pode aparecer tanto nos enunciados verbais, como na imagem, como é o caso da propaganda da Volvo, em que duas folhas representam pulmões (que é uma metáfora da saúde e, ao mesmo tempo, de preservação da natureza):

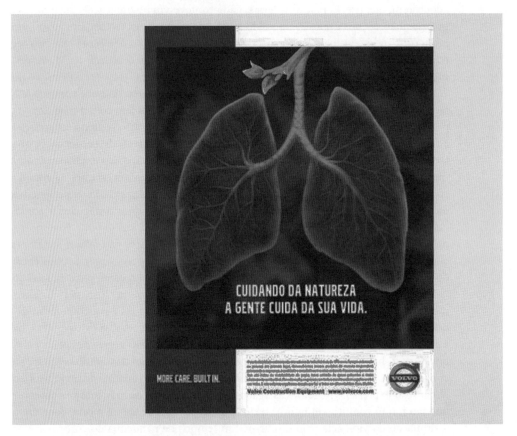

- **Alusão:** figura que consiste em uma referência indireta a uma pessoa, acontecimento ou fato histórico. Um exemplo comum em nosso dia a dia é encontrado no enunciado "isso é um presente de grego", em que se remete ao famoso cavalo de madeira construído pelos gregos na Guerra de Troia. Presenteados com o cavalo, os troianos não imaginavam que no seu interior escondiam-se guerreiros.

2.7 Ideologia

A um enunciatário (ouvinte, leitor) competente de qualquer texto não passam despercebidas manobras retóricas que ocorrem nos discursos: não é incomum os textos omitirem informações (muitos discursos silenciam informações comprometedoras (quem fez o quê), como em: "houve um desfalque nos cofres públicos". A propósito, o leitor pode recuperar pela Internet uma propaganda da *Folha de S. Paulo*, de 1987, que, sem especificar inicialmente de quem se tratava (suspense), falava das proezas de Hitler na economia: "Este homem pegou uma nação destruída, recuperou sua economia e devolveu o orgulho ao seu povo"; paulatinamente, porém, a imagem (é um filmete) revelava a figura do ditador alemão, ou seja, mostrava como é possível, às vezes, falar de alguns fatos verdadeiros, mas omitir o principal, o mais relevante: a eliminação de 6 milhões de judeus).[2] Também não são incomuns os **eufemismos** ("crime do colarinho branco") e as **naturalizações** de acontecimentos (os fatos mais absurdos ou catastróficos são vistos como se fossem normais, naturais, banais, usuais, como é o caso, por exemplo, da violência, seja ela doméstica, seja nos espaços públicos. Às vezes, a argumentação abandona o conteúdo da discussão e vai pelo caminho do **argumento contra a pessoa** (esse o caso da discussão sobre desenvolvimento sustentável: um dos discursos afirma a necessidade de preservação da floresta amazônica; o outro, recusando discutir o assunto em termos científicos, afirma: "vocês [referindo-se a dirigentes da Comunidade Europeia] destruíram suas florestas".

O conceito de *ideologia* depende da postura epistemológica adotada. Aqui, trataremos desse conceito em termos de discurso. Para Brandão (1998, p. 19), "o termo ideologia é ainda hoje uma noção confusa e controversa". Apoiando-se, então, em Chauí (*O que é ideologia*), Brandão afirma que a autora vê o conceito de ideologia marxista como "um instrumento de dominação de classe", em que a classe dominante, eliminando as contradições entre força de produção, relações sociais e consciência, que resultam da divisão social do trabalho, consegue fazer com que suas ideias passem a ser ideias de todos. Nesse sentido, a ideologia constitui uma ilusão e uma necessidade para a dominação:

> Para criar na consciência dos homens essa visão ilusória da realidade como se fosse realidade, a ideologia organiza-se "como um sistema lógico e coerente de representações (ideias e valores) e de normas ou regras (de conduta) que indicam e prescrevem aos membros da sociedade o que devem pensar e como devem pensar, o que devem valorizar, o que devem sentir, o que devem fazer e como devem fazer" (p. 21).

Ainda segundo Brandão, o termo *ideologia*, em Marx "parece estar reduzido a uma simples categoria filosófica de ilusão ou mascaramento da realidade social", em decorrência de ter tomado, "como ponto de partida para a elaboração de sua teoria, a crítica ao sistema capitalista e o respectivo desnudamento da ideologia burguesa", ou seja, a ideologia da classe dominante. Em seguida, com base em *Ideologia e aparelhos ideológicos do estado*, de Althusser, afirma que "para manter sua dominação, a classe dominante gera mecanismos de perpetuação ou de reprodução das condições materiais, ideológicas e políticas de exploração" (p. 21). Vale-se o Estado de aparelhos

---

2 A propaganda da *Folha de S.Paulo* está disponível em: https://www.youtube.com/watch?v=pY4FCKlQISA. Acesso em: 7 ago. 2020.

repressores (governo, administração, Exército, polícia, tribunais, prisões etc.) e de aparelhos ideológicos (religião, escola, família, Direito, política, sindicato, cultura etc.) para forçar a classe dominada a submeter-se às relações e condições de exploração.

Segundo Althusser, a ideologia interpela os indivíduos, para que se tornem sujeitos de certas posições ideológicas e nelas se reconheçam. Adiante, Brandão afirma que "a interpelação ideológica consiste em fazer com que cada indivíduo (sem que ele tome consciência disso, mas, ao contrário, tenha a impressão de que é senhor de sua própria vontade) seja levado a ocupar seu lugar em um dos grupos ou classes de uma determinada formação social" (p. 38). Sustenta ainda que esse sujeito se constitui em um espaço tenso, em que não é nem totalmente livre, nem totalmente submetido. Com sua história particular, embora interpelado pela ideologia, o sujeito ocupa, na formação discursiva que o determina, "um lugar que é especificamente seu" (p. 65). São as formações discursivas que, em uma formação ideológica específica, determinam o que se pode ou não dizer a partir de uma posição em determinada conjuntura. Assim é que se pode dizer que as palavras adquirem valor dentro de determinada formação discursiva.

Posta a diversidade de conceito de ideologia, Brandão (1998, p. 26-27) reconhece a concepção de ideologia de tradição marxista, que a vê como "mecanismo que leva ao escamoteamento da realidade social", em que se apagam as contradições que lhe são inerentes e que, por meio de "manobras discursivas", legitima-se o poder de uma classe social. Opondo-se a esse conceito mais restrito de ideologia, há uma noção mais ampla que a vê como "uma visão, uma concepção de mundo de uma determinada comunidade social numa determinada circunstância histórica", que implica uma compreensão da linguagem e da ideologia como "noções estritamente vinculadas e mutuamente necessárias, uma vez que a primeira é uma das instâncias mais significativas em que a segunda se materializa" (p. 27).

É essa segunda concepção que permite afirmar que todo discurso é ideológico. A ideologia deixa de ser falsa consciência ou dissimulação, escamoteamento, distorção, mascaramento, e passa-se a vê-la como inerente ao signo. É pela linguagem que se dá a manipulação, a construção de realidades. É ela responsável pela produção de novos sentidos, pela atenuação dos sentidos, pela eliminação ou silenciamento de sentidos em prol de outros.

Com base no conceito de assujeitamento introduzido por Pêcheux (2009) e no conceito de aparelhos ideológicos de Estado de que fala Althusser (1974), a análise de discurso sustenta que o sujeito imagina ser livre na elaboração de seu discurso, mas é assujeitado.

A ideologia constitui o sentido construído para justificar relações de dominação. Diferentes visões de mundo, apresentadas nos discursos, estão comprometidas com interesses sociais. Nesse sentido, o discurso é o lugar da reprodução das formações ideológicas. Ele materializa a ideologia. Para Orlandi (1993, p. 102), "a ideologia torna evidente o que não é". Entende ainda a autora citada que a naturalidade dos sentidos é ideologicamente construída. Em outro texto, a mesma professora Orlandi (2015a, p. 44) afirma que "a ideologia faz parte, ou melhor, é condição para a constituição do sujeito e dos sentidos. O indivíduo é interpelado em sujeito pela ideologia para que se produza o dizer".

Ao tratar de assujeitamento, recorrendo ao texto "Concepções de sujeito na linguagem", de Sírio Possenti, Koch (2015, p. 15) assevera que

> o indivíduo não é dono de seu discurso e de sua vontade: sua consciência, quando existe, é produzida de fora e ele pode não saber o que faz e o que diz. [...] Ele tem

apenas a ilusão de ser a origem de seu enunciado, ilusão necessária, de que a ideologia lança mão para fazê-lo pensar que é livre para fazer e dizer o que deseja. Mas, na verdade, ele só diz e faz o que se exige que faça e diga na posição em que se encontra.

Fiorin (1988, p. 30) salienta que a ideologia "não é um conjunto de ideias que surge do nada ou da mente privilegiada de alguns pensadores" e que ela não é mero reflexo do nível econômico. Não há determinação direta e mecânica da economia, mas determinação complexa. Numa sociedade capitalista, prevalece a visão burguesa. Sustenta então o autor citado que, no nível superficial de um texto (nível das figuras, da semântica, da escolha das palavras, enfim na concretização dos elementos semânticos), são reveladas as determinações ideológicas. Para citar um exemplo, quando se diz "invasão de propriedade", está-se dentro de uma determinação ideológica; quando se diz "ocupação de propriedade", está-se dentro de outra.

Apoiada em Pêcheux e Fuchs (1990, p. 166), Mussalim (*In*: MUSSALIM; BENTES, 2017, v. 2, p. 143) entende que formação ideológica se define como "um conjunto de atitudes e representações que 'se relacionam **mais ou menos diretamente** a *posições de classe* em conflito umas com as outras. A formação discursiva, como componente da formação ideológica, acaba por materializar – **também mais ou menos diretamente** – essas posições de classe em conflito".

EXERCÍCIOS

1. Comentar por escrito o seguinte texto de Ferreira (2015, p. 50):

> Somos seres retóricos e usamos a linguagem não só para estabelecer comunicação, mas, sobretudo, para pedir, ordenar, sugerir, criticar, argumentar, fixar uma imagem positiva ou negativa, afirmar ou negar uma ideia, enfim, para estabelecer acordos com nosso auditório, para negociar a distância entre os interlocutores a respeito de uma questão, de uma causa.
>
> Quando assim procedemos, valemo-nos da propriedade argumentativa da linguagem, que se opõe a uma forma de vê-la como meramente descritiva ou representacionista. Nesse sentido, a linguagem não é objetiva, mas, sim, interpretativa da realidade. Por isso, não é neutra, mas dotada de intencionalidade.

2. Selecione propagandas sobre o respeito à vida no trânsito, que veiculem textos sobre o uso indevido de álcool para quem vai dirigir. Leia, pelo menos, três textos sobre esse assunto. Depois de escrita a primeira versão do seu texto, leia também: (1) FREITAS, Henrique Campos; MARRA, Mayra Natanne Alves. Tipos de argumentos utilizados nos anúncios publicitários das Havaianas. *Domínios de Lingu@gem*, Uberlândia, Universidade Federal de Uberlândia, v. 10, n. 1, p. 304-329, jan./mar. 2016. Disponível em: http://www.seer.ufu.br/index.php/dominiosdelinguagem/article/view/32174/18095. Acesso em: 27 abr. 2020. (2) MARTINEZ, Leonor. A contribuição do gênero discursivo propaganda institucional no processo de ensino-aprendizagem da leitura e da escrita. Disponível em: https://novaescola.org.br/plano-de-aula/3036/o-genero-textual-propaganda-e-suas-caracteristicas?gclid=EAIaIQobChMIk-Opy8KI6QI VT8DICh1UTQyhEAAYASAAEgIClfD_BwE. Acesso em: 27 abr. 2020. Em seguida,

comente as propagandas que você selecionou, considerando as duas leituras indicadas. Com base em todas essas informações, retorne ao seu texto e faça ajustes.

3. Selecione textos de propaganda institucional (bancos, empresas, instituições públicas). Analise um deles com base no texto de GÜNTZEL, Eliane. Sala de espera: a busca dos efeitos de sentido presentes no texto promocional do banco Itaú. *In*: XIV CONGRESSO DE CIÊNCIAS DA COMUNICAÇÃO NA REGIÃO SUL, 14., Santa Cruz do Sul, 30 maio a 1 jun. 2013. *Intercom*, São Paulo, Sociedade Brasileira de Estudos Interdisciplinares da Comunicação, 2013. Disponível em: http://portalintercom.org.br/anais/sul2013/resumos/R35-1561-1.pdf. Acesso em: 29 abr. 2020.

SUGESTÃO DE LEITURA

1. Ler e discutir o texto de OLIVEIRA E PAIVA, Vera Lúcia Menezes de. Gêneros da linguagem na perspectiva da complexidade. *Linguagem em (Dis)curso*, Tubarão, SC, v. 19, n. 1, p. 67-85, jan./abr. 2019. Disponível em: http://www.portaldeperiodicos.unisul.br/index.php/Linguagem_Discurso/article/view/6425/4291. Acesso em: 23 abr. 2020.

2. Resumir o texto de ASSIS, André William Alves de; MARECO, Raquel Tiemi Masuda. A construção dialógica do gênero discursivo propaganda. *Entrepalavras*, Fortaleza, Universidade Federal do Paraná, ano 3, v. 3, n. 2, p. 168-182, ago./dez. 2013. Disponível em: http://www.entrepalavras.ufc.br/revista/index.php/Revista/article/viewFile/254/220. Acesso em: 27 abr. 2020.

3. Comentar por escrito o texto de BARROS, Diana Luz Pessoa de. Rumos da semiótica. *Todas as Letras,* São Paulo, Universidade Presbiteriana Mackenzie, v. 9, n. 1, p. 12-23, 2007. Disponível em: http://editorarevistas.mackenzie.br/index.php/tl/article/view/648/578. Acesso em: 29 abr. 2020.

4. Leitura do texto de BARROS, Diana Luz Pessoa de. Publicidade e figurativização. *Alfa*, São Paulo, Unesp, v. 48, n. 2, 2004. Disponível em: https://periodicos.fclar.unesp.br/alfa/article/view/4294/3882. Acesso em: 29 abr. 2020.

5. Leitura de SOARES, Neiva Maria Machado; VIEIRA, Josenia Antunes. Representação multimodal dos atores sociais no discurso de marcas. *Signum: Estudos da Linguagem*, Londrina, n. 16/1, p. 233-258, jun. 2013. Disponível em: http://www.uel.br/revistas/uel/index.php/signum/article/view/2237-4876.2013v16n233/13202. Acesso em: 13 maio 2020.

9

Verbo

Do falante ou escritor, é esperado que, além de identificar os tempos verbais, saiba reconhecer os efeitos de sentido promovidos pela troca de um tempo verbal por outro. [...] A organização temporal e espacial dos eventos é reveladora da intenção do sujeito de induzir seu interlocutor a tornar-se um coespectador do processo expresso pelo verbo (VARGAS, 2011, p. 10, 11).

1 CONCEITOS

Para Neves (2000, p. 25),

> os verbos, em geral, constituem os predicados das orações [...]. A construção de uma oração requer, portanto, antes de mais nada, um predicado, representado basicamente pela categoria verbo, ou, ainda, pela categoria adjetivo (construído com um verbo de ligação).

Hauy (2015, p. 821), contestando os que afirmam ser o verbo palavra variável que exprime ação, estado ou fenômeno, defende que essa conceituação tradicional comum em compêndios didáticos exclui

> grande número de verbos que evidentemente não denotam nem ação, nem estado, nem fenômeno. É o caso, por exemplo, dos verbos que denotam passividade (*merecer, sofrer, receber...*), necessidade (*precisar, carecer, necessitar...*), ocorrência (*ocorrer, acontecer, suceder*), conveniência (*importar, convir*) etc.

Entende então a autora citada, com base em Ataliba de Castilho Teixeira de Castilho, que é mais apropriado dizer que o verbo é "palavra que pode exprimir as modalidades de um processo ou estado (tempo, duração etc.) por meio de mudanças da forma". As categorias gramaticais constituidoras da flexão verbal são: *pessoa, número, tempo, modo, forma nominal, voz* e *aspecto*.

Como não há oração sem verbo, ele é tido como a palavra fundamental, essencial, a palavra por excelência: daí receber o nome de verbo, ou seja, "a palavra" (LUFT, 1981, p. 124).

Estruturalmente, os verbos são constituídos de radical, tema, vogal temática, desinência e sufixo.

São os seguintes os elementos estruturadores do verbo: radical, vogal temática, tema, desinências modo-temporais e número-pessoais.

1.1 Radical

Radical é elemento que indica o significado principal do verbo. Ele pode vir acompanhado de prefixo e/ou sufixo. Exemplos:

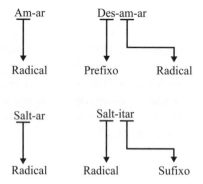

1.2 Vogal temática

Vogal temática é elemento estrutural caracterizador da conjugação a que pertence o verbo: *-a-* (1ª conjugação); *-e-* (2ª conjugação); *-i-* (3ª conjugação). Exemplos:

| Am-a-r | vend-e-r | part-i-r |
| Am-a-ra | vend-e-rei | part-i-sse |

A vogal temática pode, por motivos de regra fonológica, ser suprimida ou modificada:

Am-o (vogal temática *a*, mas foi suprimida).

Vend-i (vogal temática *e*, mas foi suprimida).

Part-a (vogal temática *i*, mas foi suprimida).

Am-e-i (vogal temática *a*, mas foi transformada em *e*).

Part-e-s (vogal temática *i*, mas foi transformada em *e*).

Embora o verbo *pôr* não manifeste a vogal temática *e* no infinitivo, ela pode ser encontrada em algumas formas verbais, como:

> *Pus-e-ra*
> *Pus-e-ste*
> *Pus-e-sse*

1.3 Tema

Tema é o radical acompanhado da vogal temática. Prepara o verbo para receber as desinências. Exemplo:

> *Lav-a-sse*   *receb-e-ria*   *subi-ndo*

2 MORFEMAS FLEXIONAIS DO VERBO

Os morfemas flexionais do verbo em português compreendem tempo e modo, pessoa e número.

2.1 Número

Admite dois números: o singular e o plural. Se se refere a uma pessoa ou coisa, o verbo fica no singular; se se refere a duas ou mais pessoas ou coisas, ele vai para o plural.

> Singular: *eu corro, tu andas, ele para.*
> Plural: nós corremos, vós andais, eles param.

2.2 Pessoa

Indica a pessoa gramatical do sujeito. Afirma Camara Jr. (1977a, p. 76): "A flexão de pessoa gramatical implica, automaticamente, na indicação do número, singular ou plural, do sujeito." Propriamente, duas são as pessoas do discurso (*eu e tu, ou nós e vós*). A terceira pessoa verbal indica algo de que se fala, ou alguém de quem se fala:

> A pessoa que fala: *eu olho, nós olhamos.*
> A pessoa a quem se fala: *tu recorres, vós recorreis.*
> A pessoa de quem se fala (ou de que se fala): ele, eles: ele encontrou, eles encontraram.

Assim, há:

> *Am-o* (desinência *-o*): 1ª pessoa do singular.
> *Ama-s* (desinência *-s*): 2ª pessoa do singular.

> *Ama* (falta desinência de 3ª pessoa do singular).
>
> *Ama-mos* (desinência *-mos*): 1ª pessoa do plural.
>
> *Ama-is* (desinência *-is*): 2ª pessoa do plural.
>
> *Ama-m* (desinência *-m*): 3ª pessoa do plural.

Em tempo, no Brasil apenas em algumas regiões se usa *tu*; na maior parte do território, usa-se *você* com o verbo na 3ª pessoa. Também não usamos *vós*, que normalmente substituímos por *vocês*, com o verbo na 3ª pessoa do plural. Em algumas localidades que usam *tu*, é costume manter o verbo na 3ª pessoa do singular (*tu fica zangado, se eu discordar de ti?*).

Para Perini (2016, p. 436-437),

> o verbo no PB [português brasileiro] apresenta uma variação de quatro pessoas gramaticais, exemplificadas em
>
> 1ª pessoa do singular: *eu faço*
>
> 3ª pessoa do singular: *ele faz*
>
> 1ª pessoa do plural: *nós fazemos*
>
> 3ª pessoa do plural: *eles fazem*
>
> onde a forma de terceira pessoa vale para *ele(s)* e também para *você(s)* e os outros indicadores de segunda pessoa do discurso (*o senhor*); e ainda para *a gente*, que como vimos é um sinônimo de *nós*. [...]
>
> Mesmo os falantes que usam *tu* o mais das vezes empregam a forma da terceira pessoa do singular: *tu faz*. A segunda pessoa do plural (*vós fazeis*) é totalmente desusada no PB, assim como no padrão escrito. [...]
>
> Muitos falantes empregam paradigmas simplificados, incluindo formas como *eles vai / nós faz / nós fazia*.

2.3 Tempo verbal

Duas são as flexões verbais: uma que designa o tempo (momento da ocorrência do fato a que se refere, do ponto de vista do momento da comunicação) e outra que serve para indicar a pessoa gramatical do sujeito. Camara Jr. (2013, p. 85) especifica ainda que,

> no sufixo flexional de tempo verbal, há acumulação da noção de 'modo' (indicativo, subjuntivo, imperativo), e, num tempo do pretérito, a do aspecto inconcluso, ou "imperfeito", do processo verbal referido. Por sua vez, a flexão de pessoa gramatical implica, automaticamente, na indicação do número, singular ou plural, do sujeito.

O tempo verbal é variação que indica o momento em que ocorre o fato expresso pelo verbo: presente, pretérito, futuro. É a variação que "se refere ao momento da ocorrência do processo, visto do momento da comunicação" (CAMARA JR., 2013, p. 98).

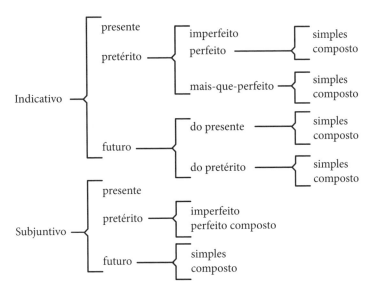

Vejamos detalhadamente os tempos verbais do **indicativo**:

- **Presente:** morfema temporal 0 (zero): *amo, estudo*. O presente exprime mais que ideia de atualidade; exprime também ideia de futuro: *amanhã estudo*. Exprime ainda ideia de atemporalidade: *o homem raciocina, as aves cantam*. Portanto, "antes que 'presente', é 'não passado'" (LUFT, 1981, p. 131).

- **Pretéritos:**
  - ✓ *Imperfeito*: exprime um fato anterior ao momento atual, mas não concluído no momento passado a que se refere. Morfema *va, ia*: *amava, entendia*.
  - ✓ *Perfeito*: informa sobre um fato já concluído no passado. Morfema 0, exceto para a 3ª pessoa do plural, que é *ra*: *compr-e-0-i, entend-e-ra-m*.
  - ✓ *Mais-que-perfeito*: exprime fato anterior a outro que é igualmente passado. Morfema *ra*: *amara, batera, dirigira*.

- **Futuros:**
  - ✓ *Futuro do presente*: indica fato que deve acontecer em tempo que está por vir. Morfema *re, rá*: *viaj-a-re-i, viaj-a-rá*. No Brasil, é comum a substituição do futuro do presente por dois verbos: *vou viajar amanhã; você vai viajar amanhã?*
  - ✓ *Futuro do pretérito*: exprime fato posterior a outro já passado; em geral, o fato passado depende do primeiro e inclui uma condição; o futuro do pretérito expressa também uma forma de cortesia, de atenuação no curso de uma interação, em substituição, sobretudo, a uma ordem: *você poderia fechar a janela?* no lugar de *feche a janela*. Esse uso garante a face positiva do enunciador. O futuro do pretérito também pode ser usado em situações em que não queremos nos comprometer nem nos responsabilizarmos pela exatidão de uma informação, como em: *O governo estaria ainda avaliando a possibilidade de prorrogação do auxílio emergencial*. Morfema do futuro do pretérito: *ria*: *cas-a-ria, cas-a-ría-mos* (o *-mos* é morfema de número).

São as seguintes as formas do indicativo:

- **Presente:**
  - ✓ 1ª conjugação: *canto, cantas, canta, cantamos, cantais* (em alguns verbos, temos: *-des*: *vedes, pondes, vindes*), *cantam*
  - ✓ 2ª conjugação: *vendo, vendes, vende, vendemos, vedeis, vendem*
  - ✓ 3ª conjugação: *parto, partes, parte, partimos, partis, partem*
- **Pretérito imperfeito:**
  - ✓ 1ª conjugação: *cantava, cantavas, cantava, cantávamos, cantáveis, cantavam*
  - ✓ 2ª conjugação: *vendia, vendias, vendia, vendíamos, vendíeis, vendiam*
  - ✓ 3ª conjugação: *partia, partias, partia, partíamos, partíeis, partiam*
- **Pretérito perfeito:**
  - ✓ 1ª conjugação: *cantei, cantaste, cantou, cantamos, cantastes, cantaram*
  - ✓ 2ª conjugação: *vendi, vendeste, vendeu, vendemos, vendestes, venderam*
  - ✓ 3ª conjugação: *parti, partiste, partiu, partimos, partistes, partiram*
- **Pretérito mais-que-perfeito:**
  - ✓ 1ª conjugação: *cantara, cantaras, cantara, cantáramos, cantáreis, cantaram*
  - ✓ 2ª conjugação: *vendera, venderas, vendera, vendêramos, venderam*
  - ✓ 3ª conjugação: *partira, partiras, partira, partíramos, partíreis, partiram*
- **Futuro do presente:**
  - ✓ 1ª conjugação: *cantarei, cantarás, cantará, cantaremos, cantareis, cantarão*
  - ✓ 2ª conjugação: *venderei, venderás, venderá, venderemos, vendereis, venderão*
  - ✓ 3ª conjugação: *partirei, partirás, partirá, partiremos, partireis, partirão*
- **Futuro do pretérito:**
  - ✓ 1ª conjugação: *cantaria, cantarias, cantaria, cantaríamos, cantaríeis, cantariam*
  - ✓ 2ª conjugação: *venderia, venderias, venderia, venderíamos, venderíeis, venderiam*
  - ✓ 3ª conjugação: *partiria, partirias, partiria, partiríamos, partiríeis, partiriam*

Agora, os tempos verbais do **subjuntivo**, que serve para constituir o sentido de probabilidade, de possibilidade. Ele se opõe, portanto, ao indicativo, que é o modo da certeza. O subjuntivo serve também para indicar desejo (valor de optativo), opondo-se, por isso, ao imperativo, como em "que você seja feliz!" Em alguns casos, o uso do subjuntivo é a norma: *"talvez, eu vá"; "talvez, ele venha"; "talvez, sejamos condecorados"; "talvez eles entendam a situação"; "embora eu não o conheça"; "embora nós não o conheçamos, pelo seu currículo parece ser muito bem preparado para a função"*.

- **Presente:** exprime ação subordinada a outra que ocorre no momento atual; expressa também dúvida, possibilidade. Morfema *e* (1ª conjugação), *a* (2ª e 3ª conjugações).
- **Pretérito imperfeito:** exprime uma ação passada posterior e dependente de outra ação passada. Morfema *sse*: *estudasse, amasse, dirigisse*.
- **Futuro:** exprime ação que acontecerá, mas que depende de outra ação futura. Morfema *r*: *estudar, amar, dirigir*.

Com base nas flexões do subjuntivo, temos:

- **Presente:**
    - ✓ 1ª conjugação: *cante, cantes, cante, cantemos, canteis, cantem*
    - ✓ 2ª conjugação: *venda, vendas, venda, vendamos, vendeis, vendam*
    - ✓ 3ª conjugação: *parta, partas, parta, partamos, partais, partam*
- **Pretérito imperfeito:**
    - ✓ 1ª conjugação: *cantasse, cantasses, cantasse, cantássemos, cantásseis, cantassem*
    - ✓ 2ª conjugação: *vendesse, vendesses, vendesse, vendêssemos, vendêsseis, vendessem*
    - ✓ 3ª conjugação: *partisse, partisses, partisse, partíssemos, partísseis, partissem*
- **Futuro do subjuntivo:**
    - ✓ 1ª conjugação: *cantar, cantares, cantar, cantarmos, cantardes, cantarem*
    - ✓ 2ª conjugação: *vender, venderes, vender, vendermos, venderdes, venderem*
    - ✓ 3ª conjugação: *partir, partires, partir, partirmos, partirdes, partirem*

As formas nominais desses verbos são: (1) gerúndio: *cantando, vendendo, partindo*; (2) particípio: *cantado, vendido, partido*; (3) infinitivo: *cantar, vender, partir*.

2.3.1 Formas compostas do verbo

São as seguintes as formas compostas do verbo:

- **No indicativo:**
    - ✓ Pretérito perfeito composto, formado pelo presente do verbo *ter* + particípio do verbo que está sendo conjugado: *tenho*:

        tenho cantado, tens cantado, tem cantado, temos cantado, tendes cantado, têm cantado; tenho vendido, tens vendido, tem vendido, temos vendido, tendes vendido, têm vendido; tenho partido, tens partido, tem partido, temos partido, tendes partido, têm partido

    - ✓ Pretérito mais-que-perfeito composto: formado pelo imperfeito do verbo *ter* + particípio do verbo que está sendo conjugado:

        tinha cantado, tinhas cantado, tinha cantado, tínhamos cantado, tínheis cantado, tinham cantado; tinha vendido, tinhas vendido, tinha vendido, tínhamos vendido, tínheis vendido, tinham vendido; tinha partido, tinhas partido, tinha partido, tínhamos partido, tínheis partido

    - ✓ Futuro do presente composto: formado pelo futuro do verbo *ter* + particípio do verbo que está sendo conjugado:

        terei cantado, terás cantado, terá cantado, teremos cantado, tereis cantado, terão cantado; terei vendido, terás vendido, terá vendido, teremos vendido, tereis vendido, terão vendido; terei partido, terás partido, terá partido, termos partido, tereis partido, terão partido

✓ Futuro do pretérito composto: formado pelo futuro do pretérito do verbo *ter* + particípio do verbo que está sendo conjugado:

teria cantado, terias cantado, teria cantado, teríamos cantado, teríeis cantado, teriam cantado; teria vendido, terias vendido, teria vendido, teríamos vendido, teríeis vendido, teriam vendido

- **No subjuntivo:**
    ✓ Pretérito perfeito composto: formado pelo presente do subjuntivo do verbo *ter* + particípio do verbo que está sendo conjugado: *tenha cantado*.
    ✓ Pretérito mais-que-perfeito composto: formado pelo pretérito do subjuntivo do verbo *ter* + particípio do verbo que está sendo conjugado.

2.3.2 Formas nominais

São três as formas nominais: o infinitivo, o particípio e o gerúndio. São assim chamadas por coparticiparem da natureza do nome: substantivo, adjetivo, advérbio, respectivamente.

1. **Infinitivo**. "É a forma mais indefinida do verbo. A tal ponto, que costuma ser citado como o nome do verbo, a forma que de maneira mais ampla e mais vaga resume a sua significação, sem implicações das noções gramaticais de tempo, aspecto ou modo" (CAMARA JR., 2013, p. 103). É o substantivo verbal. Com ele, são construídas orações reduzidas substantivas que funcionam como sujeitos, complementos.

Viver é duro.	A vida é dura.
Quero vencer.	Quero a vitória.

Pode-se também substantivar um infinitivo:

O entender.
O admirar.
Os entenderes.
Os dizeres.

Dois são os infinitivos:

Infinitivo pessoal: tema + r + {0, (e)s, 0, mos, des, (e)m}
Infinitivo impessoal: tema + r = *amar, poder*.

2. **Particípio**. Tema + *do* (do regular): *amado, compreendido*. Os particípios irregulares apresentam as seguintes terminações: *to, so: aberto, expulso*. Os particípios "contraídos" são formados por radical + vogal temática nominal: *pag-o, ganh-o, gast-o*. Funcionam como adjetivo verbal:

> O advogado eleito.
> O eleitor conhecido.
> O professor querido.
>
> Os advogados eleitos.
> Os eleitores conhecidos.
> Os professores queridos.

Para Camara Jr. (2013, p. 103),

> o particípio foge até certo ponto, do ponto de vista mórfico, da natureza verbal. É no fundo um adjetivo com as marcas nominais de feminino e de número plural em /S/. Ou em outros termos: é um nome adjetivo, que semanticamente expressa, em vez da qualidade de um ser, um processo que nele passa.

O particípio empresta aos enunciados certa concretude, certa objetividade; indicamos um estado de uma pessoa, descrevemo-la. Por exemplo, quando dizemos: "Irritado, fulano abandonou a discussão". Teríamos um sentido completamente diferente se substituíssemos o particípio pelo pretérito perfeito: "Fulano se irritou e abandonou a discussão." Neste caso, indicaríamos apenas que a ação se deu no passado; com o uso do particípio, o ato de *irritar-se* prolonga-se, ganha duratividade.

As formas nominais do particípio adquirem valor de adjetivo e, por essa razão, concordam com o substantivo. O uso do particípio "como *adjetivo*, tem função de adjunto adnominal ou de predicativo e concorda em gênero e número com o nome a que se refere" (Hauy, 2015, p. 854). Exemplos (observar a concordância):

> Advogados atrapalhados.
> Professores admirados.
> Juízes corruptos.
> Documentos anexados (*escrita anexa; escrituras anexas; relatório anexo, relatórios anexos*).
> Orientações anexadas.
> Comprometidas com a situação, elas foram às ruas.

3. **Gerúndio**. Tema + *ndo*: *sorrindo, trabalhando, escrevendo*. É o advérbio verbal. É processo inconcluso, imperfeito.

> Correu pulando (como correu?).
> Sorriu entendendo (como entendeu?).
> Estou correndo (constitui o sentido de continuidade, de ação ainda em processo).

O gerúndio também tem função adjetiva em *água fervendo* (fervente); *jovens estudando* (que estão estudando = oração adjetiva).

A propósito do uso do gerúndio, difundiram-se em nosso meio comentários sobre o que veio a se chamar gerundismo. Em primeiro lugar, diz-se comumente, embora sem apoio na realidade, tratar-se de uso que teria surgido entre os operadores de telemarketing e que teria como origem traduções "rudimentares do inglês, como 'I will be sending...'" por "vou estar mandando..."

Vargas (2011, p. 44), com base no texto "Acusando, culpando e errando", do jornalista André Petry (Disponível em: http://www.adur-rj.org.br/5com/pop-up/acusando_culpando_errando.htm. Acesso em: 29 jun. 2020), explicita que é de se considerar que "os usos das formas verbais e suas respectivas marcas de subjetividade, de temporalidade e de aspectualidade são verdadeiras operações de produção de sentido, que envolvem sujeitos situados nas mais variadas circunstâncias de interação social". Esse o caso do uso do chamado gerundismo, que se constitui, para usar os termos da Profa. Ana Paula Scher, linguista da USP: "É uma estratégia adotada por quem não tem o poder de decisão". Para o Prof. Fiorin, igualmente linguista da USP, citado no texto no texto de Petry, trata-se de "uma forma linguística que atende a uma necessidade de comunicação" e, por isso, se difundiu: "Os operadores de telemarketing descobriram que era útil. Porque soa como uma forma polida de falar, tal como o futuro do pretérito é usado por quem quer ser gentil, e dá uma ideia de descompromisso e desobrigação: 'vou estar enviando' não é tão afirmativo quanto 'vou enviar'". Não se trata, pois, de embromação.

2.4 Infinitivo flexionado

O infinitivo flexionado apresenta flexão de número e de pessoa:

> cantar, cantares, cantar, cantarmos, cantardes, cantarem; vender, venderes, vender, vendermos, venderdes, venderem; partir, partires, partir, partirmos, partirdes, partirem

2.5 Modo verbal

Define-se modo verbal como formas diversas que toma o verbo para indicar certeza, dúvida, suposição, ordem da pessoa que fala em relação ao que enuncia. O modo expressa "um julgamento implícito do falante a respeito da natureza, subjetiva ou não, da comunicação que faz" (CAMARA JR., 2013, p. 98):

- Pelo indicativo: enuncia-se um processo, informa.
- Pelo subjuntivo: o enunciador participa afetivamente da ideia verbal, desejando-a, supondo-a, ou duvidando dela. Modo da irrealidade, da hipótese, da dúvida, da subjetividade. É utilizado pelas orações subordinadas. Nesse caso, temos uma tomada de posição subjetiva do falante em relação ao processo verbal comunicado. O subjuntivo é uma forma verbal que depende "de uma palavra que o domina, seja o advérbio *talvez*, preposto, seja um verbo de oração principal" (CAMARA JR., 1977a, p. 89).
- Pelo imperativo: impõe-se o processo verbal ao receptor. Modo do mando, da imposição, da ordenação.

2.6 Imperativo e formação do imperativo

Exprime ordem, conselho, pedido: sua estrutura morfemática é a mesma das formas verbais de que se origina.

É oportuno lembrar que, embora a conjugação verbal seja uma preocupação de aprendizagem, ela não se reduz à aprendizagem de normas gramaticais. É relevante considerar que o uso das diferentes formas verbais produz diferentes efeitos de sentido. Não usamos indistintamente o presente do indicativo, o pretérito imperfeito, o pretérito perfeito. Se queremos produzir um efeito durativo de uma ação ou estado, utilizamos o imperfeito; se nosso interesse é indicar que a ação está acabada, chegou ao fim, utilizamos o pretérito perfeito. Se queremos, ainda, fazer a ação do passado vir até nós, até o presente, valemo-nos do presente histórico. No Material Suplementar, Capítulo 13, tratamos de aspectualização verbal.

O imperativo afirmativo é formado com as 2ªs pessoas do presente do indicativo (singular e plural) menos *s*:

| Parte tu | brinca tu |
| Parti vós | brincai vós |

As demais pessoas são formadas do presente do subjuntivo, de onde se origina também o imperativo negativo.

Presente do indicativo	Imperativo afirmativo	Presente do subjuntivo	Imperativo negativo
Eu caminho	–	Que eu caminhe	–
Tu caminhas (-s)	Caminha tu	Que tu caminhes	Não caminhes tu
Ele caminha	Caminhe você	Que ele caminhe	Não caminhe você
Nós caminhamos	Caminhemos nós	Que nós caminhemos	Não caminhemos nós
Vós caminhais (-s)	Caminhai vós	Que vós caminheis	Não caminheis vós
Eles caminham	Caminhem vocês	Que eles caminhem	Não caminhem vocês

Imperativo afirmativo: *canta tu, cante você* (ele), *cantemos nós, cantai vós, cantem vocês* (eles); *vende tu, venda você* (ele), *vendamos nós, vendei vós, vendam vocês* (eles); *parte tu, parta você* (ele), *partamos nós, parti vós, partam vocês* (eles)

Imperativo negativo: *não cante tu, não cante você* (ele), *não cantemos nós, não canteis vós, não cantem vocês* (eles); *não venda tu, não venda você* (ele), *não vendamos nós, não vendais vós, não vendam vocês* (eles); *não partas tu, não parta você* (ele), *não partamos nós, não partais vós, não partam vocês* (eles)

É sempre oportuno lembrar que no Brasil, excetuando algumas regiões, não se usa nem *tu* nem *vós*. Na formação do imperativo, o leitor encontra formas diversas, particularmente, na língua que usamos todos os dias nas nossas conversas. Há, por exemplo, a troca do imperativo pelo indicativo: em vez de "faça disso para mim", é frequente, sobretudo no Sudeste, ouvirmos *"faz isso para mim"*, *"vem cá, meu amigo"*, ou seja, troca do imperativo pelo presente do indicativo. No Nordeste, há preferência pelo subjuntivo: *"faça isso para mim"*, *"venha cá, meu amigo"*. Salienta

Perini (2016, p. 439) que "a forma de primeira pessoa do plural, dada nas gramáticas do padrão como *façamos*, é formada no PB com uma forma de *ir*: Vamos fazer um sanduíche!" [e não *façamos um sanduíche*!].

3 VOZES

Para Hauy (2013, p. 939), há nas gramáticas normativas variados e confusos conceitos de voz verbal, oriundos da consideração da forma, do significado ou do tratamento do processo verbal em relação ao sujeito:

> Assim, uma oração como "O povo recebeu o castigo" está na voz ativa, segundo Mattoso Camara Jr.; na voz passiva, segundo Carlos Góis, e, conforme lição de Celso Cunha, não tem voz, pois o verbo é neutro.

Outro problema apresentado por Hauy diz respeito a adotarem alguns autores o conceito de *voz* segundo a forma do verbo, mas adotarem o critério semântico quando fazem a análise, ou vice-versa. E acrescenta que as divergências dizem respeito também à análise do *se*.

Elege então a autora citada o critério formal, afirmando, com base em um conceito de Ataliba Teixeira de Castilho (*Introdução ao estudo do aspecto verbal na língua portuguesa*), que o verbo é "a palavra que pode exprimir as modalidades de um processo ou estado por meio de *mudanças de forma*". As mudanças de forma são expressas por meio das categorias verbais de pessoa, número, tempo, modo (forma nominal), voz e aspecto. Em seguida, conceitua voz como "a forma em que o verbo de ação se apresenta para indicar se o *sujeito pratica* ou *sofre* a ação verbal" (p. 940). Daí a dedução de que um verbo flexiona em voz somente se indicar ação e tiver sujeito expresso ou indeterminado.

Não admitem flexão de voz os verbos impessoais e os de ligação; os primeiros, porque não têm sujeito; os segundos, porque não indicam ação; são verbos de estado. Outros verbos que não indicam ação: *sofrer, merecer, receber, ganhar*. Esses verbos que não admitem flexão de voz são chamados de *verbos neutros*.

As vozes verbais classificam-se, pois, em: ativa (o sujeito é o agente), passiva (o sujeito é paciente da ação verbal) e reflexiva (o sujeito é agente e paciente da ação verbal).

3.1 Vozes ativa, passiva e reflexiva

Veremos a seguir as vozes ativa, passiva e reflexiva. Para Hauy (2015, p. 965),

> a definição de voz segundo o critério da forma em que o verbo se apresenta para indicar se o sujeito a que se refere pratica ou recebe a ação implica três conceitos básicos: sujeito, agente e paciente. Quando o sujeito da oração coincide com o agente, a voz é *ativa*, quando o sujeito da oração é o mesmo paciente, a voz se chama *passiva* e, quando é ao mesmo tempo o agente e o paciente, *reflexiva*.

Daí que, continua a autora citada, "nem todos os verbos têm flexão de voz: os que indicam fenômenos meteorológicos, por exemplo, logicamente não se flexionam, porque são impessoais;

não se flexionam ainda aqueles que contêm passividade, como receber, sofrer e merecer e os verbos de ligação, porque indicam estado".

3.1.1 Voz ativa

Voz ativa é a forma em que o verbo de ação se apresenta para indicar que o sujeito a que se refere pratica a ação. Essa forma é simples ou composta com os auxiliares ter ou haver. Nessa voz, o sujeito é agente, ou início de uma afirmação:

> O profissional trabalhava.
> O diretor questiona.
> O presidente acolheu a visita.
> Ele atravessa o corredor da empresa.
> Ele tinha procurado o presidente por toda a empresa, mas não o encontrara.
> Ela havia endereçado corretamente a carta.

O pronome pessoal oblíquo se, na voz ativa, pode indicar indeterminação do sujeito, quando está junto de um verbo intransitivo ou transitivo indireto, na 3ª pessoa do singular. Nesse caso, o se é classificado como índice de indeterminação do sujeito:

> Falava-se muito alto sobre o resultado da eleição.

3.1.2 Voz passiva

Voz passiva é "a forma do *verbo de ação* que indica que o sujeito sofre a ação verbal. O *sujeito* chama-se, então, *paciente*, e quem pratica a ação expressa pelo verbo, *agente da passiva*" (HAUY, 2015, p. 942).

A voz passiva pode ser analítica ou sintética. A voz passiva constituída com um verbo auxiliar (ser, estar, ficar), seguido de particípio de um verbo transitivo direto ou transitivo direto e indireto, é chamada de passiva analítica ou participial. Exemplos:

> O gerente foi admitido pela empresa. (auxiliar + particípio)
> O contador está concentrado no cálculo do imposto.
> A autorização ficou pregada no mural da empresa.
> Ela ficou aborrecida pela discussão estéril.
> Ele estava vencido pelo cansaço.

A voz passiva sintética ou pronominal é formada com um verbo transitivo direto ou transitivo indireto na 3ª pessoa do singular ou plural (conforme o número do sujeito), seguido do pronome apassivador *se*. Enquanto a **passiva analítica** admite verbo em qualquer pessoa; a **passiva sintética** só o admite na 3ª pessoa (singular ou plural). Exemplos:

> Seu livro foi lido por todos os alunos.
> Tu foste elogiado por toda a classe.
> Vocês foram elogiados por toda a classe.
> Vende-se casa.
> Vendem-se casas.
> Pagou-se a despesa ao caixa e encerraram-se as negociações.

As construções como *vendem-se casas* são objeto de discussão entre os gramáticos: alguns entendem tratar-se de voz ativa com sujeito indeterminado, caso em que o pronome *se é visto como índice de indeterminação do sujeito (não teríamos então razão para o uso do plural)*; outros veem na construção uso da voz passiva com sujeito paciente e o *se* como pronome apassivador (e, nesse caso, teríamos o plural: *vendem-se casas* = casas são vendidas).

Dito isso, o leitor pode encontrar oscilação no uso, mesmo entre os mais escolarizados (com educação superior completa e pós-graduados):

> Conforme as estratégias discursivas empregadas pelos escritores ou interlocutores, pode-se distinguir textos polifônicos e monofônicos (ARAÚJO *In*: MEURER; MOTTA-ROTH, 2002, p. 144).
>
> Desse modo, pode-se visualizar aí graus decrescentes em relação a essa importância para o jornal (BONINI *In*: KARWOSKI, Acir Mário; GAYDECZKA, Beatriz; BRITO, Karim Siebeneicher, 2011, p. 62).
>
> Não se está propondo aqui que se reduza a noção de esfera à de campo, mas tão somente que se possam buscar pontos de convergência, na medida em que, até onde tivemos acesso, Bakhtin desenvolve pouco o conceito weberiano de esfera (ROJO; BARBOSA; COLLINS *In*: KARWOSKI; GAYDECZKA; BRITO, 2011, 128).
>
> No caso da nossa tira, pressupõem-se, além de Garfield, as seguintes identidades: trabalhadores/as que voltam ao trabalho, alunos/as que retornam à escola (MEURER *In*: MEURER; BONINI, MOTTA-ROTH, 2010, p. 102).

É de notar que o *agente da passiva* pode vir ou não expresso:

> O malote foi enviado pelo almoxarife.
> O malote foi enviado.

O agente da passiva pode vir expresso pelas seguintes preposições: *por, de, com, a, em*.

Além dos verbos *ser, estar, ficar*, podem formar voz passiva os verbos *andar, viver*, combinados com um particípio:

> Ele anda muito desinibido.
> Ela vive atarefada com as coisas da viagem.

Nas passivas analíticas, o particípio concorda com o sujeito paciente:

> Ele foi derrotado.
> Ela foi derrotada.
> O exame médico foi anexado.
> Os exames médicos foram anexados.
> A guia do recolhimento foi anexada.
> As guias do recolhimento foram anexadas.

Hauy (2015, p. 946) recomenda que se deve preferir a construção com passiva analítica à passiva sintética, se o sujeito é uma pessoa ou animal (isto é, é capaz de praticar a ação). Dessa forma, evita-se a ambiguidade:

> Perceberam-se os culpados.
> Foram percebidos os culpados. (Ou: Os culpados foram percebidos)

No primeiro caso, o sentido é ambíguo: pode-se interpretar, de um lado, a construção como se fosse de voz reflexiva (*os culpados perceberam uns aos outros*) e, de outro, como se fosse indeterminado o agente.

Se o sujeito da passiva pronominal for pessoa, para não se tomar a voz como reflexa, deve-se pospor o sujeito da passiva ao verbo:

> Prendeu-se o homem em uma cela escura.

Quando a voz passiva sintética está conjugada com uma forma verbal composta com os auxiliares *ter, haver*, somente os auxiliares é que vão para o plural.

> Têm-se realizado boas conferências.
> Os alunos haviam-se dividido em grupos de cinco.

Os verbos *dever* e *poder, haver*, também, quando formam perífrases com infinitivo, vão para o plural, ou ficam no singular:

> Devem-se fazer os exercícios com atenção. (Ou: Deve-se fazer os exercícios com atenção.)
> No *e-mail* enviado aos alunos, podem-se observar orientações sobre o programa das aulas. (Ou: No *e-mail* enviado aos alunos, pode-se observar orientações sobre o programa das aulas.)

Afirma Hauy (2015, p. 947):

> Com os verbos *poder* e *dever* a concordância é indiferente: "Não se pode imaginar os novos gritos e alvoroço" analisa-se: "Imaginar os novos gritos e alvoroço" (oração reduzida infinitiva subjetiva); "não é possível" (oração principal – verbo *poder* apassivado). Ou: "Os novos gritos e alvoroço não podem ser imaginados" (oração

absoluta – verbo *imaginar* – na passiva sintética em perífrase com o verbo *poder*). "Deve-se alcançar os objetivos" (verbo *dever* apassivado. Ou: "Devem-se alcançar os objetivos" = "Os objetivos devem ser alcançados" (perífrase verbal apassivada).

Não estão nesse caso os verbos *procurar, pretender*:

> Procura-se entender os últimos eventos.
> Pretende-se resolver os problemas encontrados.

Verbos transitivos indiretos não são pluralizados (quando se põem esses verbos no plural, tem-se o que se chama de **hipercorreção**: preocupado em não "errar", o enunciador acaba usando um plural não aceito pela gramática):

> Tratam-se de seguir as orientações da diretoria.

Nas orações com *ver, ouvir*, apassivados com *se*, que têm como sujeito uma oração infinitiva com sujeito no plural, esses verbos ficam no singular, mas é comum encontrá-los no plural:

> Não se ouviu espocar os fogos. (Não se ouviram espocar os fogos.)
> Já não se vê os diretores tomarem decisões extemporâneas.

Se os verbos *desejar, pretender, querer, intentar, conseguir, alcançar, lograr* não formarem perífrases com outros em voz passiva sintética, a concordância é feita com a oração reduzida infinitiva:

> Deseja-se fazer os demonstrativos conforme determinado pelo contador.
> Pretende-se fazer os demonstrativos conforme determinado pelo contador.
> Quer-se fazer os demonstrativos conforme determinado pelo contador.
> Intenta-se fazer os demonstrativos conforme determinado pelo contador.
> Conseguiu-se fazer os demonstrativos conforme determinado pelo contador.
> Alcançou-se fazer os demonstrativos conforme determinado pelo contador.
> Logrou-se fazer os demonstrativos conforme determinado pelo contador.

Finalmente, não se confunda voz passiva com orações em que o sujeito é indeterminado. Nesse caso, o pronome *se* aparece junto de um verbo intransitivo, transitivo indireto e de ligação, sempre na 3ª pessoa do singular de formas verbais simples ou compostas. Exemplos:

> Vive-se muito bem aqui.
> Precisa-se de empregados.
> Trata-se de posições indefensáveis.
> Está-se pesquisando uma vacina, mas ainda não se chegou a um resultado satisfatório.

Repetindo, às vezes, por **hipercorreção**, em que se confunde passiva sintética com oração de sujeito indeterminado, podemos encontrar (*mas a gramática tradicional não avaliza tal construção*):

No entanto, não seria mais correto dizer que o médico e o paciente, em um esforço partilhado, apenas projetam para o complexo inconsciente (paterno ou materno) as suas relações verdadeiras e terapêuticas (ou, mais precisamente, alguns elementos delas, ou o seu esquema geral, pois *tratam-se* de relações muito complexas)? (VOLÓCHINOV, 2019, p. 92).

Afim de compreender esses filosofemas, nem por um momento devemos esquecer que *se tratam* de filosofemas da palavra alheia (VOLÓCHINOV, 2019, p. 172).

Tratam-se, por exemplo, de intervenções apresentadas no simpósio que deram origem a esta obra que, parecia desde o início evidente que o "desenvolvimento de conceitos matemáticos", o "desenvolvimento de capacidades de leitura" ou o "desenvolvimento do papel do aluno" levantassem problemáticas diferentes (BRONCKART *In*: BUENO; LOPES; CRISTÓVÃO, 2013, p. 91).

Em seguida, ao analisar os telegramas publicados como crônicas, diz *tratarem-se* de *crônicas políticas* (FERREIRA *In*: TRAVAGLIA; FINOTTI; MESQUITA, 2008, p. 368-369).

3.1.3 Voz reflexiva

Voz reflexiva é a forma verbal indicativa de que o sujeito é, simultaneamente, agente e paciente da ação expressa pelo verbo. Ela é expressa por verbo transitivo direto ou transitivo direto e indireto, seguidos de pronome oblíquo relativo à mesma pessoa do sujeito: *me, te, se, nos, vos, se*:

Eu me vejo no espelho, tu te entendes com tuas decisões?, ele se lava, ela se levanta cedo, nós nos propusemos dar uma solução para o problema, vós vos conheceis melhor que ninguém, elas se conscientizaram da situação.

Essas formas verbais podem vir acompanhadas das expressões: *a mim mesmo, a ti mesmo, a si mesmo, a nós mesmos, a vós mesmos, a eles mesmos*:

Ela se engana a si mesma.

Nós nos enganamos a nós mesmos.

Na variedade linguística estigmatizada, ouve-se: nós *se* decidimos protestar.

A flexão de voz é característica dos verbos transitivos. O objeto direto da voz ativa exerce a função de sujeito da voz passiva. O objeto direto ou indireto é a mesma pessoa do sujeito na voz reflexiva.

As construções com voz reflexiva permitem a expressão de reciprocidade, ocasião em que o verbo vai para o plural:

Eles se cumprimentam. (= um cumprimenta ao outro).

Eles se beijaram na face (= um beijou o outro na face)

Elas se abraçam carinhosamente. (= uma abraça a outra)

Nós nos estimamos verdadeiramente. (= ação recíproca das pessoas envolvidas, uma pessoa estima outra, que também a estima)

Hauy (2015, p. 949-950) contesta a divisão da voz reflexiva em recíproca e não recíproca: "A reciprocidade não deveria ser um aspecto da voz reflexiva, a não ser que se tornasse mais abrangente o conceito de reflexividade." Na reflexividade,

> a ação praticada pelo sujeito retroage para o próprio sujeito, representado no predicado pelo oblíquo átono. Com outras palavras, a ação praticada pelo sujeito retroage para o próprio sujeito, que é, a um tempo, agente e paciente, agente e recipiente da ação. [...]
>
> Tal não ocorre na recíproca. O pronome oblíquo átono é também o objeto de uma ação verbal transitiva, que parte do sujeito, mas *não é reflexiva*, na acepção restrita que tem a gramática – a de ação praticada e recebida pelo próprio sujeito (entenda-se pelo *mesmo* agente que a pratica); quer dizer, num exemplo como "Pedro e Paulo se engalfinharam", a ação praticada por Pedro recai em Paulo, não em Pedro; inversamente, a ação praticada por Paulo não recai em Paulo, mas em Pedro.

3.1.4 Conversão de vozes

Quando se faz a conversão de uma voz passiva analítica em passiva sintética, substitui-se o verbo auxiliar pelo pronome apassivador *se*, conservando-se o tempo e o modo do verbo auxiliar. É requisito fundamental, nesse caso, que o agente não esteja expresso:

> Eu quero que fulano me indique falcatruas. (voz ativa)
>
> Eu quero que falcatruas me sejam indicadas por fulano. (voz passiva analítica)
>
> Essa oração não pode ser transformada passiva sintética, porque o sujeito está expresso:
>
> Eu quero que se me indiquem falcatruas por fulano. (não se diz isso em português, não é mesmo?)

Além do pronome *se*, há algumas construções com valor de passiva sintética em que se usa o pronome *me* e *te*:

> Batizei-me na semana passada. (= fui batizado na semana passada)
>
> Tu te chamas Pedro (tu és chamado Pedro)
>
> Vacinamo-nos contra a febre amarela. (fomos vacinados contra a febre amarela)

Já vimos anteriormente que, para que haja flexão de voz, é necessário que indique ação (e que o sujeito seja expresso ou indeterminado). Assim, há alguns verbos que indicam passividade, mas não admitem voz passiva. Entre eles: *adoecer, durar, envelhecer, merecer, morrer, padecer, sofrer*. São verbos tidos como neutros, ou seja, não admitem flexão de voz (HAUY, 2015, p. 956).

Dependendo das necessidades do usuário da língua em determinados contextos e por motivos estilísticos, ele pode converter uma voz em outra.

Todavia, nem todos os verbos admitem conversão de voz, como os verbos impessoais e os de ligação, visto que os primeiros não têm sujeito e os segundos não têm ação (são verbos de estado). E há ainda verbos que indicam passividade; não indicam ação (por não admitirem flexão de voz são tidos como neutros), como: *sofrer, merecer, receber, ganhar*, o que impede que a voz verbal ativa seja convertida em passiva. Afirma Hauy (2015, p. 951): "Para haver *conversão* é preciso que o verbo, além de necessariamente *transitivo direto* ou *transitivo direto e indireto*, evidentemente flexione em voz, isto é, indique *ação* e tenha *sujeito* (expresso ou indeterminado).

Duas são as formas de passiva: uma sintética e outra analítica. Na sintética, temos o uso do pronome *se*; na analítica o verbo *ser* + um particípio. Ao fazer a conversão, o objeto direto da voz ativa se transforma em sujeito da passiva; o sujeito da voz ativa passa a agente da passiva e o verbo na voz passiva conserva o mesmo tempo e modo da ativa:

> Fulano leu o relatório. (voz ativa)
>
> Leu-se o relatório. (voz passiva sintética)
>
> O relatório foi lido por fulano. (voz passiva analítica)

Quando o sujeito da voz ativa é indeterminado, o agente da voz passiva também o será.

> Adicionaram-me ao pagamento as horas extras do mês anterior. (= voz ativa)
>
> Adicionaram-se-me ao pagamento as horas extras do mês anterior. (= passiva sintética)
>
> As horas extras do mês anterior foram adicionadas ao seu pagamento. (= passiva analítica)
>
> Ele entregou os documentos na secretaria. (voz ativa)
>
> Os documentos foram entregues na secretaria (voz passiva analítica)
>
> Entregaram-se os documentos na secretaria. (= voz passiva sintética)

A gramática tradicional não admite voz passiva com verbos transitivos indiretos, com exceção de alguns deles, como *obedecer, desobedecer, perdoar*:

> Fulana obedece à mãe.
>
> A mãe é obedecida por fulana.
>
> Ela é obedecida pela filha.

Um verbo intransitivo, como é, por exemplo, *proceder*, não admite o uso da voz passiva:

> Fulano procedeu à leitura do relatório. (voz ativa)
>
> A leitura do relatório foi procedida por fulano. (essa construção não é admitida pela gramática normativa)

Segundo Hauy (2015, p. 952), esse fato pode ser explicado pela mudança da transitividade verbal: *obedecer* e *desobedecer* eram tidos no passado como transitivos diretos. A autora cita exemplos de Pe. Vieira (século XVII). Para o verbo *perdoar*, cita exemplo de Machado de Assis, colhido em Sousa da Silveira: "Não sabia, mas queria ser perdoado" (*Quincas Borba*).

Há, ainda, outros verbos que, mesmo sendo transitivos diretos, não admitem a voz passiva, como *levar, sofrer* e *receber*. São verbos que já contêm passividade:

> Ela sofreu violência.
>
> O garoto levou uma surra.
>
> Ela recebeu o apoio da família.

Também o verbo *ter*, no sentido de possuir, não admite voz passiva:

> Ele tem um automóvel.
>
> O automóvel é tido por ele. (não se admite essa construção)

4 CLASSIFICAÇÃO DOS VERBOS QUANTO À CONJUGAÇÃO

Os verbos são flexionados em pessoa, número, tempo, modo e formal nominal. Todas essas categorias são caracterizadas por desinências verbais.

Três são as conjugações verbais em português: os verbos cuja vogal temática é *-a* são da primeira conjugação; aqueles cuja vogal temática é *-e* são da segunda e os que têm vogal *-i* na vogal temática são da terceira conjugação. Assim, temos: *amar, entender, partir*. O *-r* é desinência indicativa do infinitivo impessoal.

O verbo *pôr* pertence à segunda conjugação. Na sua origem latina, era *ponere*, cuja vogal temática é *-e*, que desapareceu em português, mas aparece em determinadas flexões do verbo, como *puse-ste, puse-ras, puse-sses puse-res* (SILVIO ELIA *In*: HAUY, 2015, p. 882).

Em relação à classificação verbal, temos: verbos auxiliares, regulares, irregulares, anômalos, defectivos, unipessoais e abundantes.

4.1 Verbo auxiliar e verbo principal

São chamados auxiliares os verbos que antecedem formas nominais, como infinitivo, gerúndio, particípio, para compor perífrases ou locuções verbais. Na voz **passiva analítica** e nos **tempos compostos**, as locuções verbais são formadas pelos verbos *ser, estar* (ou *ficar*), *ter* e *haver* + particípio do verbo principal: *sou examinado, tínhamos sido examinados* (notar a flexão em *examinados*). Na voz ativa, temos os tempos compostos com os auxiliares *ter* ou *haver* + particípio do verbo principal (invariável nesse caso): *temos examinado, havíamos examinado* (notar a não flexão de *examinado*). Hauy (2015, p. 883) explicita que nas passivas, as "locuções verbais são formadas com os auxiliares *ter* ou *haver* e *ser* (ou *estar* ou *ficar*), simultaneamente, seguidos do particípio do verbo principal em concordância com o sujeito a que se refere (tínhamos sido vacinados, havíamos sido arguidos)". Outros exemplos:

> Um bilhete foi anexa*do* às compras.
>
> Uma advertência foi anexa*da* no mural da empresa.
>
> Diante da situação, o diretor ficou encabula*do*.

> Diante da situação, a diretora ficou encabula*da*.
> Ela havia sido designa*da* representante da classe.
> Ele havia sido designa*do* representante da classe.

Verbo principal é o verbo que conserva na frase sua significação. É o verbo determinado pelo auxiliar, ou auxiliares; é apresentado em uma das formas nominais: infinitivo, particípio, gerúndio. Exemplos:

> A assistente de vendas deve contactar o cliente.
> Tinha cochilado de manhã.
> Esteve corrigindo as notas fiscais.

4.2 Verbos regulares

São assim denominados os verbos que são conjugados segundo um paradigma, ou seja, não se alteram nem no radical nem nas desinências. São exemplos: *amar, cantar, beber, vender, partir, dividir*. Outros exemplos: *entender, ficar, começar, viajar, pagar, aguar, apaziguar, mobiliar, voar, coar, apoiar, suar, bailar, pausar, peneirar, roubar, cuidar, saudar, enviuvar, arruinar, conhecer, eleger, erguer, distinguir, arguir, reunir, proibir*.

4.3 Verbos irregulares

São assim classificados os verbos que se afastam do paradigma conjugacional, ou seja, sofrem alguma alteração no radical, na desinência ou em ambos. São exemplos: *pedir* (*peço, pedes, pede*), *caber* (*caibo, cabes, couber*), *fazer* (*faço, fazes, faz, fizera*), *saber* (*sei, sabes, sabe, soube, sabia*), *trazer* (*trago, trazia, trouxe*). Outros exemplos: *recear, bloquear, mediar, ansiar, remediar, incendiar, odiar, benzer, cozer, prover, crer, ver, pôr, vir, ir, rir, cair, ouvir, possuir, cuspir, cobrir, consumir, prevenir, diferir, consentir, medir, construir, conduzir, engolir, tossir, divergir*.

4.4 Verbos anômalos

Perini (2016, p. 468) afirma que

> o que caracteriza um verbo irregular é mostrar mudanças no radical, que nos regulares é invariável. Assim, *partir* (regular) tem *parto, partes*, mas *cuspir* tem *cuspo, cospe*. Os sufixos, nesses verbos, são regulares.
>
> Há também um grupo relativamente pequeno de verbos que têm formas irregulares dos sufixos, diferentes das encontradas nos demais verbos. Um exemplo é *estar*, cujo presente do indicativo é *estou, está* (e não *esto, esta*, como seria de esperar; esses verbos se denominam *anômalos*. Os anômalos são em pequeno número, mas estão entre os mais frequentes da língua: *ser, ir, dar, estar, pôr, ter, vir* (*haver*) [uso

raro em português brasileiro; é substituído por *ter*]. *Fazer, querer, dizer* e *trazer* também têm sufixo especial na forma da 3ª pessoa do singular do presente do indicativo: *faz* (em vez de *faze*), *quer* (em vez de *quere*), *diz* (em vez de *dize*) e *traz* (em vez de *traze*), mas não são considerados anômalos. Os anômalos não são sujeitos a regra nenhuma, e precisam ser aprendidos um a um. [destaque em **bold** nosso]

Classificam-se, pois, como anômalos os verbos que mudam de radical, como: *ser* (*sou, és, é, era, fui, foi*) e *ir* (*vou, ia, fui, irei, vá, fosse, for*).

4.5 Verbos defectivos

São denominados defectivos os verbos que não dispõem de certas formas, ou seja, são verbos que não são conjugados em todas as pessoas, tempos e modo. São exemplos: *falir* (só é conjugável quando ao *l* do radical se segue a vogal *i*: *fulano faliu, a empresa X falira dois anos antes*. Outros exemplos: *precaver-se* (só é conjugável nas formas arrizotônicas: precavi, precavemos, precavia, precavera, precaverei, precaveria, precavesse). Não tem, portanto, as três pessoas do presente do indicativo (eu, tu, ele) nem a terceira do plural do presente do indicativo (eles). Também não tem todo o presente do subjuntivo. Em geral, por questão eufônica, faltam-lhe as formas rizotônicas (aquelas em que o acento cai na raiz). Segundo Perini (2016, p. 472),

> praticamente todos [os verbos defectivos] pertencem à 3ª conjugação (vogal pré--desinencial *i*) e podem ser descritos em dois grupos, saber:
>
> Primeiro, verbos que *não têm a primeira pessoa do singular do presente do indicativo* e, consequentemente, o *presente do subjuntivo*. Exemplos são *demolir, abolir, emergir*; os dicionários dão também *colorir,* embora se ouça com frequência *eu coloro*.
>
> Depois, verbos que *não têm nenhuma das formas em que o acento tônico cai sobre o radical*. Por exemplo, no presente do indicativo esses verbos têm apenas a 1ª pessoa do plural: *nós falimos*, mas não **se falta crédito a companhia fale*. Por efeito do quadro de derivações, esses verbos também não têm o presente do subjuntivo: **eles querem que a gente fala* (de *falir*). As outras formas ocorrem regularmente; *ele faliu, nós falimos, estamos em perigo de falir, se nós falíssemos* etc.
>
> Além desses grupos, pode-se acrescentar *crer,* que não ocorre no perfeito: *eu cri, *ele creu soam muito estranhos; as formas do imperfeito também não são muito comuns: *eu cria nessas ideias todas*.[1]

São defectivos:

grassar	ocorrer	suceder (= ocorrer)	embair
constar	prazer	viger	empedernir
doer	reaver	abolir	exaurir
feder	soer	banir	explodir
acontecer	precaver	colorir	extorquir
condoer	reaver	demolir	falir

---

[1] O uso de asterisco indica que a forma é inaceitável.

| florir | haurir | remir | ressequir |
| fremir | puir | ressarcir | retorquir |

4.6 Verbos impessoais e unipessoais

Impessoais são verbos que indicam fenômenos da natureza (fenômenos meteorológicos), bem como os que indicam tempo. Eles têm *apenas* a 3ª pessoa do singular. Os impessoais (os que não têm sujeito) são de dois tipos: essenciais (*nevar, anoitecer*) e acidentais (*haver, fazer* em sentido que não lhes é próprio: *há crianças no pátio; faz três semanas que não o vejo*).

Os verbos defectivos que só se conjugam na 3ª pessoa do singular são chamados de **unipessoais**. Os verbos unipessoais admitem 3ª pessoa do singular e 3ª pessoa do plural. Esse o caso dos verbos indicativos de vozes de animais: *a galinha cacareja, as galinhas cacarejam; o cão uiva, os cães uivam*. Também são unipessoais os que denotam ocorrência, necessidade ou sensação: *acontecer, aprazer, convir, cumprir, custar, doer, ocorrer, ser (é necessário, é preciso), sobrevir, suceder, urgir*. Exemplos: *a crítica não nos apraz; as críticas não nos aprazem; custa-me acreditar que não tenham vindo; convém não nos aborrecermos; é importante que as decisões sejam transparentes; dói-me a perna, doem-me as pernas; parece que todos foram ouvidos; urge tomar decisões, urgiam decisões sábias*.

4.7 Verbos abundantes

São considerados abundantes os verbos que têm duas ou mais formas equivalentes. Em geral, os verbos abundantes, além da forma participial regular em *-ado* (da 1ª conjugação) e *-ido* (da 2ª e 3ª conjugação), admitem outras formas: o verbo *aceitar*, por exemplo, admite *aceitado, aceito, aceite*. Há, no entanto, verbos que só admitem o particípio irregular: *dizer, dito; escrever, escrito; fazer, feito; ver, visto; pôr, posto; abrir, aberto; cobrir, coberto, vir, vindo* (e os verbos derivados desses verbos).

Também são considerados abundantes, porque têm mais de uma forma, os verbos: *ir (imos = vamos), haver (havemos = hemos, heis = haveis), querer (quere = quer), requerer (requere = requer), valer (val = vale), entupir (entupes = entopes, entupe = entope, entupem = entopem), desentupir (desentupes = desentopes, desentupe = desentope, desentupem = desentopem), construir (construis = constróis, construi = constrói, construem = constroem), dizer (dize = diz), traduzir (traduze = traduz), destruir (destruis = destróis), resfolegar (resfolgo = resfôlego), mobiliar (mobilio, mobilo = mobílio)*.

Verbos abundantes não se referem, pois, apenas a mais de um particípio.

Segundo Hauy (2015, p. 855), "com os auxiliares *ter* e *haver* [o particípio] forma os tempos compostos da voz ativa e com *ser, estar* e *ficar* os da voz passiva de ação, de estado e de mudança de estado: *é encontrado, estava arruinado, ficou prejudicado*. Na voz ativa o particípio não flexiona; na passiva concorda em gênero e número com o sujeito a que se refere": *tenho obtido a cooperação de todos; foi estabelecida uma norma geral; foram concedidos prêmios aos vencedores da corrida; ficam determinadas as correções a serem feitas*. Na página seguinte, a autora citada firma ainda: "As formas participiais regulares dos verbos abundantes empregam-se, também, em geral, com *ter* e *haver* (voz ativa) e as irregulares com *ser, estar* e *ficar*." Salienta, no entanto, que essa norma não é rigorosa, visto haver alguns particípios que são usados tanto com *ter* e *haver*, como com *ser, estar* e *ficar*: *temos rompido o contrato; foi rompido o contrato*. Além disso, há outros particípios que são empregados apenas como adjetivos: *absoluto, abstrato, aflito, atento, confuso, correto, corrupto, devoluto (de devolver), dissoluto, distinto, escuso (de esconder), exausto, insurreto, omisso, resoluto, roto, submisso, suspenso*. E, ainda, há formas participiais regulares que admitem tanto o verbo *ter*, como *ser*: *tenho corrigido, foi corrigido*. E há particípios irregulares que admitem tanto os auxiliares *ter* e *haver*, como *ser* e *estar*: *tendo aceito as promissórias, retirou-se; ao serem aceitas as promissórias, retirou-se*. Outros particípios que admitem as duas formas: *frito, eleito, morto, salvo*.

Em geral, no entanto, nos particípios abundantes a forma regular é empregada com os auxiliares *ter* e *haver* (tempos compostos); a irregular (forma contracta) é usada com os verbos *ser* e *estar* (voz passiva) e tem valor de adjetivo. Exemplos:

> Tinha imprimido muitos livros.
> Havia imprimido muitos livros.
> Foram impressos muitos livros.
> Estavam impressos muitos livros.

São exemplos de verbos abundantes:

absolver	aprontado	disperso	expelir
absolvido	pronto	distingui	expelido
absolto	assentar	distinguido	expulso
absorver	assentado	distinto	expressar
absorvido	assente	eleger	expressado
absorto	atender	elegido	expresso
aceitar	atendido	eleito	exprimir
aceitado	atento	emergir	exprimido
aceito	benzer	emergido	expresso
acender	benzido	emerso	expulsar
acendido	bento	encher	expulsado
aceso	defender	enchido	expulso
afetar	defendido	cheio	extinguir
afetado	defeso	entregar	extinguido
afeito	descalçar	entregado	extinto
afligir	descalçado	entregue	findar
afligido	descalço	envolver	findado
aflito	despertar	envolvido	findo
agradecer	despertado	envolto	fixar
agradecido	desperto	enxugar	fixado
grato	devolver	enxugado	fixo
anexar	devolvido	enxuto	frigir
anexado	devoluto	erigir	frigido
anexo	dispersar	erigido	frito
aprontar	dispersado	ereto	fritar

fritado	juntar	oculto	segurado
frito	juntado	omitir	seguro
ganhar	junto	omitido	sepultar
ganhado	libertar	omisso	sepultado
ganho	libertado	pagar	sepulto
gastar	liberto	pagado	soltar
gastado	limpar	pago	soltado
gasto	limpado	pegar	solto
imergir	limpo	pegado	submergir
imergido	manifestar	pego	submergido
imerso	manifestado	pender	submerso
imprimir	manifesto	pendido	sujeitar
imprimido	matar	penso	sujeitado
impresso	matado	prender	sujeito
incluir	morto	prendido	suprimir
incluído	misturar	preso	suprimido
incluso	misturado	romper	supresso
incorrer	misto	rompido	suspender
incorrido	morrer	roto	suspendido
incurso	morrido	salvar	suspenso
inserir	morto	salvado	tingir
inserido	murchar	salvo	tingido
inserto	murchado	secar	tinto
isentar	murcho	secado	vagar
isentado	ocultar	seco	vagado
isento	ocultado	segurar	vago

Alguns verbos só admitem a forma irregular. Entre eles, temos:

abrir	dizer	fazer	ver
aberto	dito	feito	visto
cobrir	escrever	pôr	vir
coberto	escrito	posto	vindo

5 LOCUÇÕES VERBAIS E PERÍFRASES VERBAIS

As locuções verbais são formadas por um ou mais de um verbo auxiliar + o particípio do verbo principal: *ser, estar, ficar, ter, haver*. *Ter* e *haver* entram na composição da voz ativa; *ser* e *estar* na formação da voz passiva.

Formam perífrases verbais os verbos *ter, haver, estar, ficar, ir, vir, andar, poder, começar* e outros que eventualmente funcionam como auxiliares:

> Tenho de escrever um relatório.
> Você haverá de conseguir passar de ano.
> Ele estava prestando vestibular pela primeira vez.

Esclarecendo a diferença entre **locução verbal** e **perífrase verbal**, Hauy (2015, p. 826) afirma que as perífrases são "formas verbais constituídas de um verbo auxiliar seguido de infinitivo ou gerúndio"; já as locuções verbais são formadas por um verbo auxiliar (*ser, estar, ter, haver*), seguido de particípio. Exemplo: *depois de ter dito uma palavra ofensiva, retirou-se; ele foi promovido a gerente*. Conclui: "Ambas as construções são sintática e semanticamente indecomponíveis."

Para Macambira (1987, p. 110), os componentes da locução verbal "constituem um todo indivisível, de tal modo que um só deles pode ser entendido como parte, seja sob o aspecto mórfico, seja sob o aspecto semântico". E acrescenta: "É pluralidade de forma e unidade de sentido. [...] Locução é síntese, e não soma, o que importa em dizer que *um* e *um* não são dois, mas apenas *um*, composto por dois elementos." Assim, em *havia feito*, há duas formas que significam *fizera*. Nesses casos, o verbo, "combinado com formas nominais de um verbo principal, constitui a conjugação composta deste, perdendo, com isso, o seu significado próprio" (CUNHA, 1975, p. 371). Ou seja, existem formas verbais que pedem o auxílio de outro verbo. Isto se dá por dois fatos: ou o verbo está na voz passiva, ou o tempo é composto. São quatro os principais verbos auxiliares: *ser, estar, ter, haver*. Como forma um todo semântico, recebe o nome de locução verbal:

> Tenho visto gerentes pouco lúcidos.

As perífrases verbais são formadas com auxiliar + gerúndio ou infinitivo acompanhado de preposição:

> Estou lendo o estatuto da empresa.
> Comecei a escrever o relatório administrativo.
> Tenho de (que) fazer o serviço.
> Estava para chegar.

6 CONJUGAÇÃO VERBAL

6.1 Conjugação dos verbos auxiliares *ser, estar, ter, haver*

INDICATIVO

Presente

Eu	sou	estou	tenho	hei
Tu	és	estás	tens	hás
Ele	é	está	tem	há
Nós	somos	estamos	temos	havemos
Vós	sois	estais	tendes	haveis
Eles	são	estão	têm	hão

Pretérito imperfeito

Eu	era	estava	tinha	havia
Tu	eras	estavas	tinhas	havias
Ele	era	estava	tinha	havia
Nós	éramos	estávamos	tínhamos	havíamos
Vós	éreis	estáveis	tínheis	havíeis
Eles	eram	estavam	tinham	haviam

Pretérito perfeito

Eu	fui	estive	tive	houve
Tu	foste	estiveste	tiveste	houveste
Ele	foi	esteve	teve	houve
Nós	fomos	estivemos	tivemos	houvemos
Vós	fostes	estivestes	tivestes	houvestes
Eles	foram	estiveram	tiveram	houveram

Pretérito mais-que-perfeito

Eu	fora	estivera	tivera	houvera
Tu	foras	estiveras	tiveras	houveras
Ele	fora	estivera	tivera	houvera
Nós	fôramos	estivéramos	tivéramos	houvéramos
Vós	fôreis	estivéreis	tivéreis	houvéreis
Eles	foram	estiveram	tiveram	houveram

Futuro do presente simples

Eu	serei	estarei	terei	haverei
Tu	serás	estarás	terás	haverás
Ele	será	estará	terá	haverá
Nós	seremos	estaremos	teremos	haveremos
Vós	sereis	estareis	tereis	havereis
Eles	serão	estarão	terão	haverão

Futuro do pretérito simples

Eu	seria	estaria	teria	haveria
Tu	serias	estarias	terias	haverias
Ele	seria	estaria	teria	haveria
Nós	seríamos	estaríamos	teríamos	haveríamos
Vós	seríeis	estaríeis	teríeis	haveríeis
Eles	seriam	estariam	teriam	haveriam

SUBJUNTIVO
Presente

Que eu	seja	esteja	tenha	haja
Que tu	sejas	estejas	tenhas	hajas
Que ele	seja	esteja	tenha	haja
Que nós	sejamos	estejamos	tenhamos	hajamos
Que vós	sejais	estejais	tenhais	hajais
Que eles	sejam	estejam	tenham	hajam

Pretérito imperfeito

Se eu	fosse	estivesse	tivesse	houvesse
Se tu	fosses	estivesses	tivesses	houvesses
Se ele	fosse	estivesse	tivesse	houvesse
Se nós	fôssemos	estivéssemos	tivéssemos	houvéssemos
Se vós	fôsseis	estivésseis	tivésseis	houvésseis
Se eles	fossem	estivessem	tivessem	houvessem

Futuro do presente simples

Quando eu	for	estiver	tiver	houver
Quando tu	fores	estiveres	tiveres	houveres
Quando ele	for	estiver	tiver	houver
Quando nós	formos	estivermos	tivermos	houvermos
Quando vós	fordes	estiverdes	tiverdes	houverdes
Quando eles	forem	estiverem	tiverem	houverem

IMPERATIVO
Imperativo afirmativo

–	–	–	–	
Sê	está tu	tem tu	há tu	
Seja você	esteja você	tenha você	haja você	
Sejamos nós	estejamos nós	tenhamos nós	hajamos nós	
Sede vós	estai vós	tende vós	havei vós	
Sejam vocês	estejam vocês	tenham vocês	hajam vocês	

Imperativo negativo

–	–	–	–	
Não sejas tu	não estejas tu	não tenhas tu	não hajas tu	
Não seja você	não esteja você	não tenha você	não haja você	
Não sejamos nós	não estejamos nós	não tenhamos nós	não hajamos nós	
Não sejais vós	não estejais vós	não tenhais vós	não hajais vós	
Não sejam vocês	não estejam vocês	não tenham vocês	não hajam vocês	

FORMAS NOMINAIS

Infinitivo impessoal

Ser	estar	ter	haver

Infinitivo pessoal

Ser eu	estar	ter	haver
Seres tu	estares	teres	haveres
Ser ele	estar	ter	haver
Sermos nós	estarmos	termos	havermos
Serdes vós	estardes	terdes	haverdes
Serem eles	estarem	terem	haverem

Gerúndio

Sendo	estando	tendo	havendo

Particípio

Sido	estado	tido	havido

6.2 Conjugação de verbos regulares

Os verbos regulares apresentam, em sua conjugação, sempre as mesmas desinências do modelo. Sua flexão se dá segundo um modelo da conjugação. Recebe o nome de paradigma o conjunto dessas formas estabelecidas no modelo. Assim, é regular o verbo que se conjuga conforme o paradigma. Não ocorre alteração no radical e apresenta as desinências do modelo de sua conjugação. Por exemplo, usam-se em seguida os verbos *comprar, vender* e *partir* como paradigmas (ou modelos), respectivamente, para a 1ª, 2ª e 3ª conjugações.

6.2.1 Verbos regulares da 1ª conjugação

São verbos regulares da 1ª conjugação

Aguar	Bailar	Enviuvar	Peneirar
Amar	Coar	Europeizar	Roubar
Amoitar	Começar	Ficar	Saudar
Apaziguar	Comprar	Mobiliar	Suar
Apoiar	Cuidar	Obliquar	Viajar
Apropinquar	Endeusar	Pagar	Voar
Arruinar	Enraizar	Pausar	

Conjugação do verbo *amar*

INDICATIVO

Presente	*Pretérito imperfeito*	*Pretérito perfeito*
amo	amava	amei
amas	amavas	amaste
ama	amava	amou
amamos	amávamos	amamos
amais	amáveis	amastes
amam	amavam	amaram

Pretérito mais-que-perfeito	*Futuro do presente*	*Futuro do pretérito*
amaras	amarei	amaria
amara	amarás	amarias
amara	amará	amaria
amáramos	amaremos	amaríamos
amáreis	amareis	amaríeis
amaram	amarão	amariam

SUBJUNTIVO

Presente	*Pretérito imperfeito*	*Futuro*
ame	amasse	amar
ames	amasses	amares
ame	amasse	amar
amemos	amássemos	amarmos
ameis	amásseis	amardes
amem	amassem	amarem

IMPERATIVO

Imperativo afirmativo	*Imperativo negativo*
–	–
Ama tu	não ame tu
Ame você	não ame você
Amemos nós	não amemos nós
Amai vós	não ameis vós
Amem vocês	não amem vocês

FORMAS NOMINAIS

Infinitivo impessoal	*Infinitivo pessoal*	*Gerúndio*
amar	amar	amando
	amares	
	amar	*Particípio*
	amarmos	amado
	amardes	
	amarem	

Conjugação dos verbos *comprar*, *vender* **e** *partir*

INDICATIVO

Presente

Eu compr-o	Eu vend-o	Eu part-o
Tu compr-as	Tu vend-es	Tu part-es
Ele compr-a	Ele vend-e	Ele part-e
Nós compr-amos	Nós vend-emos	Nós part-imos
Vós compr-ais	Vós vend-eis	Vós part-is
Eles compr-am	Eles vend-em	Eles part-em

Pretérito imperfeito

Eu compr-ava	Eu vend-ia	Eu part-ia
Tu compr-avas	Tu vend-ias	Tu part-ias
Ele compr-ava	Ele vend-ia	Ele part-ia
Nós compr-ávamos	Nós vend-íamos	Nós part-íamos
Vós compr-áveis	Vós vend-íeis	Vós part-íeis
Eles compr-avam	Eles vend-iam	Eles part-iam

Pretérito perfeito

Eu compr-ei	Eu vend-i	Eu part-i
Tu compr-aste	Tu vend-este	Tu part-iste
Ele compr-ou	Ele vend-eu	Ele part-iu
Nós compr-amos	Nós vend-emos	Nós part-imos
Vós compr-astes	Vós vend-estes	Vós part-istes
Eles compr-aram	Eles vend-eram	Eles part-iram

Pretérito perfeito composto

Eu tenho compr-ado	Eu tenho vend-ido	Eu tenho part-ido
Tu tens compr-ado	Tu tens vend-ido	Tu tens part-ido
Ele tem compr-ado	Ele tem vend-ido	Ele tem part-ido
Nós temos compr-ado	Nós temos vend-ido	Nós temos part-ido
Vós tendes compr-ado	Vós tendes vend-ido	Vós tendes part-ido
Eles têm compr-ado	Eles têm vend-ido	Eles têm part-ido

Pretérito mais-que-perfeito

Eu compr-ara	Eu vend-era	Eu part-ira
Tu compr-aras	Tu vend-eras	Tu part-iras
Ele compr-ara	Ele vend-era	Ele part-ira
Nós compr-áramos	Nós vend-êramos	Nós part-íramos
Vós compr-áreis	Vós vend-êreis	Vós part-íreis
Eles compr-aram	Eles vend-eram	Eles part-iram

Pretérito mais-que-perfeito composto

Eu tinha compr-ado	Eu tinha vend-ido	Eu tinha part-ido
Tu tinhas compr-ado	Tu tinhas vend-ido	Tu tinhas part-ido
Ele tinha compr-ado	Ele tinha vend-ido	Ele tinha part-ido
Nós tínhamos compr-ado	Nós tínhamos vend-ido	Nós tínhamos part-ido
Vós tínheis compr-ado	Vós tínheis vend-ido	Vós tínheis part-ido
Eles tinham compr-ado	Eles tinham vend-ido	Eles tinham part-ido

Futuro do presente

Eu compr-arei	Eu vend-erei	Eu part-irei
Tu compr-arás	Tu vend-erás	Tu part-irás
Ele compr-ará	Ele vend-erá	Ele part-irá
Nós compr-aremos	Nós vend-eremos	Nós part-iremos
Vós compr-areis	Vós vend-ereis	Vós part-ireis
Eles compr-arão	Eles vend-erão	Eles part-irão

Futuro do presente composto

Eu terei compr-ado	Eu terei vend-ido	Eu terei part-ido
Tu terás compr-ado	Tu terás vend-ido	Tu terás part-ido
Ele terá compr-ado	Ele terá vend-ido	Ele terá part-ido
Nós teremos compr-ado	Nós teremos vend-ido	Nós teremos part-ido
Vós tereis compr-ado	Vós tereis vend-ido	Vós tereis part-ido
Eles terão compr-ado	Eles terão vend-ido	Eles terão part-ido

Futuro do pretérito

Eu compr-aria	Eu vend-eria	Eu part-iria
Tu compr-arias	Tu vend-erias	Tu part-irias
Ele compr-aria	Ele vend-eria	Ele part-iria
Nós compr-aríamos	Nós vend-eríamos	Nós part-iríamos
Vós compr-aríeis	Vós vend-eríeis	Vós part-iríeis
Eles compr-ariam	Eles vend-eriam	Eles part-iriam

Futuro do pretérito composto

Eu teria compr-ado	Eu teria vend-ido	Eu teria part-ido
Tu terias compr-ado	Tu terias vend-ido	Tu terias part-ido
Ele teria compr-ado	Ele teria vend-ido	Ele teria part-ido
Nós teríamos compr-ado	Nós teríamos vend-ido	Nós teríamos part-ido
Vós teríeis compr-ado	Vós teríeis vend-ido	Vós teríeis part-ido
Eles teriam compr-ado	Eles teriam vend-ido	Eles teriam part-ido

SUBJUNTIVO
Presente

Que eu compr-e	Que eu vend-a	Que eu part-a
Que tu compr-es	Que tu vend-as	Que tu part-as
Que ele compr-e	Que ele vend-a	Que ele part-a
Que nós compr-emos	Que nós vend-amos	Que nós part-amos
Que vós compr-ais	Que vós vend-ais	Que vós part-ais
Que eles compr-em	Que eles vend-am	Que eles part-am

Pretérito imperfeito

Se eu compr-asse	Se eu vend-esse	Se eu part-isse
Se tu compr-asses	Se tu vend-esses	Se tu part-isses
Se ele compr-asse	Se ele vend-esse	Se ele part-isse
Se nós compr-ássemos	Se nós vend-êssemos	Se nós part-íssemos
Se vós compr-ásseis	Se vós vend-êsseis	Se vós part-ísseis
Se eles compr-assem	Se eles vend-essem	Se eles part-issem

Futuro

Quando eu compr-ar	Quando eu vend-er	Quando eu part-ir
Quando tu compr-ares	Quando tu vend-eres	Quando tu part-ires
Quando ele compr-ar	Quando ele vend-er	Quando ele part-ir
Quando nós compr-armos	Quando nós vend-ermos	Quando nós part-irmos
Quando vós compr-ardes	Quando vós vend-erdes	Quando vós part-irdes
Quando eles compr-arem	Quando eles vend-erem	Quando eles part-irem

Pretérito perfeito composto

Que eu tenha compr-ado	Que eu tenha vend-ido	Que eu tenha part-ido
Que tu tenhas compr-ado	Que tu tenhas vend-ido	Que tu tenhas part-ido
Que ele tenha compr-ado	Que ele tenha vend-ido	Que ele tenha part-ido
Que nós tenhamos compr-ado	Que nós tenhamos vend-ido	Que nós tenhamos part-ido
Que vós tenhais compr-ado	Que vós tenhais vend-ido	Que vós tenhais part-ido
Que eles tenham compr-ado	Que eles tenham vend-ido	Que eles tenham part-ido

Pretérito mais-que-perfeito composto

Se eu tivesse compr-ado	Se eu tivesse vend-ido	Se eu tivesse part-ido
Se tu tivesses compr-ado	Se tu tivesses vend-ido	Se tu tivesses part-ido
Se ele tivesse compr-ado	Se ele tivesse vend-ido	Se ele tivesse part-ido
Se nós tivéssemos compr-ado	Se nós tivéssemos vend-ido	Se nós tivéssemos part-ido
Se vós tivésseis compr-ado	Se vós tivésseis vend-ido	Se vós tivésseis part-ido
Se eles tivessem compr-ado	Se eles tivessem vend-ido	Se eles tivessem part-ido

Futuro composto

Quando eu tiver compr-ado	Quando eu tiver vend-ido	Quando eu tiver part-ido
Quando tu tiveres compr-ado	Quando tu tiveres vend-ido	Quando tu tiveres part-ido
Quando ele tiver compr-ado	Quando ele tiver vend-ido	Quando ele tiver part-ido
Quando nós tivermos compr-ado	Quando nós tivermos vend-ido	Quando nós tivermos part-ido
Quando vós tiverdes compr-ado	Quando vós tiverdes vend-ido	Quando vós tiverdes part-ido
Quando eles tiverem compr-ado	Quando eles tiverem vend-ido	Quando eles tiverem part-ido

IMPERATIVO
Imperativo afirmativo

–	–	–
Compr-a tu	Vend-e tu	Part-e tu
Compr-e você	Vend-a você	Part-a você
Compr-emos nós	Vend-amos nós	Part-amos nós
Compr-ai vós	Vend-ei vós	Part-i vós
Compr-em vocês	Vend-am vocês	Part-am vocês

Imperativo negativo

–	–	–
Não compr-es tu	Não vend-as tu	Não part-as tu
Não compr-e você	Não vend-a você	Não part-a você
Não compr-emos nós	Não vend-amos nós	Não part-amos nós
Não compr-eis vós	Não vend-ais vós	Não part-ais vós
Não compr-em vocês	Não vend-am vocês	Não part-am vocês

FORMAS NOMINAIS
Infinitivo impessoal

Compr-ar	Vend-er	Part-ir

Infinitivo impessoal composto

Ter compr-ado	Ter vend-ido	Ter part-ido

Infinitivo pessoal

Compr-ar	Vend-er	Part-ir
Compr-ares	Vend-eres	Part-ires
Compr-ar	Vend-er	Part-ir
Compr-armos	Vend-ermos	Part-irmos
Compr-ardes	Vend-erdes	Part-irdes
Compr-arem	Vend-erem	Part-irem

Conjugação do verbo *ficar*

INDICATIVO

	Presente	*Pretérito imperfeito*	*Pretérito* perfeito
Eu	fico	ficava	fiquei
Tu	ficas	ficavas	ficaste
Ele	fica	ficava	ficou
Nós	ficamos	ficávamos	ficamos
Vós	ficais	ficáveis	ficastes
Eles	ficam	ficavam	ficaram

	Pretérito mais-que-perfeito	*Futuro do presente*	*Futuro do pretérito*
Eu	ficara	ficarei	ficaria
Tu	ficaras	ficarás	ficarias
Ele	ficara	ficará	ficaria
Nós	ficáramos	ficaremos	ficaríamos
Vós	ficáreis	ficareis	ficaríeis
Eles	ficaram	ficarão	ficariam

SUBJUNTIVO

Presente		*Pretérito imperfeito*	*Futuro*
Que eu	fique	Se eu ficasse	Quando eu ficar
Que tu	fiques	Se tu ficasses	Quando tu ficares
Que ele	fique	Se você (ele) ficasse	Quando você (ele) ficar
Que nós	fiquemos	Se nós ficássemos	Quando nós ficarmos
Que vós	fiqueis	Se vós ficásseis	Quando vós ficardes
Que eles	fiquem	Se vocês (eles) ficassem	Quando vocês (eles) ficarem

IMPERATIVO

Imperativo afirmativo	Imperativo negativo
–	–
Fica tu	não fique tu
Fique você (ele)	não fique você (ele)
Fiquemos nós	não fiquemos nós
Ficai vós	não fiqueis vós
Fiquem vocês (eles)	não fiquem vocês (eles)

FORMAS NOMINAIS

Infinitivo impessoal	Infinitivo pessoal	Gerúndio
Ficar	ficar	ficando
	ficares	
	ficar	*Particípio*
	ficarmos	ficado
	ficardes	
	ficarem	

6.2.2 Verbos regulares da 2ª conjugação

São verbos regulares da 2ª conjugação:

Beber	Desentender	Ferver	Recorrer
Comer	Eleger	Lamber	Sorver
Compreender	Entender	Mexer	Tender
Conhecer	Erguer	Percorrer	Volver

Conjugação do verbo *beber*

INDICATIVO

Presente	Pretérito imperfeito	Pretérito perfeito
Beb-o	beb-ia	beb-i
Beb-es	beb-ias	beb-este
Beb-e	beb-ia	beb-eu
Beb-emos	beb-íamos	beb-emos
Beb-eis	beb-íeis	beb-estes
Beb-em	beb-iam	beb-eram

Pretérito mais-que-perfeito	*Futuro do presente*	*Futuro do pretérito*
Beb-era	beb-erei	beb-eria
Beb-eras	beb-erás	beb-erias
Beb-era	beb-erá	beb-eria
Beb-êramos	beb-eremos	beb-eríamos
Beb-êreis	beb-ereis	beb-eríeis
Beb-eram	beb-erão	beb-eriam

SUBJUNTIVO

Presente	*Pretérito imperfeito*	*Futuro*
Que eu beb-a	se eu beb-esse	quando eu beb-er
Que tu beb-as	se tu beb-esses	quando tu beb-eres
Que você beb-a	se você beb-esse	quando você (ele) beb-er
Que nós beb-amos	se nós beb-êssemos	quando nós beb-ermos
Que vós beb-ais	se vós beb-êsseis	quando vós beb-erdes
Que vocês beb-am	se vocês beb-essem	quando vocês (eles) beb-erem

IMPERATIVO

Imperativo afirmativo	*Imperativo negativo*
–	–
Beb-e tu	não beb-as tu
Beb-a você	não beb-a você
Beb-amos nós	não beb-amos nós
Beb-ei vós	não beb-ais vós
Beb-am vocês	não beb-am vocês

FORMAS NOMINAIS

Infinitivo impessoal	*Infinitivo pessoal*	*Gerúndio*
Beber	beb-er	beb-endo
	beb-eres	
	beb-er	*Particípio*
	beb-ermos	Beb-ido
	beb-erdes	
	beb-erem	

Conjugação do verbo *conhecer*

INDICATIVO

Presente	*Pretérito imperfeito*	*Pretérito perfeito*
Conheço	conhecia	conheci
Conheces	conhecias	conheceste
Conhece	conhecia	conheceu
Conhecemos	conhecíamos	conhecemos
Conheceis	conhecíeis	conhecestes
Conhecem	conheciam	conheceram

Pretérito mais-que-perfeito	*Futuro do presente*	*Futuro do pretérito*
Conhecera	conhecerei	conheceria
Conheceras	conhecerás	conhecerias
Conhecera	conhecerá	conheceria
Conhecêramos	conheceremos	conheceríamos
Conhecêreis	conhecereis	conheceríeis
Conheceram	conhecerão	conheceriam

SUBJUNTIVO

Presente	*Pretérito imperfeito*	*Futuro*
Que eu conheça	se eu conhecesse	quando eu conhecer
Que tu conheças	se tu conhecesses	quando tu conheceres
Que você (ele) conheça	se você conhecesse	quando você (ele) conhecer
Que nós conheçamos	se nós conhecêssemos	quando nós conhecermos
Que vós conheçais	se vós conhecêsseis	quando vós conhecerdes
Que vocês (eles) conheçam	se vocês (eles) conhecessem	quando vocês (eles) conhecerem

IMPERATIVO

Imperativo afirmativo	*Imperativo negativo*
–	–
Conhece tu	não conheças tu
Conheça você (ele)	não conheça você (ele)
Conheçamos nós	não conheçamos nós
Conhecei vós	não conheçais vós
Conheçam vocês (eles)	não conheçam vocês (eles)

FORMAS NOMINAIS

Infinitivo impessoal	*Infinitivo pessoal*	*Gerúndio*
Conhecer	conhecer	conhecendo
	conheceres	
	conhecer	*Particípio*
	conhecermos	conhecido
	conhecerdes	
	conhecerem	

6.2.3 Verbos regulares da 3ª conjugação

São verbos regulares da 3ª conjugação:

Arguir	Distinguir	Proibir
Dirigir	Dividir	Reunir

Conjugação do verbo *arguir*

INDICATIVO

Presente	*Pretérito imperfeito*	*Pretérito perfeito*
Arguo	arguía	arguí
Arguis	arguías	arguíste
Argui	arguía	arguiu
Arguímos	arguíamos	arguímos
Arguís	arguíeis	arguístes
Arguem	arguíam	arguíram

Pretérito mais-que-perfeito	*Futuro do presente*	*Futuro do pretérito*
Arguíra	arguirei	arguiria
Arguíras	arguirás	arguirias
Arguíra	arguirá	arguiria
Arguíramos	arguiremos	arguiríamos
Arguíreis	arguireis	arguiríeis
Arguíram	arguirão	arguiriam

SUBJUNTIVO

Presente	*Pretérito imperfeito*	*Futuro*
Que eu argua	se eu arguísse	quando eu arguir
Que tu arguas	se tu arguísses	quando tu arguíres
Que ele argua	se ele arguísse	quando ele arguir
Que nós arguamos	se nós arguíssemos	quando nós arguirmos
Que vós arguais	se vós arguísseis	quando vós arguirdes
Que eles arguam	se vocês arguíssem	quando eles arguírem

IMPERATIVO

Imperativo afirmativo	Imperativo negativo
–	–
Argui tu	não arguas tu
Argua você (ele)	não argua você (ele)
Arguamos nós	não arguamos nós
Arguí vós	não arguais vós
Arguam vocês (eles)	não arguam

FORMAS NOMINAIS

Infinitivo impessoal	Infinitivo pessoal	Gerúndio
Arguir	arguir	arguindo
	arguíres	
	arguir	*Particípio*
	arguirmos	arguído
	arguirdes	
	arguírem	

Conjugação do verbo *dirigir*

INDICATIVO

Presente	Pretérito imperfeito	Pretérito perfeito
Dirij-o	dirig-ia	dirig-i
Dirig-es	dirig-ias	dirig-iste
Dirig-e	dirig-ia	dirig-iu
Dirig-imos	dirig-íamos	dirig-imos
Dirig-is	dirig-íeis	dirig-istes
Dirig-em	dirig-iam	dirig-iaram

Pretérito mais-que-perfeito	Futuro do presente	Futuro do pretérito
Dirig-ira	dirig-irei	dirg-iria
Dirig-iras	dirig-irás	dirig-irias
Dirig-ira	dirig-irá	dirig-iria
Dirig-íramos	dirig-iremos	dirig-iríamos
Dirig-íreis	dirig-ireis	dirig-iríeis
Dirig-iram	dirig-irão	dirig-iriam

SUBJUNTIVO

Presente	Pretérito imperfeito	Futuro
Que eu dirij-a	se eu dirig-isse	quando eu dirig-ir
Que tu dirij-as	se tu dirig-isses	quando tu dirig-ires
Que ele dirij-a	se ele dirig-isse	quando ele dirig-ir
Que nós dirij-amos	se nós dirig-íssemos	quando nós dirig-irmos
Que vós dirij-ais	se vós dirig-ísseis	quando vós dirig-irdes
Que eles dirij-am	se vocês dirig-issem	quando eles dirig-irem

IMPERATIVO

Imperativo afirmativo	Imperativo negativo
–	–
Dirig-e tu	não dirij-as tu
Dirij-a você	não dirij-a você
Dirij-amos nós	não dirij-amos nós
Dirig-i vós	não dirij-ais vós
Dirij-am vocês	não dirij-am

FORMAS NOMINAIS

Infinitivo impessoal	Infinitivo pessoal	Gerúndio
Dirigir	dirig-ir	dirig-indo
	dirig-ires	
	dirig-ir	**Particípio**
	dirig-irmos	dirig-ido
	dirig-irdes	
	dirig-irem	

6.2.4 Conjugação de verbos em -ar

O verbo *saudar* recebe acento agudo nas formas rizotônicas:

INDICATIVO

Presente	Pretérito imperfeito	Pretérito perfeito
Saúdo	saudava	saudei
Saúdas	saudavas	saudaste
Saúda	saudava	saudou
Saudamos	saudávamoss	audamos
Saudais	saudáveis	saudastes
Saúdam	saudavam	saudaram

SUBJUNTIVO

Presente	Pretérito imperfeito	Futuro do subjuntivo
Saúde	saudasse	saudar
Saúdes	saudasses	saudares
Saúde	saudasse	saudar
Saudemos	saudássemos	saudarmos
Saudei	saudásseis	saudardes
Saúdem	saudassems	audarem

6.2.5 Conjugação de verbos em -iar

Os verbos em *iar* são em geral regulares: *copiar, abreviar, adiar, alumiar, apreciar, associar, extasiar, mobiliar* (mobilhar, mobilar), *variar*.

O verbo *mobiliar* é assim conjugado no presente do indicativo e no presente do subjuntivo:

Mobílio	que eu mobílie
Mobílias	que tu mobílies
Mobília	que você (ele) mobílie
Mobiliamos	que nós mobiliemos
Mobiliais	que vós mobilieis
Mobíliam	que vocês (eles) mobíliem

Algumas pessoas do presente do indicativo e do subjuntivo recebem o acento tônico em bi.

6.2.6 Conjugação de verbos em -uar

Os verbos *aguar, apaniguar, apaziguar, apropinquar, averiguar, desaguar, enxaguar, obliquar* podem ser conjugados de duas formas:

Averiguo	Averíguo
Averiguas	Averíguas
Averigua	Averígua
Averiguamos	Averiguamos[1]
Averiguais	Averiguais[1]
Averiguam	Averíguam

Nas formas à esquerda, exceto a primeira e a segunda pessoa do plural, pronuncia-se como se houvesse acento em *gú*.

Averigue	Averígue
Averigues	Averígues
Averigue	Averígue
Averiguemos[1]	Averiguemos[2]
Averigueis[1]	Averigueis[1]
Averiguem	Averíguem

Nas formas à esquerda, exceto a primeira e a segunda pessoa do plural, pronuncia-se como se houvesse acento em *gú*.

O verbo *aguar* admite tanto *eu aguo* quanto *eu águo, tu aguas*, ou *tu águas, ele água*, ou *agua, aguamos, aguais, aguam*, ou *águam*. Da mesma forma são conjugáveis: *desaguar, enxaguar, minguar*. Já os verbos *apaziguar* e *averiguar* só admitem *u* tônico: *apaziguo, apaziguas, apazigua, apaziguamos, apaziguais, apaziguam*.

Enxaguo	Enxáguo
Enxaguas	Enxáguas
Enxagua	Enxáguas
Enxaguamos	Enxaguamos
Enxaguais	Enxaguais
Enxaguem	Enxáguam

Nas formas à esquerda, exceto a primeira e a segunda pessoa do plural, pronuncia-se como se houvesse acento em *gú*.

Enxague	Enxágue
Enxagues	Enxágues
Enxague	Enxágue
Enxaguamos	Enxaguamos
Enxagueis	Enxagueis
Enxaguem	Enxáguem

Nas formas à esquerda, exceto a primeira e a segunda pessoa do plural, pronuncia-se como se houvesse acento em *gú*.

6.2.7 Conjugação dos verbos *arguir, redarguir, delinquir*

Os verbos *arguir* (regular) e *redarguir* (regular) prescindem (dispensam) do acento agudo na vogal tónica/tônica grafada *u* nas formas rizotónicas/rizotônicas:

---

2 A primeira pessoa do plural e a segunda do plural não sofreram alteração, pois são arrizotônicas.

Arguo	Argua
Arguis	Arguas
Argui	Argua
Arguímos	Arguamos
(com acento porque a sílaba tônica não pertence ao radical)	
Arguís	Arguais
(com acento porque a sílaba tônica não pertence ao radical)	
Arguem	Arguam

Para o verbo *delinquir* procede-se da mesma forma:

Delinquo	Delínquo
Delinques	Delínques
Delinque	Delínque
Delinquimos	Delinquimos
Delinquis	Delinquis
Delinquem	Delínquem

Nas formas à esquerda, exceto a primeira e a segunda pessoa do plural, pronuncia-se como se houvesse acento em *qú*.

Delinqua	Delínqua
Delinquas	Delínquas
Delinqua	Delínqua
Delinquamos	Delinquamos
Delinquais	Delinquais
Delinquam	Delínquam

Nas formas à esquerda, exceto a primeira e a segunda pessoa do plural, pronuncia-se como se houvesse acento em *qú*.

O verbo *delinquir* já não é tido como defectivo. Passa, portanto, a ter todas as pessoas.[3]

---

[3] Os verbos *atingir, cingir, constringir, infringir, tingir* são regulares: *atinjo, atinges, atinge, atingimos, atingis, atingem; atinja, atinjas, atinja, atinjamos, atinjais, atinjam*. Os verbos *distinguir, extinguir* e outros terminados em *inguir* são grafados de forma regular: *distingo, distingues, distingue, distinguimos, distinguis, distinguem, distinga, distingas, distinga, distingamos, distingais, distingam*.

6.3 Conjugação de verbos irregulares

Verbo irregular é um tipo de verbo que não se conjuga pelo paradigma de sua conjugação. Ou seja, nela ocorrem formas flexionais que não são consideradas modelares. Há então alterações no radical ou nas desinências.

Há formas verbais em que o acento tônico incide sobre o radical (**formas rizotônicas**), e outras (**formas arrizotônicas**) em que o acento recai sobre a terminação. São rizotônicas a 1ª, a 2ª e a 3ª pessoas do singular e a 3ª pessoa do plural do presente do indicativo e do presente do subjuntivo; consequentemente, as demais formas são chamadas arrizotônicas. As irregularidades são encontradas particularmente nas formas rizotônicas.

Verbos em que a grafia se altera apenas por necessidade de ajuste prosódico não são considerados irregulares. Nesse caso, verbos como *ficar* → *fiquei; indicar* → *indiquei; pegar* → *peguei* etc. não são verbos irregulares, mas regulares.

6.3.1 Verbos irregulares da 1ª conjugação

São verbos irregulares da 1ª conjugação:

Ansiar	Incendiar	Passear	Resfolegar
Bloquear	Mediar	Recear	
Dar	Odiar	Remediar	

Conjugação do verbo *dar*

INDICATIVO

Presente	*Pretérito imperfeito*	*Pretérito perfeito*
Dou	Dava	Dei
Dás	Davas	Destes
Dá	Dava	Deu
Damos	Dávamos	Demos
Dais	Dáveis	Destes
Dão	Davam	Deram

Pretérito mais-que-perfeito	*Futuro do presente*	*Futuro do pretérito*
Dera	Darei	Daria
Deras	Darás	Darias
Dera	Dará	Daria
Déramos	Daremos	Daríamos
Déreis	Dareis	Daríeis
Deram	Darão	Dariam

SUBJUNTIVO

Presente	Pretérito imperfeito	Futuro
Dê	Desse	Der
Dês	Desses	Deres
Dê	Desse	Der
Demos	Déssemos	Dermos
Deis	Désseis	Derdes
Deem	Dessem	Derem

IMPERATIVO

Imperativo afirmativo	Imperativo negativo
–	–
Dá tu	Não dês tu
Dê você	Não dê você
Demos nós	Não demos nós
Dai vós	Não deis vós
Deem vocês	Não deem vocês

FORMAS NOMINAIS

Infinitivo impessoal	Infinitivo pessoal	Gerúndio
Dar	Dar	Dando
	Dares	
	Dar	*Particípio*
	Darmos	Dado
	Dardes	
	Darem	

6.3.2 Verbos irregulares da 2ª conjugação

São verbos irregulares da 2ª conjugação:

Caber	Haver	Pôr	Trazer
Crer	Perder	Prover	Valer
Dizer	Poder	Requerer	Ver
Fazer	Querer	Saber	Ler

Conjugação do verbo *caber*

INDICATIVO

Presente	*Pretérito imperfeito*	*Pretérito perfeito*
Caibo	Cabia	Coube
Cabes	Cabias	Coubeste
Cabe	Cabia	Coube
Cabemos	Cabíamos	Coubemos
Cabeis	Cabíeis	Coubestes
Cabem	Cabiam	Couberam

Pretérito mais-que-perfeito	*Futuro do presente*	*Futuro do pretérito*
Coubera	Caberei	Caberia
Couberas	Caberás	Caberias
Coubera	Caberá	Caberia
Coubéramos	Caberemos	Caberíamos
Coubéreis	Cabereis	Caberíeis
Couberam	Caberão	Caberiam

SUBJUNTIVO

Presente	*Pretérito imperfeito*	*Futuro*
Caiba	Coubesse	Couber
Caibas	Coubesses	Couberes
Caiba	Coubesse	Couber
Caibamos	Coubéssemos	Coubermos
Caibais	Coubésseis	Couberdes
Caibam	Coubessem	Couberem

IMPERATIVO
Em sentido próprio, não costuma ser conjugado no imperativo.

FORMAS NOMINAIS

Infinitivo impessoal	*Infinitivo pessoal*	*Gerúndio*
Caber	Caber	Cabendo
	Caberes	
	Caber	*Particípio*
	Cabermos	Cabido
	Caberdes	
	Caberem	

Conjugação do verbo *crer*

INDICATIVO

Presente	*Pretérito imperfeito*[4]	*Pretérito perfeito*
Creio	*Cria	*Cri
Crês	*Crias	Creste
Crê	Cria	*Creu
Cremos	*Críamos	Cremos
Credes	*Críeis	Crestes
Creem	*Criam	Creram

Pretérito mais-que-perfeito	*Futuro do presente*	*Futuro do pretérito*
Crera	Crerei	Creria
Creras	Crerás	Crerias
Crera	Crerá	Creria
Crêramos	Creremos	Creríamos
Crêreis	Crereis	Creríeis
Creram	Crerão	Creriam

SUBJUNTIVO

Presente	*Pretérito imperfeito*	*Futuro*
Creia	Cresse	Crer
Creias	Cresses	Creres
Creia	Cresse	Crer
Creiamos	Crêssemos	Crermos
Creiais	Crêsseis	Crerdes
Creiam	Cressem	Crerem

IMPERATIVO

Imperativo afirmativo	*Imperativo negativo*
–	–
Crê tu	Não creias tu
Creia você	Não creia você
Creiamos nós	Não creiamos nós
Crede vós	Não creiais vós
Creiam vocês	Não creiam vocês

---

[4] Nesses casos, substituímos o verbo *crer* por *acreditar*. Verificar o que diz Perini, citado quando tratamos de verbos defectivos.

FORMAS NOMINAIS

Infinitivo impessoal	*Infinitivo pessoal*	*Gerúndio*
Crer	Crer	Crendo
	Creres	
	Crer	*Particípio*
	Crermos	Crido
	Crerdes	
	Crerem	

Conjugação do verbo *dizer*

INDICATIVO

Presente	*Pretérito imperfeito*	*Pretérito perfeito*
Digo	Dizia	Disse
Dizes	Dizias	Disseste
Diz	Dizia	Disse
Dizemos	Dizíamos	Dissemos
Dizeis	Dizíeis	Dissestes
Dizem	Diziam	Disseram

Pretérito mais-que-perfeito	*Futuro do presente*	*Futuro do pretérito*
Dissera	Direi	Diria
Disseras	Dirás	Dirias
Dissera	Dirá	Diria
Disséramos	Diremos	Diríamos
Disséreis	Direis	Diríeis
Disseram	Dirão	Diriam

SUBJUNTIVO

Presente	*Pretérito imperfeito*	*Futuro*
Diga	Dissesse	Disser
Digas	Dissesses	Disseres
Diga	Dissesse	Disser
Digamos	Disséssemos	Dissermos
Digais	Dissésseis	Disserdes
Digam	Dissessem	Disserem

IMPERATIVO

Imperativo afirmativo	Imperativo negativo
–	–
Dize tu	Não digas tu
Diga você	Não diga você
Digamos nós	Não digamos nós
Dizei vós	Não digais vós
Digam vocês	Não digam vocês

FORMAS NOMINAIS

Infinitivo impessoal	Infinitivo pessoal	Gerúndio
Dizer	Dizer	Dizendo
	Dizeres	
	Dizer	*Particípio*
	Dizermos	Dito
	Dizerdes	
	Dizerem	

Conjugação do verbo *fazer*

INDICATIVO

Presente	Pretérito imperfeito	Pretérito perfeito
Faço	Fazia	Fiz
Fazes	Fazias	Fizeste
Faz	Fazia	Fez
Fazemos	Fazíamos	Fizemos
Fazeis	Fazíeis	Fizestes
Fazem	Faziam	Fizeram

Pretérito mais-que-perfeito	Futuro do presente	Futuro do pretérito
Fizera	Farei	Faria
Fizeras	Farás	Farias
Fizera	Fará	Faria
Fizéramos	Faremos	Faríamos
Fizéreis	Fareis	Faríeis
Fizeram	Farão	Fariam

SUBJUNTIVO

Presente	Pretérito imperfeito	Futuro
Faça	Fizesse	Fizer
Faças	Fizesses	Fizeres
Faça	Fizesse	Fizer
Façamos	Fizéssemos	Fizermos
Façais	Fizésseis	Fizerdes
Façam	Fizessem	Fizerem

IMPERATIVO

Imperativo afirmativo	Imperativo negativo
–	–
Faze tu	Não faças tu
Faça você	Não faça você
Façamos nós	Não façamos nós
Fazei vós	Não façais vós
Façam vocês	Não façam vocês

FORMAS NOMINAIS

Infinitivo impessoal	Infinitivo pessoal	Gerúndio
Fazer	Fazer	Fazendo
	Fazeres	
	Fazer	*Particípio*
	Fazermos	Feito
	Fazerdes	
	Fazerem	

Conjugação do verbo *perder*

INDICATIVO

Presente	Pretérito imperfeito	Pretérito perfeito
Perco	Perdia	Perdi
Perdes	Perdias	Perdeste
Perde	Perdia	Perdeu
Perdemos	Perdíamos	Perdemos
Perdeis	Perdíeis	Perdestes
Perdem	Perdiam	Perderam

Pretérito mais-que-perfeito	Futuro do presente	Futuro do pretérito
Perdera	Perderei	Perderia
Perderas	Perderás	Perderias
Perdera	Perderá	Perderia
Perdêramos	Perderemos	Perderíamos
Perdêreis	Perdereis	Perderíeis
Perderam	Perderão	Perderiam

SUBJUNTIVO

Presente	Pretérito imperfeito	Futuro
Perca	Perdesse	Perder
Percas	Perdesses	Perderes
Perca	Perdesse	Perder
Percamos	Perdêssemos	Perdermos
Percais	Perdêsseis	Perderdes
Percam	Perdessem	Perderem

IMPERATIVO

Imperativo afirmativo	Imperativo negativo
–	–
Perde tu	Não percas tu
Perca você	Não perca você
Percamos nós	Não percamos nós
Perdei vós	Não percais vós
Percam vocês	Não percam vocês

FORMAS NOMINAIS

Infinitivo impessoal	Infinitivo pessoal	Gerúndio
Perder	Perder	Perdendo
	Perderes	
	Perder	*Particípio*
	Perdermos	Perdido
	Perderdes	
	Perderem	

Conjugação do verbo *poder*

INDICATIVO

Presente	Pretérito imperfeito	Pretérito perfeito
Posso	Podia	Pude
Podes	Podias	Pudeste
Pode	Podia	Pôde
Podemos	Podíamos	Pudemos
Podeis	Podíeis	Pudestes
Podem	Podiam	Puderam

Pretérito mais-que-perfeito	Futuro do presente	Futuro do pretérito
Pudera	Poderei	Poderia
Puderas	Poderás	Poderias
Pudera	Poderá	Poderia
Pudéramos	Poderemos	Poderíamos
Pudéreis	Podereis	Poderíeis
Puderam	Poderão	Poderiam

SUBJUNTIVO

Presente	Pretérito imperfeito	Futuro
Possa	Pudesse	Puder
Possas	Pudesses	Puderes
Possa	Pudesse	Puder
Possamos	Pudéssemos	Pudermos
Possais	Pudésseis	Puderdes
Possam	Pudessem	Puderem

IMPERATIVO
Em sentido próprio, não é conjugado no imperativo.

FORMAS NOMINAIS

Infinitivo impessoal	*Infinitivo pessoal*	*Gerúndio*
Poder	Poder	Podendo
	Poderes	
	Poder	*Particípio*
	Podermos	Podido
	Poderdes	
	Poderem	

Conjugação do verbo *querer*

INDICATIVO

Presente	*Pretérito imperfeito*	*Pretérito perfeito*
Quero	Queria	Quis
Queres	Querias	Quiseste
Quer	Queria	Quis
Queremos	Queríamos	Quisemos
Quereis	Queríeis	Quisestes
Querem	Queriam	Quiseram

Pretérito mais-que-perfeito	*Futuro do presente*	*Futuro do pretérito*
Quisera	Quererei	Quereria
Quiseras	Quererás	Quererias
Quisera	Quererá	Quereria
Quiséramos	Quereremos	Quereríamos
Quiséreis	Querereis	Quereríeis
Quiseram	Quererão	Quereriam

SUBJUNTIVO

Presente	*Pretérito imperfeito*	*Futuro*
Queira	Quisesse	Quiser
Queiras	Quisesses	Quiseres
Queira	Quisesse	Quiser
Queiramos	Quiséssemos	Quisermos
Queirais	Quisésseis	Quiserdes
Queiram	Quisessem	Quiserem

IMPERATIVO
Não se costuma usar no modo imperativo.

FORMAS NOMINAIS

Infinitivo impessoal	Infinitivo pessoal	Gerúndio
Querer	Querer	Querendo
	Quereres	
	Querer	*Particípio*
	Queremos	Querido
	Quererdes	
	Quererem	

Conjugação do verbo *requerer*

INDICATIVO

Presente	*Pretérito imperfeito*	*Pretérito perfeito*
Requeiro	Requeria	Requeri
Requeres	Requerias	Requereste
Requer	Requeria	Requereu
Requeremos	Requeríamos	Requeremos
Requereis	Requeríeis	Requerestes
Requerem	Requeriam	Requereram

Pretérito mais-que-perfeito	*Futuro do presente*	*Futuro do pretérito*
Requerera	Requererei	Requereria
Requereras	Requererás	Requererias
Requerera	Requererá	Requereria
Requerêramos	Requereremos	Requereríamos
Requerêreis	Requerereis	Requereríeis
Requereram	Requererão	Requereriam

SUBJUNTIVO

Presente	*Pretérito imperfeito*	*Futuro*
Requeira	Requeresse	Requerer
Requeiras	Requeresses	Requereres
Requeira	Requeresse	Requerer
Requeiramos	Requerêssemos	Requerermos
Requeirais	Requerêsseis	Requererdes
Requeiram	Requeressem	Requererem

IMPERATIVO

Imperativo afirmativo	*Imperativo negativo*
–	–
Requere tu	Não requeiras tu
Requeira você	Não requeira você
Requeiramos nós	Não requeiramos nós
Requerei vós	Não requeirais vós
Requeiram vocês	Não requeiram vocês

FORMAS NOMINAIS

Infinitivo impessoal	*Infinitivo pessoal*	*Gerúndio*
Requerer	Requerer	Requerendo
	Requereres	
	Requerer	*Particípio*
	Requerermos	Requerido
	Requererdes	
	Requererem	

Conjugação do verbo *saber*

INDICATIVO

Presente	*Pretérito imperfeito*	*Pretérito perfeito*
Sei	Sabia	Soube
Sabes	Sabias	Soubeste
Sabe	Sabia	Soube
Sabemos	Sabíamos	Soubemos
Sabeis	Sabíeis	Soubestes
Sabem	Sabiam	Souberam

Pretérito mais-que-perfeito	*Futuro do presente*	*Futuro do pretérito*
Soubera	Saberei	Saberia
Souberas	Saberás	Saberias
Soubera	Saberá	Saberia
Soubéramos	Saberemos	Saberíamos
Soubéreis	Sabereis	Saberíeis
Souberam	Saberão	Saberiam

SUBJUNTIVO

Presente	*Pretérito imperfeito*	*Futuro*
Saiba	Soubesse	Souber
Saibas	Soubesses	Souberes
Saiba	Soubesse	Souber
Saibamos	Soubéssemoss	Soubermos
Saibais	Soubésseis	Souberdes
Saibam	Soubessem	Souberem

IMPERATIVO

Imperativo afirmativo	*Imperativo negativo*
–	–
Sabe tu	Não saibas tu
Saiba você	Não saiba você
Saibamos nós	Não saibamos nós
Sabei vós	Não saibais vós
Saibam vocês	Não saibam vocês

FORMAS NOMINAIS

Infinitivo impessoal	Infinitivo pessoal	Gerúndio
Saber	Saber	Sabendo
	Saberes	
	Saber	*Particípio*
	Sabermos	Sabido
	Saberdes	
	Saberem	

Conjugação do verbo *trazer*

INDICATIVO

Presente	Pretérito imperfeito	Pretérito perfeito
Trago	Trazia	Trouxe
Trazes	Trazias	Trouxeste
Traz	Trazia	Trouxe
Trazemos	Trazíamos	Trouxemos
Trazeis	Trazíeis	Trouxestes
Trazem	Traziam	Trouxeram

Pretérito mais-que-perfeito	Futuro do presente	Futuro do pretérito
Trouxera	Trarei	Traria
Trouxeras	Trarás	Trarias
Trouxera	Trará	Traria
Trouxéramos	Traremos	Traríamos
Trouxéreis	Trareis	Traríeis
Trouxeram	Trarão	Trariam

SUBJUNTIVO

Presente	Pretérito imperfeito	Futuro
Traga	Trouxesse	Trouxer
Tragas	Trouxesses	Trouxeres
Traga	Trouxesse	Trouxer
Tragamos	Trouxéssemos	Trouxermos
Tragais	Trouxésseis	Trouxerdes
Tragam	Trouxessem	Trouxerem

IMPERATIVO

Imperativo afirmativo	Imperativo negativo
–	–
Traze tu	Não tragas tu
Traga você	Não traga você
Tragamos nós	Não tragamos nós
Trazei vós	Não tragais vós
Tragam eles	Não tragam vocês

FORMAS NOMINAIS

Infinitivo impessoal	*Infinitivo pessoal*	*Gerúndio*
Trazer	Trazer	Trazendo
	Trazeres	
	Trazer	*Particípio*
	Trazermos	Trazido
	Trazerdes	
	Trazerem	

Conjugação do verbo *ver*

INDICATIVO

Presente	*Pretérito imperfeito*	*Pretérito perfeito*
Vejo	Via	Vi
Vês	Vias	Viste
Vê	Via	Viu
Vemos	Víamos	Vimos
Vedes	Víeis	Vistes
Veem	Viam	Viram

Pretérito mais-que-perfeito	*Futuro do presente*	*Futuro do pretérito*
Vira	Verei	Veria
Viras	Verás	Verias
Vira	Verá	Veria
Víramos	Veremos	Veríamos
Víreis	Vereis	Veríeis
Viram	Verão	Veriam

SUBJUNTIVO

Presente	*Pretérito imperfeito*	*Futuro*
Veja	Visse	Vir
Vejas	Visses	Vires
Veja	Visse	Vir
Vejamos	Víssemos	Virmos
Vejais	Vísseis	Virdes
Vejam	Vissem	Virem

IMPERATIVO

Imperativo afirmativo	*Imperativo negativo*
–	–
Vê tu	Não vejas tu
Veja você	Não veja você
Vejamos nós	Não vejamos nós
Vede vós	Não vejais vós
Vejam vocês	Não vejam vocês

FORMAS NOMINAIS

Infinitivo impessoal	*Infinitivo pessoal*	*Gerúndio*
Ver	Ver	Vendo
	Veres	
	Ver	*Particípio*
	Vermos	Visto
	Verdes	
	Verem	

Conjugação do verbo *pôr*

INDICATIVO

Presente	*Pretérito imperfeito*	*Pretérito perfeito*
Ponho	Punha	Pus
Pões	Punhas	Puseste
Põe	Punha	Pôs
Pomos	Púnhamos	Pusemos
Pondes	Púnheis	Pusestes
Põem	Punham	Puseram

Pretérito mais-que-perfeito	*Futuro do presente*	*Futuro do pretérito*
Pusera	Porei	Poria
Puseras	Porás	Porias
Pusera	Porá	Poria
Puséramos	Poremos	Poríamos
Puséreis	Poreis	Poríeis
Puseram	Porão	Poriam

SUBJUNTIVO

Presente	*Pretérito imperfeito*	*Futuro*
Ponha	Pusesse	Puser
Ponhas	Pusesses	Puseres
Ponha	Pusesse	Puser
Ponhamos	Puséssemos	Pusermos
Ponhais	Pusésseis	Puserdes
Ponham	Pusessem	Puserem

IMPERATIVO

Imperativo afirmativo	*Imperativo negativo*
–	–
Põe tu	Não ponhas tu
Ponha você	Não ponha você
Ponhamos nós	Não ponhamos nós
Ponde vós	Não ponhais vós
Ponham vocês	Não ponham vocês

FORMAS NOMINAIS

Infinitivo impessoal	Infinitivo pessoal	Gerúndio
Pôr	Pôr	Pondo
	Pores	
	Pôr	*Particípio*
	Pormos	Posto
	Pordes	
	Porem	

6.3.3 Verbos irregulares da 3ª conjugação

São verbos irregulares da 3ª conjugação:

Abolir	Deferir	Medir	Revestir
Abstrair	Descair	Mentir	Rir
Acudir	Descobrir	Ouvir	Sacudir
Aderir	Desmentir	Pedir	Sair
Agredir	Despir	Perseguir	Seguir
Assentir	Desservir	Polir	Sentir
Atrair	Dissentir	Pressentir	Servir
Bulir	Distrair	Preterir	Sobressair
Cair	Divergir	Prevenir	Sortir
Cerzir	Dormir	Refletir	Subir
Cobrir	Encobrir	Progredir	Subtrair
Compelir	Engolir	Prosseguir	Sumir
Conduzir	Escapulir	Recair	Tossir
Conseguir	Expelir	Recobrir	Trair
Consentir	Ferir	Regredir	Transgredir
Consumir	Fugir	Repelir	Vestir
Construir	Impelir	Repetir	Vir
Cuspir	Inserir	Ressentir	
Decair	Investir	Retrair	

Conjugação do verbo *aderir*

INDICATIVO

Presente	*Pretérito imperfeito*	*Pretérito perfeito*
Adiro	Aderia	Aderi
Aderes	Aderias	Aderiste
Adere	Aderia	Aderiu
Aderimos	Aderíamos	Aderimos
Aderis	Aderíeis	Aderistes
Aderem	Aderiam	Aderiram

Pretérito mais-que-perfeito *Futuro do presente* *Futuro do pretérito*
Aderira   Aderirei   Aderiria
Aderiras   Aderirás   Aderirias
Aderira   Aderirá   Aderiria
Aderíramos   Aderiremos   Aderiríamos
Aderíreis   Aderireis   Aderiríeis
Aderiram   Aderirão   Adeririam

SUBJUNTIVO
Presente   *Pretérito imperfeito*   *Futuro*
Adira   Aderisse   Aderir
Adiras   Aderisses   Aderires
Adira   Aderisse   Aderir
Adiramos   Aderíssemos   Aderirmos
Adirais   Aderísseis   Aderirdes
Adiram   Aderissem   Aderirem

IMPERATIVO
Imperativo afirmativo   *Imperativo negativo*
–   –
Adere tu   Não adiras tu
Adira você   Não adira você
Adiramos nós   Não adiramos nós
Aderi vós   Não adirais vós
Adiram vocês   Não adiram vocês

FORMAS NOMINAIS
Infinitivo impessoal   *Infinitivo pessoal*   *Gerúndio*
Aderir   Aderir   Aderindo
                          Aderires
                          Aderir   *Particípio*
                          Aderirmos   Aderido
                          Aderirdes
                          Aderirem

Como se pode verificar, muda-se o *e* para *i* na 1ª pessoa do singular do presente do indicativo. As formas derivadas do presente do indicativo também recebem *i*: presente do subjuntivo, imperativo afirmativo e negativo. São conjugáveis por *aderir*: *assentir, compelir, conseguir, desmentir, despir, desservir, dissentir, expelir, ferir, impelir, inserir, investir, mentir, perseguir, pressentir, preterir, prosseguir, repelir, repetir, refletir, ressentir, revestir, seguir, sentir, servir, vestir*.

Já os verbos *agredir, denegrir, prevenir, progredir, regredir, transgredir* são conjugados trocando-se o *e* por *i* nas formas rizotônicas no presente do indicativo e tempos dele derivados:

Agrido	Agrida
Agrides	Agridas
Agride	Agride
Agredimos	Agridamos
Agredis	Agridais
Agridam	Agridam

Os verbos *acudir, bulir, consumir, cuspir, escapulir, fugir, sacudir, subir, sumir* conjugam-se mudando o *u* em *o* na 2ª e 3ª pessoas do singular e na 3ª pessoa do plural do presente do indicativo. A 2ª pessoa do singular do imperativo afirmativo também tem o *u* mudado em *o*:

Acudo
Acodes
Acode
Acudimos
Acudis
Acodem

O verbo *cerzir* muda *o e* em *i* nas formas rizotônicas do presente do indicativo e tempos derivados:

Cirzo
Cirzes
Cirze
Cerzimos
Cerzis
Cirzem

Conjugação do verbo *ouvir*

INDICATIVO

Presente	*Pretérito imperfeito*	*Pretérito perfeito*
Ouço	Ouvia	Ouvi
Ouves	Ouvias	Ouviste
Ouve	Ouvia	Ouviu
Ouvimos	Ouvíamos	Ouvimos
Ouvis	Ouvíeis	Ouvistes
Ouvem	Ouviam	Ouviram

Pretérito mais-que-perfeito	*Futuro do presente*	*Futuro do pretérito*
Ouvira	Ouvirei	Ouviria
Ouviras	Ouvirás	Ouvirias
Ouvira	Ouvirá	Ouviria
Ouvíramos	Ouviremos	Ouviríamos
Ouvíreis	Ouvireis	Ouviríeis
Ouviram	Ouvirão	Ouviriam

SUBJUNTIVO

Presente	*Pretérito imperfeito*	*Futuro*
Ouça	Ouvisse	Ouvir
Ouças	Ouvisses	Ouvires
Ouça	Ouvisse	Ouvir
Ouçamos	Ouvíssemos	Ouvirmos
Ouçais	Ouvísseis	Ouvirdes
Ouçam	Ouvissem	Ouvirem

IMPERATIVO

Imperativo afirmativo	*Imperativo negativo*
–	–
Ouve tu	Não ouças tu
Ouça você	Não ouça você
Ouçamos nós	Não ouçamos nós
Ouvi vós	Não ouçais vós
Ouçam vocês	Não ouçam vocês

FORMAS NOMINAIS

Infinitivo impessoal	*Infinitivo pessoal*	*Gerúndio*
Ouvir	Ouvir	Ouvindo
	Ouvires	
	Ouvir	*Particípio*
	Ouvirmos	Ouvido
	Ouvirdes	
	Ouvirem	

Os verbos *pedir, desimpedir, despedir, expelir, impelir, medir* apresentam variação no radical da 1ª pessoa do singular do presente do indicativo e tempos derivados. Veja-se a conjugação de *pedir*:

Conjugação do verbo *pedir*

INDICATIVO

Presente	*Pretérito imperfeito*	*Pretérito perfeito*
Peço	Pedia	Pedi
Pedes	Pedias	Pediste
Pede	Pedia	Pediu
Pedimos	Pedíamos	Pedimos
Pedis	Pedíeis	Pedistes
Pedem	Pediam	Pediram

Pretérito mais-que-perfeito	*Futuro do presente*	*Futuro do pretérito*
Pedira	Pedirei	Pediria
Pediras	Pedirás	Pedirias
Pedira	Pedirá	Pediria
Pedíramos	Pediremos	Pediríamos
Pedíreis	Pedireis	Pediríeis
Pediram	Pedirão	Pediriam

SUBJUNTIVO

Presente	*Pretérito imperfeito*	*Futuro*
Peça	Pedisse	Pedir
Peças	Pedisses	Pedires
Peça	Pedisse	Pedir
Peçamos	Pedíssemos	Pedirmos
Peçais	Pedísseis	Pedirdes
Peçam	Pedissem	Pedirem

IMPERATIVO

Imperativo afirmativo	*Imperativo negativo*
–	–
Pede tu	Não peças tu
Peça você	Não peça você
Peçamos nós	Não peçamos nós
Pedi vós	Não peçais vós
Peçam vocês	Não peçam vocês

FORMAS NOMINAIS

Infinitivo impessoal	*Infinitivo pessoal*	*Gerúndio*
Pedir	Pedir	Pedindo
	Pedires	
	Pedir	*Particípio*
	Pedirmos	Pedido
	Pedirdes	
	Pedirem	

Conjugação do verbo *prevenir*

INDICATIVO

Presente	*Pretérito imperfeito*	*Pretérito perfeito*
Previno	Prevenia	Preveni
Prevines	Prevenias	Preveniste
Previne	Prevenia	Peveniu
Prevenimos	Preveníamos	Prevenimos
Prevenis	Preveníeis	Prevenistes
Previnem	Preveniam	Preveniram

Pretérito mais-que-perfeito	*Futuro do presente*	*Futuro do pretérito*
Prevenira	Prevenirei	Preveniria
Preveniras	Prevenirás	Prevenirias
Prevenira	Prevenirá	Preveniria
Preveníramos	Preveniremos	Preveniríamos
Preveníreis	Prevenireis	Preveniríeis
Preveniram	Prevenirão	Preveniriam

SUBJUNTIVO

Presente	*Pretérito imperfeito*	*Futuro*
Previna	Prevenisse	Prevenir
Previnas	Prevenisses	Prevenires
Previna	Prevenisse	Prevenir
Previnamos	Preveníssemos	Prevenirmos
Previnais	Prevenísseis	Prevenirdes
Previnam	Prevenissem	Prevenirem

IMPERATIVO

Imperativo afirmativo	*Imperativo negativo*
–	–
Previne tu	Não previnas tu
Previna você	Não previna você
Previnamos nós	Não previnamos nós
Preveni vós	Não previnais vós
Previnam vocês	Não previnam vocês

FORMAS NOMINAIS

Infinitivo impessoal	*Infinitivo pessoal*	*Gerúndio*
Prevenir	Prevenir	Prevenindo
	Prevenires	
	Prevenir	*Particípio*
	Prevenirmos	Prevenido
	Prevenirdes	
	Prevenirem	

Conjugação do verbo *rir*

INDICATIVO

Presente	*Pretérito imperfeito*	*Pretérito perfeito*
Rio	Ria	Ri
Ris	Rias	Riste
Ri	Ria	Riu
Rimos	Ríamos	Rimos
Rides	Ríeis	Ristes
Riem	Riam	Riram

Pretérito mais-que-perfeito	*Futuro do presente*	*Futuro do pretérito*
Rira	Rirei	Riria
Riras	Rirás	Ririas
Rira	Rirá	Riria
Ríramos	Riremos	Riríamos
Ríreis	Rireis	Riríeis
Riram	Rirão	Ririam

SUBJUNTIVO

Presente	*Pretérito imperfeito*	*Futuro*
Ria	Risse	Rir
Rias	Risses	Rires
Ria	Risse	Rir
Riamos	Ríssemos	Rirmos
Riais	Rísseis	Rirdes
Riam	Rissem	Rirem

IMPERATIVO

Imperativo afirmativo	*Imperativo negativo*
–	–
Ri tu	Não rias tu
Ria você	Não ria você
Riamos nós	Não riamos nós
Ride vós	Não riais vós
Riam vocês	Não riam vocês

FORMAS NOMINAIS

Infinitivo impessoal	*Infinitivo pessoal*	*Gerúndio*
Rir	Rir	Rindo
	Rires	
	Rir	*Particípio*
	Rirmos	Rido
	Rirdes	
	Rirem	

Conjugação do verbo *sair*

INDICATIVO

Presente	*Pretérito imperfeito*	*Pretérito perfeito*
Saio	Saía	Saí
Sais	Saías	Saíste
Sai	Saía	Saiu
Saímos	Saíamos	Saímos
Saís	Saíeis	Saístes
Saem	Saíam	Saíram

Pretérito mais-que-perfeito	*Futuro do presente*	*Futuro do pretérito*
Saíra	Sairei	Sairia
Saíras	Sairás	Sairias
Saíra	Sairá	Sairia
Saíramos	Sairemos	Sairíamos
Saíreis	Saireis	Sairíeis
Saíram	Sairão	Sairiam

SUBJUNTIVO

Presente	*Pretérito imperfeito*	*Futuro*
Saia	Saísse	Sair
Saias	Saísses	Saíres
Saia	Saísse	Sair
Saiamos	Saíssemos	Sairmos
Saiais	Saísseis	Sairdes
Saiam	Saíssem	Saírem

IMPERATIVO

Imperativo afirmativo	*Imperativo negativo*
–	–
Sai tu	Não saias tu
Saia você	Não saia você
Saiamos nós	Não saiamos nós
Saí vós	Não saiais vós
Saiam vocês	Não saiam vocês

FORMAS NOMINAIS

Infinitivo impessoal	*Infinitivo pessoal*	*Gerúndio*
Sair	Sair	Saindo
	Saíres	
	Sair	*Particípio*
	Sairmos	Saído
	Sairdes	
	Saírem	

Os verbos *abstrair, atrair, cair, decair, descair, distrair, extrair, recair, retrair, sobressair, subtrair, trair* conjugam-se por *sair*.

Conjugação do verbo *sortir*

INDICATIVO

Presente	*Pretérito imperfeito*	*Pretérito perfeito*
Surto	Sortia	Sorti
Surtes	Sortias	Sortiste
Surte	Sortia	Sortiu
Sortimos	Sortíamos	Sortimos
Sortis	Sortíeis	Sortis
Surtem	Sortiam	Sortiram

Pretérito mais-que-perfeito	*Futuro do presente*	*Futuro do pretérito*
Sortira	Sortirei	Sortiria
Sortiras	Sortirás	Sortirias
Sortira	Sortirá	Sortiria
Sortíramos	Sortiremos	Sortiríamos
Sortíreis	Sortireis	Sortiríeis
Sortiram	Sortirão	Sortiriam

SUBJUNTIVO

Presente	*Pretérito imperfeito*	*Futuro*
Surta	Sortisse	Sortir
Surtas	Sortisses	Sortires
Surta	Sortisse	Sortir
Surtamos	Sortíssemos	Sortirmos
Surtais	Sortísseis	Sortirdes
Surtam	Sortissem	Sortirem

IMPERATIVO

Imperativo afirmativo	*Imperativo negativo*
–	–
Surte tu	Não surtas tu
Surta vocês	Não surta você
Surtamos nós	Não surtamos nós
Sorti vós	Não surtais vós
Surtam vocês	Não surtam vocês

FORMAS NOMINAIS

Infinitivo impessoal	Infinitivo pessoal	Gerúndio
Sortir	Sortir	Sortindo
	Sortires	
	Sortir	*Particípio*
	Sortirmos	Sortido
	Sortirdes	
	Sortirem	

Os verbos *cobrir, descobrir, dormir, encobrir, engolir, recobrir, tossir* mudam o *o* em *u* na 1ª pessoa do singular do presente do indicativo e tempos derivados. Veja-se a conjugação de *tossir*:

Conjugação do verbo *tossir*

INDICATIVO

Presente	Pretérito imperfeito	Pretérito perfeito
Tusso	Tossia	Tossi
Tosses	Tossias	Tossiste
Tosse	Tossia	Tossiu
Tossimos	Tossíamos	Tossimos
Tossis	Tossíeis	Tossistes
Tossem	Tossiam	Tossiram

Pretérito mais-que-perfeito	Futuro do presente	Futuro do pretérito
Tossira	Tossirei	Tossiria
Tossiras	Tossirás	Tossirias
Tossira	Tossirá	Tossiria
Tossíramos	Tossiremos	Tossiríamos
Tossíreis	Tossireis	Tossiríeis
Tossiram	Tossirão	Tossiriam

SUBJUNTIVO

Presente	Pretérito imperfeito	Futuro
Tussa	Tossisse	Tossir
Tussas	Tossisses	Tossires
Tussa	Tossisse	Tossir
Tussamos	Tossíssemos	Tossirmos
Tussais	Tossísseis	Tossirdes
Tussam	Tossissem	Tossirem

IMPERATIVO

Imperativo afirmativo	Imperativo negativo
–	–
Tosse tu	Não tussas tu
Tussa você	Não tussa você
Tussamos nós	Não tussamos nós
Tossi vós	Não tussais vós
Tussam vocês	Não tussam vocês

FORMAS NOMINAIS

Infinitivo impessoal	Infinitivo pessoal	Gerúndio
Tossir	Tossir	Tossindo
	Tossires	
	Tossir	*Particípio*
	Tossirmos	Tossido
	Tossirdes	
	Tossirem	

Conjugação do verbo *vir*

INDICATIVO

Presente	Pretérito imperfeito	Pretérito perfeito
Venho	Vinha	Vim
Vens	Vinhas	Vieste
Vem	Vinha	Veio
Vimos	Vínhamos	Viemos
Vindes	Vínheis	Viestes
Vêm	Vinham	Vieram

Pretérito mais-que-perfeito	Futuro do presente	Futuro do pretérito
Viera	Virei	Viria
Vieras	Virás	Virias
Viera	Virá	Viria
Viéramos	Viremos	Viríamos
Viéreis	Vireis	Viríeis
Vieram	Virão	Viriam

SUBJUNTIVO

Presente	Pretérito imperfeito	Futuro[5]
Venha	Viesse	Vier
Venhas	Viesses	Vieres
Venha	Viesse	Vier
Venhamos	Viéssemos	Viermos
Venhais	Viésseis	Vierdes
Venham	Viessem	Vierem

IMPERATIVO

Imperativo afirmativo	Imperativo negativo
–	–
Vem tu	Não venhas tu
Venha você	Não venha você
Venhamos nós	Não venhamos nós
Vinde vós	Não venhais vós
Venham vocês	Não venham vocês

FORMAS NOMINAIS

Infinitivo impessoal	Infinitivo pessoal	Gerúndio
Vir	Vir	Vindo
	Vires	
	Vir	*Particípio*
	Virmos	Vindo
	Virdes	
	Virem	

O verbo *polir* muda o *o* em *u* nas formas rizotônicas do presente do indicativo e tempos derivados:

Pulo	Pule	Polis
Pules	Polimos	Pulem

6.3.4 Verbos em -e*ar*

Os verbos em -*ear*, como *passear, afear, atear, bloquear, cear, basear, nomear, nortear*, recear têm o *e* substituído por *ei* nas formas rizotônicas. Veja-se o presente do verbo *nomear*:

Nomeio
Nomeias

---

5 Comparem-se os verbos *ver* e *vir*, respectivamente, no futuro do subjuntivo e no infinitivo pessoal: *vir, vires, vir, virmos, virdes, virem.*

Nomeia

Nomeamos

Nomeais

Nomeiam

No presente do subjuntivo, também ocorre a troca do *e* por *ei* nas mesmas pessoas (*nomeie, nomeies, nomeie, nomeemos, nomeais, nomeiem*).

6.3.5 Verbos em *-iar*

Os verbos *odiar, ansiar, mediar, remediar, incendiar* passam a admitir, com o Novo Acordo da Língua Portuguesa, duas formas:

Ansio	ou	anseio
Calunio	ou	caluneio
Compendio	ou	compendeio
Conferencio	ou	conferenceio
Incendio	ou	incendeio
Influencio	ou	influenceio
Medio	ou	medeio
Negocio	ou	negoceio
Noticio	ou	noticeio
Odio	ou	odeio
Penitencio	ou	penitenceio
Premio	ou	premeio
Principio	ou	principeio
Remedio	ou	remedeio

Esses verbos são provenientes de: *ânsia, calúnia, compêndio, conferência, incêndio, influência, negócio, notícia, penitência, média, ódio, prêmio, princípio, remédio.*

Ansio	Anseio	Ansie	Anseie
Ansias	Anseias	Ansies	Anseies
Ansia	Anseia	Ansie	Anseie
Ansiamos	Ansiamos	Ansiemos	Ansiemos
Ansiais	Ansiais	Ansieis	Ansieis
Ansiam	Anseiam	Ansiem	Anseiem

Para Bechara (2016, p. 43), "os verbos em *-iar* são conjugados regularmente, à exceção de *mediar* (e *intermediar*), *ansiar, remediar, incendiar* e *odiar* [o acrônimo *mário* constitui as iniciais desses verbos e ajuda a memorizá-los]. O verbo *ansiar* troca o *i* por *ei* nas formas rizotônicas (aquelas cuja sílaba tônica está no radical)".

6.4 Conjugação de verbo anômalo

Conjugação do verbo *ir*

INDICATIVO

Presente	Pretérito imperfeito	Pretérito perfeito
Vou	Ia	Fui
Vais	Ias	Foste
Vai	Ia	Foi
Vamos	Íamos	Fomos
Ides	Íeis	Fostes
Vão	Iam	Foram

Pretérito mais-que-perfeito	Futuro do presente	Futuro do pretérito
Fora	Irei	Iria
Foras	Irás	Irias
Fora	Irá	Iria
Fôramos	Iremos	Iríamos
Fôreis	Ireis	Iríeis
Foram	Irão	Iriam

SUBJUNTIVO

Presente	Pretérito imperfeito	Futuro
Vá	Fosse	For
Vás	Fosses	Fores
Vá	Fosse	For
Vamos	Fôssemos	Formos
Vades	Fôsseis	Fordes
Vão	Fossem	Forem

IMPERATIVO

Imperativo afirmativo	Imperativo negativo
–	–
Vai tu	Não vás tu
Vá você	Não vá você
Vamos nós	Não vamos nós
Ide vós	Não vades vós
Vão vocês	Não vão vocês

FORMAS NOMINAIS

Infinitivo impessoal	Infinitivo pessoal	Gerúndio
Ir	Ir	Indo
	Ires	
	Ir	*Particípio*
	Irmos	Ido
	Irdes	
	Irem	

Os verbos *ser* e *ir*, que apresentam diferentes radicais em sua conjugação:

Sou	és	fui
Vou	ia	fui

6.5 Conjugação de verbo defectivo

Reaver, um dos verbos defectivos, não tem as formas rizotônicas e derivadas. Nas formas em que não há a forma verbal, ela deve ser substituída pelos verbos *recuperar, readquirir, recobrar*:

INDICATIVO

Presente	Pretérito imperfeito	Pretérito perfeito
–	Reavia	Reouve
–	Reavias	Reouveste
–	Reavia	Reouve
Reavemos	Reavíamos	Reouvemos
Reaveis	Reavíeis	Reouvestes
–	Reaviam	Reouveram

O verbo *reaver* conjuga-se por *haver*, suprimindo-se o *h*. É empregado, porém, apenas nas formas em que há a letra *v*. Portanto, no presente do indicativo só há *reavemos* e *reaveis*.

Outros verbos defectivos: *prazer, florir, abolir, falir*. As deficiências não são sistematizáveis. As falhas desses verbos são preenchidas por verbos sinônimos. Exemplos: o verbo *precaver*, que é verbo pronominal, não tem as formas rizotônicas e derivadas, que devem ser substituídas por um verbo de sentido equivalente, como *acautelar-se, precatar-se*. Da mesma forma, *remir* é substituível por *redimir*; e *florir* por *florescer*.

Os verbos *abolir, banir, colorir, demolir, exaurir, explodir, extorquir, fremir, haurir, retorquir* não são conjugados na 1ª pessoa do singular do presente do indicativo e tempos derivados. Nos casos de falta, deve-se substituir o verbo por outro de sentido equivalente.

Os verbos *falir, embair, empedernir, remir, ressarcir, ressequir* não têm as formas rizotônicas e derivadas.

Os verbos acontecer, doer, ocorrer, suceder (= ocorrer), prazer conjugam-se apenas na 3ª pessoa do singular e na 3ª pessoa do plural, em todos os tempos e modos.

7 VERBOS PRONOMINAIS

São assim denominados os verbos que são conjugados com os pronomes oblíquos átonos: *me, te, se, nos, vos, se*. Entre eles, há os que são essencialmente pronominais e os que são acidentalmente pronominais. Os primeiros são os que são conjugados apenas com a presença do pronome oblíquo. Nos acidentalmente pronominais, o pronome oblíquo não é parte integrante do verbo. Nesse caso, o pronome pode ser objeto direto (*coço-me*) ou adjunto adnominal (*coço-me as costas* = *coço minhas costas*, em que *costas* é objeto direto e *minhas* é adjunto adnominal; logo, *me* = adjunto adnominal).

Os verbos pronominais indicam que as ações foram praticadas pelo sujeito, o que leva ao uso dos pronomes oblíquos respectivos.

Entre os verbos essencialmente pronominais, temos:

Abster-se	Atrever-se	Imiscuir-se	Promiscuir-se
Amancebar-se	Bacharelar-se	Impacientar-se	Queixar-se
Apiedar-se	Condoer-se	Jactar-se	Suicidar-se
Apoderar-se	Dignar-se	Locomover-se	Zangar-se
Arrepender-se	Embananar-se	Orgulhar-se	
Ater-se	Engasgar-se	Precaver-se	

São acidentalmente pronominais:

Aproximar	aproximar-se
Cumprimentar	cumprimentar-se
Debater	debater-se
Desculpa	desculpar-se
Emocionar	emocionar-se
Encontrar	encontrar-se
Enganar	enganar-se
Envolver	envolver-se
Esquecer	esquecer-se
Lavar	lavar-se
Lembrar	lembrar-se
Localizar	localizar-se
Olhar	olhar-se
Pentear	pentear-se
Submeter	submeter-se

Os verbos acidentalmente pronominais são usados para expressar voz reflexiva.

Observar que, na conjugação dos verbos pronominais, na 1ª pessoa do plural, corta-se o s: cumprimentamo-nos (e não comprimentamos-nos). Com outros pronomes, não há alteração: cumprimentamos-lhes, cumprimentamos-vos. Quando temos formas verbais terminadas em ditongo nasal, os pronomes enclíticos (os que são colocados depois do verbo) recebem um n: cumprimentam-na, cumprimentam-no, dão-nos, são-nos, põe-no, dispõe-nas. Se a forma verbal termina em r, s ou z, temos: adicioná-lo (adicionar + o), ouçamo-lo (ouçamos + o), fê-lo (fez + o). Esses pronomes, quando postos depois de outro pronome, também pedem alteração gráfica do primeiro pronome: no-lo, no-la, vo-lo, vo-la: quando vo-lo disser = quando vos disser isso. No português brasileiro, é mais comum o uso da próclise: em vez de cumprimentam-na, temos: a cumprimentam, ou a troca do pronome oblíquo por um pronome reto: cumprimentam ela. Da mesma forma, nos demais casos citados: eles nos dão satisfação; ela o fez entender, quando nos disseram isso (em vez de quando no-lo disseram) etc.

8 VERBOS DERIVADOS

Se o verbo é derivado, ele segue a conjugação do verbo simples. Exemplificando: *propor* segue a conjugação de *pôr*: *proponho, propunha, propus, propusera, proporei, proporia; proponha, propusesse, propuser; propõe tu, proponha você, proponhamos nós, proponde vós, proponham vocês; propor, propores, propor, propormos, propordes, proporem.*

Seguem a conjugação de *pôr*: *compor, decompor, dispor, expor, impor, indispor, opor, propor, pressupor, recompor, repor, supor, transpor.*

Entreter é verbo derivado de *ter* e, por isso, conjuga-se como *ter*, observando-se, porém, a acentuação. Indicativo: *eu me entretenho, tu te entreténs, ele se entretém, nós nos entretemos, vós vos entretendes, eles se entretêm; entretinha-me, entretive-me, entretivera-me, eu me entreterei, eu me entreteria.* Subjuntivo: *que eu me entretenha, se eu me entretivesse, quando eu me entretiver.* Imperativo: *entretém-te, entretenha-se você, entretenhamo-nos nós, entretende-vos vós, entretenham-se vocês; não te entretenhas tu, não se entretenha você, não nos entretenhamos nós, não vos entretenhais vós, não se entretenham vocês* [observar a variação do pronome oblíquo: *me, te, se, nos, vos*].

São tempos compostos do indicativo:

- Pretérito perfeito composto: *eu tenho me entretido*
- Pretérito mais-que-perfeito composto: *eu tinha me entretido*
- Futuro do presente composto: *eu terei me entretido*
- Futuro do pretérito composto: eu teria me entretido

São tempos compostos do subjuntivo:

- Pretérito perfeito composto: *que eu tenha me entretido*
- Pretérito mais-que-perfeito composto: *se eu tivesse me entretido*
- Futuro composto: *quando eu tiver me entretido*

Infinitivo: *entreter-me, entreteres-te, entreter-se, entretermo-nos, entreterdes-vos, entreterem-se*. Essas formas pertencem ao português de Portugal (português europeu). Novamente, no português brasileiro, usamos próclise e não ênclise.

O verbo *obter*, também derivado de ter, conjuga-se como ter, observando-se a acentuação na 2ª e 3ª pessoa do singular do presente do indicativo: *obténs, obtém*. Também na 2ª pessoa do imperativo, temos: *obtém tu*.

Outros verbos igualmente derivados de *ter*, como *abster, ater, conter, deter, manter, reter* também seguem a conjugação de *ter*, observando-se, porém, a acentuação.

Conjuga como *ver* o verbo *rever*. Indicativo: *revejo, revês, revê, revemos, revedes, reveem; revias, revia, revíamos, revíeis, reviam; revi, reviste, reviu, revimos, revistes, reviram; revira, reviras, revira, revíramos, revíreis, reviram; reverei, reverás, reverá, reveremos, revereis, reverão; reveria, reverias, reveria, reveríamos, reveríeis, reveriam*. Subjuntivo: *reveja, revejas, reveja, revejamos, revejais, revejam; revisse, revisses, revisse, revíssemos, revísseis, revissem; revir, revires, revir, revirmos, revirdes, revirem*. Tempos compostos: *tenho revisto* (pretérito perfeito composto), *tinha revisto* (mais que perfeito composto) *terei revisto* (futuro do presente composto*), se eu tiver revisto* (futuro do subjuntivo composto), *se eu tivesse revisto* (pretérito mais que perfeito composto do subjuntivo. Imperativo: *revê tu, reveja você, revejamos nós, revede vós, revejam vocês*. Particípio: *revisto*. Gerúndio: *revendo*.

Outros verbos que seguem a conjugação de ver: *antever, entrever, prever, rever*.

Verbos derivados de *vir* seguem seu paradigma de conjugação: *convir, desavir, intervir, provir, sobrevir*.

Evite-se, portanto, "*entRetia-me*, como todos ali, com as mensagens e notícias veiculadas pela TV".

Requerer não é composto de querer. É um verbo irregular, com conjugação própria. Veja conjugação exposta.

EXERCÍCIOS

1. Leia e resuma o artigo de ADELINO, Francisca Janete da Silva; NASCIMENTO, Erivaldo Pereira do. A modalização epistêmica asseverativa na construção argumentativa de entrevistas de seleção de emprego. *Entrepalavras*, Fortaleza, Universidade Federal do Ceará, v. 9, n. 1, p. 287-302, jan./abr. 2019. Disponível em: http://www.entrepalavras.ufc.br/revista/index.php/Revista/article/view/1345/580. Acesso em: 8 maio 2020.

2. Localize na Internet variados textos (pelo menos três) que tratam do gerundismo. Leia-os mais de uma vez e, em seguida, redija um texto sobre o mesmo assunto, manifestando sua opinião. Além do texto de Petry, cujo endereço eletrônico citamos no texto, você pode encontrar outros, como o de Reinaldo Azevedo (que defende ponto de vista contrário; observar que se trata de um jornalista; seu texto está disponível em: https://veja.abril.com.br/blog/reinaldo/veja-1-o-gerundio-o-gerundismo-e-o-erro/. Acesso em: 29 jun. 2020). Você ainda pode consultar, entre outros, o texto de Luciana Soares Fernandes, "Gerundismo e o preconceito linguístico". Disponível em: http://www.unimep.br/phpg/mostraacademica/anais/4mostra/pdfs/225.pdf. Acesso em: 29 jun. 2020.

3. Quando tratamos do futuro do pretérito, falamos em "face positiva do enunciador". Pesquise na Internet textos que tratam de *face positiva* e de *face negativa* (conceitos originados dos estudos do sociólogo Erving Goffman, que os vê como estratégias de polidez). Entre eles, você pode localizar o de BARRERE, Luana Lisboa. Face e polidez linguística em reclamações online: uma análise sob o viés pragmático. Disponível em: http://www.entrepalavras.ufc.br/revista/index.php/Revista/article/view/840. Acesso em: 29 jun. 2020. Leia-os e redija um texto sobre o mesmo assunto.

4. Usando os verbos que estão entre parênteses, preencher as lacunas segundo os tempos e modos indicados:
   a) Quando ela e tu .... (*obter* no futuro do subjuntivo) o resultado dos exames médicos, ...-me. (*informar* no imperativo)
   b) Esperam que Dagoberto ou Irene .... (*ser* no presente do subjuntivo) o presidente do Grêmio Literário.
   c) Tudo .... (*ser* no futuro do pretérito do indicativo) manifestações de contentamento.
   d) Qual de vós .... (*conseguir* no futuro do presente do indicativo) alcançar o primeiro lugar?
   e) Os habitantes do Terceiro Mundo .... (*esperar* no imperfeito do indicativo) que os países do Primeiro Mundo .... (*enviar* no pretérito imperfeito do subjuntivo) remédios.
   f) Não nos .... (*faltar* no futuro do presente do indicativo) argumentos.
   g) Elas .... (*vender* no imperfeito do indicativo) livros e material escolar.
   h) .... (*haver* no futuro do pretérito perfeito) neste departamento alguns abnegados que possam permanecer trabalhando além do expediente? – perguntou o gerente.
   i) Inesperadas .... (*ser* no pretérito perfeito) as conquistas.
   j) Entre elas não .... (*dever* no presente do indicativo) haver desentendimentos.

5. Frases para corrigir:
   a) No Natal, todos nós ceiamos em família.
   b) Os caixas das lojas de departamentos teem medo de assaltos nos dias de grande movimento.
   c) O gerente interviu no fechamento da venda.
   d) A chuva, o calor, o vento, nada o incomodavam naquela noite.
   e) Você e eu não odeemos os que nos fazem mal.
   f) Diante de cataclismos, todos crêm nas previsões científicas.
   g) Simone não preveio o acidente.
   h) Margarida jamais se precaviu com relação aos estudos e foi reprovada.
   i) Rogério e tu puseram o livro onde não devia.
   j) Célia Cristina e eu viajei nas férias de dezembro.

6. Empregar os verbos indicados entre parênteses, na pessoa, no tempo e no modo conveniente.
   a) Fui eu quem .... tal solução. (*propor*)

b) O instrutor .... correções sempre que .... erros. (*fazer/ocorrer*)
c) Quando .... à São Paulo, não deixes de visitar o Ibirapuera. (*ir*)
d) Ao .... seus cadernos, ficarão felizes. (*reaver*)
e) Os estudantes .... os exercícios, enquanto a professora estava reunida com o chefe do departamento. (*realizar*)
f) Se o diretor .... o estrago causado por sua batida, chamará sua atenção. (*ver*)
g) Vós e Carlos .... resmungando. (*sair*)
h) Não fui eu que .... na briga. (*intervir*)
i) .... afastado da família, porque estava zangado. (*manter-se*)
j) A professora pediu-nos que não .... os livros nas prateleiras. (*repor*)
l) Tratarei somente do assunto que me .... (*caber*)
m) Mês que vem .... três anos que estive em Buenos Aires. (*fazer*)
n) Se .... maior entendimento, não .... problemas disciplinares. (*haver*)
o) Em Belo Horizonte .... muitos dias quentes na Festa da Pampulha do ano passado. (*haver*)
p) Se nós .... ser mais entusiasmados .... (*querer/poder*)
q) Se nós .... apoio, realizaremos os festejos comemorativos do sesquicentenário do grande poeta. (*obter*)
r) O gerente disse que hoje .... 12 de outubro. Não foi? (*ser*)
s) Durante a execução do hino do Corinthians, vós .... erectos e silenciosos. (*permanecer*)
t) Ler, estudar e pesquisar .... sua única preocupação. (*ser*)
u) Quando o diretor .... a este departamento e .... a bagunça dos arquivos, convocará uma reunião. (*vir/ver*)
v) Como não .... o que dizer, a vendedora desligou o telefone. (*saber*)
x) Eliane e Elaine .... ontem à reunião. (*ir*)
y) Quando entramos na sala, já não .... haver cadeiras vazias. (*dever*)
z) Já não esperávamos que o candidato .... tal programa. (*propor*)
z1) Se .... bom êxito no empreendimento imobiliário, ficaremos satisfeitos. (*obter*)
z2) Dalton e eu somos aqueles que .... a tarefa semana passada. (*concluir*)
z3) De que livro vocês .... estas gravuras? (*obter*)
z4) No desfile de modas, as manequins se .... bem. (*haver*)
z5) Em janeiro, ... dez anos que saímos daquela empresa. (*fazer*)
z6) Os empregados reclamavam ao diretor quando não .... serviços para executar. (*haver*)

7. Substituir a locução em que aparece verbo auxiliar por um verbo próprio (ou seja, que dispensa o uso do auxiliar):
a) Foi recomendado o uso do cinto de segurança para os motoristas da empresa.
b) Durante a aula foi lida uma carta de Mário de Andrade a Manuel Bandeira.
c) A empresa foi autuada pelo INSS.
d) Como o jogador tinha reclamado do juiz, foi expulso da partida.

e) O empresário estava perdido entre muitos papéis financeiros.
f) O vendedor foi notificado da devolução das mercadorias.
g) Nunca a empresa tinha vendido tanto durante o mês de fevereiro.
h) A secretária havia lido o jornal logo cedo.
i) O diretor havia comunicado sua viagem uma semana antes.
j) Tem sido comemorado o aniversário do presidente no sítio do Dr. Marcelo.

8. Conjugar os verbos *doer, ocorrer, prazer, urgir*.

SUGESTÃO DE LEITURA

1. Leitura do texto de SCHERRE, Maria Marta Pereira; NARO, Anthony Julius; CARDOSO, Caroline Rodrigues. O Papel do tipo de verbo na concordância verbal no português brasileiro. *Delta*, São Paulo, PUC, v. 23, n. especial, 2007. Disponível em: https://www.scielo.br/scielo.php?script=sci_arttext&pid=S0102-44502007000300012&lng=pt&nrm=iso&tlng=pt. Acesso em: 20 jul. 2020.
2. TAVARES, Maria Alice. O verbo no texto jornalístico: notícia e reportagem. *Working Parpers em Linguística*, Florianópolis, Universidade Federal de Santa Catarina, n. 1, p. 123-142, jul./dez. 1997. Disponível em: https://periodicos.ufsc.br/index.php/workingpapers/article/view/1490. Acesso em: 20 jul. 2020.

REFERÊNCIAS[1]

ABREU-TARDELLI, Lília Santos; ARANHA, Solange. Gêneros textuais nas abordagens do interacionismo sociodiscursivo e da sociorretórica: contribuições teóricas e práticas. *Delta: Documentação e Estudos em Linguística Teórica e Aplicada*, São Paulo, PUC, v. 33, n. 3, jul./set. 2017. Disponível em: https://www.scielo.br/scielo.php?script=sci_arttext&pid=S0102-44502017000300001&lng=en&nrm=iso. Acesso em: 23 out. 2020.

ADAM, Jean-Michel. *Les textes*: types et prototypes. Paris: Nathan, 1992.

ALVES, Francisco das Neves. O discurso autoritário no Brasil: uma breve análise do manifesto de instauração do Estado Novo. *Historiæ*, Rio Grande, Universidade Federal do Rio Grande, v. 7, n. 2, p. 57-77, 2016. Disponível em: https://periodicos.furg.br/hist/article/view/6721/4409. Acesso em: 26 set. 2020.

ALVES, Rubem. A arte de saber ler. Disponível em: https://institutorubemalves.org.br/wp-content/uploads/2018/08/2004.02.17.pdf. Acesso em: 22 out. 2020.

ALVES, Rubem. Tênis × frescobol. Disponível em: https://www.asomadetodosafetos.com/2016/03/tenis-x-frescobol-_-rubem-alves.html. Acesso em: 22 out. 2020.

AMADO, Jorge. *Dona Flor e seus dois maridos*. 51. ed. Rio de Janeiro: Record, 2001.

ANDRADE, C. Drummond de. *Reunião*. 8. ed. Rio de Janeiro: José Olympio, 1977.

ANDRADE, C. Drummond de. *Poesia e prosa*. 5. ed. Rio de Janeiro: Nova Aguilar, 1983.

ANDRADE, C. Drummond de. *Poesia completa*. Rio de Janeiro: Nova Aguilar, 2001.

ANDRADE, Lúcia da Cunha Victório de Oliveira. Referenciação e gênero textual: estudo de um ensaio jornalístico. *In*: TRAVAGLIA, Luiz Carlos; FINOTTI, Luisa Helena Borges; MESQUITA, Elisete Maria Carvalho de (org.). *Gêneros de texto*: caracterização e ensino. Uberlândia: Edufu, 2008. p. 45-63.

---

1 Encontram-se nesta listagem apenas algumas obras referenciadas. No Material Suplementar, relacionamos todas as obras consultadas.

ASSIS, André William Alves de; MARECO, Raquel Tiemi Masuda. A construção dialógica do gênero discursivo propaganda. *Entrepalavras*, Fortaleza, Universidade Federal do Paraná, ano 3, v. 3, n. 2, p. 168-182, ago./dez. 2013. Disponível em: http://www.entrepalavras.ufc.br/revista/index.php/Revista/article/viewFile/254/220. Acesso em: 27 abr. 2020.

ASSIS, Machado de. *Obra completa*. 4. ed. Rio de Janeiro: Nova Aguilar, 1979. 3 v.

AUTHIER-REVUZ, Jacqueline. *Entre a transparência e a opacidade*: um estudo enunciativo do sentido. Revisão técnica de Leci Borges Barbisan e Valdir do Nascimento Flores. Porto Alegre: EDIPUCRS, 2004.

AUTHIER-REVUZ, Jacqueline. *Palavras incertas*: as não coincidências do dizer. Tradução de Claudia R. Castellanos Pfeiffer et al. Campinas: Editora da Unicamp, 1998.

AUTHIER-REVUZ, Jacqueline. Heterogeneidade(s) enunciativa(s). *Cadernos de Estudos Linguísticos*, Campinas, Unicamp, n. 19, p. 25-42, jul./dez. 1990. Tradução de Celene M. Cruz e João Wanderley Geraldi. Disponível em: https://periodicos.sbu.unicamp.br/ojs/index.php/cel/article/view/8636824/4545. Acesso em 14 maio 2019.

AZEREDO, José Carlos de. *Fundamentos de gramática do português*. Rio de Janeiro: Zahar, 2000.

AZEREDO, José Carlos de. *Gramática Houaiss da língua portuguesa*. São Paulo: Publifolha, 2008.

BAKHTIN, Michail (VOLOCHÍNOV). *Marxismo e filosofia da linguagem*. Tradução de Michel Lahud, Yara Frateschi Vieira. 16. ed. São Paulo: Hucitec, 2014.

BAKHTIN, Mikhail. *Os gêneros do discurso*. Organização, tradução, posfácio e notas de Paulo Bezerra. São Paulo: Editora 34, 2017.

BAGNO, Marcos. *Dicionário crítico de sociolinguística*. São Paulo: Parábola, 2017.

BAGNO, Marcos. Discussão sobre livro didático só revela ignorância da grande imprensa. Disponível em: https://www.viomundo.com.br/voce-escreve/marcos-bagno-discussao-sobre-livro-didatico-so-revela-ignorancia-da-grande-imprensa.html. Acesso em: 1 jul. 2020.

BALOCCO, Anna Elizabeth. A perspectiva discursivo-semiótica de Gunther Kress: o gênero como recurso representacional. *In*: MEURER, J. L.; BONINI, Adair; MOTTA-ROTH, Désirée. *Gêneros*: teorias, métodos, debates. São Paulo: Parábola, 2010. p. 65-80.

BANDEIRA, Manuel. *Poesia completa e prosa*. 4. ed. Rio de Janeiro: Nova Aguilar, 1977.

BARES, restaurantes e o novo normal. *Hoje em Dia*, Belo Horizonte, 22 jul. 2020. Disponível em: https://www.hojeemdia.com.br/opini%C3%A3o/colunas/editorial-1.334042/bares-restaurantes-e-o-novo-normal-1.796428. Acesso em: 23 jul. 2020.

BARRERE, Luana Lisboa. Face e polidez linguística em reclamações online: uma análise sob o viés pragmático. *Entrepalavras*, Fortaleza, Universidade Federal do Ceará, v. 7, p. 383-405, jan./jun. 2017. Disponível em: http://www.entrepalavras.ufc.br/revista/index.php/Revista/article/view/840. Acesso em: 29 jun. 2020.

BARROS, Diana Luz Pessoa de. O texto na semiótica. *In*: BATISTA, Ronaldo de Oliveira. *O texto e seus conceitos*. São Paulo: Parábola, 2016. p. 71-91.

BARROS, Diana Luz Pessoa de. Estudos do discurso. *In*: FIORIN, José Luiz. *Introdução à linguística II*: princípios de análise. 5. ed. São Paulo: Contexto, 2016. p. 187-219.

BARROS, Diana Luz Pessoa de. Rumos da semiótica. *Todas as Letras*, São Paulo, Universidade Presbiteriana Mackenzie, v. 9, n. 1, p. 12-23, 2007. Disponível em: http://editorarevistas.mackenzie.br/index.php/tl/article/view/648/578. Acesso em: 29 abr. 2020.

BARROS, Diana Luz Pessoa de. Publicidade e figurativização. *Alfa*, São Paulo, Unesp, v. 48, n. 2, 2004. Disponível em: https://periodicos.fclar.unesp.br/alfa/article/view/4294/3882. Acesso em: 29 abr. 2020.

BARROS, Diana Luz Pessoa de. *Teoria semiótica do texto*. São Paulo: Ática, 1990.

BATISTA, Ronaldo de Oliveira (org.). *O texto e seus conceitos*. São Paulo: Parábola, 2016.

BAWARSHI, Anis S.; REIFF, Mary Jo. *Gêneros*: história, teoria, pesquisa, ensino. Tradução de Benedito Gomes Bezerra. São Paulo: Parábola, 2013.

BAZERMAN, Charles. *Gêneros textuais*. Bate-papo acadêmico. Entrevista. Organização de Angela Paiva Dionisio, Carolyn Miller, Charles Bazerman, Judith Hoffnagel. Tradução de Benedito Gomes Bezerra et al. Recife: [s.n.], 2011a. Disponível em: http://www.nigufpe.com.br/batepapoacademico/bate-papo-academico1.pdf. Acesso em: 8 jun. 2016.

BAZERMAN, Charles. *Gênero, agência e escrita*. Organização de Judith Chambliss Hoffnagel e Angela Paiva Dionisio. Tradução e adaptação de Judith Chambliss Hoffnagel. 2. ed. São Paulo: Cortez, 2011b.

BAZERMAN, Charles. *Gêneros textuais, tipificação e interação*. Organização de Angela Paiva Dionisio e Judith Chambliss Hoffnagel. Tradução e adaptação de Judith Chambliss Hoffnagel. 4. ed. São Paulo: Cortez, 2011c.

BAZERMAN, Charles. *Escrita, gênero e interação social*. Organização de Judith Chambliss Hoffnagel e Angela Paiva Dionisio. Tradução e adaptação de Judith Chambliss Hoffnagel et al. São Paulo: Cortez, 2007.

BECHARA, Evanildo. *Novo dicionário de dúvidas da língua portuguesa*. Colaboração de Shahira Mahmud. Rio de Janeiro: Nova Fronteira: Lucerna, 2016.

BECHARA, Evanildo. *Moderna gramática portuguesa*. 38. ed. Rio de Janeiro: Nova Fronteira: Lucerna, 2015a [37. ed., 1999].

BECHARA, Evanildo. Uma visão tranquila e científica do novo Acordo Ortográfico. *Estudos Avançados*, São Paulo, Instituto de Estudos Avançados da USP, v. 29, n. 83, jan./abr. 2015b. Disponível em: https://www.scielo.br/scielo.php?script=sci_arttext&pid=S0103-40142015000100281. Acesso em: 16 jul. 2020.

BECHARA, Evanildo. *Lições de português*: pela análise sintática. 17. ed. Rio de Janeiro: Lucerna, 2005.

BECKER, Ricardo. A tragédia de Brumadinho – todos são responsáveis. *Drone Mundo Geo*, São Paulo. Disponível em: https://droneshowla.com/artigo-tragedia-de-brumadinho-todos-sao-responsaveis/. Acesso em: 11 jul. 2020.

BELO, Jéferson Ferreira. Os efeitos de sentido das formas do discurso relatado em notícias. *Estudos Linguísticos*, São Paulo, v. 45, n. 3, p. 840-855, 2016. Disponível em: https://revistas.gel.org.br/estudos-linguisticos/article/view/678/1070. Acesso em: 8 maio 2020.

BENVENISTE, Émile. *Problemas de linguística geral I*. Tradução de Maria da Glória e Maria Luisa Neri. 5. ed. Campinas: Pontes, 2005.

BENVENISTE, ÉMILE. *Problemas de linguística geral II*. Tradução de Eduardo Guimarães et al. 2. ed. Campinas: Pontes, 2006.

BERNARDINO, Cibele Gadelha; VALENTIM, Dawton Lima. Uma breve análise comparativa entre exemplares do gênero textual "resumo acadêmico". *Entrepalavras*, Fortaleza, Universidade Federal do Ceará, v. 6, p. 25-45, jan./jun. 2016. Disponível em: http://www.repositorio.ufc.br/bitstream/riufc/24343/1/2016_art_cgbernardinodlvalentim.pdf. Acesso em: 16 maio 2020.

BERTUCCI, Roberlei Alves. Anáforas encapsuladoras: uma análise em textos de opinião. *Revista Letras*, Curitiba, Editora da Universidade Federal de Curitiba, n. 70, p. 207-221, set./dez. 2006. Disponível em: https://revistas.ufpr.br/letras/article/view/5429/6397. Acesso em: 23 abr. 2020.

BEZERRA, Maria Auxiliadora. Estratégias de condução de informações em resumos de dissertações. *Glossário Ceale*. Faculdade de Educação da Universidade Federal de Minas Gerais, 2010. Disponível em: http://ceale.fae.ufmg.br/app/webroot/glossarioceale/verbetes/sequencias--textuais#:~:text=Um%20artigo%20de%20opini%C3%A3o%2C%20por,aspectos%20do%20tema%20que%20contribuem. Acesso em: 16 out. 2020.

BHATIA, Vijay Kumar. *Analysing genre*: language use in professional settings. New York: Longman, 1993.

BIASI-RODRIGUES, Bernardete. Estratégias de condução de informações em resumos de dissertações. 1998. 205 f. Tese (Doutorado em Letras) – Universidade Federal de Santa Catarina, Florianópolis, 1998. Disponível em: https://repositorio.ufsc.br/xmlui/handle/123456789/77763. Acesso em: 16 maio 2020.

BIASI-RODRIGUES, Bernardete; ARAÚJO, Júlio César; SOUSA, Socorro Cláudia Tavares de (org.). *Gêneros textuais e comunidades* discursivas: um diálogo com John Swales. Belo Horizonte: Autêntica, 2009.

BLIKSTEIN, Izidoro. *Técnicas de comunicação escrita*. São Paulo: Ática, 1985.

BOFF, Odete Maria Benetti; KÖCHE, Vanilda Salton; MARINELLO, Adiane Fogali. O gênero textual artigo de opinião: um meio de interação. *REVELL – Revista Virtual de Estudos da Linguagem*, Mato Grosso do Sul, Universidade Estadual de Mato Grosso do Sul, v. 7, n. 13, p. 1-12, 2009. Disponível em: http://www.revel.inf.br/files/artigos/revel_13_o_genero_textual_artigo_de_opiniao.pdf. Acesso em: 7 maio 2020.

BONINI, Adair. Os gêneros do jornal: questões de pesquisa e ensino. *In*: KARWOSKI, Acir Mário; GAYDECZKA, Beatriz; KARIM, Siebeneicher Brito (org.). *Gêneros textuais*: reflexões e ensino. São Paulo: Parábola, 2011. p. 53-68.

BONINI, Adair. A noção de sequência textual na análise pragmático-textual de Jean-Michel Adam. *In*: MEURER, J. L.; BONINI, Adair; MOTTA-ROTH, Désirée (org.). *Gêneros*: teorias, métodos, debates. São Paulo: Parábola, 2010. p. 208-236.

BONINI, Adair. Reflexões em torno de um conceito psicolinguístico de tipo de texto. *DELTA*, São Paulo, PUC, v. 15, n. 2, p. 301-318, 1999. Disponível em: https://www.scielo.br/pdf/delta/v15n2/a04v15n2.pdf. Acesso em: 28 maio 2020.

BONINI, Adair. Ensino de gêneros textuais: a questão das escolhas teóricas e metodológicas. *Trabalhos em Linguística Aplicada*, Campinas, Unicamp, v. 37, p. 7-23, jan./jun. 2001. Disponível em: https://periodicos.sbu.unicamp.br/ojs/index.php/tla/article/view/8639323/6917. Acesso em: 28 maio 2020.

BORTONI-RICARDO, Stella Maris. *Manual de sociolinguística*. São Paulo: Contexto, 2014.

BORTONI-RICARDO, Stella Maris. *Do campo para a cidade*: estudo sociolinguístico de migração e redes sociais. São Paulo: Parábola, 2011a.

BORTONI-RICARDO, Stella Maris. *Nós cheguemu na escola, e agora?*: sociolinguística e educação. São Paulo: Parábola, 2011b.

BORTONI-RICARDO, Stella Maris. *O professor pesquisador*: introdução à pesquisa qualitativa. 2. ed. São Paulo: Parábola, 2009.

BORTONI-RICARDO, Stella Maris. Um modelo para análise sociolinguística do português do Brasil. *In*: BAGNO, Marcos (org.). *Linguística da norma*. 2. ed. São Paulo: Loyola, 2004. p. 333-350.

BORTONI-RICARDO, Stella Maris; ROCHA, Maria do Rosário. O ensino de português e a variação linguística em sala de aula. *In*: MARTINS, Marco Antonio; VIEIRA, Silvia Rodrigues; TAVARES, Maria Alice (org.). *Ensino de português e sociolinguística*. São Paulo: Contexto, 2014. p. 37-55.

BRAIT, Beth. O texto nas reflexões de Bakhtin e do Círculo. *In*: BATISTA, Ronaldo de Oliveira (org.). *O texto e seus conceitos*. São Paulo: Parábola, 2016. p. 13-30.

BRAITH, Beth (org.). *Bakhtin*: conceitos-chave. 2. ed. São Paulo: Contexto, 2014.

BRANDÃO, Helena Nagamine. Atividade enunciativa na produção de linguagem: estereotipia e acontecimento discursivo. *In*: DI FANTI, Maria da Glória; BRANDÃO, Helena Nagamine (org.). *Discurso*: tessituras de linguagem e trabalho. São Paulo: Cortez, 2018. p. 147-167.

BRANDÃO, Helena Nagamine. A escrita de estudantes pré-universitários: representação e estereotipia. Filologia Linguística Portuguesa, São Paulo, Universidade de São Paulo, n. 8, p. 239-250, 2006. Disponível em: http://www.revistas.usp.br/flp/article/view/59754/62863. Acesso em: 17 abr. 2020.

BRASIL. Presidência da República. Casa Civil. *Manual de redação da Presidência da República*. 3. ed. Brasília: Presidência da República, 2018.

BRASIL. Secretaria de Educação Fundamental. *Parâmetros curriculares nacionais*. Brasília: MEC/SEF, 1998.

BRITO, Sabrina. O novo alfabeto da vida. *Veja*, São Paulo, Editora Abril, edição 2624, ano 52, n. 10, p. 80-81, 6 mar. 2019.

BRONCKART, Jean-Paul. Um retorno necessário à questão do desenvolvimento. *In*: BUENO, Luzia; LOPES, Maria Angela Paulino Teixeira; CRISTOVÃO, Vera Lúcia (org.). *Gêneros textuais e formação inicial*: uma homenagem a Malu Matencio. Campinas: Mercado de Letras, 2013. p. 85-107.

BRONCKART, Jean-Paul. *Atividade de linguagem, textos e discursos*: por um interacionismo sociodiscursivo. Tradução de Anna Rachel Machado, Péricles da Cunha. São Paulo: Educ, 1999.

BUENO, Luzia; LOPES, Maria Angela Paulino Teixeira; CRISTOVÃO, Vera Lúcia (org.). *Gêneros textuais e formação inicial*: uma homenagem a Malu Matencio. Campinas: Mercado de Letras, 2013.

CALDEIRA, Fábio. Os prejuízos do tal 'minas trabalha em silêncio'. *Hoje em Dia*, Belo Horizonte, 11 jul. 2020. Disponível em: https://www.hojeemdia.com.br/opini%C3%A3o/colunas/f%C3%A1bio-caldeira-1.450485/os-preju%C3%ADzos-do-tal-minas-trabalha-em-silencio-1.795032. Acesso em: 23 jul. 2020.

CAMARA JR., Joaquim Mattoso. *Manual de expressão oral e escrita*. 5. ed. Petrópolis: Vozes, 1978a.

CAMARA JR., Joaquim Mattoso. *Dicionário de linguística e gramática*. 25. ed. Petrópolis: Vozes, 2004 [1978b].

CAMARA JR., Joaquim Mattoso. *Estrutura da língua portuguesa*. 45. ed. Petrópolis: Vozes, 2013 [1977a].

CAMARA JR., Joaquim Mattoso. *Contribuição à estilística portuguesa*. 3. ed. Rio de Janeiro: Ao Livro Técnico, 1977b.

CAMPOS-TOSCANO, Ana Lúcia Furquim. *O percurso dos gêneros do discurso publicitário*: uma análise das propagandas da Coca-Cola [*on-line*]. São Paulo: Editora UNESP; São Paulo: Cultura Acadêmica, 2009. Disponível em: https://static.scielo.org/scielobooks/pr4v9/pdf/campos-9788579830112.pdf. Acesso em: 27 abr. 2020.

CARNEIRO, Helanya Santana; BARREIROS, Patrício Nunes. Conhece-te a ti mesmo: o gênero autobiografia como recurso para desenvolver capacidades de linguagem, um estudo de caso. *Veredas – Interacionismo Sociodiscursivo*, Juiz de Fora, Universidade Federal de Juiz de Fora, v. 21, n. 3, p. 488-506, 2017. Disponível em: http://www.ufjf.br/revistaveredas/files/2017/11/27-Conhece-te-a-ti-mesmo-.pdf. Acesso em: 28 abr. 2020.

CARVALHO, Flaviane Faria. Padrões de organização textual e léxico-gramatical do gênero acadêmico resumo de tese: um estudo de caso. *Trabalhos em Linguística Aplicada*, Campinas, Unicamp, v. 49, n. 1, p. 115-128, jan./jul. 2010. Disponível em: https://www.scielo.br/pdf/tla/v49n1/09.pdf. Acesso em: 29 maio 2020.

CARVALHO, Gisele de. Gênero como ação social em Miller e Bazerman: o conceito, uma sugestão metodológica e um exemplo de aplicação. *In*: MEURER, J. L.; BONINI, Adair; MOTTA-ROTH, Désirée (org.). *Gêneros*: teorias, métodos, debates. São Paulo: Parábola, 2010. p. 130-149.

CASTILHO, Ataliba T. de. *Introdução ao estudo do aspecto verbal na língua portuguesa*. Marília: Faculdade de Filosofia e Letras de Marília, 1968. Disponível em: https://periodicos.fclar.unesp.br/alfa/article/view/3311/3038. Acesso em: 26 jun. 2020.

CASTRO, Claudio de Moura. Uma nação de bacharéis. *Veja*, São Paulo, edição 2624, ano 52, n. 10, p. 91, 6 mar. 2019.

CASTRO, Sara de. Artigo de opinião. *Mundo Educação*. Disponível em: https://mundoeducacao.bol.uol.com.br/redacao/artigo-opiniao.htm. Acesso em: 25 abr. 2020.

CHARAUDEAU, Patrick. *O discurso das mídias*. Tradução de Angela M. S. Corrêa. São Paulo: Contexto, 2006.

CHAUI, Marilena. *O que é ideologia*. São Paulo: Brasiliense, 1984.

CITELLI, Adilson. *Linguagem e persuasão*. São Paulo: Ática, 1985.

CITELLI, Adilson. *O texto argumentativo*. São Paulo: Scipione, 1994.

COELHO, Luciana; SALOMÃO, Alexa. Davos começa com Greta, Trump e preocupação com trabalho e ambiente. *Folha de S. Paulo*, São Paulo, 19 jan. 2020, p. A13.

COELHO, Marcelo. Final sem surpresas. *Folha de S. Paulo*, São Paulo, 10 jun. 2017, p. A7.

COELHO, Marcelo. Os desmoralizados. *Folha de S. Paulo*, São Paulo, 14 jun. 2017, p. C8.

COLARES, Ana Cátia Lemos; RAMOS, Andreza Paulina da Silveira. As relações intergenéricas: uma abordagem intertextual. *In*: SOUZA, Maria Margarete Fernandes de; LEAL, Abniza Pontes de Barros; SILVA, Luciene Helena da; IRINEU, Lucineudo Machado (org.). *Gêneros*: do texto ao discurso. Campinas: Pontes, 2018. p. 221-241.

COLOMBO, Sylvia. A língua des jovens argentines: linguagem inclusiva é adotada por presidente, universidades e juízas. *Folha de S. Paulo*, São Paulo, ano 100, n. 33, n. 33.163, p. A14, 19 jan. 2020.

CONY, Carlos Heitor Cony. A água é nossa. *Folha de S.Paulo*, São Paulo, 5 fev. 2009, p. A2.

CONY, Carlos Heitor. Fernando Sabino. *Folha de S.Paulo*, São Paulo, 13 out. 2004. Disponível em: https://www1.folha.uol.com.br/fsp/opiniao/fz1310200406.htm. Acesso em: 25 ago. 2020.

CONY, Carlos Heitor. Sociedade bem informada. *Folha de S.Paulo*, São Paulo, 9 jan. 2006, p. A2. Disponível em: https://www1.folha.uol.com.br/fsp/opiniao/fz0901200606.htm. Acesso em: 26 set. 2020.

CONY, Carlos Heitor. Mila. *Folha de S.Paulo*, São Paulo, 4 jun. 1995, p. A2. Disponível em: https://www1.folha.uol.com.br/fsp/1995/6/04/opiniao/5.html. Acesso em: 24 ago. 2020.

CORBARI, Alcione Tereza. A modalização deôntica no artigo de opinião: força ilocutória regulada pelo contexto enunciativo. *Cadernos de Letras*, Rio de Janeiro: Universidade Federal Fluminense. Disponível em: http://www.cadernosdeletras.uff.br/joomla/images/stories/edicoes/46/artigo10.pdf. Acesso em: 8 maio 2020.

COSTA, Sérgio Roberto. Gêneros discursivos e textuais: uma pequena síntese teórica. *Recorte – Revista de Linguagem, Cultura e Discurso*, Três Corações, Universidade Vale do Rio Verde, ano 3, n. 5, jul./dez. 2006. Disponível em: http://periodicos.unincor.br/index.php/recorte/article/view/2104/1791. Acesso em: 24 set. 2020.

CRUZ, Karina Garcia Santos; SANTOS, Maria Josefina Tavares; MATOS, Valeska de Souza; FERREIRA, Raquel Marques Carriço. Análise das estratégias persuasivas e a sedução das audiências no VT Assolation. *In*: CONGRESSO BRASILEIRO DE CIÊNCIAS DA COMUNICAÇÃO, 35., Fortaleza, 3 a 7 set, 2012. Disponível em: http://www.intercom.org.br/papers/nacionais/2012/resumos/R7-1324-1.pdf. Acesso em: 10 nov. 2020.

CUNHA, Celso Ferreira. *Gramática da língua portuguesa*. 2. ed. Rio de Janeiro: Fename, 1975.

CUNHA, Celso Ferreira; CINTRA, Luís F. Lindley. *Nova gramática do português contemporâneo*. 6. ed. Rio de Janeiro: Lexicon, 2013 [1985].

DALMONTE, Edson Fernando. Presente: o tempo do jornalismo e seus desdobramentos. *História*, Franca, v. 29, n. 1, 2010. Disponível em: https://www.scielo.br/scielo.php?script=sci_arttext&pid=S0101-90742010000100019. Acesso em: 8 maio 2020.

DE CONTO, Janete Maria; MOTTA-ROTH, Désirée. O sistema de gêneros da seleção de candidatos a emprego no contexto empresarial. *In*: SIMPÓSIO INTERNACIONAL DE ESTUDOS

DE GÊNEROS TEXTUAIS, 5., Caxias do Sul, ago. 2009. Disponível em: https://www.ucs.br/ucs/extensao/agenda/eventos/vsiget/portugues/anais/arquivos/o_sistema_de_generos_da_selecao_de_candidatos_a_emprego_no_contexto_empresarial.pdf. Acesso em: 4 maio 2020.

DIAS, Nilza Baarrozo; ABRAÇADO, Jussara; LIMA-HERNANDES, Maria Célia. Construções subjetivas. *In*: BAGNO, Marcos; CASSEB-GALVÃO, Vânia; REZENDE, Tânia Ferreira. *Dinâmicas funcionais da mudança linguística*. São Paulo: Parábola, 2017. p. 163-189.

DI FANTI, Maria da Glória. Discurso, dialogismo e atividade de trabalho: a constitutiva e tensa relação com o outro. *In*: DI FANTI, Maria da Glória; BRANDÃO, Helena Nagamine (org.). *Discurso*: tessituras de linguagem e trabalho. São Paulo: Cortez, 2018. p. 89-126.

DI FANTI, Maria da Glória; BRANDÃO, Helena Nagamine (org.). *Discurso*: tessituras de linguagem e trabalho. São Paulo: Cortez, 2018.

DI FANTI, Maria da Glória; BRANDÃO, Helena Nagamine. Discurso, atividade e produção de sentidos: perspectivas teóricas e práticas. *In*: DI FANTI, Maria da Glória; BRANDÃO, Helena Nagamine (org.). *Discurso*: tessituras de linguagem e trabalho. São Paulo: Cortez, 2018. p. 7-18.

DI FANTI, Maria da Glória. Linguagem e trabalho: diálogos entre estudos discursivos e ergológicos. *Letras de Hoje*, Pontifícia Universidade Católica, Porto Alegre, v. 49, n. 3, p. 253-258, jul./set. 2014. Disponível em: http://revistaseletronicas.pucrs.br/ojs/index.php/fale/article/view/19111/12164. Acesso em: 8 abr. 2010.

DI FANTI, Maria da Glória. A tessitura plurivocal do trabalho: efeito monológicos e dialógicos. *Alfa, Revista de Linguística*, São Paulo, Unesp, v. 49, n. 2, p. 19-40, 2005. Disponível em: https://periodicos.fclar.unesp.br/alfa/article/view/1402/1102. Acesso em: 13 abr. 2020.

DIMENSTEIN, Gilberto. Estamos deixando de ser idiotas? *Folha Online*, São Paulo, 28 maio 2009. Disponível em: https://www1.folha.uol.com.br/folha/pensata/gilbertodimenstein/ult508u572999.shtml. Acesso em: 5 ago. 2020.

EMBRAPA. *Manual de editoração da Embrapa*. Disponível em: https://www.embrapa.br/manual-de-editoracao/gramatica-e-ortografia/normas-gramaticais/concordancia-nominal. Acesso em: 18 jul. 2020.

ESTADO DE S. PAULO, O. O eleitor no escuro. São Paulo, 17 set. 2017, p. A3.

FAIRCLOUGH, Norman. *Discurso e mudança social*. Tradução de Izabel Magalhães. Brasília: Editora da Universidade de Brasília, 2001.

FARACO, Carlos Alberto. *Linguagem & diálogo*: as ideias linguísticas do Círculo de Bakhtin. São Paulo: Parábola, 2009.

FARIA, José Henrique de; MENEGHETTI, Francis Kanashiro. Burocracia como organização, poder e controle. *Revista de Administração de Empresas*, São Paulo, Fundação Getulio Vargas, v. 51, n. 5, p. 424-439, set./out. 2011. Disponível em: https://www.scielo.br/pdf/rae/v51n5/a02v51n5.pdf. Acesso em: 23 out. 2020.

FAVERO, Leonor Lopes. *Coesão e coerência textuais*. 10. ed. São Paulo: Ática, 2004 [1991].

FÁVERO, Leonor Lopes; KOCH, Ingedore Grunfeld Villaça. *Linguística textual*: introdução. São Paulo: Cortez, 1983.

FEARNSIDE, Philip M. Fogo e emissão de gases de efeito estufa dos ecossistemas florestais da Amazônia brasileira. *Estudos Avançados*, São Paulo, Universidade de São Paulo, v. 16, n. 44, p. 99-123, 2002 Disponível em: https://www.scielo.br/pdf/ea/v16n44/v16n44a07.pdf. Acesso em 24 set. 2020.

FERREIRA, Aurélio Buarque. *Novo dicionário Aurélio da língua portuguesa*. 2. ed. Rio de Janeiro: Nova Fronteira, 1986 [1. ed. 1975].

FERREIRA, Luiz Antonio. *Leitura e persuasão*: princípios de análise retórica. São Paulo: Contexto, 2015.

FERREIRA, Marina. Relato de viagem. Disponível em: https://www.colegiogeracao.com.br/wp-content/uploads/2019/07/Narrativas-Relato-de-Viagem.pdf. Acesso em: Acesso em: 25 abr. 2020.

FIORIN, José Luiz. *Introdução à linguística II*: princípios de análise. 5. ed. São Paulo: Contexto, 2016.

FIORIN, José Luiz. *Elementos de análise do discurso*. 15. ed. São Paulo: Contexto, 2014.

FIORIN, José Luiz. Interdiscursividade e intertextualidade. *In*: BRAITH, Beth (org.). *Bakhtin*: conceitos-chave. 2. ed. São Paulo: Contexto, 2014. p. 161-193.

FIORIN, José Luiz. Uma teoria da enunciação: Benveniste e Greimas. *Gragoatá*, Niterói, Universidade Federal Fluminense, v. 22, n. 44, p. 970-985, set./dez. 2017. Disponível em: https://periodicos.uff.br/gragoata/article/view/33544/19531. Acesso em: 15 abr. 2020.

FIORIN, José Luiz. O *pathos* do enunciatário. *Alfa*, São Paulo, Unesp, v. 48, n. 2, p.69-78, 2004. Disponível em: https://periodicos.fclar.unesp.br/alfa/article/view/4297/3885. Acesso em: 7 maio 2020

FIORIN, José Luiz. *As astúcias da enunciação*: as categorias de pessoa, espaço e tempo. São Paulo: Ática, 1996.

FIORIN, José Luiz. *Elementos de análise do discurso*. São Paulo: Contexto, 1989.

FIORIN, José Luiz.; SAVIOLI, Francisco Platão. *Para entender o texto*: leitura e redação. São Paulo: Ática, 1990.

FONSECA, Rubem. *Carne crua*: contos. Rio de Janeiro: Nova Fronteira, 2018.

FRANCHI, Carlos. Linguagem. Atividade constitutiva. *Cadernos de Estudos Linguísticos*. Campinas, Unicamp, n. 22, p. 9-39, jan./jun. 1992. Disponível em: https://periodicos.sbu.unicamp.br/ojs/index.php/cel/article/view/8636893/4615. Acesso em: 13 abr. 2020.

FRANCO, Marilda Macedo Souto; ALMEIDA, José Carlos Paes de. O conceito de competência comunicativa em retrospectiva e perspectiva. *Revista Desempenho*, Brasília, Universidade de Brasília, v. 10, n. 1, p. 4-22, jun. 2009. Disponível em: https://periodicos.unb.br/index.php/rd/article/view/9360/8278. Acesso em: 24 set. 2020.

FREIRE, Vinicius Torres. Nacionalismos e protecionismos. *Folha de S. Paulo*, São Paulo, 5 fev. 2009, p. B4.

FREIRE, Paulo. *A importância do ato de ler*. 11. ed. São Paulo: Cortez, 1985.

FREITAS, Henrique Campos; MARRA, Mayra Natanne Alves. Tipos de argumentos utilizados nos anúncios publicitários das Havaianas. *Domínios de Lingu@gem*, Uberlândia, Universidade Federal de Uberlândia, v. 10, n. 1, jan./mar. 2016. Disponível em: http://www.seer.ufu.br/index.php/dominiosdelinguagem/article/view/32174/18095. Acesso em: 22 maio 2020.

GADET, Françoise; HAK, Tony (org.). *Por uma análise automática do discurso*: uma introdução à obra de Michel Pêcheux. Tradução de Bethania S. Mariani, Eni Pucinelli Orlandi, Jonas de A. Romualdo, Lourenco Chacon J. Filho, Manoel Gonçalves, Maria Augusta B. de Matos Pericles Cunha, Silvana M. Serrani Suzy Lagazzi. 3. ed. Campinas: Editora da Unicamp, 1990.

GARCIA, Bianca Rigamonti Valeiro; SILVA, Cleide Lúcia da Cunha Rizério e; PIRIS, Eduardo Lopes; FERRAZ, Flávia Sílvia Machado; GONÇALVES SEGUNDO, Paulo Roberto (org.). *Análises do discurso*: o diálogo entre as várias tendências na USP. São Paulo: Paulistana Editora, 2009.

GARCIA, Othon M. *Comunicação em prosa moderna*. 13. ed. Rio de Janeiro: FGV, 1986 [2. ed. 1973].

GERALDI, João Wanderley (org.). *O texto na sala de aula:* leitura e produção. 2. ed. Cascavel: Assoeste Editora Educativa, 1985.

G1. JORNAL NACIONAL. Ano de 2020 já é o pior da história do Pantanal em número de queimadas, diz Inpe. Rio de Janeiro, Globo, 17 set. 2020. Disponível em: https://g1.globo.com/jornal-nacional/noticia/2020/09/17/ano-de-2020-ja-e-o-pior-da-historia-do-pantanal-em-numero-de-queimadas-diz-inpe.ghtml. Acesso em: 24 set. 2020.

GNERRE, Maurizzio. *Linguagem e poder*: subsídios à proposta curricular de língua portuguesa para o 2º grau. São Paulo: CENP, 1978. v. 4.

GOFFMAN, Erving. *A representação do eu na vida cotidiana*. 9. ed. Petrópolis: Vozes, 2001.

GOLDENBERG, Mirian. A invenção de uma bela velhice: em busca de uma vida com mais liberdade e felicidade. *Revista Brasileira de Geriatria e Gerontologia*, Rio de Janeiro, Sociedade Brasileira de Geriatria e Gerontologia, v. 21, n. 5, p. 529-530, 2018. Disponível em: https://www.scielo.br/pdf/rbgg/v21n5/pt_1809-9823-rbgg-21-05-00511.pdf. Acesso em: 3 jul. 2020.

GOMES, A. B. L. *A emergência do gênero carta*. 2002. 124 f. Dissertação (Mestrado em Linguística) – Centro de Humanidades, Universidade Federal do Ceará, Fortaleza, 2002.

GONÇALVES, João Batista Costa. O conceito de *ethos* do enunciador na obra *Em busca do sentido: estudos discursivos*, de J. L. Fiorin. *Bakhtiniana*, São Paulo, v. 10, n. 3, p. 63-79, set./dez. 2015

GUIMARÃES, Elisa. *Texto, discurso e ensino*. São Paulo: Contexto, 2013.

GUIMARÃES, Elisa. *A articulação do texto*. São Paulo: Ática, 1990.

GÜNTZEL, Eliane. Sala de espera: a busca dos efeitos de sentido presentes no texto promocional do banco Itaú. *In*: CONGRESSO DE CIÊNCIAS DA COMUNICAÇÃO NA REGIÃO SUL, 14., Santa Cruz do Sul, 30 maio a 1 jun. 2013. *Intercom*, São Paulo, Sociedade Brasileira de Estudos Interdisciplinares da Comunicação, 2013. Disponível em: http://portalintercom.org.br/anais/sul2013/resumos/R35-1561-1.pdf. Acesso em: 29 abr. 2020.

GUROVITZ, Helio. Américo Pisca-Pisca e os "bissurdos" de Gilmar. *Época*, São Paulo, 19 jun. 2017. Disponível em: https://epoca.globo.com/cultura/helio-gurovitz/noticia/2017/06/americo-pisca-pisca-e-os-bissurdos-de-gilmar.html. Acesso em: 12 out. 2020.

HALLIDAY, M. A. K. *An introduction to functional grammar*. 3. ed. Londres: Hodder Arnold, 2004. Disponível em: http://www.uel.br/projetos/ppcat/pages/arquivos/RESOURCES/2004_HALLIDAY_MATTHIESSEN_An_Introduction_to_Functional_Grammar.pdf. Acesso em: 29 abr. 2020.

HARTUNG, Paulo. Lucidez na travessia em tempos de pandemia. *O Estado de S. Paulo*, São Paulo, 7 abr. 2020. Disponível em: https://opiniao.estadao.com.br/noticias/espaco-aberto,lucidez-na-travessia-em-tempos-de-pandemia,70003262709. Acesso em: 7 abr. 2020.

HASAN, Ruqaiya. Parte B. *In*: HALLIDAY, Michael A. K.; HASAN, Ruqaiya. *Language, context, and text*: aspects of language in a social-semiotic perspective. Oxford: OUP, 1989. p. 52-118.

HAUY, Amini Boainain. *Gramática da língua portuguesa padrão*. São Paulo: Edusp, 2015.

HAUY, Amini Boainain. *Vozes verbais*. São Paulo: Ática, 1992.

HAUY, Amini Boainain. *Da necessidade de uma gramática-padrão da língua portuguesa*. São Paulo: Ática, 1983.

HEMAIS, Barbara; BIASI-RODRIGUES, Bernardete. A proposta sociorretórica de John M. Swales para o estudo de gêneros textuais. *In*: MEURER, J. L.; BONINI, Adair; MOTTA-ROTH, Désirée (org.). *Gêneros*: teorias, métodos, debates. São Paulo: Parábola, 2010. p. 108-129.

HOFFMANN, Anita; TEIXEIRA, Nincia Cecilia Ribas Borges. A construção do *ethos* e do *pathos* na revista *Bravo!*: interfaces semióticas. *Conexão – Comunicação e Cultura*, Caxias do Sul, Universidade de Caxias do Sul, v. 10, n. 19, p. 179-191, jan./jun. 2011. Disponível em: http://www.ucs.br/etc/revistas/index.php/conexao/article/view/627. Acesso em: 7 maio 2020.

HOUAISS, Antônio; VILLAR, Mauro de Salles. *Dicionário Houaiss da língua portuguesa*. Elaborado no Instituto Antônio Houaiss de Lexicografia e Banco de Dados da Língua Portuguesa. Rio de Janeiro: Objetiva, 2001.

ILARI, Rodolfo. *A linguística e o ensino da língua portuguesa*. 2. ed. São Paulo: Martins Fontes, 1986.

ILARI, Rodolfo; GERALDI, João Wanderley. *Semântica*. São Paulo: Ática, 1985.

INSTITUTO FEDERAL DE EDUCAÇÃO, CIÊNCIA E TECNOLOGIA DA PARAÍBA. *Manual de produção textual administrativa interna*. João Pessoa, Campus João Pessoa, 2018.

JORGE, Sabrina; HEBERLE, Viviane Maria. Análise crítica do discurso de um fôlder bancário. *In*: MEURER, José Luiz; MOTTA-ROTH, Désirée (org.). *Gêneros textuais e práticas discursivas*: subsídios para o ensino da linguagem. Bauru: Edusc, 2002. p. 177-198.

JORNAL NACIONAL. Rompimento da barragem da Vale em Brumadinho completa um ano. *G1.*, Rio de Janeiro, 25 jan. 2020. Disponível em: https://g1.globo.com/jornal-nacional/noticia/2020/01/25/rompimento-da-barragem-da-vale-em-brumadinho-completa-um-ano.ghtml. Acesso em: 13 jul. 2020.

JUNGES, Alexandre Luis; SANTOS, Vinícius Yuri; MASSONI, Neusa Teresinha; SANTOS, Francineide Amorim Costa. Efeito estufa e aquecimento global: uma abordagem conceitual a partir da física para educação básica. *Experiências em Ensino de Ciências*, Grupo de Ensino do Instituto de Física da Universidade Federal de Mato Grosso, Cuiabá, v. 13, n. 5, p. 126-152, 2018. Disponível em: https://if.ufmt.br/eenci/artigos/Artigo_ID531/v13_n5_a2018.pdf. Acesso em 25 set. 2020.

KANTHACK, Gessilene Silveira. Advérbios modalizadores em -mente: uma descrição de propriedades sintático-semânticas. *Recorte*, Três Corações, Universidade Vale do Rio Verde, ano 9, n. 1. Disponível em: http://periodicos.unincor.br/index.php/recorte/article/view/335. Acesso em: 3 jul. 2020.

KARWOSKI, Acir Mário; GAYDECZKA, Beatriz; KARIM, Siebeneicher Brito (org.). *Gêneros textuais*: reflexões e ensino. São Paulo: Parábola, 2011.

KATO, Mary A. *No mundo da escrita:* uma perspectiva psicolinguística. São Paulo: Ática, 1986.

KEHL, Maria Rita. O racismo no divã. *Quatro cinco um*, São Paulo, ano 1, n. 5, p. 22-23, set. 2017. Disponível em: https://quatrocincoum.folha.uol.com.br/br/resenhas/historia/o-racismo-no-diva. Acesso em: 9 nov. 2020.

KEMIAC, Ludmila; NÓBREGA, Daniela Gomes de Araújo. O interacionismo sociodiscursivo e o ensino de escrita: algumas considerações sobre os gêneros escolares e não escolares. *Leia Escola*, Campina Grande, Universidade Federal de Campina Grande, v. 17, n. 1, p. 10-19, 2017. Disponível em: http://revistas.ufcg.edu.br/ch/index.php/Leia/article/view/846. Acesso em: 23 out. 2020.

KOCH, Ingedore Villaça. *Argumentação e linguagem*. 13 ed. São Paulo: Cortez, 2017.

KOCH, Ingedore Villaça. *A coesão textual*. 22. ed. São Paulo: Contexto, 2016 [8. ed.1996].

KOCH, Ingedore Villaça. *Desvendando os segredos do texto*. 8. ed. São Paulo: Cortez, 2015a [1. ed. 2002, 4. ed. 2005].

KOCH, Ingedore Villaça. *A interação pela linguagem*. 9. ed. São Paulo: Contexto, 2015b.

KOCH, Ingedore Villaça. *As tramas do texto*. 2. ed. São Paulo: Contexto, 2014.

KOCH, Ingedore Villaça. *O texto e a construção dos sentidos*. 7. ed. São Paulo: Contexto, 2003 [1997].

KOCH, Ingedore Villaça; BENTES, Anna Christina; CAVALCANTE, Mônica Magalhães. *Intertextualidade*: diálogos possíveis. 3. ed. São Paulo: Cortez, 2012.

KOCH, Ingedore Villaça; CUNHA-LIMA, Maria Luiza. Do cognitivismo ao sociocognitivismo. *In*: MUSSALIM, Fernanda; BENTES, Anna Christina (org.). *Fundamentos epistemológicos*. 5. ed. São Paulo: Cortez, 2018. p. 251-300.

KOCH, Ingedore Villaça; ELIAS, Vanda Maria. O texto na linguística textual. *In*: BATISTA, Ronaldo de Oliveira (org.). *O texto e seus conceitos*. São Paulo: Parábola, 2016a. p. 31-44.

KOCH, Ingedore Villaça; ELIAS, Vanda Maria. *Escrever e argumentar*. São Paulo: Contexto, 2016b.

KOCH, Ingedore Villaça; ELIAS, Vanda Maria. *Ler e compreender*: os sentidos do texto. São Paulo: Contexto, 2006.

KOCH, Ingedore Villaça; TRAVAGLIA, Luiz Carlos. *Texto e coerência*. 13. ed. São Paulo: Cortez, 2012 [1989].

KOCH, Ingedore Villaça; TRAVAGLIA, Luiz Carlos. 18. ed. *A coerência textual*. São Paulo: Contexto, 2015 [1990].

LABOV, William; WALETZKY, Joshua. Narrative analysis: oral version of personal experience. *Journal of Narrative & Life History*, v. 7, n. 1-4, p. 3-38, 1997. O texto de Labov também pode ser visto em: https://www.academia.edu/5908198/Narrative_analysis_oral_versions_of_personal _experience. Acesso em: 12 maio 2020.

LEAL, Audria; CALDES, Ana. Mecanismos de textualização e construção textual: para uma abordagem sociodiscursiva do cartoon. *Diacrítica*, Universidade do Minho, Braga, v. 27, n. 1, p. 175-194, 2013. Disponível em: http://www.scielo.mec.pt/scielo.php?script=sci_abstract&pid=S0807 -89672013000100007&lng=pt&nrm=iso. Acesso em: 23 abr. 2020.

LEITE, Marli Quadros. O texto na gramática. *In*: BATISTA, Ronaldo de Oliveira (org.). *O texto e seus conceitos*. São Paulo: Parábola, 2016. p. 103-131.

LIMA, Anselmo Pereira de. Discurso e atividade reguladora. *In*: DI FANTI, Maria da Glória; BRANDÃO, Helena Nagamine (org.). *Discurso*: tessituras de linguagem e trabalho. São Paulo: Cortez, 2018. p. 127-145.

LIMA, Rocha. *Gramática normativa da língua portuguesa*. 19. ed. Rio de Janeiro: José Olympio, 1978.

LOPES, Célia Regina dos Santos; DUARTE, Maria Eugênia Lamoglia. De *Vossa Mercê* a *você*: análise da pronominalização de nominais em peças brasileiras e portuguesas setecentistas e oitocentistas. Disponível em: https://edisciplinas.usp.br/pluginfile.php/386163/mod_resource/content/1/texto%20%203.pdf. Acesso em: 8 ago. 2020.

LOPES, Rodrigo Esteves de Lima. *Estudos de transitividade em língua portuguesa*: o perfil do gênero cartas de venda. 2001. 176 f. Dissertação (Mestrado em Linguística Aplicada) – Pontifícia Universidade Católica de São Paulo, São Paulo, 2001. Disponível em: http://www.educadores.diaadia.pr.gov.br/arquivos/File/2010/artigos_teses/LinguaPortuguesa/lima-lopes.pdf. Acesso em: 5 maio 2020.

LUFT, Celso Pedro. *Ensino e aprendizado da língua materna*. São Paulo: Globo, 2007.

LUFT, Celso Pedro. *Língua e liberdade*. 8. ed. Porto Alegre: L&PM, 1985.

LUFT, Celso Pedro. *Moderna gramática brasileira*. 4. ed. Porto Alegre: Globo, 1981.

MACHADO, Anna Rachel. A perspectiva interacionista sociodiscursiva de Bronckart. *In*: MEURER, José Luiz; BONINI, Adair; MOTTA-ROTH, Désirée (org.). *Gêneros*: teorias, métodos, debates. São Paulo: Parábola, 2010. p. 237-259.

MACHADO, Anna Rachel; LOUSADA, Eliane; ABREU-TARDELLI, Lília Santos. O resumo escolar: uma proposta de ensino do gênero. *Signum: Estudos da Linguagem*, Londrina, Universidade Estadual de Londrina, n. 8/1, p. 89-101, jun. 2005. Disponível em: http://www.uel.br/revistas/uel/index.php/signum/article/view/3638/2940. Acesso em: 21 out. 2020.

MAINGUENEAU, Dominique. *Gênese dos discursos*. Tradução de Sírio Possenti. São Paulo: Parábola, 2008.

MAINGUENEAU, Dominique. *Análise de textos de comunicação*. Tradução de Cecília P. de Souza-e-Silva, Décio Rocha. 3. ed. São Paulo: Cortez, 2004.

MARCUSCHI, Luiz Antônio. *Linguística de texto*: o que é e como se faz? São Paulo: Parábola, 2012.

MARCUSCHI, Luiz Antônio. Gêneros textuais: configuração, dinamicidade e circulação. *In*: KARWOSKI, Acir Mário; GAYDECZKA, Beatriz; BRITO, Karim Siebeneicher. *Gêneros textuais*: reflexões e ensino. 4. ed. São Paulo: Parábola, 2011a. p. 17-31.

MARCUSCHI, Luiz Antônio. *Produção textual, análise de gêneros e compreensão*. São Paulo: Parábola, 2011b.

MARCUSCHI, Luiz Antônio. Gêneros textuais: definição e funcionalidade. *In*: DIONISIO, Angela Paiva; MACHADO, Anna Rachel; BEZERRA, Maria Auxiliadora (org.). *Gêneros textuais e ensino*. 2. ed. São Paulo: Parábola, 2010.

MARINHO, Fernando. Artigo de opinião. *Português: o Sítio da Língua Portuguesa*. Disponível em: https://www.portugues.com.br/redacao/artigo-opiniao-.html. Acesso em: 25 abr. 2020.

MARQUESI, Sueli Cristina; ELIAS, Vanda Maria da Silva. O descritivo em diferentes gêneros textuais: perspectivas para o ensino da leitura e da escrita. *Linha d'Água*, São Paulo, Universidade de São Paulo, v. 2, n. 24, p. 189-203, 2011. Disponível em: http://www.revistas.usp.br/linhadagua/article/view/37354/40074. Acesso em: 23 maio 2020.

MARQUESI, Sueli Cristina; PAULIUKONIS, Aparecida Likno; ELIAS, Vanda Maria. *Linguística textual* e ensino. São Paulo Contexto, 2017.

MARQUESI, Sueli Cristina; ELIAS, Vanda Maria; CABRAL, Ana Lúcia Tinoco. Planos de texto, sequências textuais e orientação argumentativa. *In*: MARQUESI, Sueli Cristina; PAULIUKONIS, Aparecida Likno; ELIAS, Vanda Maria. *Linguística textual* e ensino. São Paulo Contexto, 2017. p. 13-32.

MARTINS, Maria Helena. *O que é leitura*. 3. ed. São Paulo: Brasiliense, 1984.

MARTINS, Vicente. Acordo Ortográfico e a questão do hífen nos compostos. *Revista de Letras*, Curitiba, Universidade Tecnológica Federal do Paraná, n. 14, p. 1-17, 2011. Disponível em: https://periodicos.utfpr.edu.br/rl/article/view/2333. Acesso em: 16 jul. 2020.

MEDINA, Jorge Lellis Bomfim. Gêneros jornalísticos: repensando a questão. *Symposium*, Universidade Católica de Pernambuco, ano 5, n. 1, p. 45-55, jan./jun. 2001. Disponível em: https://www.maxwell.vrac.puc-rio.br/3196/3196.PDF. Acesso em: 23 abr. 2020.

MENDES, Francielle Maria Modesto; QUEIRÓS, Francisco Aquinei Timóteo. Construção cena a cena: a narrativa jornalística como mosaico lítero-factual em Chico Mendes: crime e castigo, de Zuenir Ventura. *Bakhtiniana*, São Paulo, v. 12, n. 2, p. 156-173, maio/ago. 2017. Disponível em: https://www.scielo.br/pdf/bak/v12n2/2176-4573-bak-12-02-0156.pdf. Acesso em: 12 maio 2020.

MENDONÇA, Johnathan Borges; FEITOSA, Vladimir Alencastro. Redação publicitária e o comercial "Hitler" da *Folha de S.Paulo*. *Revista Desafios*, Palmas, Universidade Federal de Tocantins, v. 5, n. 3, 2018. Disponível em: https://sistemas.uft.edu.br/periodicos/index.php/desafios/article/view/5950/14071. Acesso em: 7 ago. 2020.

MESQUITA, Elisete Maria de Carvalho. O texto técnico: aspectos textuais-discursivo. *In*: TRAVAGLIA, Luiz Carlos; FINOTTI, Luisa Helena Borges; MESQUITA, Elisete Maria de Carvalho (org.). *Gêneros de texto*: caracterização ensino. Uberlândia: Edufu, 2008. p. 135-158.

MEURER, José Luiz. Gêneros textuais na análise crítica de Fairclough. *In*: MEURER, José Luiz; BONINI, Adair; MOTTA-ROTH, Désirée (org.). *Gêneros*: teorias, métodos, debates. São Paulo: Parábola, 2010. p. 81-106.

MEURER, José Luiz; BONINI, Adair; MOTTA-ROTH, Désirée (org.). *Gêneros*: teorias, métodos, debates. São Paulo: Parábola, 2010.

MEURER, José Luiz; MOTTA-ROTH, José Luiz. Gêneros textuais e práticas discursivas: subsídios para o ensino da linguagem. Bauru: Edusc, 2002.

MODESTO, Artarxerxes. Entrevista com José Luiz Fiorin. *Letra Magna.com,* ano 4, n. 7, 2007. Disponível em: http://www.letramagna.com/fiorin.htm. Acesso em: 14 abr. 2010.

MOISÉS, Massaud. *Dicionário de termos literários*. 4. ed. São Paulo: Cultrix, 1985.

MOREIRA, Maria Ednilza Oliveira. Sequências discursivas: mecanismos para a busca de propósitos comunicativos dos gêneros textuais. *In*: SOUZA, Maria Margarete Fernandes de; LEAL, Abniza Pontes de Barros; SILVA, Luciene Helena da; IRINEU, Lucineudo Machado (org.). *Gêneros*: do texto ao discurso. Campinas: Pontes, 2018. p. 243-263.

MOTTA-ROTH, Désirée (org.). *Gêneros textuais*. Bauru: Edusc, 2002. p. 77-116.

MOTTA-ROTH, Désirée; HEBERLE, Viviane M. O conceito de "estrutura potencial do gênero" de Ruqayia Hasan. *In*: MEURER, J. L.; BONINI, Adair; MOTTA-ROTH, Désirée (org.). *Gêneros*: teorias, métodos, debates. São Paulo: Parábola, 2010. p. 12-28.

MOTTA-ROTH, Désirée; HENDGES, Graciela R. Uma análise transdisciplinar do gênero *abstract*. *Intercâmbio*, São Paulo, Pontifícia Universidade Católica, v. 7, p. 117-125, 1998. Disponível em: http://coral.ufsm.br/labler/publi/anlise.htm. Acesso em: 16 maio 2020.

MUSSALIM, Fernanda. A noção de texto em análise do discurso. *In*: BATISTA, Ronaldo de Oliveira (org.). *O texto e seus conceitos*. São Paulo: Parábola, 2016. p. 45-70.

MUSSALIM, Fernanda; BENTES, Anna Christina (org.). *Fundamentos epistemológicos*. 5. ed. São Paulo: Cortez, 2018. v. 3.

NASCIMENTO, Emanuel Angelo. Os estereótipos do caipira no discurso do humor. *Estudos Linguísticos*, São Paulo, v. 46, n. 3, p. 850-865, 2017.

NEVES, Maria Helena de Moura. O texto na teoria funcionalista da linguagem. *In*: BATISTA, Ronaldo de Oliveira. *O texto e seus conceitos*. São Paulo: Parábola, 2016. p. 93-102.

NEVES, Maria Helena de Moura. O legado grego na terminologia gramatical brasileira. *Alfa*, São Paulo, Unesp, v. 55, n. 2, p. 641-664, 2011. Disponível em: http://www.scielo.br/pdf/alfa/v55n2/13.pdf. Acesso em: 17 abr. 2020.

NEVES, Maria Helena de Moura. *Gramática de usos do português*. São Paulo: Unesp, 2000.

NUNES, Valfrido da Silva. O conceito de gênero em três tradições de estudos: uma introdução. *Vértices*, Campos dos Goytacazes, Instituto Federal de Educação, Ciência e Tecnologia Fluminense, v. 19, n. 3, p. 7-29, set./dez. 2017. Disponível em: https://www.researchgate.net/publication/323024180_O_conceito_de_genero_em_tres_tradicoes_de_estudos_uma_introducao. Acesso em: 15 maio 2020.

NUNES, Valfrido da Silva; SILVEIRA, Maria Inez Matoso. Análise de gênero discursivo na perspectiva dialógica do Círculo de Bakhtin: subsídios teóricos e aplicados. *Revista Leitura*, Maceió, Universidade Federal de Alagoas, v.1, n. 55, p. 129-144, jan./jun. 2015. Disponível em: http://www.seer.ufal.br/index.php/revistaleitura/article/view/2312. Acesso em: 4 jun. 2020.

ORLANDI, Eni Pulcinelli. *A linguagem e seu funcionamento*. 2. ed. Campinas: Pontes, 1987.

ORLANDI, Eni Pulcinelli. *Discurso e leitura*. São Paulo: Cortez, Campinas: Editora da Unicamp, 1993.

PARÂMETROS CURRICULARES NACIONAIS. Ensino médio. Brasília: MEC, 2000. Disponível em: http://portal.mec.gov.br/seb/arquivos/pdf/14_24.pdf. Acesso em: 11 ago. 2020.

PARÂMETROS CURRICULARES NACIONAIS. Secretaria de Educação Fundamental. Brasília: MEC/SEF, 1998.

PÊCHEUX, Michael; FUCHS, Catherine. A propósito da análise automática do discurso: atualizações e perspectivas. *In*: GADET, Françoise; HAK, Tony (org.). *Por uma análise automática do discurso*: uma introdução à obra de Michel Pêcheux. Tradução de Bethania S. Mariani, Eni Pucinelli Orlandi, Jonas de A. Romualdo, Lourenco Chacon J. Filho, Manoel Gonçalves, Maria Augusta B. de Matos Pericles Cunha, Silvana M. Serrani Suzy Lagazzi. 3. ed. Campinas: Ed. Unicamp, 1990. p. 163-252.

PÉCORA, Alcir. *Problemas de redação*. 2. ed. São Paulo: Martins Fontes, 1986.

PESSOA, Fernando. *Obra poética*. Rio de Janeiro: Nova Aguilar, 1981.

PESSOA, Nadja Paulino. Um estudo dos valores deônticos no discurso publicitário. Disponível em: http://repositorio.ufc.br/bitstream/riufc/26147/1/2008_eve_unppprata.pdf. Acesso em: 6 jul. 2020.

PIRIS, Eduardo Lopes. A dimensão subjetiva do discurso jornalístico: o *ethos* e o *pathos* nos editoriais do *Correio da Manhã* e d'*O Globo* sobre a deposição de João Goulart. *In*: GARCIA, B. R. V.; CUNHA, C. L.; PIRIS, E. L.; FERRAZ, F. S. M.; GONÇALVES SEGUNDO, P. R. (org.). *Análises do discurso*: o diálogo entre as várias tendências na USP. São Paulo: Paulistana Editora, 2009. Disponível em: https://edisciplinas.usp.br/pluginfile.php/4637932/mod_resource/content/2/artigo%20sobre%20Ethos%20Eduardo%20Piris.pdf. Acesso em: 18 abr. 2020.

POSSENTI, Sírio. Teoria do discurso: um caso de múltiplas rupturas. *In*: MUSSALIM, Fernanda; BENTES, Ana Christina (org.). *Introdução à linguística*: fundamentos epistemológicos. 5. ed. São Paulo: Cortez, 2018. p. 353-391.

RAMOS, Graciliano. *São Bernardo*. 6. ed. Rio de Janeiro: José Olympio, 1955.

RAMOS, Graciliano. *Vidas secas*. Rio de Janeiro: José Olympio, 1955.

REZENDE, Joffre M. de. Concordância verbal. Disponível em: http://www.jmrezende.com.br/concverbal.htm. Acesso em: 12 dez. 2020.

REZENDE, Joffre M. de. Concordância verbal na voz passiva. Disponível em: http://www.jmrezende.com.br/concordancia.htm. Acesso cem: 12 dez. 2020.

RIBEIRO, Simone Beatriz Cordeiro; VON BORSTEL, Clarice Nadir. A expressividade enunciativa do adjetivo no gênero textual dissertativo-argumentativo. *Línguas e Letras*, Cascavel, Universidade Estadual do Oeste do Paraná, v. 11, n. 20, p. 167-188, 1º sem. 2010. Disponível em: http://e-revista.unioeste.br/index.php/linguaseletras/article/view/3776. Acesso em: 20 jul. 2020.

ROCHA, Max Silva da; SILVA, Maria Margarete de Paiva. A linguística textual e a construção do texto: um estudo sobre os fatores de textualidade. Disponível em: Acesso em: 23 abr. 2020. *A Cor das Letras*, Feira de Santana, Universidade Estadual de Feira de Santana, v. 18, n. 2, p. 26-44, maio/ago. 2017. Disponível em: http://periodicos.uefs.br/index.php/acordasletras/article/view/1866. Acesso em: 23 abr. 2020.

RODRIGUES, Rosângela Hammes. Os gêneros do discurso na perspectiva dialógica da linguagem: a abordagem de Bakhtin. *In*: MEURER, J. L.; BONINI, Adair; MOTTA-ROTH, Désirée (org.). *Gêneros*: teorias, métodos, debates. São Paulo: Parábola, 2010. p. 152-183.

ROJO, Roxane; BARBOSA, Jacqueline Peixoto; COLLINS, Heloisa. Letramento digital: um trabalho a partir dos gêneros do discurso. *In*: KARWOSKI, Acir Mário; GAYDECZKA, Beatriz; KARIM, Siebeneicher Brito (org.). *Gêneros textuais*: reflexões e ensino. São Paulo: Parábola, 2011. p. 107-136.

ROJO, Roxane. Gêneros do discurso e gêneros textuais: questões teóricas e aplicadas. *In*: MEURER, José Luiz; BONINI, Adair; MOTTA-ROTH, Désirée (org.). Gêneros: teoria, métodos, debates. São Paulo: Parábola, 2010. p. 184-207.

SCHERRE, Maria Marta Pereira; NARO, Anthony Julius; CARDOSO, Caroline Rodrigues. O papel do tipo de verbo na concordância verbal no português brasileiro. *Delta*, São Paulo, PUC, v. 23, n. especial, 2007. Disponível em: https://www.scielo.br/scielo.php?script=sci_arttext&pid=S0102-44502007000300012&lng=pt&nrm=iso&tlng=pt. Acesso em: 20 jul. 2020.

SCHNEUWLI, Bernard; DOLZ, Joaquim. *Gêneros orais e escritos na escola*. Tradução de Roxane Rojo, Glaís Sales Cordeiro. Campinas: Mercado de Letras, 2004.

SCHWARTSMAN, Hélio. Sirenes que não soam. *Folha de S. Paulo*, 29 jan. 2019. Disponível em: https://gilvanmelo.blogspot.com/2019/01/helio-schwartsman-sirenes-que-nao-soam.html. Acesso em: 17 out. 2020.

SCHWARTZ, Christian. Férias adiadas. *In*: TEZZA, Cristovão. *Um operário em férias*: 100 crônicas escolhidas. Rio de Janeiro: Record, 2013. p. 9-14.

SCLIAR, Moacyr. Os terroristas. Casa de Curioso, 4 mar. 2011. Disponível em: http://blogdecurioso.blogspot.com/2011/03/cronica-os-terroristas-de-moacyr-scliar.html. Acesso em: 16 abr. 2020.

SCLIAR, Moacyr. *Dicionário do viajante insólito*. Porto Alegre: L&PM, 1995.

SERAFINI, Maria Teresa. *Como escrever textos*. Rio de Janeiro: Globo, 1987.

SEVERINO, Antônio Joaquim. *Metodologia do trabalho científico*.

SILVA JÚNIOR., Luiz Joaquim da Silva. *Cinema brasileiro nos jornais*: uma análise da crítica cinematográfica na retomada. 2004. 94 f. Dissertação (Mestrado em Comunicação) – Universidade Federal de Pernambuco, Recife, 2004. Disponível em: https://repositorio.ufpe.br/bitstream/123456789/3366/1/arquivo4586_1.pdf. Acesso em: 28 maio 2020.

SILVA, Vera Lúcia Paredes. Forma e função nos gêneros de discurso. *Alfa*, São Paulo, Unesp, v. 41, número especial, p. 79-98, 1997. Disponível em: https://periodicos.fclar.unesp.br/alfa/article/view/4033. Acesso em: 5 jun. 2020.

SILVA, Vera Lucia Teixeira da. *Competência comunicativa em língua estrangeira*. Soletras, São Gonçalo, Universidade Estadual do Rio de Janeiro, ano 4, n. 8, p. 7-17. jul./dez.2004. Disponível em: https://www.e-publicacoes.uerj.br/index.php/soletras/article/view/4498/3297. Acesso em: 6 abr. 2020.

SILVEIRA, Maria Inez Matoso. Análise crítica e socio-retórica dos elementos enunciativos do ofício – gênero textual da correspondência oficial. *In*: SIMPÓSIO INTERNACIONAL DE ESTUDOS DE GÊNEROS TEXTUAIS, 4., Tubarão, 15-10 ago. 2007. Anais [...], p. 1451-1460. Tubarão, 2007. Disponível em: http://linguagem.unisul.br/paginas/ensino/pos/linguagem/eventos/cd/Port/89.pdf. Acesso em: 4 jun. 2020.

SIQUEIRA, João Hilton Sayeg de. *Organização do texto dissertivo*. São Paulo: Selinunte, 1995.

SIQUEIRA, João Hilton Sayeg de. *O texto*: movimentos de leitura, táticas de produção, critérios de avaliação. São Paulo: Selinunte, 1990.

SIQUEIRA, João Hilton Sayeg de. *Organização textual da narrativa*. São Paulo: Selinunte, 1992.

SOARES, Magda. *Linguagem e escola*: uma perspectiva social. São Paulo: Ática, 1986.

SOARES, Neiva Maria Machado; VIEIRA, Josenia Antunes. Representação multimodal dos atores sociais no discurso de marcas. *Signum: Estudos da Linguagem*, Londrina, n. 16/1, p. 233-258, jun. 2013. Disponível em: http://www.uel.br/revistas/uel/index.php/signum/article/view/2237-4876.2013v16n233/13202. Acesso em: 13 maio 2020.

SOBRAL, Adail. Elementos sobre o dispositivo enunciativo de Maingueneau: a partir e para além de *Genèses du discours*. In: DI FANTI, Maria da Glória; BRANDÃO, Helena Nagamine. *Discurso*: tessitura de linguagem e trabalho. São Paulo: Cortez, 2018. p. 51-87.

SOBRAL, Adail. As relações entre texto, discurso e gênero: uma análise ilustrativa. *Revista Intercâmbio*, São Paulo, PUCSP, v. 17, p. 1-14, 2008. Disponível em: http://revistas.pucsp.br/intercambio/article/view/3570/2331. Acesso em: 13 ar. 2020.

SOBRAL, Adail; GIACOMELLI, Karina. Gêneros, marcas linguísticas e marcas enunciativas: uma análise discursiva. In: SOUZA, Sweder; SOBRAL, Adail (org.). *Gêneros*: entre o texto e o discurso. Campinas: Mercado de Letras, 2016. p. 47-69.

SOUZA, Cauby de. *Normas sobre correspondência, comunicação e atos oficiais*. Brasília: MEC, 1972.

SOUZA-E-SILVA, Cecília P. Você sabe vender seu peixe? a construção do ethos da revista *Vida Executiva*. In: SIMPÓSIO INTERNACIONAL SOBRE ANÁLISE DO DISCURSO, 3., 2008. Belo Horizonte, UFMG, 2008. Disponível em: https://periodicos.ufpe.br/revistas/INV/article/view/1457/1132. Acesso em: 17 abr. 2010.

SOUZA, Maria Margarete Fernandes de; LEAL, Abniza Pontes de Barros; SILVA, Luciene Helena da; IRINEU, Lucineudo Machado (org.). *Gêneros*: do texto ao discurso. Campinas: Pontes, 2018.

SOUZA, Sweder; SOBRAL, Adail (org.). *Gêneros*: entre o texto e o discurso. Campinas: Mercado de Letras, 2016.

SWALES, John M. *Genre analysis*: English in academic and research settings. Cambridge: CUP, 1990.

SWALES, John M. *Other floors, other voices*: a textography of a small university building. Mahwah: Lawrence Erlbaum, 1998.

TAVARES, Maria Alice. O verbo no texto jornalístico: notícia e reportagem. *Working Parpers em Linguística,* Florianópolis, Universidade Federal de Santa Catarina, n. 1, p. 123-142, jul./dez. 1997. Disponível em: https://periodicos.ufsc.br/index.php/workingpapers/article/view/1490. Acesso em: 20 jul. 2020.

TEZZA, Cristovão. *O professor*. Rio de Janeiro: Record, 2014a.

TEZZA, Cristovão. *Uma noite em Curitiba*. Rio de Janeiro: Record, 2014b.

TEZZA, Cristovão. *Um operário em férias*: 100 crônicas escolhidas. Seleção e apresentação de Christian Schwartz. Rio de Janeiro; Record, 2013.

TEZZA, Cristovão. *O fotógrafo*. 2. ed. Rio de Janeiro: Record, 2011.

TOLSTÓI, Lev. *A morte de Ivan Ilitch*. Tradução de Boris Schnaiderman. 2. ed. São Paulo: Editora 34, 2018.

TRAVAGLIA, Luiz Carlos. A caracterização de categorias de texto: tipos, gêneros e espécies. *Alfa*, São Paulo, Unesp, v. 51, n. 1, p. 39-79, 2007. Disponível em: https://periodicos.fclar.unesp.br/alfa/article/view/1426/1127. Acesso em: 30 jul. 2020.

TRAVAGLIA, Luiz Carlos. *O aspecto verbal no português*: a categoria e sua expressão verbal. 4. ed. Uberlândia: Edufu, 2006.

TRAVAGLIA, Luiz Carlos. Composição tipológica de textos como atividade de formulação textual. *Revista do GELNE*, Fortaleza, v. 4, n. 1/2, p. 29-34, 2002. Disponível em: http://www.ileel.ufu.br/travaglia/sistema/uploads/arquivos/artigo_composicao_tipologica_textos_atividade_formulacao.pdf. Acesso em: 20 abr. 2020.

TRAVAGLIA, Luiz Carlos; FINOTTI, Luisa Helena Borges; MESQUITA, Elisete Maria Carvalho de (org.). *Gêneros de texto*: caracterização e ensino. Uberlândia: Edufu, 2008.

UBER, Terezinha de Jesus Bauer. Artigo de opinião: estudos sobre um gênero discursivo. *In*: PROGRAMA DE DESENVOLVIMENTO EDUCACIONAL DA SECRETARIA DE ESTADO DA EDUCAÇÃO DO PARANÁ, 2007. Maringá, Universidade Estadual de Maringá, 2007-2008. Disponível em: http://www.gestaoescolar.diaadia.pr.gov.br/arquivos/File/producoes_pde/artigo_terezinha_jesus_bauer_uber.pdf. Acesso em: 7 maio 2020.

VALENTE, André. Intertextualidade e interdiscursividade nas linguagens midiática e literária: um encontro luso-brasileiro. *In*: O FASCÍNIO DA LINGUAGEM. Actas do Colóquio de homenagem a Fernanda Irene Fonseca, Universidade do Porto, 2008. Disponível em: https://ler.letras.up.pt/uploads/ficheiros/6694.pdf. Acesso em: 10 abr. 2020.

VALERY, Gabriel. Atila Iamarino. Após o coronavírus, o mundo não voltará a ser o que era. Disponível em: https://www.redebrasilatual.com.br/saude-e-ciencia/2020/03/atila-iamarino-apos-o-coronavirus-o-mundo-nao-voltara-a-ser-o-que-era/. Acesso em: 22 abr. 2020.

VAN DIJK, Teun A. *Discurso e contexto*: uma abordagem sociocognitiva. Tradução de Rodolfo Ilari. São Paulo: Contexto, 2012.

VARGAS, António Pinho. Lumpen-burguesia: um conceito novo. Disponível em: https://jardimdasdelicias.blogs.sapo.pt/348799.html. Acesso em: 11 de março de 2021.

VARGAS, Maria Valíria. *Verbo e práticas discursivas*. São Paulo: Contexto, 2011.

VARGAS, Maria Valíria Aderson de Mello. O ensino do verbo: tempo e aspecto como categorias semântico-discursivas. *Linha D'água*, São Paulo, Universidade de São Paulo, 27 set. 2010. Disponível em: http://www.revistas.usp.br/linhadagua/article/view/62347/65151. Acesso em: 20 jul. 2020.

VERÍSSIMO, Luis Fernando. Desabafos de um bom marido. Disponível em: https://sopalavrasweb.wordpress.com/2017/06/08/desabafos-de-um-bom-marido/. Acesso em: 27 jul. 2020.

VIAN JR., Orlando; LIMA-LOPES, Rodrigo E. de. A perspectiva teleológica de Marin para a análise dos gêneros textuais. *In*: MEURER, J. L.; BONINI, Adair; MOTTA-ROTH, Désirée (org.). *Gêneros*: teorias, métodos, debates. São Paulo: Parábola, 2010. p. 29-45.

VIDA SIMPLES. Como superar o fim. São Paulo, Editora Caras, edição 172, p. 43-47, jul. 2016.

VIEIRA, Antônio. *Vieira*. 2. ed. Rio de Janeiro: Agir, 1960.

VIEIRA, Antônio. Sermão da sexagésima. Disponível em: http://www.dominiopublico.gov.br/download/texto/bv000034.pdf. Acesso em: 26 nov. 2020.

VIEIRA, Francisco Eduardo; FARACO, Carlos Alberto. *Escrever na universidade*: texto e discurso. São Paulo: Parábola, 2019.

VIEIRA, Miliane Moreira Cardoso; FONSECA, Vilma Nunes da Silva. Configuração contextual e estrutura potencial do gênero discursivo relatório de estágio supervisionado: entrelaçando ensino e formação de professores. *Pensares em Revista*, São Gonçalo, n. 3, p. 58-77, jul./dez. 2013. Disponível em: https://www.e-publicacoes.uerj.br/index.php/pensaresemrevista/article/view/8659. Acesso em: 5 maio 2020.

VILELA, Mário; KOCH, Ingedore Villaça. *Gramática da língua portuguesa*: gramática da palavra, gramática da frase, gramática do texto/discurso. Coimbra: Almedina, 2001.

VOLÓCHINOV, Valentin. *A palavra na vida e a palavra na poesia*. Organização, tradução, ensaio introdutório e notas de Sheila Grillo, Ekaterina Vólkova Américo. São Paulo: Editora 34, 2019.

VOLÓCHINOV, Valentin. *Marxismo e filosofia da linguagem*. Tradução de Sheila Grillo, Ekaterina Vólkova Americ. São Paulo: Editora 34, 2017.

ZÁTTERA, Pricilla. Artigo de opinião: uma análise a partir dos conceitos bakhtinianos. *Muitas Vozes*, Ponta Grossa, Universidade Estadual de Ponta Grossa, v. 5, n. 2, p. 329-341, 2016. Disponível em: https://revistas2.uepg.br/index.php/muitasvozes/article/view/8935/pdf. Acesso em: 5 nov. 2020.

ZIEMER, Roberto. *Mitos organizacionais*: o poder invisível na vida das empresas. São Paulo: Atlas, 1996.

ÍNDICE ALFABÉTICO

Abordagem interacional, 30
Abordagens processuais do texto, 28
Ação social, 27
Aceitabilidade, 60
Acontecimento social, 24
Acórdão, 180
Aderir – conjugação, 319
Aliteração, 252
Alusão, 90, 256
Alvará, 182
Amar – conjugação, 290
Anáfora, 70, 253
Anáfora encapsuladora, 57
Ansiar – notação sobre conjugação, 331
Apreciação, 224
Arguir – conjugação, 299
Argumentação, 117, 237
Argumento da reciprocidade, 248
Argumento da transitividade, 248
Argumento de autoridade, 244, 250
Argumento de superação, 250
Argumento por comparação, 249
Argumento por sucessão, 250
Argumento pragmático, 250
Argumentos, 118
Argumentos *ad hominem*, 250

Argumentos baseados na estrutura do real, 250
Argumentos quase lógicos, 247
Artigo, 154
Artigo de opinião, 37, 202
Artigo jornalístico sobre cultura, 221
Artigos científicos, 139
Artigos científicos
   resumo, 139
Assonância, 252
Ata, 175
Ata
   elementos, 176
   fechos comuns, 176
   modelo de abertura, 176
   modelo, 178
   normas, 175
Atestado, 182
   modelo, 183
Atividade interacional, 32
Averiguar – notação sobre conjugação, 302
Aviso, 179
Beber – conjugação, 296
Bilhete, 179
Bilhete à ordem, 179
Bilhete de visita, 179
Bilhete postal, 179

Índice Alfabético

Caber – conjugação, 307
Caminhar – notação de conjugação, 271
Campo, 27
Campo discursivo, 89
Cantar – notação de conjugação, 271
Capacidade formativa, 31
Capacidade qualificativa, 31
Capacidade transformativa, 31
Capacidades textuais
   formativa, 31
   qualificativa, 31
   transformativa, 31
Captação, 89
Carta
   assinatura de encerramento, 164
   demanda de compra, 164
   interação, 162
   manipulação, 163
Carta comercial, 161
Catáfora, 70
Categorização, 106
Causalidade, 76
Cena e cenografia, 126
Cena englobante, 126
Cena genérica, 126
Cenografia, 126
Classificação de discursos, 43
   distância, 43
   modalização, 43
   tensão, 44
   transparência, 44
Coenunciador, 25
Coerência, 67, 78
Coerência textual, 67
Coesão recorrencial, 73
Coesão, 67
Coesão referencial, 70
Coesão sequencial, 76
Comparação, 78, 253
Competência comunicativa, 34

Competência discursiva, 11, 34, 150
Competência estratégica, 2, 34, 150
Competência gramatical, 34
Competência linguística, 1, 67, 150
Competência sociolinguística, 1, 34, 150
Competência textual, 1, 67, 150
Comprar – conjugação, 291
Comunicação direta, 162
Conceito de discurso, 39
Conceito de língua, 24
Conceito de resumo, 130
Conceito de sequência textual, 98
Conceito de sujeito, 24
Conceito de texto, 26
Conclusão, 77, 119
Condicionalidade, 76
Conformidade, 76
Conhecer – conjugação, 298
Conhecimento de mundo, 87
Conhecimento declarativo, 87
Conhecimento enciclopédico, 87
Conhecimento linguístico, 85
Conhecimento procedimental, 87
Conhecimento textual, 86
Conjugação, 280
Conjugação de verbos em –*ar*, 301
Conjugação de verbos em –*iar*, 302
Conjugação de verbos em –*uar*, 302
Conjugação de verbos irregulares, 305
Conjugação de verbos regulares, 289
Conjugação verbal, 286
Conjunção, 77
Construção composicional, 11
Conteúdo temático, 11
Contra-argumentos, 119
Contrajunção, 77
Contrato, 180
Convenção, 180
Convênio, 180
Conversão de vozes, 278

Convocação, 183
    modelo, 183
Correção, 78
Crer – conjugação, 308
Critérios de textualidade, 53, 58
    aceitabilidade, 60
    coerência, 67, 78
    coesão, 67
    informatividade, 64
    intencionalidade, 58
    intertextualidade, 88
    situacionalidade, 59
Critérios de textualização, 53
Crítica de cinema, 221
Dar – conjugação, 305
Declaração, 183
    modelo, 183
Definição, 106
Delinquir – conjugação, 304
Descrição, 103
Descrição comentadora, 105
Descrição narradora, 105
Designação, 105
Dirigir – conjugação, 300
Discurso, 19, 20
    classificação, 43
    conceito, 39
    formações ideológicas, 41
    memória discursiva, 42
Discurso autoritário, 43, 44
Discurso comentado, 215
Discurso da cumplicidade, 101
Discurso deliberativo, 238
Discurso epidítico, 238
Discurso escrito, 13
Discurso judiciário, 238
Discurso lúdico, 43, 47
Discurso persuasivo
    intimidação, 243
    provocação, 243
    sedução, 243
    tentação, 243
Discurso polêmico, 43, 46
Discurso relatado, 216
Discurso retórico, 240
Discurso verbal, 24
Disjunção argumentativa, 77
Disjunção, 76
Dizer – conjugação, 309
Disposição, 250
Domínio discursivo, 11
Domínio discursivo acadêmico, 12
Domínio discursivo comercial, 12
Domínio discursivo da dramaturgia, 12
Domínio discursivo domiciliar, 11
Domínio discursivo ficcional, 12
Domínio discursivo jornalístico, 11
Domínio discursivo jurídico, 12
Domínio discursivo legislativo, 12
Domínio discursivo oficial, 12
Domínio discursivo publicitário, 11
Domínio discursivo religioso, 12
Edital, 179
    modelo, 180
Editorial, 194
Elementos de textualidade, 53
Elipse, 253
Elocução, 251
E-mail, 161
Ensaio, 227
Entimemas, 246
Entreter – notação sobre conjugação, 335
Enunciado, 24
Enunciado responsivo, 25
Enunciado concreto, 29
Enunciador, 25
Enunciatário, 25
Enxaguar – notação sobre conjugação, 303
Esfera discursiva, 11
Espaço discursivo, 89

Especificação, 78
Estágios de resenha, 29
Estar – conjugação, 286
Estereótipo, 9
Estrutura do ofício, 166
Ethos, 239
Eufemismos, 257
Exemplificação, 78
Explicação, 77
Extensão, 78
Fazer – conjugação, 310
Ficar – conjugação, 295
Figuras de construção, 253
Figuras de palavras, 253
Figuras de som, 252
Figuras retóricas, 252
Finalidade, 76
Força centrífuga, 9
Força centrípeta, 9
Forma de interlocução, 10
Formação discursiva e memória, 41
Formação discursiva, 39, 89
Formação do imperativo, 270
Formações ideológicas, 41, 42
Formas arrizotônicas, 305
Formas compostas do verbo, 267
Formas nominais, 268
Formas rizotônicas, 305
Função de dar conhecimento de algo a alguém, 176
Função de dar fé da verdade, 182
Função de decidir, 183
Função de estabelecer concordância, 180
Função de informar, 161
Função de outorgar mandado, 184
Função de pedir, 180
Função de permitir, 182
Função de resolver, 183
Função de solicitar a presença, 183
Função de solicitar, 180

Funções sociocomunicativas dos gêneros administrativos, 157
Generalização, 78, 159
Gênero resumo, 129
Gênero artigo de opinião, 37, 202
Gênero artigo jornalístico sobre cultura, 221
Gênero carta, 162
Gênero de texto, 129
Gênero discursivo
    ofício, 164
Gênero editorial, 194
Gênero ensaio, 227
Gênero notícia, 216
Gênero propaganda, 231
    argumentação, 237
    disposição, 250
    ideologia, 257
    retórica, 234
Gênero reportagem, 216
Gêneros como ferramenta cultural, 10
Gêneros administrativos, 149
    acórdão, 180
    alvará, 182
    atestado, 182
    aviso, 179
    bilhete, 179
    contrato, 180
    convenção, 180
    convênio, 180
    convocação, 183
    declaração, 183
    edital, 179
    funções sociocomunicativas, 157
    ordem de serviço, 183
    procuração, 185
Gêneros discursivos, 1, 29
    ata, 175
    conceito, 6
    lado da escrita, 14
    lado da fala, 14

memorando, 174
suporte, 12
Gêneros jornalísticos, 189
 artigo de opinião, 202
 artigo sobre cultura, 221
 editorial, 194
 ensaio, 227
 imparcialidade, 193
 neutralidade, 193
 notícia, 216
 para compreender, 192
 persuasão, 193
 reportagem, 216
Gêneros primários, 8
Gêneros secundários, 8
Gerúndio, 269
Gramática normativa, 28
Grupo de gêneros, 158
Haver – conjugação, 286
Heterogeneidade constitutiva, 88
Heterogeneidade mostrada, 88
Hipérbato, 253
Hipercorreção, 276
Hiperônimo, 72
Hipônimo, 72
Ideologia, 257
Imperativo, 270
Impessoalização, 159
Incendiar – notação sobre conjugação, 331
Indicativo
 tempos verbais, 265
Individuação, 106
Infinitivo, 268
Infinitivo flexionado, 270
Informatividade, 64
Intencionalidade, 58
Interação discursiva, 24
Interacionismo sociodiscursivo, 132
Interdiscurso, 40, 89
Interlocução

forma, 10
Interpretação, 224
Intertextualidade, 49, 88
 alusão, 90
Invenção, 244
Invocação, 181
Ir – conjugação, 332
Justificativa, 77
Língua, 24
Língua como acontecimento social, 24
Língua como interação discursiva, 24
Língua como modo de ação, 25
Língua como prática social, 25
Língua escrita, 12
Língua falada, 12, 14
Linguagem
 metafunções, 28
 perspectiva dialógica, 29
Linguística sistêmico-funcional, 26, 28
Linguística textual, 31
Locuções verbais, 285
Logos, 239, 243
Lugares retóricos, 244
Mala direta, 162
Mediar – notação sobre conjugação, 331
Memorando, 174
Memória, 41
Memória discursiva, 42
Metáfora, 254
Metafunções da linguagem, 28
 ideacional, 28
 interpessoal, 28
 textual, 28
Metonímia, 253
Modalidades retóricas, 99
Modalização deôntica, 163
Modalização epistêmica, 163
Modalizadores afetivos, 121, 196
Modalizadores deônticos, 121, 196
Modalizadores epistêmicos, 121, 196

Modelo de abertura de ata, 176
Modelo de ata, 178
Modelo de atestado, 183
Modelo de declaração, 183
Modelo de edital, 180
Modelo de convocação, 184
Modelo de ofício, 169
Modelo de procuração, 185
Modelo de requerimento, 181
Modo, 76
Modo verbal, 270
Morfemas flexionais, 263
Movimentos de resenha, 29
Mundo comentado, 191, 205
Mundo narrado, 191, 205
Naturalizações, 257
Nomes genéricos, 73
Nominalização, 159
Notícia, 216
Número, 263
Obter – notação sobre conjugação, 336
Ofício, 164
   como gênero textual, 173
    estrutura, 166
    modelo, 169
Operadores argumentativos, 120
Orações passivas, 159
Ordem de serviço, 183
Ouvir – conjugação, 321
Paráfrase, 75, 133
Paralelismo, 74
Particípio, 268
Partir – conjugação, 291
Pathos, 239, 242
Pedir – conjugação, 323
Perder – conjugação, 311
Perífrases verbais, 285
Perspectiva dialógica da linguagem, 29
Pessoa, 263
Poder – conjugação, 312

Polissemia, 44
Pôr – conjugação, 318
Prevenir – conjugação, 324
Primeiro tipelemento, 100
Princípios de textualidade, 53
Processo de referenciação, 110
Procuração, 185
   modelo, 185
Proformas adverbiais, 71
Proformas numerais, 71
Proformas pronominais, 71
Proformas verbais, 71
Progressão do texto, 57
Propaganda, 231
   figuras retóricas, 252
   ideologia, 257
Propor – notação sobre conjugação, 335
Querer – conjugação, 313
Raciocínio apodítico, 245
Raciocínio dialético, 245
Raciocínio por análise, 123
Raciocínio por síntese, 123
Radical, 262
Reaver – conjugação, 333
Recorrência de termos, 73
Recursos linguísticos, 13
Redarguir – conjugação, 303
Redefinição, 78
Referenciação, 106, 109
Registro, 27
   campo, 27
   modo, 27
   relação, 27
Relações argumentativas, 77
Relações discursivas, 77
Relexicalização, 160
Remediar – notação sobre conjugação, 331
Reportagem, 216
Requerer – conjugação, 314
Requerimento, 180

modelo, 182
Resenha, 224
   estágios, 29
   movimentos, 29
Resumo, 129
   acadêmico, 134
   acadêmico-científico, 140
   apagamento, 135
   conceito, 130
   contexto, 136
   crítico, 139
   elementos, 143
   em artigos científicos, 139
   escolar, 132
   generalização, 136
   indicativo, 139
   informativo, 140
   passos para aprendizagem, 134
   seleção, 136
Retórica, 234
   disposição, 250
Rever – notação sobre conjugação, 336
Rima, 253
Rir – conjugação, 325
Saber – conjugação, 315
Sair – conjugação, 326
Saudar - conjugação, 301
Segundo tipelemento, 101
Sequência argumentativa, 116
Sequência descritiva, 102
Sequência dialogal, 125
Sequência explicativa, 122
Sequência expositiva, 122
Sequência injuntiva, 100, 125
Sequência narrativa, 104, 111
   características, 111
   verbos utilizados, 111
Sequência textual
   conceito, 98
   tipelemento, 100

tipo descritivo, 100
tipo dissertativo, 100
tipo injuntivo, 101
tipo narrativo, 101
Sequenciação por conexão, 76
Sequenciação temporal, 76
Sequências descritivas
   análise, 108
   procedimentos, 108
Sequências textuais, 95
Ser – conjugação, 286
Silogismo sofista, 245
Sinônimo, 72
Situacionalidade, 59
Sortir – conjugação, 327
Subjuntivo
   tempos verbais, 266
Subversão, 90
Sujeito
   como construtor de sentido, 25
   conceito, 24
Superestrutura, 105
Tema, 263
Tempo verbal, 263
Temporalidade, 76
Tempos compostos, 280
Tempos verbais
   indicativo, 266
   subjuntivo, 266
Teoria da argumentação, 237
Ter – conjugação, 286
Tese, 118
Texto
   abordagens processuais, 28
   capacidade formativa, 31
   capacidade qualificativa, 31
   capacidade transformativa, 31
   conceito, 19, 26
   progressão, 57
   regras para sumarização, 135

Texto argumentativo
   intimidação, 163
   manipulação, 163
   provocação, 163
   sedução, 163
   tentação, 164
Texto descritivo, 100
Texto dissertativo, 100
Texto e discurso, 19
Texto informativo
   ofício, 164
Texto injuntivo, 101
Texto narrativo, 101
Textos explicativos, 123
Textos expositivos, 123
Textualidade
   critérios, 53, 58
   elementos, 53
   princípios, 53
Textura do texto, 68
Tipo textual, 86
Tossir – conjugação, 328
Trabalhos acadêmicos
   resumo, 139
Trazer – conjugação, 316
Universo discursivo, 89
Variedade linguística, 12
Vender – conjugação, 291
Ver – conjugação, 317
Verbo, 281
   classificação quanto à conjugação, 280
   formas compostas, 267
   formas nominais, 268
   gerúndio, 269
   infinitivo, 268
   morfemas flexionais, 263
   número, 263
   particípio, 268
   pessoa, 263
   radical, 262
   tema, 263
   vozes, 272
Verbo auxiliar, 280
Verbo principal, 280, 281
Verbos
   formas arrizotônicas, 305
   formas rizotônicas, 305
Verbos abundantes, 283
Verbos anômalos, 281
Verbos anômalos, 332
Verbos auxiliares, 286
Verbos defectivos, 282
Verbos defectivos, 333
Verbos derivados, 335
Verbos em *–ear*, 330
Verbos em *–iar*, 331
Verbos impessoais, 283
Verbos irregulares, 281
   conjugação, 305
Verbos irregulares da 1ª conjugação, 305
Verbos irregulares da 2ª conjugação, 306
Verbos irregulares da 3ª conjugação, 319
Verbos na sequência narrativa, 116
Verbos pronominais, 334
Verbos regulares, 281
Verbos regulares da 1ª conjugação, 289
Verbos regulares da 2ª conjugação, 296
Verbos regulares da 3ª conjugação, 299
Verbos unipessoais, 283
Vir – conjugação, 329
Vogal temática, 262
Voz ativa, 273
Voz passiva, 273
Voz passiva analítica, 273, 280
Voz passiva sintética, 273
Voz reflexiva, 277
Vozes, 272
Zeugma, 253